大秦宣太后
芈氏传奇

MI SHI CHUAN QI

萧盛 著

人民日报出版社

图书在版编目（CIP）数据

大秦宣太后：芈氏传奇 / 萧盛著. —北京：
人民日报出版社，2014.4
ISBN 978－7－5115－2547－5

Ⅰ. ①大… Ⅱ. ①萧… Ⅲ. ①皇太后－传记－中国－
秦代　Ⅳ. ①K827＝33

中国版本图书馆 CIP 数据核字（2014）第 071116 号

书　　名：	大秦宣太后：芈氏传奇
作　　者：	萧　盛
出 版 人：	董　伟
责任编辑：	王琳琳
封面设计：	汪要军
出版发行：	人民日报出版社
社　　址：	北京金台西路 2 号
邮政编码：	100733
发行热线：	（010）65369527　65369512　65369509　65369510
邮购热线：	（010）65369530　65363527
编辑热线：	（010）65369528
网　　址：	www.peopledailypress.com
经　　销：	新华书店
印　　刷：	大厂回族自治县彩虹印刷有限公司
开　　本：	710mm×1000mm　1/16
字　　数：	390 千字
印　　张：	22
印　　次：	2014 年 5 月第 1 版　2015 年 1 月第 4 次印刷
书　　号：	ISBN 978－7－5115－2547－5
定　　价：	39.90 元

目 录

引 子 /001

第一章 机缘巧合，芈氏入秦
一、芈氏大闹令尹府 /001
二、张仪论时局，楚廷斗群臣 /007
三、一朝入秦宫，宫闱深似海 /012
四、芈氏封八子，会盟遭暗算 /023

第二章 忍痛割爱，入燕为质
一、患难逢胞弟，谈笑寒敌胆 /034
二、张仪罢相，芈氏被冤 /042
三、苏代合纵起兵燹，嬴疾出关战修鱼 /051
四、嬴荡征巴蜀，张仪一欺楚怀王 /070
五、蓝田决战，芈氏获罪 /082
六、张仪二欺楚怀王，嬴驷驾崩撒人寰 /096

第三章　季君之乱，嬴稷继位

一、周都举鼎，武王绝膑　　　　　　　　　　／ 108
二、权力真空，杀气漫咸阳　　　　　　　　　／ 119
三、勇闯三关，鲜血铺起帝王路　　　　　　　／ 125
四、嬴稷继位，芈氏尊太后　　　　　　　　　／ 138

第四章　芈氏亲楚，黄棘会盟

一、惠文后伏诛，楚怀王赴会　　　　　　　　／ 152
二、围魏救楚，宣太后铁腕集权　　　　　　　／ 163
三、楚太子秦都杀人，宣太后兵指垂沙　　　　／ 172
四、唐昧死守垂沙，庄蹻郢都叛乱　　　　　　／ 180

第五章　武关挟王，计骗田文

一、芈戎欺楚战襄城，嬴稷用计骗怀王　　　　／ 187
二、武关扣楚君，章台胁怀王　　　　　　　　／ 196
三、昭襄王使计骗田文，孟尝君鸡鸣出函谷　　／ 200

第六章　函谷决战，咸阳断魂

一、楼缓谋对三国，叶阳怒杀秦王　　　　　　／ 207
二、人永诀，城相破　　　　　　　　　　　　／ 212

第七章　兵指韩魏，伊阙大战

一、嬴稷怒而伐韩，芈氏痛而失子　　　　　　／ 225
二、韩魏倾国而出，白起血洗伊阙　　　　　　／ 232
三、芈氏偶遇魏丑夫，嬴稷执意登帝位　　　　／ 242

第八章　五国伐秦，甘泉情殇

一、秦王宜阳称帝，太后甘泉断情　　　　　　／ 249
二、芈氏朝堂论政，甘土闹市闯祸　　　　　　／ 265
三、大秦东出伐齐，苏秦车裂于市　　　　　　／ 281

第九章　战神入楚，屈原投江
　　一、魏冉强占定陶，秦赵渑池会盟　　　　　　　/ 289
　　二、水淹鄢都沉尸十万，太后入楚屈原投江　　　/ 299
　　三、范雎死里逃生，穰侯伐韩谋齐　　　　　　　/ 305

第十章　范雎入秦，芈氏放权
　　一、范雎入秦，昭王五跪得良相　　　　　　　　/ 315
　　二、固干弱枝，向寿中计获罪　　　　　　　　　/ 325
　　三、秦国四贵归位，大秦太后殒命　　　　　　　/ 333

后续：魏子坟前悲泣，萧盛再说太后　　　　　　　/ 339

引子

战国,并非指某个国家,它代表的是一个时代,一个群雄并起、百家争鸣,让人热血沸腾的火一般的时代。

在那个大乱之世,各国、各家、各派人才辈出,苏秦、张仪纵横列国,白起、司马错扬威疆场,庄子、孟子、屈原文盖后世,一个个闪光的名字,一场场著名的战役,光耀后世,彪炳千古!

公元前403年,周朝式微,三晋分家,周威烈王被迫承认魏、赵、韩三家诸侯,并立于天下。是时,一些兵权在握之辈,见魏、赵、韩可以割据为诸侯,纷纷擎旗自立,从此后,诸侯并起,列国共存,拉开了战国近两百年轰轰烈烈、跌宕起伏的诸侯争霸的序幕。

这就是战国,从公元前403年三晋分家开始,到公元前221年秦始皇统一天下结束。在这近两百年的历史洪流中,各国之间相互制衡,又相互吞食,弱肉强食,遵循着丛林法则,演绎着自春秋之后,最为残酷却又是最为公平的存亡胜败之规则。

《战国策》曰:"万乘之国七,千乘之国五,敌侔争权,盖为战国。"翻译成白话文后为:春秋之后,即周朝的后半期,拥有万数战车的国家有七个,拥有千数战车的国家有五个,这些国家相互争伐,就叫作战国。

实际上,在那战火纷飞、狼烟四起的战国,大大小小的国家何止数十个,若是加上北边的匈奴以及小国的话,应有二十多个,只不过在这众多的诸侯国之中，以西边的嬴姓秦国，东边的田姓齐国，中原三晋（赵国、魏国、韩国），南边的芈姓楚国，北边的姬姓燕国为最强，史称"战国七雄"。

秦宣太后生活在秦昭襄王时期。是时，历史的车轮已驶入战国中后期，这个时候的诸侯国遵循自然界的生存法则，经过不断地争伐、淘汰，经过一番弱肉强食之后，土地和财富落到了少数人手里，强者更强，弱者更弱，而剩下来的强者与强者之间，便如当今娱乐界的歌手比赛，进入了最后最残酷的争霸战，强强相逢，大国之间不得不面对最为惨烈的厮杀。

所谓乱世出英雄，人类的野性以及智慧在刀光剑影、生死存亡之中被发挥到了极致。战国七雄为了富国强兵，竞相变法改革，在那场轰轰烈烈的改革大潮中，魏国的李悝、楚国的吴起、秦国的商鞅等等千古难寻之奇才，纷纷登上历史的舞台，这些人张口一说，大手一挥，翻手为云，覆手为雨，使农业、商业、交通快速发展，文化、思想、学术不断碰撞，在那如火一般的时代里，他们创造了如火一般的先秦文化，那些灿烂的文化亘古未有，冠绝古今！

秦国自秦孝公重用商鞅，大胆变法之后，到了秦惠文王时，在军事和经济等软硬实力上已然十分雄厚，被其他诸侯国称之为"虎狼之国"。然而这个时候，虽说魏、韩两国已逐渐势弱，但楚、齐两国依然是当之无愧的大国，他们的实力甚至强过了秦国。此外，燕、赵两国正厉兵秣马，变法图强，也逐渐成为秦国强劲的对手。

战国是一个弱肉强食的时代，秦国在面对楚、齐两国的虎视眈眈，面对燕、赵两国造成的威胁，形势十分严峻。然此时距秦始皇横扫六合①，统一全国还有上百年的时间，却在这时，出现了一位傲视群雄的女人，她便是号称中国历史上第一位太后的芈氏，史称秦宣太后，为秦惠文王之妻，秦昭襄王之母，秦始皇之高祖母。

她辅佐秦昭襄王，在位四十余年间，周旋于群雄之中，游弋在列国之间，从未吃过一次败仗，以一介女流之身，纵横在列国之中，左右着整个战国的时局，在那个血色的沸腾的时代，她的存在，为秦始皇扫六合、统天下夯实了基础。

我们的故事，说的便是秦宣太后跌宕起伏、轰轰烈烈的一生。她的一生经历了秦惠文王、秦武王、秦昭襄王三个朝代，她的一生几乎是战国中

---

① 六合：指合并六国。

后期的一个时代的缩影。她是中国历史上第一位太后，也是亘古未有的冠绝古今的一位奇女子。

现在，历史的车轮进入了秦惠文王时代，那一年公孙衍游说合纵①，发起了著名的五国相王②事件，企图联合众多弱国，削弱强秦……

---

① 合纵：即合众弱以攻一强，把多个弱国联合起来，去抵抗一个强国，防止强国兼并。

② 五国相王：战国中期，魏国、赵国、韩国、燕国、中山国君主互相称王。

第一章 机缘巧合，芈氏入秦

一、芈氏大闹令尹府

公元前325年秋，朔风飒飒，威武的槐树也抵不住秋风的扫荡，叶落纷纷，铺陈出一地的金黄。

此时，在风中站着两个人，一个是秦惠文王嬴驷①，另一个是秦相国张仪②。

---

① 嬴驷：前354年—前311年，史称秦惠文王，秦孝公之子，是秦国首位称王的君主。

② 张仪：？—前310年，战国时著名的纵横家，魏国人，因辅佐惠文王，运用纵横之术，游说于列国之间，利用各个诸侯国之间的矛盾为秦谋利而扬名天下，为秦国的强大和之后统一中国立下了汗马功劳。

两人望着宫墙外的一棵老槐树发呆。

嬴驷的脸有点儿发白，这使得他脸上的棱角越发分明，阳光透过树叶，映射在他的脸上，斑驳的光线让这张年轻的脸布满了沧桑。他伸出手摸了摸颔下的胡须，淡淡地道："你看这些落叶，满地皆是，遍目所及，尽是金黄，像不像现在的秦国？"

张仪愣了一下，他看了眼这位怀揣雄心大志的秦王，此时他的神色比任何时候都显得严肃，整张脸竟冷得像冰。张仪暗暗地打了个寒颤，一时不敢置言，只是两片薄薄的嘴唇一撇，从鼻孔里发出"哼"的一声，算是应和。

"五国攻秦，公孙衍①着实厉害！"嬴驷发出一声冷笑后又道："这满地的落叶，便如五国的甲士，把我大秦围得水泄不通啊。"

秦国自秦孝公和商鞅变法之后，励精图治，奋发图强，他们对内奖励耕种，以法治国，对外和楚联姻，与齐、韩、赵等国联盟，内修外治，国力日强，到了秦惠文王，已摘掉了"弱秦"的耻辱帽子，一跃成为列国之中的"强秦"。

特别是惠文王任公孙衍为秦国大良造之后，公孙衍率军伐魏，斩首魏军八万，迫使魏国割地求和，一举夺回了秦厉共公时被魏占据的河西之地，洗刷了百年之辱。

河西是秦国走向中原的重要门户，此门一开，秦国便有可能入主中原。然也正因如此，引起了各国的警惕。正值列国对秦虎视眈眈之时，张仪入秦，因其与公孙衍政见不合，将公孙衍排挤出秦。

公孙衍退出秦国后，回到了他的母国魏国任大将军，遂联合韩、赵、燕、中山等四国相王，欲借五国之力，攻击秦国，使秦国一下子成了众矢之的。

张仪迎着风缩了缩脖子，他似乎还有些不习惯这突来的寒流。嬴驷瞄了他一眼，这位大秦的相国由于早年游走列国，饱经风霜，虽道只是而立之年，看上去却比同龄人老了几岁，若非穿了锦衣华服，却是活脱脱一个农夫。此时缩着脖子，两手拢在袖里，那形象越发不堪。嬴驷"嘿"地笑了一声，"相国不说话，是怕了吗？"

张仪搓了搓手，讪笑道："怕倒也未必。适才臣想了想，公孙衍的合纵之策并非牢不可破。"

---

① 公孙衍：生卒年不详，魏国人，于秦惠文王五年在秦国任大良造，人称犀首，后居魏，主张合纵伐秦，是战国时期纵横学派的代表人物之一。

嬴驷"哦"的一声，转头望着张仪道："倒是说来听听。"

"联合诸弱国以抗强国，是为合纵，公孙衍四处奔走，联合了韩、赵、燕、中山四国，势头凶猛，表面上看来确实吓人。"张仪微微一哂，"实际上这五国之间，各怀鬼胎，即便是有了盟约，也不过是一盘散沙而已。"

嬴驷饶有兴趣地问道："如此说来，相国已有妙计！"

张仪自信地点了点头，然后伸出四根手指头，说道："四个字，联齐盟楚。而且只需王上再入一次洞房，此危机便可解矣！"

嬴驷闻言，越发有兴趣了，笑道："往下说。"

张仪道："此大乱之世，虽道是诸国并列，然唯以秦、楚、齐为最强，只要我们与楚、齐联盟，五国相王，何足惧也。"

"此计大妙！"嬴驷笑道："秦楚早有联姻之先例，若能成此好事，可解当下之危。唔……都说楚女腰细，如风中之柳，妙是妙也，不知相国有几分把握？"

"王上只管养好身子，做新郎便是！"

翌日，张仪离秦，他这一走，走出了大秦帝国一个新的时代，引出了一位奇女子。

楚国都郢。

是日晌午，演武堂内宾客满堂，堂下的人有的跷着二郎腿，在太阳底下悠闲地喝着茶，有的则围在演武台周围，大声疾呼。

演武台上正有两人在比武，台中央的照壁之下放着一桌子的金银，敢情是比武的赌资。

战国时期，各国尚武，因此朝野上下，无不以习武为荣，民间似这种比武之事，更是随处可见，有的时候官家的一些公子哥儿也要到这种地方来一试身手，出些风头，以便将来去军中任要职。

是时，台上便有一位公子哥儿，据说还是令尹①的一个什么亲戚，一身拳脚功夫十分了得，不到三五十招，就把对手打下了台。

台下买了那公子哥儿胜的人高声欢呼，兴奋得不得了。那公子哥儿听得底下阵阵欢呼，也是十分兴奋，趾高气扬地在台上走了几圈，向下面大喊："还有谁敢上来！"

---

① 令尹：战国时期楚国的最高官衔，相当于相国。

台下顿时鸦雀无声，大家你看看我，我看看你，谁也不敢上去。

正值此时，突然有人喝了一声，走上台去。

那人体形魁梧，一脸的虬髯，上得台时，两眼一瞪，喝了声："来吧！"便冲将上去，抡拳便打。那公子哥儿见对方若铁塔一般，一时心虚，被打得迭连后退。

这个大汉名叫魏冉，也就是后来名震战国的穰侯，在秦国称雄四十余年。不过此时他还是个小混混儿，与同母异父的姐姐芈氏相依为命。他天生神力，那手臂仿如铁制的一般，舞将起来，呼呼生风，不出十招，就把公子哥儿一脚踢下了台。

公子哥儿觉得受了奇耻大辱，起身后，一边大声咒骂，一边又上得台去。魏冉冷笑道："还没被我揍够不成？"

"知道我是谁吗？"

"却是不知！"魏冉道："我只知来此地把人揍倒了便能挣银子！"台下人一阵哄笑。公子哥儿气怒已极，脸上青一阵红一阵，恶狠狠地道："我叫昭雄，乃当今令尹大人昭阳的侄子。"

魏冉"呵"的一声，笑道："好大的来头！你可是说你是令尹大人的亲戚，我便揍你不得？我且与你说，我到这里是来挣银子的，只认银子不认人，如今你被我揍倒了，那些银子便是我的了。"说话间，便走到桌前，要去拿银子。昭雄右腿一扬，"啪"的一声踢在桌子上，金银哗啦啦撒了一地。魏冉勃然大怒，喝道："你究竟要如何？"

昭雄道："想在这里挣银子可没那么容易。"话落间，抡拳又打。魏冉此时也被激怒了，"打坏了你，可怨不得人！"他的力气异于常人，昭雄根本不是他的敌手，但昭雄好面子，几次被打翻在地，依然强撑起来再战，最后让魏冉一记重拳，打得飞出台外，一命呜呼。

人命关天，非同小可，在场人等都着了慌。魏冉虽说生性好武，可毕竟从未打死过人，见那昭雄吐着血沫子死了，也不由得慌了神，拾了台上的银子就想跑，却被众人堵在了里面，脱不了身。不出多久，令尹府的人赶到，魏冉被一群带刀的甲士带走了。

楚都郊外，云梦泽。

所谓云梦泽，实际上是楚地洞庭湖一带由水洼变成的沼泽地。由于这一带依山带水，适宜耕种，便居住了不少人。

是日，一群姑娘正在山上采茶，突听见山下有一个十五六岁的少年跑过来，边跑边大声叫道："出人命啦，魏冉让人抓了……"

山上的采茶姑娘均是闻言色变，当中有一位姑娘，十八九岁的样子，听了这一声喊，花容失色，扔下茶篓子，飞一般地往山下跑。

少年跑到那姑娘近前，气急败坏地说："芈姐姐，坏了，坏了，魏哥让人抓走了！"

原来这少年每天跟在魏冉屁股后面厮混，魏冉在演武堂比武时，他就在台下观斗，魏冉被人带走后，他便跑来向芈氏报信。

芈氏听了演武堂之事后，惊叫了一声，"这死小子活腻了不成，如何就把人给打死了？"说话间便风风火火地赶去令尹府。

少年问道："你要去做什么？"

芈氏边走边道："去要人！"

少年知道令尹是楚国最高的官儿，一人之下，万人之上，连楚怀王也要给他几分面子，魏冉落在他的手里，无疑是凶多吉少，倘若芈氏再赶去胡闹，不过多搭一条命进去而已。想到这一层，少年急得直跺脚，"魏哥杀人了，杀的是令尹的侄儿，你拿什么去要人？"

芈氏道："若要不回我弟，我也不回了！"

令尹府外，芈氏刚到大门口，那边正好有一辆马车停下，从车里下来一个三十岁上下的中年人，他皮肤黝黑，一脸的风尘之色，倒有几分像是刚赶集回来的农夫。不过看其穿着打扮，以及所乘的马车，异于寻常百姓，该是个什么地方的官儿。

芈氏见他走上台阶去与看门人说话，心想要是叫他一耽搁，说不定我弟的命就没了。她忙冲了上去大呼道："这位兄弟，见令尹大人须讲个先来后到，你停车之时，我已先到此处，劳烦你等一下，让我先见了。"

那中年人上上下下打量了她一番，见其穿了身杏黄色衣衫，且是民间布坊所出的最普通的粗布料，显然是一个民女，便说："我有军国大事在身，烦请姑娘先等一等吧。"芈氏一听，顿时就急了，说道："国家的事就是大事，老百姓的生死便不是大事了吗？"

在战国时期，社会风气奔放自由，人与人之间虽有官民之分，却是没有森严的等级之别，这中年人被她一番抢白后，也不生气，只是笑道："原来姑娘也有大事，那一同去见如何？"

芈氏虽寄居乡野，实是望族之后，生来七窍玲珑，眼珠子滴溜溜一转，便生出一计，心想我要是硬闯进去，未必能见到令尹，与他一同去反倒便捷了。当下微微一笑，说道："我见你也是个斯文人，便不与你争吵，请！"

中年人道了个谢，向看门人报了名讳，叫其前去通禀。芈氏待门童进去后，把那中年人拉过一边，笑道："原来你叫张仪，是秦国来的使者！"

"不错。"

"咱们在此相识，可算是有缘？"

张仪游走列国，凭的就是智谋和一张利嘴，他一听这姑娘口风，就知她有事相求，眼下五国围秦，他身负邦交重任，自知多一事不如少一事，微哂道："姑娘可是有求于张仪？张仪千里迢迢而来，饱经风霜，国事在身，姑娘的事还是自行解决吧。"

"你这人好没善心。"芈氏瞪了双大大的眼睛道："当真见死不救吗？"

张仪讶然："何人要死了？"

"我！你要是不帮我，我便一头撞死在这里，临死之前，用血在这墙上写下大大的四个字，张仪害我！"见张仪一脸惊恐，芈氏收起了激昂之色，却是突然咯咯一笑，"不瞒你说，那令尹蛮横霸道，抓了我弟，一会儿你只需带我进去，但要他们还了我弟，我马上就走，绝不会连累于你。"

张仪一来不明究竟，以为不过是小事一桩，二来实在是逃不脱纠缠，心想当是做了件好事罢了，就答应了下来。及至门童回禀，带着芈氏进了令尹府。

楚令尹昭阳是个清癯的老者，虽道形色消瘦，双目却炯炯有神，眼珠子转动间满是狡黠之光，见了张仪便要上去打招呼，芈氏怕他们一说开了便是没完没了的军国大事，抢身上去，挡在了两人之间，大声道："两位且莫谈国事，把我的事先解决了再谈！"

昭阳不知此女是什么身份，看了张仪一眼，问道："她是何人？"

芈氏哼的一声，"你可是有个叫昭雄的侄子？"

昭阳脸色一沉，说道："正是！"

"你侄儿在比武时被我弟魏冉打败了，却依然胡搅蛮缠，不依不饶，结果我弟失手，不慎将其打死。虽说打死了人确实下手重了些，但事情须讲个因果，若不是你侄儿纠缠在先，自然也不会出了人命。"芈氏理直气壮地说了一通之后，把手指向张仪，继道："他就是来为我主持公道的，你要打也好，要罚也罢，总之不能将我弟杀了抵命，不然的话，于理不公！"

张仪听完,脸色顿时就变了,他号称以一张利嘴称雄于天下,周旋于列国之间,今天倒好,话没说上一句,就摊上了人命官司。刚想要开口说话,就听见昭阳一声暴喝:"好你个泼妇啊,人都让你杀了,倒还像你占了理儿,我若是说个是非,讨个公论,却是于情不合了?"

昭阳越说越气,指着张仪说道:"还有你,你到楚国是来挑梁子的吗?"

"我……"张仪正要辩解,陡听芈氏也是一声暴喝,"我告诉你啊老头,其一,是你侄儿蛮缠在先,我弟才将其一拳打死了;其二,比武约斗,伤也罢,亡也罢,在所难免,总之,让我弟抵命,有失公允。"

昭阳虽官至令尹,但并不是个能言善辩之人,气恼之下要把张仪和芈氏两人都轰出去。

张仪忙道:"大人息怒啊,这事与张仪没什么干系,张仪是来联姻的!你要是不由分说,把我也轰了出去,可真就坏了大事了!"

昭阳虽在气头上,但仔细一想,张仪刚刚入楚,就算与芈氏一道来,也未必便是帮凶,若是就此将他赶了出去,与楚国无益。心念电转,让家丁把张仪留下,架了芈氏出去。

芈氏闹了半天,徒劳无功,眼看着就要被拖出府去,救弟无望,急中生智,就着张仪的话头接着说道:"既然是来联姻的,把我拖出去,就不怕坏了大事吗?"

昭阳怒斥道:"楚秦联姻,与你何干?"

"如何与我无干?他要联姻的人正是我!"芈氏指着张仪,信口便道:"来此之前,我们就已说好,我也答应了嫁去秦国,不然我如何会与他同道而来?"

张仪一听这话,脸色煞白,想他张仪纵横列国,无往不利,今天算是遇上克星了,她这信口一说,言之凿凿,他即便是跳到黄河也洗不清了。

二、张仪论时局,楚廷斗群臣

昭阳把一张老脸憋得通红,紧蹙着一对白眉,伸出干瘦的食指颤抖地指着张仪,抖了两下嘴,被气得硬是没说出话来。他觉得此事岂止是自己受了奇耻大辱,连楚国也一同受辱了。侄儿被杀,张仪上门问罪,是没把他令尹放在眼里;明知那疯丫头是凶手之姐姐,张仪却还暗中与之联姻,莫说他这个令尹不知此事,连楚王也一并儿蒙在鼓里,这是没把楚国放在眼里。故昭阳认定,张仪此行名为邦交,实为宣战。

昭阳跺脚低吼道:"秦国虽强,但楚国也非欺软怕硬之辈,你要宣战,何

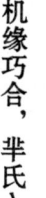

须这般辱我！来人啊，把他们给我轰出去！"

张仪和芈氏两人被一帮家丁轰出了令尹府，这样的事情在张仪的邦交史上实属首次。然叫人赶也好骂也罢，都是小事，他游走列国，阅尽人事，不会将这放在心上，眼下让他操心的是，五国围秦，倘若楚国也从中插一脚，六国大军挥师函谷关，秦国就真的危在旦夕了。

想到此处，张仪恨不得将那芈氏生吞活剥了。可是沉下心来仔细一想，那昭阳并非心胸豁达之人，事到如今，就算再进去辩解，也可能会越描越黑，无济于事。思忖间，看了旁边的芈氏两眼，心想此女野蛮泼辣，与大家闺秀截然不同，我王见惯了文弱温柔的女人，对那些名门闺秀未必会放在眼里，说不得此等野性十足的丫头反而会勾起其一时的涉猎之心，若果然如此的话，也算是歪打正着了。

张仪想到此处，暗地里把牙一咬，下了个决心，索性将错就错，把这疯丫头接去秦国，反正人并非这丫头所杀，昭阳还能不依不饶不成？眼下最关键的是去说通楚王，只要楚王那里不追究，此事便算是成功了。

思忖间，看了芈氏一眼，若有所思。芈氏情知闯了大祸，而且适才听昭阳的语气，似真有开战的意思，此时见张仪那眼神怪怪的，不由得缩了缩身子道："你想怎样？"

张仪沉着脸问道："你真想去秦国？"

芈氏一听这话，便知张仪不会拿她泄愤，心里的底气也就上来了，说道："只要能救出我弟，何去何从，悉听尊便。"

"你须知道，适才你闯下了弥天大祸，倘若两国真的开战，便会有成千上万的将士战死沙场，无数的百姓流离失所，那样的场面你可愿看到？"张仪的这番话，把芈氏吓得花容失色，那双大眼睛里竟似有泪光在闪烁。张仪见状暗笑，又道："要想止息两国之兵戈，救出你弟，须依我一件事，不然的话，莫说救不出你弟，便是你也会成为千古罪人！"

芈氏忙不迭地点头，殷切地看着张仪往下说。

张仪望了眼令尹府，说道："等会儿你就跪在令尹府外，负荆请罪，若非令尹大人放了你弟，不然你就别起来。"

芈氏愕然道："若是他不放了我弟，难不成我要永远跪在他家门前？"

张仪道："我这便去见楚王，只要说通了楚王，可教你弟无忧也。"

"可有把握？"芈氏紧张地问道。

张仪不置可否，说道："你只管去跪在令尹府外，把昭阳阻在府内，不叫他出门便是。"

事实上张仪也没有把握，对他来说，与楚联姻本是小事一桩，轻而易举之事，可如今与人命官司纠缠在一起，而且死的还是令尹的侄子，万一楚怀王与令尹一个鼻孔出气，非要让魏冉抵命，那么秦楚联姻之事也就泡汤了。

芈氏无奈，在一家客栈讨要了两根柴枝，插于后背，便走到令尹府前跪了下来。一时迎来路人围观，芈氏却道："非我有罪，乃因家弟与令尹大人的侄儿赌斗，家弟不慎失手，打死了他家侄儿，奈何令尹大人要杀家弟抵罪，这才在门前负荆谢罪。"如此一来，众人七嘴八舌地说将开来，围观之众越来越多。

楚王宫内，两班文武赫然在列，楚怀王端坐王位之上，待张仪参拜之后，也没见他有什么动作，只不冷不热地说了句免礼，便没了任何话语，整个楚廷也是鸦雀无声，氛围显得有些怪异。

这是张仪首次面见楚王，却是并不陌生。作为杰出的纵横家，对列国的那些主要人物他是了然于胸的，楚怀王的形象与他之前想象的相差无几，肥头大耳，白白胖胖，若非穿着国君的衣服，走到大街上，十有九人会认为这是位唯利是图的富商，一个贪字分明写在脸上。因此，即便是面对此时这种怪异的氛围，张仪也并不为意，提了一口气大声道："张仪此行，乃为秦楚两国联姻而来，不知楚王看了国书后，意下如何？"

"呵！"楚王怪笑一声，阴阳怪气地道："联姻吗？你是来挑衅的吧？"

"此话差矣！"张仪一听这语气，便知昭阳虽没到，却已然有人将令尹府发生之事告知楚王，当下淡淡一笑道："敢问楚王，若为挑衅，秦国可会派一国之相来做此事？若为宣战，一纸战书足矣，何须千里迢迢赶来杀人？"

楚王"嘿"的一声，虽没接话，但语气显然少了些许敌意。张仪亢声道："大王该知眼下公孙衍挑唆五国，合围秦国之事吧？"

"知道又如何？"楚怀王不由然接了话头。

"这便是了。秦国不傻，张仪自问也并非毫无头脑之辈，在五国围秦之际，张仪千里赶来，挑衅楚国，与秦何益？恐是再痴傻之人也断然做不出此等荒唐之事。"张仪两手一拱道："张仪此行，诚心与楚结盟，天地可鉴！"

"哈哈……"楚怀王陡然仰天长笑，直笑得泪水都出来了。

张仪眉头一沉，问道："大王因何发笑？"

"莫非你不觉得可笑吗？"楚怀王抹了把眼泪水，霍然把脸一沉，阴阳怪气地道:"秦乃虎狼之国,灭了好啊,灭了秦国,我楚国上下定然举国庆贺。此时与你结盟,嘿嘿!你是不傻,可你当本王傻吗?"

楚怀王话音甫落,张仪也是霍然纵声大笑,同样笑得泪水都出来了,但他比楚怀王笑得更夸张,边笑边用手指着楚怀王,那神情仿佛看到楚怀王脸上凭空多生出只眼睛出来,令其忍俊不禁。

这下楚怀王蒙了,秦亡国在际,现又无法与楚国达成联盟,却还有何可笑之事?是时,朝臣之中,有一个人跃然而出,叱道:"张仪休要放肆!"

张仪抹了把泪水,见那人三十开外,面庞清瘦,双眉如剑,目如朗星,颔下一缕青须,于儒雅之中带着一股愤懑之色,他虎视着张仪,仿佛张仪欠了他一屁股债似的,竟是满脸的恚怒。

张仪转了个身,作揖道:"这位可是左徒①屈原乎?"

"你倒是识得我!"不容张仪发话,那屈原紧接着道:"非是我看不起你,但是看你方才所为,诚为外面所传的狂妄之徒,凭三寸不烂之舌存于列国之间。我且问你,何故到我楚廷发狂?"

面对屈原的质问和藐视,张仪却是不怒,反而又将手一拱,作了一礼,方才道:"久闻屈子大才,张仪仰慕已久。屈子所言不差,张仪确是狂妄之徒,除了这一张嘴之外,全身上下别无用处。但是张仪在秦国为相,对眼下之时局却是了然于胸的,试问屈子,何为合纵?"

屈原哼的一声,道:"联弱抗强,是为合纵。"

"好!"张仪高叫了声好后,转身面向楚怀王道:"敢问楚王,当今战国七雄,哪国为强?"

楚怀王道:"自然是楚、秦、齐三国为最强。"

张仪微微一哂,说道:"公孙衍联合魏、韩、赵、燕、中山五国,合围强秦,目的在于要削弱秦国,甚至灭我秦国,秦国一亡,三强之中少了一强,接下来便是灭齐吞楚,三强一灭,天下便是他们的天下,这便是公孙衍的合纵之策。楚王适才说,秦国灭了好,灭了秦楚国上下举国庆贺,敢问楚王,秦国一灭,五国挥师楚国,你如何欢庆?相反,若是有朝一日秦国当真灭了,楚国也难逃灭国之灾。故当务之急,楚应与秦抱团取暖,相互照应,兵发韩魏,与秦一道破了那合纵之策!"

---

① 左徒:楚国特有的官名,其他诸侯国皆无此官衔,有说是专为屈原而设,至今尚无定论。

楚怀王沉眉思忖片刻，正要发话，却让那屈原抢了话头，"启禀我王，秦狼子野心，与其结盟，何异于与虎谋皮，指不定合纵一破，他便反过来咬我们一口……"

楚怀王摆了摆手，没叫屈原说下去，温声细语地道："左徒啊，你所言不过是臆测之词，依本王看，那五国确有吞强灭强之意。特别是那中山国，他算是什么东西，巴掌那么大的一块地方，挤在燕赵之间苟延残喘，也敢在这乱世之中插上一脚，他想干什么？无非是想趁乱坐大，分一杯羹。那些弱国要怎么分呢？无非是联合起来，削弱强国，他们才能在这大争之世稳坐江山。"他稳住了屈原的情绪后，转目朝张仪笑道："我听说秦相找了位泼妇，想把她带去秦国为妃，这是秦君的意思，还是秦相自己的意思？秦人的口味不可谓不重，想我楚国多美女，秦相偏偏就挑了个泼妇，哈哈！"

楚怀王的这句话直接戳中了张仪的痛处，此时此刻，他突然有种想将此事的真相说出来的冲动，可瞟了眼屈原那虎视眈眈的样子，便又马上打消了这念头，如果此时把芈氏的事拿到朝堂上来说，屈原必然会趁机借此说事，不啻自找麻烦。再者，说到底所谓的联姻，不过是讨一纸盟书罢了，至于那姑娘怎么样，秦君是否喜欢，都是次要的。

想到此节，张仪笑了，浑没将楚怀王的揶揄之词放在心上，他知道楚怀王动心了，随便派一民女去秦国，便可少了一场潜在的危机，这样白讨便宜的生意楚怀王肯定愿意做。当下说道："楚王可想见见那泼妇？"

"好啊！"楚怀王显得兴趣盎然，"本王倒想看看敢到令尹处闹事的泼妇到底长什么样！"

当下便唤了人去传。不多时，那芈氏随同一脸阴沉的昭阳进得殿来。

楚怀王伸长了脖子望着芈氏，只见她虽素面朝天，却出落得十分水灵，看似清纯得不食人间烟火，偏又嘴角含笑，眉目含春，有一种二十来岁少女所没有的成熟风韵。最让楚怀王诧异的是，面对满朝文武，她居然落落大方，丝毫不见拘泥。正自楚怀王看得出神之际，那芈氏却突然向其抛了个媚眼，然后将头偏向一隅，微微抬起，不去正眼看他，分明带着一分挑衅。但是从楚怀王的这个角度看将过去，正好看到她微微抬起的尖尖的白皙下巴，显露出少女的狡黠和调皮，直把楚怀王看得心头怦怦乱跳。要不是昭阳重重地咳了一声，估计一时半会儿回不过神来。

芈氏的举止张仪——看在眼里，他怕其又生出事端来，朝楚怀王道："启禀楚王，便是这位姑娘愿意远赴秦国，要以娇弱之躯去化解国家之危机，此等忧国忧民，实属罕见！"

经了张仪这张嘴，芈氏瞬间成了拯救家国之英雄，情愿为国家献身之烈女，连芈氏本人听了都觉诧异。然昭阳一听此话，却是把一张老脸拉得更长了，"好个张仪，果然能把死的说活了，照此说来，老夫岂非还得感谢她？"

楚怀王见了芈氏后，陡生好感，如此爱屋及乌，对张仪的敌意也荡然无存了，笑道："令尹大人啊，本王知道你侄儿的命没了，心中愤恨难平。但细想一下，张仪的话也不无道理，五国合纵欲削弱强国，楚国岂能无忧？未雨绸缪嘛，楚国确实得防他们一着，这姑娘既然愿意去秦国，为我楚国远赴异地联姻，也属不易，念其一片报国之心，依本王看，令尹大人姑且忍了这口气，权当是为了楚国安危。"他也不管昭阳是否愿意，又朝芈氏道："你既替楚国联姻赴秦，便是本王的妹妹了，就是楚国的公主，到了秦国，勿忘母国之恩。"

芈氏闻言，心花怒放，顺着楚怀王的话道："妹妹见过我王，敬请我王放心，无论妹妹到了哪里，都将母国的利益放于首位，不敢忘母国之恩。"

楚怀王听了这话，心里十分舒坦，笑得眼睛只剩了一条缝。

从宫里出来后，芈氏大为兴奋，如今别说弟弟的性命无忧了，自己还成了楚国的公主，真的是因祸得福，一路上叽叽喳喳地说个不停。可是张仪却是沉着脸，一副心事重重的样子。芈氏觉得奇怪，问道："楚王已答应发兵攻魏，五国合纵之势即将瓦解，你却为何发闷？"

张仪看了她一眼，道："你果然觉得危机过去了吗？"

芈氏朝周围看了看，见没异状，又问道："什么危机？"

张仪道："昭阳虽迫于无奈，答应放了你弟，但我看他的神色，怕是不会善罢甘休。你且想想，杀了你弟，与两国联姻有多少干系？"

芈氏一听，脸色顿时就变了，朝着张仪喊："若是我弟性命不保，休想让我去秦国联什么姻！"

三、一朝入秦宫，宫闱深似海

夜有点儿黑，乌云不时地遮蔽月光，使得月光时隐时现，教夜色显得有些诡异。

一支十人骑队好像是从黑色的尽头处奔驰而来，随着蹄声渐近，方才慢慢地看清了这些人的穿着，每人都是黑衣劲装，黑布蒙面，背插一柄短刀，转过一道山口时，发现前面行驶着一辆马车，车声辚辚，即便在夜色中依然十分醒目。领头的黑衣人"嘿"的一声，低沉地喝了声，"追上去！"

没一会儿，骑队把马车围了起来，马匹惊嘶间，刀光一闪，朝马车上的一人劈将下去！

车辆周围的十来个侍卫惊呼着操戈上前抵挡，与此同时，陡听马车上传来一声呼喝："你们要做什么？"

那持刀之人"咦"的一声，身子倒跃，刀光闪没间，落在了侍卫前面。

马车上那人下车走上两步，拱手作了个揖道："在下张仪，不知阁下何许人，为何拦我去路？"

前面的那黑衣人道："我们只找魏冉，劝秦相把他交出来吧。"

张仪哈哈笑道："阁下此话问的好生奇怪！魏冉行踪我怎知晓？至于他的姐姐芈氏，昨日便已启程入秦了。"

"秦相果然非同常人！"黑衣人冷笑道："竟是把人先我等一步送入秦了！"话落间，招呼了一声，率骑队纵马而去。

骑队消失在夜色中时，从路边的山坡上冒出来两人，正是芈氏和魏冉姐弟俩。

那芈氏走到张仪近前，拍了拍他的肩膀笑道："有本事，果然有本事！小施一计，便把那些没大脑的骗了过去。"

张仪退了一步，郑重其事地道："我等尚在楚国，还是快些赶路吧。"

芈氏把眼一瞪，嗔道："我且与你说，如今我是楚国的公主，入了秦便是秦国的王妃，我拍你的肩便是主动向你示好，你却不识好歹。"

魏冉知道他这位姐姐的脾性，怕一拉开话题就没完没了，急道："姐姐，此乃是非之地……"

话犹未了，陡听一阵蹄声传来，几个人向前一望，霍然色变，竟是那支黑衣劲骑折而复返！

魏冉是个暴烈性子，撩了撩袖子道："是福不是祸，是祸躲不过，我去跟他们拼了！"

说话间，那些人已飞驰而至，马队一散开，就将他们围了起来。魏冉一声轻喝，未待对方发难，却是抢先动手了。秦国的十来个侍卫也不敢怠慢，纷纷杀将上去，一时间厮杀之声划破夜空，震彻了寂静荒山。

然而那十个黑衣劲装武士个个都是训练有素的好手，下手狠，动作快，秦国侍卫都不是他们的敌手，没多少工夫就死伤过半。倒是魏冉天生神力，与他们斗得正酣。这时，其中一个黑衣人轻叱一声，扑向一边的芈氏。张仪是个手无缚鸡之力的书生，看着对方扑上来，却是手足无措，眼睁睁地看着芈氏被对方抓了去。

那黑衣人把刀架在芈氏脖子上，大喊一声："都住手吧！"

魏冉见状，眦眦欲裂，喝道："魏冉一人做事一人当，不就是想要爷项上人头吗，来吧！"

那黑衣人冷笑一声，轻喝道："把他绑了！"

一旁的黑衣人正要上前去擒魏冉，却听得芈氏一声娇喝："且慢！谁敢再上去一步，我就死在这里！"

张仪大吃一惊，转眼间只见芈氏牢牢地抓住了黑衣人架在她脖子上的那把短刀，但要稍微一用力，就可割破喉咙。芈氏毕竟是楚怀王在大殿上亲封的公主，那些黑衣人见此情景，果然停住了脚步。

张仪也没想到她性子这般刚烈，一时竟是愣在了那里。

魏冉大急，祸是他闯的，倒让姐姐赔了性命，岂是男儿所为？便急叫道："姐姐你这是做什么，快把手松开！魏冉堂堂七尺男儿，自当担责！"

"你担什么责？你我虽是同母异父的姐弟，可父母双亲去世得早，这些年你我相依为命，吃了多少的苦楚。是姐姐无能啊，这许多年来，一直没能让咱们过上好日子，你这才去做打拳的营生，这怪谁啊！"芈氏大声地叫喊着，边喊边哭着道："本想去秦国为妃，能让咱们姐弟过上好日子，可谁想命运多舛，没那个福分，这什么鸟王妃我也不做了，让他们把我带回去吧，你快走！"

"姐姐……"魏冉两眼通红，随时都欲冲上去拼命。

张仪在一边听着芈氏的话，所谓旁观者清，细细咀嚼了番芈氏之言，油然对她生出股敬佩之情。要知道芈氏如今是楚王亲封的公主，她赴秦联姻，乃为调解两国之关系，破解五国相王，与楚国谋利，此事朝野尽知。诚如张仪所言，其乃救国之英雄也。况且如今国书已签，芈氏已是名正言顺的秦国王妃，这些黑衣人若是把芈氏带了回去，等于是捧了枚烫手的山芋，能叫昭阳吃不了兜着走。

想通了这一节，张仪便也催着魏冉走。可那魏冉一来想不到此中情由，二来祸本来就是他闯的，如今见姐姐命在旦夕，却是如何也不肯走。张仪生怕这些黑衣人也缓过神来，想通了此中缘故，便道："你姐舍身救你，唯望你日后成就一番大业，你如何还不听劝？"

芈氏明白张仪会了她的意，便把眼一挤，泪水潸然而下，不知是配合着张仪往下说，还是真动了情，泣声道："你若当真不走，我现在就死在你面前！"说话间，把手一紧，脖子就要往刀口上凑。吓得那黑衣人要把刀抽回，可芈氏哪容他此时把刀收回去，两只手紧抓着刀背，怎么也不松开。

魏冉着实吓坏了，怕这么下去芈氏真就丢了性命，忙道："弟弟这便走。但请姐姐放心，魏冉就算拼了这条性命，也会把你救出来！"说完之后，便当真回身走了。

那些黑衣人眼睁睁地看着魏冉离开，追也不是，不追也不是，一时竟杵在当地，不知所措。等魏冉走远了，领头的黑衣说道："把她带回去，有她在，不怕那小子不落网！"说话间，把芈氏一提，提上了马，带着一干黑衣人扬长而去。

张仪叹了口气，差两人去把魏冉找了回来。

事实上魏冉根本没有走远，只是躲在了一处山丘后面，待黑衣人走了后，便又来找张仪商议。

张仪见他额头青筋暴起，两眼通红，情知他正在气头上，于是将他拉到一边，从腰间取出一块玉佩，交到魏冉的手里，说道："你带着此玉佩先去咸阳，若有人查问，你出示玉佩便可通行无阻。"

魏冉急道："我姐姐怎么办，不管她了吗？"

"但要你离开，你姐姐便可无忧。"张仪道："我保管昭阳明日会乖乖地把她送回来。"

魏冉知道张仪不是寻常人，听他如此一说，倒是放心了，两手一拱，一揖到底，行了个大大的礼后，连夜去了秦都咸阳。

翌日一早，张仪正在驿馆休息，便见昭阳领了芈氏而来，黑着张脸走到张仪近前，说道："张仪不愧是张仪，此番你赢了。"

张仪却也不跟他客套，"张仪奉劝大人，当以国事为重。"

昭阳怒道："你言下之意是说内侄之死，不值一说？"

张仪冷笑道："说了又有何用？"

昭阳气得颔下的几缕白胡子根根倒竖，"你也切莫高兴得太早了，楚国与秦国早晚一战，老夫倒要看看，谁能笑到最后！"

"不错，楚国与秦国的确早晚有一战，但不是现在。"张仪作了个揖道："请大人好生保重！"

旬日之后，张仪等一行人进了咸阳城，进了宫后，张仪叮嘱芈氏道："一入宫门深似海，姑娘入了秦宫之后，须收敛些性子，不然在宫里是要吃亏的。"

芈氏边应着，边跟着张仪入内，正说着话，忽见内侍传话，说秦王让张仪速去相见。张仪笑道："如此正好，芈姑娘与我一同去见我王吧。"那内侍却道："王上并未召见姑娘。"

芈氏一听，便来了性子，嗔道："本姑娘千里迢迢而来，他说不见就不见，岂是待客之道？"

张仪忙道："许是王上有急事待处理，请姑娘先去后宫歇息吧。"当下吩咐侍女领芈氏去后宫，便径自去见嬴驷。

嬴驷正站在偏殿的一张硕大的羊毡地图前揣摩，见张仪进来，笑道："相国，齐国发兵中山国了！"

嬴驷兴奋得像个孩子，一扫脸上的阴霾，两腮之上竟现出微微的红晕。他把张仪拉到地图前，又道："你看齐国发兵中山国，燕赵两国会如何？"

张仪略作思忖，道："中山小国之所以可在列国间生存，乃因其之国土嵌在燕赵两国之间，实际上如同两国的一道屏障，故燕赵两国便如相约好了一般，谁也不会去动他。今齐国一动中山国，必然牵动燕赵两国，依臣之见，燕赵肯定退兵。"

嬴驷两掌一拍，道："我也是作如此想！楚国如何？"

"在我离楚之时，楚国已然发兵攻魏。"

"好！好！"嬴驷连叫了两声好之后，又问道："我们该当如何打算？"

"先打后抚。"张仪道："与楚军联合，先将魏国痛打一顿，把他打痛了，打怕了，再去安抚魏王，与之结盟，如此一来，魏王便会放弃公孙衍的合纵之策。"

"你不是人！"嬴驷认真地道："你是人精！"言毕，君臣相视而笑。

谈完政事之后，张仪便将芈氏入秦之事说了。嬴驷勤于政务，听了之后却并不如何在意，只说以后再见她。

一连数日不见君王面，芈氏的心里开始有些忐忑，每日无事便坐在宫里揣测，是秦君根本没把楚女放在眼里，抑或说联姻不过是一种政治手段，联姻成功了，楚女入秦一事就不会放在心里了？

芈氏越想越觉得悲哀，本以为入宫为妃是件十分荣光之事，不曾想沦为政治的棋子，有可能后半生将孤独地在这宫里老死。

芈氏越想越是不安，胸口憋闷得慌，当下起了身，想去外面透口气。走出寝宫时，深吸了口气，只觉精神为之一振，纷乱的思绪也有了些许的头绪。心想眼下一时见不了君王，长此下去，也不是办法，入秦一事是由张仪一手促成的，此事少不得要去找张仪商量。

心中有了计较，便决定找个人去知会张仪，叫他来宫里商议。寻思间，不知不觉到了一座花园之内，不远处有一位五六岁的男孩正拿着柄木剑在那儿耍玩，见芈氏过来时，许是玩入迷了，那小男孩把木剑一指，操着稚嫩的童音道："站住，我乃大秦武士，镇守此关，来者何人，通报姓名！"

那小男孩长得浓眉大眼，虎头虎脑的，架势摆得有模有样，十分可爱。可芈氏此时却是无心跟小孩玩笑，也不去理会，换了个方向继续往前走。

那小男孩见芈氏对他不加理会，顿时着了恼，"你这人好没道理，再不站住，小心我叫人把你抓起来！"

芈氏入秦后，备受冷落，如今不招君王待见倒也罢了，却无端受到一个黄毛小儿的威胁，心里本就窝着火，被那小男孩一声喝，越发气恼，也没去想这孩子是什么人，把柳眉一竖，道："哪来的野孩子，滚一边儿去！"

这时，站在旁边的一位侍人走过来，朝芈氏喝道："你却是哪来的野丫头，公子让你站住，你站住便是了，却还出言不逊！"

"呵！"芈氏气极反笑，朝那侍人道："你且给我听好了，本姑娘不是秦国人，不受你等约束，我不管他是公子还是母子，现在我要出去，少挡我的路！"

那侍人在宫里许多年了，住在宫里的人他基本相熟，见芈氏面生，想来至多是一名新来的宫女，便想好生教训她一番，叫了两名侍卫来，要抓芈氏。

芈氏敢去大闹令尹府，本也并非善茬儿，现下心中有气，正愁没处发呢，见侍卫过来，霍地一声吼："都以为本姑娘好欺负吗？来这宫里半个多月了，没一个人理我，这倒也罢了，却教一个黄毛小儿来管教我，他算是什么东西，也敢支使本姑娘？"

言语间，看两名侍卫一步步逼将过来，芈氏把银牙一咬，心想王宫便又如何，今日就闹他一回，兴许还能引起王上的注意，当下娇喝道："谁敢放肆，休怪我无理了！"说着就朝着侍卫手里的剑迎将上去。

侍卫不知道她的身份，更不敢在宫里随便杀人，见她朝剑尖撞来，忙不迭退了几步。

就在这时，陡听花园门外有人一声喊："惠文后到！"

喊声落时，五六个侍女簇拥着一位妇人走入花园来。

芈氏抬头望去，见那妇人也不过二十五六岁的样子，凤目斜睨间，不怒自威，那些侍人均是低着头，不敢与之直视，待其一站定，侍人纷纷行礼，好不气派。

芈氏见状，心想原来她就是王后，果然是气度不凡！

心念未了，只听那小男孩叫了声："娘！"跑去了惠文后身边。芈氏一怔，这才明白为何这些人会有如此大的动作，原来这小男孩竟然是秦国公子！

惠文后细长的蛾眉微微一扬，看着芈氏道："你想做什么？"

"我不想做什么。"芈氏虽也有些畏惧，但事到如今说什么都晚了，索性把心一横，说道："我本只是想出宫去，却不想被你儿子阻拦，非但是拦了，还要叫人来抓我。"

一旁的侍人忙插嘴道："公子只是玩耍罢了，她却出言不逊，骂公子是野孩子，我气恼之下，才叫人来抓她的。"

惠文后闻言，饶有兴趣地看了芈氏一眼，心里大概明白她是何人了。她前些日子听说张仪去楚国联姻，且带了位楚国的姑娘来，此人既不识公子，不是楚女还能有谁？思忖间，美目流转，暗忖：既然君王不曾临幸，我索性装作不知她是什么身份，趁此机会把她抓了，然后想个法子，伺机将她支出宫去，免得扰了王上的心神。

所有女人的内心都不想别人分享她的男人，惠文后自然也不能例外，目光朝侍卫身上一扫，"抓了她，关起来！"说完之后，径直领了那小男孩转身就走，任由芈氏如何大叫，也不予理会。

且说魏冉逃到秦国后，便在相国府暂住了下来。这一日，见张仪从宫里回来，便上前问道："相国，可有见到我姐姐？"

张仪摇头道："不曾见到。"

魏冉又问："可曾有我姐姐的消息？"

张仪又摇头："没有。"

魏冉急了，道："入秦半月有余，虽说侥幸捡了条性命，却倒像与她阴阳两隔了，莫说见一面都难，连她的消息都没有。"

张仪道："后宫的事为臣的不方便问，我也无可奈何。"

"魏冉求相国一事。"

"你不会想入宫吧？"张仪惊道。

"正是。"魏冉道："堂堂相国，进宫之时带一名随从是再寻常不过的事了，明日上朝之时，我扮作你的随从一起进宫，只要进了宫，我自会向宫女打听姐姐的住处，只要见她一面便可，绝不给你添麻烦。"

张仪料想芈氏也是如此思念弟弟，想来入秦后他们未尝见过一面，念他们姐弟情深，便应了下来。

次日一早，东方刚露鱼肚白，魏冉扮作随从的模样，随着张仪的马车往宫里去。一路上张仪交代他入了宫后需要注意的地方，不可随性而为，魏冉只是点头应承，此时在他心里看来，只要能见到姐姐，什么事都能答应。

及至入了宫，张仪还是觉得不放心，临分手时，又开始叮嘱，魏冉笑道："我的相国，今日怎么变得如婆娘一般，这一路上你已说过很多遍了。"

张仪却正色道："带你入宫，已是犯了禁忌，让你去后宫，是为大忌，非同小可，见一面后速回，然后在此等我，与我一同出宫。"

魏冉行了一礼，道："魏冉谨记！"

与张仪作别后，魏冉径向后宫而去，遇值事的侍者问起，便说是相府叫传一句话给王后，如此一路通行无阻到了后宫。可让魏冉讶异的是，问了几个宫女，那几个宫女神色怪异，一副欲言又止的样子，然后便摇摇头走了。

魏冉见此情形不由得蒙了，那些宫女的表情是何意思？莫非在后宫问个人也是禁忌？但转念一想，这似乎不可能，王上的女人再怎么金贵，也不至于让人打听一下都不行。在那一瞬间，魏冉想了很多，尽管没想出个所以然来，但是可以肯定的是，芈氏一定出事了！

想到此处，魏冉霍地转身，跑去找张仪，此事是他一手操办的，芈氏若出了事，他定是要负责任的。

魏冉一路打听，好不容易寻到了君王日常办公之所，到了门前时，却被两名守卫拦了下来，魏冉大怒，心想姐姐为救我入秦为妃，如今不知所踪，性命堪忧，却还叫我守什么礼数规矩，真是岂有此理！当下一声大喝："我要见张仪，让开！"手臂一伸，一手一个抓住了那两名守卫，提将起来，便是往左右一扔。他身如铁塔，力大无穷，喝声落时，竟把那两人扔出一丈多远，然后脚下一抬，跨入门槛，高声叫道："张仪何在！"

张仪正与嬴驷议事，闻得是魏冉的声音，不由得脸色一变，暗叫不妙，料知肯定出事了。

嬴驷不可思议地看了张仪一眼，似乎在说，找你麻烦的人怎么找到宫里来了？而后嘴角一撇，意味深长的"嘿"了一声，走了出去。张仪忙不迭紧跟其后，但见迎面而来的果然是魏冉，不由眉头一皱，道："我叫你不可闹事，你偏又来生事！"

嬴驷看了眼魏冉，又看了眼门口两名跌跌撞撞的侍卫，说道："你还关照他不可闹事了？要是不加关照，岂非要将我的宫殿掀了？"

魏冉却不理会嬴驷的揶揄，径自朝张仪道："张仪，我且问你，我姐到底去了何处？"

被这一问，张仪心里咯噔一下，"芈姑娘不见了？"转首看向嬴驷，似乎在说，这事就得问你了。

嬴驷却还是一头雾水，正要相问，却听魏冉大声道："好端端的一个大活人，入秦后便失踪了，你俩却还好意思在这里跟我装傻充愣？"

嬴驷这才回过神来，手指着魏冉问："你是说你适才去了后宫，遍寻令姐，却未见其踪？"

"正是。"魏冉道："打听了个遍，宫女都说听也没听说过此人。"

嬴驷两眼一眯，目中射出一道精光，"后宫居然会出这等事，倒真是奇了！"

后宫的一座院落里，一位宫女急匆匆地推开房门，朝里面的人道："快出来吧，王后要见你。"

屋里人沉吟片晌，说道："她要见我，我却没想要见她。劳烦带句话给王后，我在这里好得很，不劳她操心。"

宫女蛾眉一竖，嗔怪道："王后有心放你出来，你竟不知好歹！"

房里人只是哼了一声，便不再说话。宫女无奈，只得关了门，回身出来。

惠文后听完宫女回禀，脸色煞时就黑了，起身来回踱着步，眼神中分明有一丝慌乱。她本无心私自关押芈氏，不过是出于女人的私心，欲想个法子把她支出宫去罢了，谁曾想办法还没想到，魏冉就来后宫寻人了，还闹到了王上那里。

"我小看她了。"惠文后蹙着蛾眉道："早知如此，当初就不该把她关了起来。"旁边的宫女道："奴婢以为，既然她不想出来，索性叫医官开些东西，叫她永远消失罢了。在王上那里便说是入了秦后就染了疾。"

惠文后并非心狠手辣之人，听了此话娇躯微微一颤，回过身来叱道："休得胡说！我与她无冤无仇，何故置人于死地？再者做这种恶事，万一泄露了，你我也休想活命了。"

宫女问道："那便如何是好？"

"少不得我亲自去请她出来了。"惠文后轻叹一声，道："走吧！"

那宫女小嘴一撇，想说什么，却最终没有说出口，跟出了门去，心里却暗怪她心慈手软。

及至厢房外，惠文后推了门进去。里面的人正是芈氏，见到惠文后亲自来了，倒是出了芈氏的意料之外，便迎将上去行礼。

芈氏并不知道惠文后叫她出去所为何事，所以当侍婢来叫她时，她也只是赌着一口气，心想我虽身份卑微，却也不是可以任由人支使的，你让我出去，我偏就不出去了。这会儿见惠文后竟然亲自来了，心下着实吃惊不小，寻思莫非这女人想对我下毒手了不成？却在这时，只见惠文后虚手一扶，"起来吧，不必多礼。"

芈氏虽居于乡野，却也知道虚手相扶之礼表示的是一种尊重，然而惠文后态度突然转变，却更让芈氏隐隐觉得这其中必有蹊跷。

惠文后柔声道："早先误会妹妹了，刚刚得知妹妹竟是楚国联姻入秦来的，多有得罪。以后我们便是同室相处的姐妹了，这些不愉快的事，妹妹该不会往心里去吧？"

芈氏一听这话头，顿时便释然了，笑道："王后这么说，可折煞芈氏了，莫说是在这里关了几日，就算是王后打我一顿，我也不敢有半句怨言。"

"如此便好。"惠文后笑道："我正好今日得闲，妹妹可愿到我宫里叙叙？"

"芈氏出身贫寒，便是这等上好的厢房都不曾住过，在这里住了几日，好生快活。"芈氏浅浅地笑道："王后乃后宫之主，身份何其尊贵，如我之辈岂敢高攀，还是让我住在这里罢了。"

惠文后蛾眉一蹙，"听妹妹言语，似乎不肯给我面子？"

芈氏看了惠文后一眼，脸上端着笑，心里却想，我偏是不给你面子，却又如何？芈氏虽身份不如你，但也不是由你摆布的，今日反正闹了，索性就闹到底了，好歹要让秦王知道动静，不管结果如何，总比老死在这里强！

思忖间，只听旁边的宫女叱道："王后亲自来请你，你还端什么架子！"

芈氏吃惊地看着惠文后道："姐姐，这是你的侍女吗？"

"正是。"

"这可就怪了，今日你我姐妹叙话，有说有笑的，却叫侍女呵叱。"芈氏把脸一沉，"姐姐平时不管教侍女的吗？"

惠文后虽是后宫之主，但不善于与人斗心机，被芈氏这一番抢白，脸上顿时青一阵红一阵，疲于应付。

芈氏性情刚烈，心里藏不得事，窝不得气，便想把近几日被关在这里的气撒了，"今天我替姐姐管教了吧，教她以后休要没大没小。"挥手就是两个响亮的巴掌，把那宫女打的跟跄几步，险些跌倒。

惠文后的脸色苍白，俗话说打狗看主人，这两巴掌分明是打给她看的，是在报复。可偏偏魏冉已闹到了嬴驷那里，若是不将她请出去，教嬴驷得知是她把芈氏关了起来，少不得一顿怪责。此时此刻，当真是有气出不得，有怨撒不出，不由得冷笑道："好一个楚女，你就不怕此事做得太绝了吗？"

芈氏道："姐姐要如此说，却是没有道理了，你把我关在此处，我丝毫没有怨言，替你管教下奴婢，倒说我把事做绝了，我觉得姐姐要是真认我这妹妹的话，就不要在这些小事上计较了，可好？"

惠文后冷笑一声，眼里闪过一抹寒光，"妹妹，你不觉太自信了吗？"

"自信？我生活在穷乡僻壤，却不知道什么叫自信，只知人穷志不可短，但凡欺负到我头上来的，不管他是何出身，必以牙还牙。"此话并非芈氏矫情，倒说的是实话，不然魏冉出了事，她也不会去令尹府要人了。但为了避免与惠文后直接展开冲突，眼神故意朝那侍女瞥了一眼，"如有得罪姐姐之处，请恕妹妹无知，原谅则个。"

"好！好！"惠文后一连说了两个好字，把朱唇一咬，朝那侍女道："我们走！"

芈氏知道，她跟惠文后的梁子从此算是结下了，倘若秦国的王上日后不怎么待见自己，那么这后宫无疑会成为她的地狱。看着惠文后转身离去，芈氏开始盘算自己的后路。却正在这时，突听惠文后一声惊叫，撞在了一个人的怀中。

芈氏定睛一看，只见来者是个三十出头的男人，身材颀长，高高瘦瘦的，脸色看上去有些苍白，颔下一缕短须，在阳光下微微发黄，这使得他看上去略带了分凝重和沧桑。其身后跟了两人，一位是张仪，另一位却正是魏冉。惠文后出门的时候，正好一头撞在了那高高瘦瘦的男人怀中，抬头看时，着实吓了一跳，忙不迭慌慌张张地施礼，"臣妾见过王上！"

芈氏见张仪跟在此人身后的时候，虽已猜到了几分，但听了惠文后的话后，心里还是一阵恐慌，她不知道他是何时来到这里的，适才与惠文后的明争暗斗是否叫他听了去。

四、芈氏封八子，会盟遭暗算

赢驷是刚到这厢房外的，以他的身份自然也不会去偷听女人的谈话，令他没料到的是，还没跨入门，却被惠文后撞了个满怀。他吃惊地看了眼慌慌张张的惠文后，随后又抬头去看前面那位年轻的姑娘，她大大的眼睛里显然有丝恐慌，但是神色间偏又是那么的固执和倨傲，她只是呆呆地站着，既不出声，也不行礼。

赢驷知道眼前的这位肯定就是从楚国来的芈氏，但是初次见面，这位姑娘的形象却大出了他的意料。如果把女人比作猫的话，绝大多数猫在他的面前，都是温顺可人的，唯独她浑身上下带着一股子野性，眼神里面有畏惧，却也有抵制和防御。

赢驷挥了下手，叫惠文后站到一边，朝着芈氏走了过去，在距她三尺之外站定，将一对剑眉一蹙，问道："你便是芈氏，楚国来的芈姑娘？"

芈氏仿佛这时才回过神来，两腿一跪，将双手平放于地，磕了个头，大声道："芈氏拜见王上！"

赢驷回头看了眼张仪，那眼神有说不出的怪异，把张仪看得心头怦怦直跳，心想把这野丫头带进宫来，本就是权宜之计，如果王上看不上芈氏的话，怕是少不得一顿怪责了。

魏冉看到赢驷那毫无表情的脸，心里也是七上八下的，也在暗地里寻思，要是姐姐在宫里受冷落的话，后果真的不堪设想了。

赢驷摆了摆手道："你起来。"芈氏起身后，到一边恭恭敬敬地站着。赢驷转身面向惠文后问道："我有件事问你。"

惠文后隐约猜到了他要问什么，娇躯微微一颤，"王上但问无妨。"

"适才魏冉来后宫寻找芈姑娘，问了许多人都说没听说过此人，却是为何？"赢驷目中精光一闪，语气也越来越严厉，"她入秦，即便不是为联姻，也是楚国来的使者，却为何在这后院厢房之中，遭受这般待遇？"

张仪一看这场面，觉得氛围有些儿诡异，不由得皱了皱眉头。赢驷见了芈氏后，看不出有一丝的欢喜，但如果心里一点也不在意的话，却为何对惠文后这般呵斥？只是为了给自己面子吗？还是故意做的场面活儿，好教芈氏姐弟得知秦国对此次联姻的重视程度？如果是后者的话，芈氏在秦国的命运真的堪忧了。可偏偏此时此刻他看到了惠文后的惊恐，他们夫妻多年，若这真是场面活儿的话，惠文后岂有看不出来之理？

"是臣妾怠慢了……"惠文后"啪"地跪在地上，正要往下说，却不想芈氏把话头接了过去，"此事怪不得姐姐！"

张仪目光流转，吃惊地看着芈氏。嬴驷霍地转身，"呵"的一声冷笑，"却是要怪哪个？"

芈氏看了惠文后一眼，微哂道："芈氏久居楚国云梦泽，住惯了简室陋居，乍到王室大厦，却反而不习惯了，故坚持叫宫女安排在了这里。因这几日里深居简出，谁也不认得，愚弟到此，遍寻不到，也在情由之中。姐姐是今日方才知道我住在这里，降贵纡尊，亲自来请我搬将出去，芈氏一介民女，只望安生过日子，从不敢想哗众取宠，却不想惊动了王上，叫我好生惶恐。"

"果真如此？"

"芈氏初见秦君，岂敢有半点昧心之言。"

惠文后诧异地看着芈氏微笑着侃侃而谈，虽说在关键时候替她解了围，但她却发现自己越来越看不清此人了，只觉高深莫测。

张仪趁机道："既是如此，还请芈姑娘搬回宫里去。"

芈氏笑道："王上和王后的旨意，我岂敢违背，这便搬去宫里。"

从宫里出来后，魏冉就问道："刚才那一幕我实在没看明白，依相国看，我姐姐处境究竟如何？"

张仪端坐于马车上，沉吟了会儿道："不瞒你，我也看不出来。"

魏冉惊道："如此说来，必是凶多吉少了。"

"却也不必过于担心，芈姑娘七窍玲珑，多的是心眼，从令尹府到楚王宫，再到回秦时被半途截杀，她都举重若轻化险为夷了，在咸阳宫未必就有凶险。"

魏冉道："倘若她真有危险，我便接她回楚国。"

张仪瞪了他一眼，道："此乃家国大事，不可鲁莽，免得害了芈姑娘！"

魏冉一时语塞，隔了会儿，轻轻地叹了一声。

是晚，秦咸阳宫。

芈氏让宫女服侍着睡下了，因心里想着事儿，过了许久，依然翻来覆去的无法入睡。以前虽隐居于山野，却是无拘无束，无忧无虑，即便是与邻人拌了几句嘴，那也是一时的不快，隔两日就会烟消云散，和好如初。可如今入了深宫，虽道是锦衣玉食，前呼后拥，却浑身的不自在，与人拌几句嘴，就有可能让脑袋搬家。

想到此处,眼前霍然浮现出惠文后来,今日逞一时之快,气倒是出了,却也与她结了梁子,且不说能否得到秦君的宠幸,即便是博得了君王的欢心,也是四处危机,步步惊心。只觉越想越是心烦,便起身吹熄了灯,独自一人坐在榻前发呆。

不知何时,芈氏发现房里多了一个人影,那人站在窗影下,面朝着自己站着,月光正好背对着她,黑乎乎的看不清是谁,不由得吓了一跳,惊呼道:"何人!"

那人没有出声,移动脚步,悄无声息地走将过来。芈氏唯恐是有人派来杀她的,吓得面无人色,一点一点朝床内挪去。那人"嘿"的一声怪笑,霍地纵身一扑,将芈氏扑倒在床上。是时借着微弱的光亮,芈氏看清是谁了,不禁又惊又喜,嗔道:"一国之君,偷偷摸摸地闯入小女子房内,是何居心?"

"你说是何居心?"嬴驷喘着粗气道:"我知道你野性未驯,今晚我便要收了你。"

芈氏咯咯笑道:"你收得了我吗?"嬴驷却不说话,伸手便撕她的衣服。芈氏惊叫一声,边挣扎边叫道:"你果然是禽兽,快放开我,禽兽……"

入夜后的后宫十分静谧,这里的人都习惯了这份静谧,到了时候便安然睡下了。可是这一晚,这份静谧却被芈氏的叫骂声打破了,在寂静的夜里听来,十分响亮刺耳。

侍女们纷纷起身,讨论起了芈氏的叫喊之声,有的深为不齿,认为芈氏太过放荡,有的则当是笑话,边说边嗤嗤地笑。白日里被芈氏打过两巴掌的那名侍女实在听不下去了,穿上衣服去了惠文后处,说那芈氏着实太张狂了,她这肆无忌惮地叫喊,分明是在向王后示威,她如今得宠了。

惠文后却不说话,一个人默默地坐在黑暗中,不知道在想什么。

一番云雨后,后宫终于恢复了平静。芈氏斜睨着嬴驷,似笑非笑地道:"原来你真的如禽兽一般。"

嬴驷也似笑非笑地看着她道:"听你这口气,是不愿意吗?"

芈氏双颊绯红,娇喘吁吁地瞟了嬴驷一眼,含羞地低下头去。嬴驷挣扎着起了身,把身子半靠在床头,一脸笑意地看着芈氏道:"没想到张仪会带你入秦!"

芈氏听得出来,他对自己尚且满意,却故意问道:"王上不喜欢我吗?"

"喜欢,甚是喜欢!"嬴驷笑道:"你是秦国的福星啊!"

第二章 机缘巧合,芈氏入秦

"此话从何说起?"芈氏不解地问。

"你入秦之时,楚国便出兵了,岂非就是秦国的福星吗?"

芈氏闻言,也很是高兴,"果然如此的话,秦国之危便可解了。"

嬴驷嗯了一声,"秦楚两国联兵伐魏,楚军在襄陵(今河南睢县)大败魏军,我军则攻打曲沃(今山西曲沃),与楚军遥相呼应,不出几日,魏军必退。此外齐国已在攻打中山国,中山虽为小国,却关系到燕赵两国之利害,所以齐军一动,燕赵两国也无心在我大秦嚷嚷了,如此五国围秦之军来年必退。"

"如此恭喜王上了!"芈氏笑道:"此一番解秦之围,我可算是首功否?"

嬴驷一把将芈氏搂在怀里,哈哈笑道:"可算头功!"

芈氏笑着依偎在嬴驷怀中,她知道此人志在天下,胸有平天下吞诸国之气势,在此后的日子里,她经常在床头与嬴驷说一些时局,投其所好。虽道芈氏不过是一个乡野丫头,不通谋略,但是她肯学好问,不多久便基本掌握了当今天下之格局。因了这个缘故,与嬴驷交流甚是投机,哄得嬴驷开心不已。如此一连两月,嬴驷基本天天在芈氏这边过夜,倒把惠文后冷落了。

惠文后虽说心中嫉妒,常常暗自神伤,却也无可奈何。

次年秋末,即公元前324年,芈氏诞下一男婴,嬴驷添了位公子,自是十分高兴,取名稷,封芈氏为八子。

惠文后一连数月难得见君王一面,以为自己即将失势,很是担心,这时听说王上只封了芈氏为八子,这才放心了些。按照秦国后宫的规矩,共有八个等级,分别是皇后、夫人、美人、良人、八子、七子、长使、少使等,八子的职位并不高,甚至可以说是比较低的。

芈氏一听八子这个封号,老大不高兴,嗔道:"王上封什么不好,偏封了个八子,排行第八不说,按照民间的说法,排行第八就是老八,这与直接叫我老王八何异?"

宫女一听,扑哧笑道:"王妃说笑了!八子非是排行第八,应是排第五,在美人和良人之后。"

芈氏闻言,越发的不高兴了,说道:"你说我不美吗?还给他生了公子,他就不能封我个美人吗?"

不过怨归怨,她从不在嬴驷面前讨要封赏,只投其所好,旁敲侧击地说一些国事。这一晚,芈氏一脸的喜色,说道:"恭喜王上,听说五国之军已撤,秦国这下便无威胁了!"

嬴驷吐了口气，也笑道："那些鸟人，整天想着伐秦，恨不得一夜之间就把大秦削弱了。"

"我大秦岂是那么好对付的！"芈氏咯咯笑道："接下来，王上该是去对付魏国了吧？"

"把魏国打痛了之后，再去抚慰，谈何容易啊。"嬴驷望着屋顶幽幽地道："此事却又要为难相国了。"

"这好比打狗，把它打痛了之后，再去抚慰她，必投其所好。"芈氏半是玩笑半是认真地道："相国精于此道，怕是不难。"

嬴驷闻言，禁不住纵声大笑，"你这比喻打得妥帖至极！"

芈氏正色道："臣妾有个想法，不知当说不当说。"

"先说来听听。"

"我到时可否跟着相国前去？"

"莫非你精于打狗之法？"嬴驷好奇地问。

芈氏笑道："臣妾乃一介女流，何来打狗之法。臣妾只是跟着相国前去，坐在那里，却不说话。"

嬴驷再次抬头望向屋顶，显然他在思考芈氏的话。芈氏只是看着他，也不说话，屋里一下子沉默了下来，变得十分寂静。

须臾，嬴驷收回眼神，道："准了，等来年相国约了齐、楚、魏三国之后，你跟着相国去吧。我要让魏国知道，楚国是大秦的盟亲，他要是坚持合纵，我不只要联楚灭魏，还要灭了他三晋，让那些弱国再无翻身的机会！"

公元前323年秋，秦约齐、楚、魏等三国大臣在啮桑（今江苏沛县）相会，此次会盟，是张仪连横策略中的其中一步，源于魏国联五国相王、合纵伐秦失败，魏惠王魏䓨对齐、楚两国从中作梗一事恨之入骨，因为若非他们插上一脚，秦国极有可能在五国的打击之下被削弱，甚至是被灭国。如今不仅相王、伐秦功败垂成，还让楚国趁机夺去了八个城池，让秦国夺去了曲沃、蒲阳等地（今山西隰县），如此一来一去，损失何其大。

张仪瞅准了魏惠王的心思，借口帮三国调和，促成啮桑会盟，目的在于进一步与齐、楚二强结为盟好，企图迫使魏国归附秦国，为秦国东出①打下基础。

然而张仪心里知道，此番联盟实际上是一场极其困难的攻坚战，尽管没

---

① 秦国东出：秦地位于陕西，其东边就是山东六国，东出有进军中原之意。

有弥漫的硝烟，没有剑影刀光，但肯定是暗流汹涌，危机暗潜。如果失败，很有可能再来一次合纵攻秦，那就麻烦了。

在动身的前一晚，张仪通宵未眠，不管是弱以攻一强的合纵，还是以一强攻众弱的连横，它们只是在这乱局中的一种政治主张，孰优孰劣，却难分说，而且只要方略得当，任一主张都有可能使某一国成为众诸侯之霸主。因此，此次要想让魏国依附秦国，光示好是不行的，还得示强，既要让他得到好处，又得让他受到威胁，这中间的分寸需把握得极好，不能轻也不能重，更不能让齐、楚看出秦国的野心，不然的话，有可能会使挈桑会盟变成齐、楚、魏三国联盟之会，那就大大的不妙了。

翌日，天气大好，东方朝霞满天，红光耀耀，这在大寒之日是个十分难得的天气。芈氏一大早便来到了相府，会合了张仪、魏冉之后，带了一小队侍卫，轻车简行地出发了。

"相国去挈桑了，按理今日该到了。这是破合纵的最后一步，也是最关键的一步。"嬴驷看着对面所坐的同父异母的胞弟嬴疾，神色凝重，一双剑眉时不时地挑动着，显然内心有点紧张。从表面上看，这是一次邦交会晤，但如今七国纷争，为了各自的利益什么事做不出来？若是把魏国惹怒了，张仪便有性命之虞。嬴驷心里没底，就把号称为"智囊"的嬴疾叫了过来。

嬴疾①能文能武，从表面上看，肤色黝黑，体格强壮，像个武夫，实则骨子里是个书生，而且是个语出惊人，从不墨守成规的书生。他性格外向，虽好读书，却不与书生来往，平日里只与武夫论棒比斗，可在紧要处却比寻常人心细，能从细节处看出乾坤。

嬴驷看着嬴疾继道："这一步走好了，大秦东出、染指中原有望，若是走不好，别说相国有危险，便是秦国也有可能再引来各国合围。"

嬴疾依旧望着嬴驷，听他说完后，淡淡一笑，"既如此危险，王上何以让芈氏跟着去了？"

嬴驷嘴角一撇，一副似笑非笑的样子，"如果我说是想给相国多重保障，你信吗？"

"我信。"嬴疾未作思考，马上道："对大秦而言，芈氏不及相国重要。"

---

① 嬴疾：？—前300年，又叫樗里疾，因居住于樗里而名，是秦孝公庶子，惠文王嬴驷同父异母的弟弟。

嬴驷笑了，笑得有点无奈，"一旦魏国动手，只要有芈氏在，楚国绝不会袖手旁观，这是我让芈氏去的真正目的。"

挈桑会场内，摆了两个大箱子，周围并无甲士，只有张仪和芈氏并列端坐在上方的主位，魏冉则充当护卫，站在两人之后。

过不多时，陆续有人传报：魏相惠施①到……楚令尹昭阳、左徒屈原到……齐上卿淳于髡②到……

张仪听了这些名字，不由得眉头一皱，所到之人个个都是顽石，是又硬又臭的主儿。但那眉头只是短暂地一皱，待人迎将出去时，却又舒展开来，而且摆出一副眉开眼笑的样子，仿佛当真是贵客临门，喜出望外。

待一一将他们迎进门，楚令尹昭阳斜睨了芈氏一眼，便阴阳怪气地发话了，"当真是山鸡变作了凤凰，一入宫门整个人儿都焕然一新，差点连老夫都认不出来了。"

芈氏明知道在嘲讽她。却只作没听见，依旧微笑着端坐在那里，斜眼见魏冉要发作时，用手肘子撞了他一下，示意他不可鲁莽。

张仪走到昭阳跟前，冷笑道："令尹大人啊，你老糊涂了吧？"

昭阳两道灰白的眉毛一蹙，"什么意思，老夫说错了吗？"

"记得在楚国的时候，张仪跟你说过，劝大人莫计较个人之得失，以国事为重。芈姑娘当年为国入秦，她入秦后，楚国得到了什么？"张仪瞄了魏相惠施一眼，大声道："得到了魏国八座城池，若非是她，楚国如何讨得这么大的一个便宜？"

屈原纵声一笑，"若非是她，秦国也早灭了吧，哪容得你张仪在此胡扯！"

"不错，左徒大人此话说中了要害。"张仪道："她是秦国的福星，更是楚国的功臣，是秦国的王妃，更是楚国的公主，适才令尹大人如此嘲讽，不是老糊涂了吗？"

"相国这话倒是说重了。"芈氏开口了，她的突然开口大出张仪意料之外，不过鉴于她前几次的沉着应变能力，说不定又能剑走偏锋，举重若轻地化解

---

① 惠施：前370年—前310年，战国著名的政治家、哲学家，与庄子交好，颇有才名。

② 淳于髡：齐国著名的政治家和思想家，以博学多才、善于辩论著称，是稷下学宫（当时的高等学府）中最具有影响力的学者之一。

眼下的争吵，因此张仪倒也没说什么，只是退了一步，听她继续往下说。芈氏依然是笑意盈盈地看着昭阳道："我的弟弟误杀令尹大人的内侄，大人心中憎恨也在情由之中，若令尹大人表现得毫不在意，反倒是情不由衷了。我知道大人是性情中人，那天我已去府上负荆请罪，大人若还是不解气，我姐弟俩在此当着各国大臣的面，再次向大人请罪。"话落后，叫了魏冉过来，当众朝昭阳拜倒在地。

如此一来，反倒让昭阳手足无措了，若是就此冰释前嫌，实在是难以咽下这口气，但倘若当着这么多人的面，堂堂一国之令尹却固执地与一个小女子计较，面子上也过不去，一时间竟是呆在当场，不知如何是好。

"一国之王妃，能屈能伸，难得难得！"淳于髡打了个哈哈，却是夸赞起芈氏来了。此人身子矮小，相貌丑陋，但是颇有才学，在齐国稷下学宫名声颇大，善于雄辩，精于邦交，言语风趣，行事不按常理，受到齐威王、齐宣王两代君王的重用。"令尹大人，令侄之亡，我也觉得痛心，但那不是误杀嘛，他们毕竟与你并无深仇大恨，如今罪也谢了，城池也拿了，我看你的气也该消了，难不成非要以命抵命，方能泄你心头之恨？再者说，人家如今是秦国王妃，你要是真拿了她的性命，秦楚两国岂非又要开战，战场上又得躺下多少尸体？"

昭阳闻言，痛叹一声，"你等起来吧！"

张仪趁机哈哈一笑，说道："这便是了，我王还给各位送来了厚礼。"说话间，张仪打开其中一个箱子，箱盖启时，金光盈室，箱内所藏尽是金银珠宝，每一件都价值不菲，在场众人见之，都不由得愣了一愣，不知张仪此举何意。只听张仪道："这是秦国送给楚国和齐国的，以示结盟的至诚之心。"

淳于髡看了眼一直未曾开口的惠施，又看了眼放在地上的两箱宝物，问道："这可就奇怪了，秦国既召了三国会盟，何以只有两箱物什？莫不是秦王国库没好宝贝了吗？那也得分成三份啊，来来来，我来把它分成三份。"

淳于髡这话看似有些戏谑的成分，实则内含玄机。此番五国相王之时，齐国出兵，目的在于不服中山国称王，与魏国并无深仇，而齐秦之间横亘着魏国，不管是哪一国拉拢了魏国，都会成为另一国的威胁，淳于髡这般示好魏国，真正的目的是猜透了秦国此番会盟的动机，故而出言挑唆。

张仪是聪明人，岂会听不出来淳于髡的话外之音？他清了清嗓子道："不劳淳于大人费心，我王也给魏国准备了一份厚礼。"

淳于髡眨了眨那双小眼睛，笑道："如此说来，倒显得我多事了，不知给魏国的是何厚礼?"

"一座城池。"张仪朝惠施道:"我王决定将前几日刚刚到手的蒲阳双手奉还,不知惠相满意否?"

"秦王好大方啊!"未待惠施开口,淳于髡尖声道:"这是明摆着要讨好魏王了!"

张仪微哂道:"淳于大人此言差矣。送金银送城池为何啊?秦国不想打了。今日到会的都是强国,我王是想与诸国抱成一团,以求得安生。"

"哈哈!可笑啊可笑!"淳于髡阴阳怪气地尖笑一声,然后朝昭阳和屈原道:"两位大人可感受到杀气否?"

昭阳一愣,秦国送财物送城池,却何来杀气?一时竟未曾明白淳于髡的话中之意。

"若是魏国不动手,楚国动手了呢?"嬴疾目中精光一闪,望着嬴驷道。

"楚国?"嬴驷眉头一沉,"不应该啊,楚国为何动手?"

"敢问我王,联魏为何?"嬴疾道:"当今天下,与我大秦可分庭抗礼者唯齐楚两国而已,联魏之后,东出可伐齐,南下可攻楚,而齐国与秦相隔甚远,秦国当务之急无疑是攻楚,在会盟之中,但要齐楚两国有一方想通此关节,便有可能动手,破坏此次会盟。"

嬴驷倒吸了口凉气,眯着眼看了嬴疾一会儿,说道:"依你之见,该当如何?"

"不可硬来。"嬴疾的语气依然是淡淡的,仿似跟嬴驷唠家常一般,但眼神十分坚定,"要是把魏国逼急了,他若亲楚或亲齐,对我大秦均无益处,至于结果如何,还得看相国能否说服魏国了。"

淳于髡见昭阳没明白过来,却把目光转向屈原,屈原向来敌视秦,也一直主张伐秦,被淳于髡这么一点,立时明白了过来,他不但脾气急,而且性子直,把眼一瞪,又摆出一副恨不得把张仪生吞活剥了的架势,"果然是狼子野心,此次前来算是与虎谋皮了!嘿嘿,用财物贿赂,迷我双眼,张仪啊张仪,你当我们是傻子吗,好骗吗?如此会盟,不谈也罢,屈原告辞!"话一落,把袖子一甩,转身就走。

屈原这么一走,倒是大出了淳于髡的意料之外,他本想看楚国与张仪斗斗法,却不想反而把他激走了。

张仪似乎早料到了此种情形,他淡淡一笑,朝淳于髡道:"淳于大人,明明是秦国示好于三国,被你一说,倒像是此间充满了杀气。我看这样吧,两位大人将这些财物带回,禀明秦国示好之情,望列国之间,从此之后,和睦相处。"

"和睦相处吗?"一直不曾说话的魏相惠施突然沉声道:"魏合五国之力伐秦,秦破了合纵之后,反而向失败之国示好,此大悖于常理,试问秦为何如此?因为秦不敢公然伐魏,怕魏国联合齐楚两国拒之,于是乎,拉拢魏国,以弱楚削齐,从而使秦国王霸天下,这一招毒啊!"

在会谈的不远处是平原,挈桑虽属南方,但在这寒冬腊月的时节,也是黄草遍地,风卷沙土,一派萧瑟的景象。在薄薄的黄沙中,一支近百人的轻装队伍若幽灵般地出现在枯草丛中,他们猫着腰,正悄无声息地往这边迅速逼近。

领头的是位二十几岁的年轻人,长得虎头虎脑,脸色黑里泛红,很是精悍。他手持一把弯刀,杀气腾腾,将近会谈处时,把左手一挥,那近百人便伏在枯草里,藏匿了起来。

寒风扫过,荒草摇曳,竟是看不到个人影,在屋外巡逻的侍卫丝毫没有察觉到危险的临近。

屋内的氛围也降到了冰点,如今的这种情况是张仪也没有料到的,会谈进行到这种境地,明显已没有再谈下去的必要,张仪的脸沉了下来,他是书生,按书生的脾性他恨不得大骂惠施一顿,然后告诉他,秦国这就发兵,打到魏国的国都去,把魏王的老窝掏了。可他更是纵横家,此番邦交失败了,他辜负了秦王的厚望,更为严重的是,魏国极有可能联合齐楚,如此一来,秦国当真是大难临头了!

想到此处,张仪不禁打了个寒战。却在此时,陡听得外面一声大喝,随即厮杀声大起。屋里的人都慌了,首先掠过脑际的想法便是,秦国要痛下杀手了!但是张仪知道,秦国并没有在此潜伏兵马,更没有此计划,那么外面杀将过来的是哪方的人马?

张仪的眼睛迅速地扫了屋里的人一遍,虽若走马观花,一掠而过,但却把每个人的细微表情尽收眼底,生死攸关的情况下,只有不慌乱的人才是主谋。

当张仪的目光扫过昭阳时,只见昭阳的目中射出一道精光,清癯的脸虽然沉着，看不到丝毫表情，但张仪敏感地嗅出了从这张脸上透出来的一股若隐若现的淡淡的杀气。

是楚国！张仪的脑海中迅速地掠过数个念头，随即便明白过来，在这三国之中，齐国太远，魏国没胆，确实只有楚国敢在这样的地方动手。这一定是昭阳的主意，欲趁着这一机会，公仇私怨一起报了！

"魏冉，护着你姐姐杀出去！"张仪蓦地回头，朝着魏冉一声暴喝。

"如果真是楚国动手，反倒是简单了，给了我一个打他的理由。"嬴驷嘴角一撇，寒声道："怕就怕他使阴招。"

嬴疾一愣，目光一转间，似乎明白了什么，惊道："借刀杀人？"

"看来我把此事想简单了！"嬴驷痛心疾首地拍了下桌子，"相国有难也！"

嬴疾霍地起身，大声道："臣愿领兵，挥师楚国。"

"打不得，打不得！"嬴驷紧蹙着眉头摇了摇手，"此时一发兵，齐楚必然联合，再加上之前的五国，届时他们会合天下之兵，伐我大秦，祖宗之基业便要毁于我手。"

嬴疾急了，压着一股子的怒火，沉着声道："不打便如何，难道要眼睁睁地看一国之相和王妃死在挈桑不成，我大秦威仪何在？"

"怎么连你都急了？"嬴驷奇怪地看了眼嬴疾，"你静下心来想一想，他们真敢杀人吗？"

嬴疾站定身子，沉眉思量了片刻，"列国纷争，没有永远的朋友，也不会有永远的敌人，只有利益，如果真是楚国动手，杀相国可能不会，最多把他扣押了，芈王妃就难说了。"

嬴驷点了点头，芈氏与昭阳有仇，楚国借刀杀人，正好杀了芈氏，公仇私怨一起了。可是楚国会借哪把刀呢？

第二章 忍痛割爱，入燕为质

一、患难逢胞弟，谈笑寒敌胆

魏冉带着芈氏刚出了门，便见两人扑将上来，忙不迭把身子一矮，左手一翻，扣住其中一人的手腕，用力一带，把那人连人带刀拉了过来，撞在另一人身上，两人一同倒在地上。魏冉回头一拉姐姐就要往外冲。却听芈氏道："你给我站住！"

魏冉不解地道："为何不走？"

"张仪是秦之相国，是我俩的救命恩人，于公于私你都不该把他弃于此！"芈氏杏目圆睁，怒道："若是他有不测，你我有何颜面存活于世！"

魏冉惶恐地道："姐姐教训的是，我这就去带相国出来！"回身又去找张仪。却在这时，背后陡起一阵破空之声，魏冉暗叫不妙，将芈氏往里一推，拔剑应敌，刀剑相交，金铁狂鸣，只觉对方来劲甚大，脚下不觉退了两步。定目看时，只见对方是个二十几岁的年轻人，一脸的杀气，一刀方落，又是一刀斫将过来。

魏冉遇上了对手，好斗之心大起，轻喝一声，与那年轻人打在一起。

是时门外大批人杀进来，那年轻人命令道："把张仪和那女人抓起来！"魏冉大急，怒道："有本事一对一比过，休仗人多势众。"

那年轻人一声冷笑，"比个鸟！"见手下的人已经抓了张仪和芈氏，轻喝一声，便有十余人上来围攻魏冉，魏冉虽道是气力惊人，可这么多人围攻，却也是抵挡不住，不出几刼，就被他们抓住了。那年轻人道声："走！"率众夺门而出。此番秦国本来就没带多少武士，这些人个个都是好手，此时已把秦武士杀尽，无人可挡，竟是来去自如。

穿过平原，前面便是一道山涧，那年轻人把张仪等三人五花大绑了后，继又往前走。及至向晚时分，行至一处林地，一行人停了下来，敢情是想在这个地方歇脚。

魏冉被人扔在地上，石头硌得他龇牙咧嘴，骂道："有本事把我放了，看我怎生把你揍扁！"

"你很想打吗？"那年轻人走到魏冉跟前，抬腿就是一脚，踢在魏冉脸上，把魏冉痛得嗷嗷直叫。"我告诉你，今日你们死定了。"

"是楚令尹派你来的吧？"张仪上下打量了那人两眼，冷笑道。

"张相国料敌于先，什么事也瞒不了你。"年轻人嘿嘿怪笑道："可为何料不到楚国会来这么一招？"

张仪叹了一声，"是我没料到昭阳老儿心胸狭隘至斯。"

"要这么说你就错了。"年轻人道："昭阳老儿虽也恨你们，却也不会傻到利用邦交之时杀秦国重臣。"

"原来如此！"张仪突然微微一笑，看着年轻人道："那就是你太傻了。"

年轻人浓眉一皱，眼中杀气陡盛，"此话何意？"

张仪道："楚国借刀杀人，给了你多少好处？"

"灭秦！"年轻人忽然狞笑道："杀光秦人，灭了秦国。"

"好重的杀气！"芈氏美目流转，"看来你不是楚国人。"

年轻人看了芈氏两眼，这才发现这女人有些与众不同。按理说，一般的女人让人抓了，早已吓得花容无色，脸色惨白，可她的脸上却看不到一丝一毫的惊恐。年轻人见状，不由好奇地打量起芈氏来，只见她眉目含春，面带

桃花，两只大大的眼睛好似会说话一般，水灵灵的甚是惹人怜爱。嘴角微微上扬着，完全是一副少女看到了中意的少年一般，脸上散发出异样的光彩。

那年轻人怦然心动，却又有些好奇，心想她凭什么不畏惧于我？当下走了上去，在芈氏面前蹲下，把脸往前凑了凑，"你果然有些与众不同！我且问你，你为何不害怕？"

芈氏见他直勾勾地望着自己，含娇带羞地低下头去，突然扑哧笑出声来，"怕你？我为何要怕你？"

年轻人感到自己的威严受到了挑衅，把脸一寒，"你就不怕我杀了你吗？"

"好啊！"芈氏扬了扬头，将脸抬了起来，看着他道："你有本事把他们都放了，我便随你处置。"

年轻人眯了眯眼，此时他越看越觉得这女人有些特别，与他之前遇见过的任何女人都不同。她的骨子里有一股野性，如同一匹刚烈的母马，她虽不会咬人，但时时刻刻都露出一种傲视草原的姿态。

这少年自小在关外草原长大，在他的眼里，莫说是女人，便是天下也早晚会掌握在自己的手中，难不成还恫吓不到区区一个女人吗？

此等心性一起，便有了想要征服她的念头，冷冷一笑，说道："你可知道我是谁？"

芈氏瞟了他一眼，漫不经心地道："不过是一个被人利用却不自知的关外莽汉罢了！"

那年轻人蓦地纵声一笑，"你倒是把我看透了！不错，我正是来自草原。但我并非如你所说的莽汉。"

芈氏有心想套出他的身份，佯装不屑地上下看了他一眼，"哦？"

嬴疾在房里低首走了一圈，抬头道："楚国会借哪把刀？"

嬴驷目光炯炯地看着嬴疾道："可还记得八年前，义渠内乱？"

"自然记得。"嬴疾道："王上趁义渠内乱，以平乱为名，发兵义渠，从此后便控制了义渠，直至五年前，义渠王迫于无奈，向我称臣，如今义渠已是大秦的一个郡县。"

"义渠人野性难驯，虽归附大秦，复国之志却从未打消。"嬴驷沉声道："这是把利刃，复仇的利刃，刀出必见血。"

嬴疾惊道："楚国会借这把刀？"

"义渠人以战死为荣，病死为耻，要借刀杀人，这是把最好的刀。"嬴驷懊恼地道："怪我，都怪我！我没想到此行会如此凶险，挈桑离此千里之遥，想要救援，也是鞭长莫及了。"

"我告诉你，我乃义渠之王。"年轻人眼里寒光一闪，"我父王是被秦人打死的，我对秦人恨之入骨，有不共戴天之仇，所以才联合楚国，破坏会盟，进而削弱秦国，伺机报我血仇！"

义渠王的一番话听得芈氏心惊胆战，可谓是字字惊心，也终于明白了屈原为何会在会谈中拂袖而去，原来他早作了打算。

义渠王见芈氏脸上露出抹惊慌之色，颇有些得意，挑衅地道："如今可还愿留下来随我处置吗？"

芈氏哼的一声，"你敢把他们都放了吗？"

义渠王看着她略带挑衅的眼神，心想要是果真把张仪这些人放了，怕是没法向楚国交差，到时他们若是说我本事不济，又让张仪跑了，岂非白忙了一场？

可是转眼看那女人的眼神，转念又想，我岂能当着这么多人的面，输于一个女人？再者破坏挈桑会盟的目的已然达到，楚国也说了要留张仪性命，免得与秦国正面为敌。我便做个顺水人情，把他俩放了，却凭空得一野女人玩玩，再设法将她征服了，有何不好？

如此一想，脸上浮起抹冷笑。却在这时，陡然听到魏冉骂道："你这关外来的野蛮之徒，尽会欺负女人，有本事你就把我松绑，一对一的打一场，若是我胜了，便放我等走，我若是败了，甘愿死你刀下！"

义渠王在草原上长大，生性野蛮狠辣，再者平时行事也只凭一时之好恶，此时他看了眼魏冉那凶神恶煞的样子，顿时又转变了主意，两眼微微一眯，杀气陡然而生。暗忖：今日我抓了这几人，与秦国的梁子已结，就算是把他俩杀了，又能如何？

思忖间，走到其中一名义渠人身前，凑上前去耳语了几句。那义渠人点了下头，叫上十来人，吆喝着把张仪和魏冉从地上拉了起来，往林子外面赶。芈氏惊道："你要作甚？"

义渠王道："放了他们。"

芈氏道："既是要放了他们，为何不给他们松绑？"

义渠王用手指了指魏冉，说道："此人不老实，我怕他坏了我俩的好事，故将他赶远。"

芈氏狐疑地道:"你是当真要放了他们吗?"

"你后悔了吗?"义渠王存心要与她斗上一斗,也用挑衅的眼神看着芈氏,似笑非笑地道:"若是后悔了,害怕了,现在还来得及,也省得我麻烦,便在此地把他们一个一个杀了便是。"

芈氏心想,今日若不依了他,必死无疑。可若是依了他,从此便无回头路了。此人敢替楚国出头冒犯秦国,必是性格冲动,有勇无谋,早晚会被秦国所灭,到那时我也多半是死路一条。不如我先救张仪和魏冉脱险,再与此人周旋,看他那有勇无谋的样子,定会有破绽可寻。万一要是周旋不开,脱不得身,那也是命该如此,如之奈何?

芈氏生性开朗乐观,行事干练,说道:"你以为只有男人说话才一言九鼎吗?我说过的话,自然算数,希望你莫出尔反尔才是!"

义渠王叫了声好,手一挥,让那些人把张仪和魏冉送了出去。芈氏不知其中有诈,见他把他们送出林子去,心下略微一松。

义渠王一心想征服这个女人,待张仪等人走出林子,便叫手底下的人临时搭一个棚子,急切地要成了好事。芈氏见情况不妙,忙道:"在这荒郊野外,便想与我苟合吗?"

义渠王道:"哪来这许多讲究,此处有何不好?"

芈氏道:"你若真想得到,须答应我两件事。"

"何事?"

"第一,须给我一个承诺。"芈氏本是想拖延时间,伺机寻找脱身之法,不想义渠王这人虽说是心狠手辣,但却是个直肠子,而且在草原汉子的心里,喜欢一个人便是要真心对待,并没想过要与芈氏做露水鸳鸯,心想我既然要将你征服,岂在乎一个承诺?剑眉一动,认真地道:"你若是从了我,此一生我都将对你不离不弃,绝不食言!"

芈氏见他那认真的样子,不由得心慌了起来,心想此人有勇无谋的果然没几分脑子,居然当起真来了!但事情到了这等地步,芈氏也只得继续硬撑下去,又道:"第二,把我接回义渠,置办一场大礼,让我光明正大地成为你的女人!"她如此说,无非是想张仪和魏冉脱身之后,派人来救她。此去义渠千里迢迢,路上再使些计策拖延些时间,等秦军来救料也不是什么难事。可是义渠王却是当了真,他认为,一个女人都愿与你回家置办大礼了,此事多半不会有假。当下道:"此话当真?"

芈氏硬着头皮道:"自然是真。"

义渠王徘徊了两趟，又朝芈氏看了一眼，道："便依了你！"

芈氏倒是没想到他如此快就答应了，心里油然生出股异样的感觉。她这辈子所接触的男人无非就是嬴驷，然其是联姻入秦的，嬴驷作为一国之王，得到她自然是天经地义之事，故她从未体验过被一个男人重视的感觉，这义渠王虽说是愣头愣脑的，可也是愣得可爱，三言两语便把他诓住了，居然真答应了给她置办大礼，且当着众义渠人的面给了她一个永恒的承诺。

女人都喜欢承诺，不管是真的还是假的，芈氏正值花季妙龄，情窦初开，在一生一世的承诺面前，自然也难免心动。

正自遐想间，突听得林子外面传来一声惨叫，紧接着是一阵慌乱的嘈杂之声。芈氏脸色一变，"你是食言把他们杀了吗？"

义渠王听到这一声叫，也是大吃了一惊，因为如果是张仪和魏冉被杀了，他的手下断然不会传出嘈杂之声，很显然，林子外边出了意外！

想到此处，招呼了下其他人，就要往林子外冲。可身子刚动，只听有人在林子外叫道："我与你说了，那边有一群软蛋，把人绑了砍来玩，你偏是不信！你看看，现在可是信了？"

只听另一人道："还倒真是！不过此软蛋非彼软蛋也。"

先前那人奇道："软蛋亦分彼此吗？"

"这你便是不懂了。"后面那人道："软蛋分作两种，一种是把人绑了，砍脑袋玩，杀手无寸铁者是为二级软蛋；还有一种，不但把人绑了砍脑袋玩，还哄骗女人，那些肉麻的话编的跟真的一般，是为顶级软蛋，无耻至极。何为男人，你可知道？"

先前那人道："站着撒尿者是也！"

"非也！"后面那人道："所谓男人，便是一言既出，驷马难追，便是刀架在脖子上也不改初衷，一诺千金者是为男人。你看那人，说好了要放人，暗地里却要砍人家的头，这岂止是软蛋，便连站着撒尿的货也算不上。"

那两人一唱一和，把义渠王的阴谋尽数说了出来，这义渠王本也是血性汉子，只不过被魏冉激怒了，方才起了杀心，又被那两人一阵揶揄，顿觉无地自容，大声喊道："何人躲在山里，有本事出来相见！"

话音落时，只听先前一人道："不行不行！咱们不能出去，此软蛋喜次仗着人多势众将人绑了砍头玩，若是咱们出去了，项上头颅定是也没了。"

后一人道："此话在理，要玩的话，咱们就跟他比谁的人多，然后把他也绑了砍头来玩玩。"

前一人哈哈笑道："甚好甚好！"

话落间，山上哗啦啦涌出大批人来，足足有上千之众，把义渠王等一干人围了起来。

义渠王大吃一惊，他身处异国他乡，若此时秦国的军队到了，当真便死无葬身之地了。然瞥目间，只见山上的人都是穿着粗布衣衫，并非秦军，心下稍安，暗忖可能是山寇之流，用金银打发了便可，当下大声道："众位好汉，在下报的是私仇，与你等并无干系，若众好汉手头紧了，在下倒是随身带了些财物，可赠与各位！"

"义渠王好生慷慨呵！"众人中走出一位少年，十五六岁的样子，脸上稚气未脱，身着一件厚重的裘皮大衣，与瘦小的身子十分的不相称，倒像是挂在树干上，很是滑稽。那少年用拇指摸了摸鼻翼，呵呵笑道："听说义渠人生来好斗，自诩是草原上的雄鹰，以斗死为荣，病死为耻，听起来叫人好生钦佩，可敢与我斗一斗？"

义渠王把眼一眯，也听出来他正是先前说话那人。当下上上下下地打量了那少年一番，心想此人身子瘦小，看上去也没有多少力气，却敢向我公然挑战，莫非有什么异术？当下问道："不知要怎么斗？"

那少年走到义渠人中间，微哂道："你不是喜欢砍头吗？咱们就来砍头玩，如何？"

少年说这话的时候兀自谈笑自如，浑不将砍头当一回事，但义渠王听在耳里，只觉脊梁阵阵发凉，他自认为也算得上是杀人不眨眼的了，可与这少年一比，却还是差了那么一大截，心里不由得虚了三分。但人家把话说到这份上了，若是退却，也着实拉不下脸面，便硬撑着问道："如何砍法？"

那少年从腰际拔出一柄匕首，在手里晃了晃，朝义渠王笑道："你看好了！"话音甫落，寒光一闪，刀起刀落间，一颗人头随着一道血光飞向天空，及至众人回过神来，当中的一位义渠人"砰"的一声，若树桩般倒在了地上。

少年谈笑间便让一颗人头落地，在场人等无不惊骇，特别是芈氏，何曾见过如此骇人的场面，忍不住骇然色变。

义渠人惊呼一声，都拔出了弯刀，朝那少年围了上去。那少年朝左右看了一眼，面不改色，兀自朝义渠王笑道："怎么，难不成你们真想群殴？大家都是刀口舔血的人，就该玩得起。我砍了你们一颗头颅，现在轮到你们了，在我这边随便挑一个砍来玩便是。"

义渠王两眼通红，似要喷出火来，盯了少年会儿，蓦地一声喝："就你了!"弯刀一举,朝对方当头劈下。那少年身子一错,躲过一击,"我没拿你下手,你倒是出手了!"退开两步,打了个呼哨,山上一干喽啰便涌将上来。

义渠王看对方有上千之众,自己不过百余人,若被围困了,按这少年脾性,说不定都会被砍了头死在这里,当下指挥众人,冲了出去。他这一去,人虽走了,心却留在了芈氏身上,终日对其念念不忘,想着有朝一日终能将她征服,成为自己的女人,芈氏许是做梦也想不到,她在此地对他的一番虚与委蛇之辞,竟为自己日后埋下了一个天大的祸端。

那少年赶走了义渠人后,走到芈氏面前,亲自为其松了绑,纳头便拜,"芈戎拜见姐姐!"

这时候,张仪和魏冉已被这帮山寇带了回来,张仪见这情景,一时丈二和尚摸不着头,这痞性十足的少年怎么成芈氏的弟弟了?

芈氏扶了那少年起身,仔细地看了又看,突然一把拥住那少年,边激动地捶他的背,边哭了起来。

魏冉神情激动地走上前去,用力推了那少年一把,然后哈哈笑道:"好小子,长出息了,当起山大王来了!"

那少年将手一拱,一揖到底,道:"芈戎年幼无知,教哥哥担心了!"

芈氏抹了把眼泪,领了少年走到张仪面前,叫少年行了礼后,说道:"相国,他是我失散多年的弟弟,名叫芈戎。"

张仪一时无法将占山为王、谈笑间取人首级的芈戎与芈氏联系起来,愣了一愣后才笑道:"原来你还有这么个弟弟!"

当日,芈戎将芈氏等人领上了山,闲谈中,张仪也略微清楚了芈氏与芈戎的关系。原来这芈戎三年前在楚国犯偷窃罪,让官家给抓了起来,此人生性凶狠,有仇必报,有怨必伸,放出来后把抓他报官的那人给杀了,而后逃出楚国,浪迹天涯,这些年连芈氏也不知道他究竟去了何处,侥幸的是在落难之际,偏使姐弟相逢,化险为夷。

如此在山上住了两日后,芈氏劝芈戎与她一起入秦,免得空怀了一身本领,无处施展。魏冉也趁机相劝,说哥俩一起投军,去战场上建功立业,决不辱没了姐姐的名声。

亲人团聚,芈戎也是十分激动,不想就此分开,便即答应了下来。随后芈戎还引荐了一人,他把那人拉到芈氏身边,问道:"姐姐可还记得他?"

芈氏仔细打量了眼前的人,见此人十二三岁的样子,长得白白胖胖的,细眉小眼,嘴巴却是奇大,咧嘴一笑,让人觉得十分怪异。

芈氏突然扑哧笑出声来，问道："你可是向寿？怎么跟芈戎混在了一起？"

原来这向寿是芈氏母舅的小儿，算起来是表姐弟的关系。在芈氏小时候，芈家和向家都是望族，后来芈氏的父亲芈靖战死沙场，从此后家道中落，而向家那边也是越来越不济，母亲便带着芈氏和芈戎姐弟俩改嫁，这才有了魏冉。父母都亡故后，三姐弟就相依为命。芈戎出了事后，不敢再待在楚国，恰此时向寿的父母也都相继去世，向寿小小年纪无可依靠，便想来投靠表姐，殊知在半道上遇上了芈戎，所谓初生牛犊不畏虎，两少年一阵商议，就去闯江湖讨生活，亏的是在两三年间被他们闯出了些名堂来。

向寿见过了表姐后，芈氏也是十分高兴，就答应他一起入秦，好好的与哥哥们一起干番大事业。

次日，一行人动身入秦，此时此刻谁也不会想到，这姐弟四人在若干年后，竟叱咤风云，搅动了战国半边天。

二、张仪罢相，芈氏被冤

嬴驷做梦也没有想到，他们会安然无恙地回来，这着实叫他喜出望外。听说是芈戎救了一干人等后，便要赏赐芈戎。但是芈戎性子硬，却坚持不受赏赐，说救了姐姐，理所当然，王上若要赏赐，须等芈戎在战场上立功。

嬴驷听了越发高兴，笑道："眼下列国纷争，能诉男儿情怀，能舒男儿志气的，唯有战场，那是一处只属于男人的舞台，你有此志向，当属难得！"

看着嬴驷笑容满面，芈氏却是暗自担心不已，此番会盟无功而返不说，还有可能使齐、楚、魏三国结盟，此三国一旦联盟，给秦国的打击无疑是巨大的。所以她想不明白，此时此刻嬴驷居然还会笑得如此之欢！

然而，更令芈氏吃惊的是，三日之后，嬴驷居然罢了张仪的相位！啮桑会盟失败，危机近在眼前，此时罢免张仪，明眼人都看得出来，对眼下的事态来讲，无疑是雪上加霜。连嬴疾知道此事后也急眼了，跑去劝嬴驷不可冲动。然嬴驷却说，张仪连横之策，害我大秦危机重重，唯有罢免了他，才可消除诸国对秦国的敌视。

从芈氏的眼里来看，这似乎并非嬴驷一贯的风格，他与张仪气味相投，甚至是惺惺相惜，明是君臣，实如兄弟，因一次会盟失败就免了其相位，于情于理都不合，但她又想不出这里面真正的原因，更不便当面去问，免得责问她参与政事，只得作罢。

然让芈氏没想到的是，罢免张仪只是此次会盟后遗症的一个开端，一股更大的危机却正在朝她逼近。

张仪在秦过完了年后,在公元前322年春离开了秦国。

芈氏带着魏冉、芈戎等人,在咸阳城外相送。张仪对芈氏来说,于公他是他们姐弟的恩人,是在秦国最可信任的人,最有力的一个靠山;于私他们虽有上下等级之别,但交情甚笃,特别是魏冉,在没参军之前一直借住在相府,芈氏在入秦的这几年,也没少麻烦张仪,因此一旦分别,对芈氏而言,很受打击,让她首次意识到伴君如伴虎这个词的真正含义,以及其可怕之处。

芈氏看着张仪,幽幽地叹了一声,道:"当年入秦,全凭相国一手促成,如今相国到要离秦了,端的是世事无常,今日一别不知可还有见面的机会。"

张仪苦笑道:"既是世事无常,聚散分合便是寻常事了,张仪离秦前,有一句话相劝。"

"相国但说无妨,芈氏洗耳恭听。"

"你性情直爽,日后在宫中须加倍小心。"张仪神色凝重地道:"挈桑会盟你也参与了,我被罢了相位,怕也会波及到你。"

芈氏怔了一怔,问道:"这正是我所担心之事,求相国教我。"

张仪道:"我被罢免,不过是力所不及,有失职责,而你却比我要严重得多。"魏冉惊道:"此事与我姐姐,果真有如此大的干系?"

"非是有什么干系,须防有人在背后做文章。"张仪分析道:"公子稷出世,挈桑楚国动手,你们带了一帮芈姓子弟入秦,这一系列地事件串联在一起,还不足以做一篇大大的文章吗?"

芈氏闻言,娇躯微微一颤,迎风打了个寒噤,"何人要如此害我?"

"也许无人要刻意害你,但这关系到大秦帝国,这根弦任谁都会绷得很紧。"张仪吸了口气,"所以在此时此刻,你须低调,任由宫中如何传言,只当不知便是。"

芈氏恭恭敬敬地作了一揖,"多谢相国教我!"

在芈氏送别张仪之时,惠文后把一封书信装入竹管之中,用泥塑了,使人出了宫。那人出宫后,直奔秦旧都栎阳(今陕西省西安一带)。

旬日后,三位老者急步进了宫,领头的是关内侯,乃秦孝公兄长,惠文王的公伯,虽没实际权力,但在老一辈秦人之中威望颇高,即便是惠文王也须敬他三分。这三人进了宫后,直接就去找了嬴驷。

嬴驷听禀后,两道剑眉一皱,心想这些老世族多年不问朝政,挈桑会盟或罢免张仪等事,均属寻常国政,怕是不在他们的关心范畴之内,那么他们专程从栎阳而来,所为何事?虽然一时没猜出他们的来意,但嬴驷不敢怠慢这些长辈,扔下手头的事务,亲自出去相迎。

分主次入座后,嬴驷故意与他们套近乎,拉了好一会儿的家常,只待他们开口。果然,闲聊了片刻后,关内侯坐不住了,切入了正题,"老臣等此番入宫,实有一事相劝。"

嬴驷依然谦恭地笑着,"公伯但说便是,若是驷儿有做得不对之处,只管教训驷儿。"

关内侯略微沉吟了会儿,边观望着嬴驷的脸色,边道:"老臣听说王上很是宠爱那芈八子?"

嬴驷一听这话,顿时就明白了他们的来意,心里微微有些不快,心想你等不管朝政,倒是管起后宫来了!但表面上却装作一副懵懂不知的样子,好奇地问道:"芈八子怎么了?她可是触犯了秦律,还是做了见不得光的事,小小一个八子,竟然惊动了众位长辈?"

嬴驷这番话是笑着问的,但这一连数问分明带有抵触情绪,言下之意是在说,莫非我与嫔妃间的事,你等也要管?嬴驷的态度让关内侯心虚了三分,毕竟插足后宫之事,不管是什么事,都是吃力不讨好的。但转念一想,此事关系社稷,且既然来了,无论如何也要把事情讲清楚。当下把手一拱,说道:"我王容禀,此事重大,老臣今日来之前便做好了死谏之心,无论如何,乞我王容老臣把话说完。"

嬴驷佯装吃惊,"公伯言重了,驷儿谨听教诲。"

"那芈八子仗着我王宠爱,带一帮外戚悉数入秦,王上莫非没觉得不对劲吗?"关内侯鼓起了勇气,大声道:"老臣是怕,宫中万一有所不测,芈氏必然作乱,倘若我大秦江山,落入芈姓手中,祖宗几百年的基业便是毁了,如何对得起列祖列宗?"

嬴驷料到了他们定是听了什么闲言闲语,于是才来说芈氏的不是了。可让他没想到的是,他们居然将她升级到了国家社稷存亡的高度,这倒是让嬴驷吃了一惊,脑子里不由得浮现出芈氏平日里大大咧咧的形象,心里暗笑,她会谋我秦国?当下故作吃惊地道:"公伯,此等话不可乱说啊,要死人的。"

"老臣不敢乱说!"关内侯也豁出去了,"王上要是仔细揣摩一下挈桑会盟的前后细节,定也能参透其中玄机。"

嬴驷怔了一怔,把剑眉一蹙,问道:"公伯之言,驷儿越发不明白了,挈桑会盟,与芈八子有什么干系?"

"挈桑会盟是一场阴谋,那是一场谋划已久的阴谋!"说到重要处,关内侯神色激动,把一张老脸涨得通红,"挈桑会盟的目的是为了联魏,为了拉拢那些弱国,以便王上可以腾出手来对付齐楚,可是?"

"正是。"

"敢问我王,楚国如何事先得知了秦国的心思,竟事先联合了义渠王,来破坏会盟?"

嬴驷一怔,目中精光一闪,"公伯的意思是,芈八子透露了先机?"

"去挈桑者唯三人而已,张仪、芈八子、魏冉,芈八子狼子野心,王上不可不防啊!"关内侯霍地起身,扑通跪在了地上,"我大秦能有今日,乃是一代又一代的秦人用性命换回来的,恳请王上,驱逐芈氏及其一干外戚,以固我大秦江山!"

嬴驷并非多疑之人,相反,他行事果断,心思缜密,他望着跪在地上的三位世族元老,嘴角一撇,"照此说来,芈八子入秦联姻,也是一个天大的阴谋了?"

关内侯愣了一下说,"老臣不敢说联姻是个阴谋,但是其入秦后难说为楚国所利用。"

嬴驷唔的一声,不知是认同了此说法,还是口头应和,并不表态,只是起身亲自把三人扶了起来,笑道:"多谢三位不辞劳苦,开解驷儿,此事驷儿自有计较,三位无须担心,我大秦江山万年永固,谁也夺不去!"

送走了关内侯后,嬴驷招来一位宫内侍卫,交代了他一番后,那侍卫应诺离去。

芈氏送走了张仪后,一路低头不语,神色凝重。魏冉道:"姐姐不用太过担心,哪个敢搬弄是非,戎一个个收拾他们!"

芈氏哼的一声,"参了军后口气就是不一样了!但说话行事得掂掂自己的分量。"

魏冉浓眉一扬,"姐姐这话何意?"

"张仪走后,我这心里是越想越寒,在宫里什么事都有可能发生。"芈氏蹙着眉头,朝魏冉道:"我之前就得罪了王后,如今出了这样的事,她肯定不会放过我的。"

魏冉沉吟片晌,忽然脸色一黑,"如果是王后与你作对,这事可真就叫人为难了。"

芈氏沉思着道:"若是王后想要陷害我,我估计她也不敢拿挈桑会盟说事,后宫涉政是大忌,她心里明白得紧。但除此之外,她还能搬弄什么是非?"

"她自己不说,未必就不会撺掇他人!"芈戎怪笑道:"不过请姐姐放心,这事包在弟弟身上了。"

芈氏知道这个弟弟人小鬼大,行事不按常理,便笑道:"你又有什么鬼主意了?"

"姐姐先行回宫,就按相国所说的,即便是听到了什么流言,也只当不知。"芈戎把马缰一拉,"弟弟去办一件事,保我姐无忧!"话犹未了,却已纵马去了。

魏冉望着芈戎绝尘而去,脸色缓和了下来,淡淡笑道:"戎弟年纪虽小,做事却果断老练,他说可保姐姐无忧,想是定有良策,我便也放心。"

惠文后听下人禀报说关内侯已从王上处出来时,急忙着人前去问询情况。不多时,下人回禀,"关内侯已将事情如数说与王上听,王上虽没有当面表态,但看王上的神色,应已听进去了。"

侍女闻言,笑道:"这便好了,那芈八子自寻死路,须怪不得我等。"

惠文后倒不觉得这是件高兴的事,只幽幽地道:"我也没想要她的性命,若是把她逐出宫去最好,从此后再无瓜葛,若王上怜爱,依旧把她留在宫里,压压她的嚣张气焰也是好的。"

那侍女一听,却是急了,"在这紧要关头,王后切不可心软,若今日没把她彻底根除,他日让她成了气候,或可反过来要了你的性命!"

惠文后一怔,脸色变了一变,思忖了片刻,似乎也想明白了其中的道理,叹道:"你说的也不无道理,这后宫之中的勾心斗角,也与战场无异,充满了血腥。随我去见王上吧。"

侍女应了一声,跟在惠文后的身后,踏着碎步,急急而去。

嬴驷刚送走了关内侯,却见惠文后到来,两眼一眯,似乎明白了什么,开口便问,"你可是来问关内侯觐见之事?"

惠文后没想到嬴驷开门见山,出口便如此相问,暗觉不妙,忙躬身行礼道:"臣妾只是来看望王上,别无他事。"

"哦?"嬴驷诧异地看着惠文后,"如此说来,倒显得我多疑了。不过百里之外的关内侯都跑来与我说事，难道你近日没在宫中听闻过什么吗？"

惠文后愣了一愣，王上话里带针，倘若再遮遮掩掩，倒反而有做贼心虚之嫌了，当下暗咬了咬银牙道："臣妾确实听说了些闲言闲语。"

嬴驷沉着脸道："说与我听。"

"臣妾听宫里有人议论说挈桑会盟失败，怪不得相国，乃是芈妹妹暗通楚国所致。"惠文后平时为人坦然，不曾参与过这种勾心斗角之事，此时一说起谎来，战战兢兢，甚至连说话的声音也有些颤抖。"另有人说，芈妹妹领诸多外戚入秦，实有觊觎秦国之心。"

嬴驷依然沉着脸，看不出究竟是喜是怒，"你是如何看待此事的？"

"臣妾……"惠文后脸色发白，额头微现汗珠，低着头又咬了咬银牙，壮着胆道："臣妾不敢说芈氏当真有此心，但是臣妾以为，此事涉及国家社稷，宁可信其有，不可信其无，小心为上。"

嬴驷没有言语，头微微地抬起，两眼望向斜对面的屋顶，隔了良久后才道："你先退下吧。"

出了门后，惠文后长长地舒了口气，用袖子抹了把额头的冷汗。那侍女却是微微笑道："看王上的神色，似乎是信了，此番那芈八子不死也得剥层皮。"

惠文后想起嬴驷方才那阴沉的脸，心中突然愧疚了起来，芈氏毕竟与自己无冤无仇，而自己却硬是将她拖到了悬崖边上，是死是生完全决定在嬴驷的一念之间。想到此处，却又是一声叹息。

却说嬴驷支走了惠文后之后，回想了遍挈桑会盟前前后后的细节，也不由得疑惑起来。俗话说无风不起浪，想起芈氏主动请缨去挈桑，楚国事先联合义渠袭击会盟所在，而在会盟后芈氏却又带了芈戎和向寿等人入秦，这些事一桩桩串联起来，确实有些可疑，难不成楚国联姻，真是个天大的阴谋？

嬴驷剑眉一扬，转念又想，楚怀王平庸无能，算不得是明君，他会有如此谋略？就算他突发奇想，想了这么一招，他就不怕被我发现后发兵攻楚？

如此思来想去，独自发了半天闷，也没想出个所以然来，当下便着人去传唤嬴疾，与他商量商量这些烦心的事，说不定会豁然开朗。

嬴疾听说王上有急事召唤，急忙就赶了过来，待嬴驷将今天的事说了一遍后，嬴疾的神色也凝重起来。此事可大可小，毕竟是涉及秦国安危，即便是将芈氏等一干人杀了，也无可厚非。但是仅凭这些捕风捉影的谣言，就要

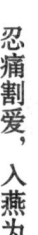

定人死罪，却也有些小题大做。嬴疾凝思了会儿，突然发问道："王上信任相国否？"

"此话何意？"

"挈桑之事，相国也是全程参与了，莫非……"嬴疾语气顿了一顿，"莫非王上罢相，也是为此？"

嬴驷似笑非笑地看着他道："你说呢？"

嬴疾沉眉思忖片晌，眼中精光一闪，突然笑了，"要是王上罢相果然是为此，你还留着芈氏作甚？"

嬴驷仰首一笑，"智囊不愧是智囊，今日终算是想通了！你要是早些想通，也不至于在我罢相那日，跟我吹胡子瞪眼了！"

"相国离秦，果真是另有所图？"嬴疾笑容敛，正色道。

"此乃绝密，不可与他人言。"待嬴疾应承后，嬴驷才道："挈桑会盟失败后，相国十分内疚，由是献了一计，叫我罢免了他，他便趁机入魏，游说魏王。凭相国的本事和名声，到了魏国后必被重用，如此他就可以趁机说服魏王，使其依附秦国。"

"妙计！"嬴疾眉间含笑，由衷地赞道："拿下魏国后，染指中原有望矣！"

"不错！"嬴驷把话头一顿，"但是相国可信，芈氏却未必叫我安心。"

"芈氏谋国。嘿嘿！"嬴疾怪笑道："此话听起来有些不可思议，不过此事关乎国家根本，王上还是应当慎重。"

"依你之见，该当如何？"

嬴疾道："仅凭这些谣传，陡然罢免芈氏，怕是难以服众，也会得罪楚国。依臣之见，静观其变。"

正说话间，嬴驷派去的那名宫内侍卫走了进来，他见嬴疾也在，刚想开口，话到嘴边又咽了回去。嬴驷道："但说无妨。"

那侍卫道："启禀我王，芈八子已回宫，魏冉亦回了军营，只有那芈戎独自离去了。"

嬴驷与嬴疾对视了一眼，问道："去了何处？"

"想是出了咸阳，具体去了何处，末将不知。"

嬴驷挥了挥手，让那侍卫退下，眼睛看着嬴疾，只等他说话。

"可能是芈氏已察觉到了什么。"嬴疾一字一字地道："如果她真有谋国之心，旬日内必有大动作。"

嬴驷反问道："要是她没有此心呢？"

"那么她也只有一条路可走，"嬴疾道："证明自己。"

七日后，芈戎出现在了咸阳城郊的一家客栈外。

他是刚从义渠回来的，七天来几乎很少合过眼，沿途跑死了三匹好马。由于连日的奔波，此时的芈戎看上去十分疲惫，脸色在寒风里白得像纸一样。但是他的眼睛依然炯炯有神，看到楼上的一间客房里人影一闪，嘴角一弯，冷笑道："出来吧！"

须臾，客房的门吱呀一声打了开来，出来的赫然是义渠王，他看了眼芈戎，牙根一咬，杀气盈然，"怎么，还想砍头玩吗？"

"足下好兴致，自己的家不回，跑到秦国藏了起来，害得我白跑了趟义渠！"芈戎用手抹了把脸，"足足七天七夜没合过眼，不想请我进去喝一杯？"

义渠王不知他的来意，略微犹豫了一下，说道："上来吧！"

芈戎上得楼去，见有十几个人在房里面手持着刀，虎视眈眈地看着他，一副随时都会动手的样子。芈戎年纪虽小，胆色却是过人，只瞟了那些人一眼，施施然坐下。义渠王走到桌子对面，疑惑地看着芈戎问，"当真要与我喝酒？"

"你看我像开玩笑的样子吗？"芈戎哈哈笑道："你这人表面上生得一副狠样，好像这世上的人都欠了你八百两银子一般，胆子却小得紧，你这里这许多人环伺着，还怕我偷袭你不成？"

义渠王阴沉着脸倒了两碗酒，作了个请的手势，两人端起碗一口干了。芈戎似乎极不过瘾，一把夺过义渠王手里的酒坛子，咕噜噜地连喝了半坛方休。

芈戎的举止越发让义渠王捉摸不透，他眼睁睁地看着芈戎把酒喝完，说道："酒也喝了，该说正事了吧？"

芈戎此时的脸色开始红润起来，人似乎也精神多了，笑道："你只管把心放在肚子里，我从义渠找到这里，七天七夜未睡，若只是为了找你麻烦，那就是怪事了。"

义渠王一想也是，问道："那你找我，到底所为何事？"

"找你帮忙的。"

义渠王见他并非是开玩笑的样子，呵的一声，冷峻的脸上露出丝难得的笑意，"你找我帮忙？好怪，好怪！"

"我且问你，在挈桑会盟之前，楚国为何要找你破坏会盟？"

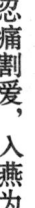

义渠王脸上一寒，"这与你有什么相干？"

"与我自是无干，但与我姐姐却有莫大的干系。"

义渠王脑海里掠过芈氏那倔强、妩媚却又带着野性的笑靥，心里莫名的一动，忍不住问道："挈桑会盟乃国事，关一个女人何事？"

"本来的确不关她的事，可有人在暗中做文章。"芈氏冷笑道："秦国以会盟调和三国为由，目的在于联合齐、楚，逼迫魏国亲秦，此属绝密，无人知晓。可偏偏你埋伏在了挈桑，破坏了会盟，他们便把这笔账算在了我姐姐头上。"

义渠王眼睛一眯，精光暴射，嘿嘿怪笑道："端的是岂有此理！此事是屈原使人与我相商的，叫我只管杀人，说是只要破坏了这个会盟，秦国便会被孤立，届时再联合义渠灭了秦国。"

"原来如此。"芈戎把手里的酒碗在桌上一转，那只碗就骨碌碌地在桌面上转了起来，他边盯着那只旋转的碗，边道："你可愿救我姐姐脱险？"

义渠王一愣，迟疑了一下，问道："如何救她？"

"见秦王。"芈戎把即将停转的碗用手捏住，抬头看着他道。

义渠王犹豫了，他破坏了挈桑会盟，秦王必对他恨之入骨，此时去见他，无疑是羊入虎口，有去无回。芈戎看穿了他的心思，嘿嘿笑道："你是怕秦王把你抓了，剁碎了去喂狗吗？"

义渠王目中凶光一闪，欲要发作，不知为何却又隐忍了下来，"我不怕死，但我不会明知是死，还伸长了脖子让人去砍。"

芈戎哼的一声，"明明是怕了，却还嘴硬！我且问你，秦王何故要杀你？"

"你当嬴驷是礼佛诵经的良善之辈吗？"义渠王道："我坏了挈桑之会，还差点杀了他的王妃和相国，他见了我，岂有不杀之理？"

"从挈桑离开后，你不回义渠，却蛰伏在此，想来是为继续打探秦国的动向吧？"芈戎站了起来，瞟了眼环伺在周围的义渠人，"我看你在此也未必安全。"

义渠王用右手握住插在腰际的刀柄，"你要想从这里走出去，却也不易。"

芈戎仿如没看到义渠王的动作，好整以暇地把酒碗放在桌上，说道："我给你两条路走，一是打，但是前面不远处便是咸阳城，只要这里动起手来，必然会惊动秦军，到时即便我死在你手里，可你敢在秦地杀人，想来也不可能活着走出秦国，结果我们玉石俱焚；二是去见我姐姐，向秦王陈述你与楚国合作一事，届时只需认个错，秦王决计不敢动你，我们皆大欢喜。"

义渠王把一张黝黑的脸憋得通红，加上眼里带着红丝，看上去十分的悍人，似乎恨不得将芈戎一口吞了。芈戎依旧笑嘻嘻地看着他，脸上透露出来的是同龄人所不具备的自信。果然，两人对视了会儿，义渠王脸上的血气退了下去，他的眼前仿佛又出现了那张脸，那张清纯的，却又带着份成熟女人特有的妩媚的脸，那双大大的眼睛好像正一眨一眨动情地看着他，眼里流露出来的是楚楚可怜的神色……义渠王脸上的杀气渐渐淡去，想到她行将被丈夫处决，想到自己曾给过她的承诺，心中蓦然升起一股柔情，浓眉一蹙，朝芈戎问道："你当真有把握让秦王不杀我？"

"他根本就不会杀你。"芈戎走上去，把一只手放在义渠王的肩上，笑道："他也怕义渠人造反，杀了你于秦国无益。"

义渠王钢牙一咬，道："罢了，我陪你去咸阳宫走一遭便是！"

芈戎笑了一声，返身往外走。当他走到门边时，霍然翻手一击，砰的一声，手肘正好撞义渠王的胸口。义渠王不曾防备，而且芈戎这突如其来的一击力道奇大，被撞得噔噔噔后退数步，身子压在桌子上，那桌子啪的一声，竟是裂了，义渠王连人带桌倒在地上。

芈戎一声轻叱，未待旁边的义渠人反应过来，身子骤然一跃，扑在义渠王身上，双手一扣，将对方的双手生生扣住，动弹不得，然后在其耳边轻声道："外面有人盯着，把戏做得真一点！"

义渠王会意，大骂道："好你个黄毛小儿，竟敢出尔反尔，看我怎生收拾你！"

紧接着，客房内便是噼里啪啦一阵乱响，似乎打斗得十分激烈。过了会儿，只听得义渠王一声闷哼，随即见门启处，芈戎举着架在义渠王的脖子上的刀走了出来。

三、苏代合纵起兵燹，嬴疾出关战修鱼

芈戎押着义渠王到宫门口之时，宫外的侍卫都吃惊不小，一个尚未及冠的少年居然生擒了义渠王来，若非亲眼所见，任谁也不会相信。芈戎尚未成年，生性顽劣，他把义渠王的领子一提，笑道："擒个义渠王算不得什么，哈哈！"便与侍卫说笑起来。义渠王却是钢牙暗咬，恨不得捅芈戎一刀，方才解气。

不多时，侍卫通禀了秦王，说是秦王召见，芈戎这才向侍卫作别，径向宫里去了。

嬴驷看到一脸风霜的芈戎时,也着实吃了一惊,"小小年纪居然有如此本事,好生了得!你从哪里擒来的义渠王?"

芈戎看了眼站在嬴驷身后的芈氏,然后朝嬴驷行了一礼,道:"我是从义渠把他擒来的!"

"义渠?"嬴驷讶然道:"义渠离此千里迢迢,你去擒他作甚?"

"挈桑会盟后,有一事我始终不解,所以把他擒来问问。"

听着芈戎略带稚气的声音把擒拿义渠王的事轻描淡写地说出来,却把嬴驷逗笑了,"擒来问问?所问何事?"

芈戎正色道:"挈桑会盟本是一个三国修好之会,楚国却会同义渠早早在那里埋伏,王上不觉得奇怪吗?"

芈氏一听,脸上油然跃上一抹笑意,朝芈戎投去赞许的一瞥。嬴驷却是佯装不懂其中关窍,试探芈戎道:"哪里奇怪了?"

芈戎年纪虽小,但他啸聚山林,见识却多,岂会听不出嬴驷话中玄机?当下也佯装出一副懵懂的样子道:"我姐姐从楚国嫁至秦国,秦楚有姻亲之盟,但义渠人却在会盟处无端动起了手来,岂非好生奇怪?我想这其中肯定有蹊跷,便把他抓了来,让王上审问。"

嬴驷唔的一声,朝义渠王问道:"义渠乃我秦国之郡县,你便是我秦国之臣民,却为何私通楚国,与秦国作对?"

到了这地步,义渠王自然是十分配合,把屈原使人与他合谋破坏会盟,再相约日后伐秦的事说了一遍。说完之后,"扑通"跪在地上,纳头拜道:"臣知罪,不敢求王上赦免,唯乞降罪!"

嬴驷的脸色阴了下来,霍然拍案道:"你好大的胆子,与楚国合谋,坏我大事,差点连王妃也被你杀了,何谈赦免!"

义渠王冷峻的脸一沉,心想嬴驷果然要杀我!此时但听芈戎道:"我王容禀,义渠王虽说一时冲动,听信了那屈原之言,但事后却也是十分后悔,不然的话,以他在义渠的势力,想要只身擒他,那是万万不能的。盖其有反悔之意,我才得手,将他带到王上面前,芈戎乞请王上念其只是一时糊涂,姑且饶恕了他吧。"

其实嬴驷也并无杀义渠王之意,只不过想找个台阶下,听芈戎一说,哼的一声,"念在你有悔悟之心,我暂且饶了你,若是再有不轨之心,决不饶恕。"

义渠王暗松了口气,又是拜了一拜,"多谢我王不杀之恩!"

芈氏也暗松了口气，心想如此一来，至少洗刷了通敌谋国的罪名。

嬴驷挥了挥手叫义渠王退下，他看了芈氏一眼，释然一笑。在嬴驷的眼里，这是个十分奇特的女人，她的举止和言语，大大有别于宫中的其他女人，所以他可以在必要时牺牲她，但内心上却不相信她会通敌谋国。至于她的那些外戚有无异心，那是无关紧要的事，只要芈氏无疑，旁人是掀不起大浪的。再者秦与楚早晚有一战，他们有无异心，到时在战场上一试便知。

却说张仪入魏后，由于其声名在外，很快受到了魏惠王魏䓨的重视，不出数月，便挤掉了惠施的相位，出任魏国的相国。

张仪认为时机到了，于是向魏䓨进谏，说魏国虽是强国，但国土纵横不到千里，军队不足三十万，与秦、齐等国比较起来，尚有些差距。不过这不是最紧要的，最让人揪心的是魏国的地形，其南边有楚国，西边有韩国，北边有赵国，东边有齐国，魏国夹在这四国之间，且地势平坦，这就是一块天然的战场。王上要是亲齐，燕赵就会受到威胁，便出兵伐之；王上要是亲楚，齐国也会感觉到危险，会从东面发兵；要是亲齐楚，燕、赵、韩必倾举国之兵讨伐，此正是四分五裂的局势。

魏惠王魏䓨曾是个雄怀大志之人，甚至欲一统天下。此时此刻，他听着张仪侃侃而谈，边听边点头，在魏国强大的时候，可以居中央而雄视天下，可是在弱小的时候，的确是四分五裂的兵家必争之地。他把双手拢在袖子里，微眯着眼看着张仪，像是一个善听他人言的慈祥老者，听完张仪论毕天下时局，便问道："按张相国之见，魏国该如何存于列国之中？"

张仪瞟了眼左右两班魏臣，然后大声说道："臣以为魏国该事①秦！"

此话一落，朝堂之上便传来一片议论之声，众臣以为，秦乃虎狼之国，若是事秦，一来无异于与虎谋皮，二来怕是引来诸国的憎恨。

张仪听着这些议论，却是哼的一声冷笑，亢声道："诸位认为不该与秦谋事，张仪敢问诸位，值此列国纷争之时，魏国该如何生存，如何图强？"

公孙衍五国相王失败后，虽不敢在魏王面前再提合纵，但对张仪的事秦之说，却也是不以为然，问道："敢问张相，魏国事秦后又能如何？"

"犀首问得好！"张仪道："魏国若是依附了秦国，韩国惧秦，自然不敢对魏国轻举妄动，这便去了一患。在齐、楚两国之间，秦国此时最想削弱的便

① 事：服侍，侍奉。如：事君，事亲，这里指为秦国做事。

是楚国，秦、楚之间很快就有一场大战，楚国正全力防着秦国，自然不会对亲秦的魏国下手，如此二患去也，魏国南面无忧，北面的燕赵即便要对魏国下手，也会有所忌惮，王上便可高枕无忧了。"

公孙衍无言以对，看了眼魏王，似在等他决断。魏罃表面上故作深思状，实际上内心已经接受了张仪的计策，沉默片刻后，问道："魏国无忧之后，该如何图强？"

张仪知道魏王已然接受了他的意见，微微一哂道："攻楚。"

"打楚国？"魏罃微眯的眼睛突地睁了开来，"魏国能打吗？"

"当今天下，看似秦、楚、齐三大强国并列，其实真正的强者是秦、齐，楚国是表面上强大，底子却弱，楚军虽众，实际上不过是一盘散沙，经不起打。魏国可联合秦国，以秦国的名义出兵，分楚国而肥魏国，且可以将罪名加在秦国头上，可谓一举两得。"

魏罃虽很是赞同张仪的事秦而安魏的计谋，但提到攻楚时却犹豫了。他毕竟年近八十，已经老了，图个安生便已满足，图强之心不过是嘴上说说罢了，真要出兵攻楚，却是如何也提不起这个心来。而且他也怕万一到时楚国反过来咬一口，却是偷鸡不成反蚀把米了。

恰在此时，楚国出了个苏代，此人乃东周洛阳人，为后来名震战国的苏秦兄长。苏代之智慧绝不在其弟苏秦之下，这一年游走到楚国时，他向楚怀王游说，秦国要东出而王霸天下，楚国是他最大的绊脚石，因此秦国当下最想削弱的就是楚国，在挈桑会盟时，其狼子野心已暴露无遗，楚与秦早晚必有一战，与其等着秦国来攻，不若未雨绸缪，联合韩、赵、魏、燕等四国攻秦，倘若再能说动义渠骚扰秦国北境，使其两厢不能顾及，此事若成，秦国必败。

苏代这一番陈说后，在屈原、昭阳等人的鼓动下，楚怀王就采纳了此一建议，说只要苏代能说动四国，楚便攻秦。

此后，苏代出了楚国，以楚国的名义奔走在四国之间，韩、赵、燕等国听说是楚国为纵长，合纵攻秦，都答应了下来。这一年到魏国时，他并未直接去见魏王，而是去找了公孙衍，他知道公孙衍在五国相王失败后，一直再图合纵，与他合谋后再去游说魏王，胜算就大了。

公孙衍很早就听说苏代在各国游说，合纵攻秦一事，对于苏代的到来可谓是喜出望外，为此专门设了家宴，宴请苏代，以示尊敬之意。

翌日，公孙衍带了苏代去朝堂。待众臣行过礼后，公孙衍说，有楚使苏代侯于宫外待我王召见。张仪一听此人，心里咯噔了一下，望了公孙衍一眼，见他面色黑里带紫，神采飞扬。回头再看魏嗣，依然微眯着眼，一副尚未睡醒的样子，两眼似睁非睁，似乎对苏代的到来，并不如何感兴趣，只是淡淡地道："苏代，唔，听说也是位游说于天下的名士，名头似乎不亚于张相国，嘿嘿，张相国，你的对手来了。"

张仪倒是没想到魏嗣会把这一层纸捅破了，当下哈哈一笑，"合纵连横，治国方略也，并无优劣之分，只以时局而定，究竟是采取合纵还是连横，最后还望我王定夺。"

"嗯，此话却是实在！"魏嗣点了点头，道："宣苏代来见。"

须臾，苏代大步走入朝堂，朝魏嗣双手一拱，行了一礼，高声道："苏代参见魏王！"

"听说你游走于列国，策动了韩、赵、燕、楚、义渠等各国伐秦，好大的手笔啊！"魏嗣不疾不徐地道："此番前来我魏国，可是来游说让魏国出兵的？"

苏代朝向魏王说道："我听说王上要亲秦，此举在我眼里看来，无疑是将魏国置于水深火热之中，即便魏国可以不理会天下之悠悠众口，怕也难敌天下之合纵雄兵，如今韩、赵、燕、楚、义渠五国已然发兵在即，秦国再强，再能打，也决计难敌合天下诸国之兵，魏国在这时候事秦，岂非是将国家置于火堆上烤吗？"

苏代话落间，在朝堂上蓦地响起一个单调的击掌声，转目间，却见是张仪含笑拊掌。苏代拱手道："张子何以拊掌？"

"苏子之举，比之犀首的五国相王，有过之而无不及，若再策动魏国出兵，合六国之兵，百万雄师，扑向秦国，那气势亘古未有，着实是大手笔！"张仪看着苏代，眼里精光灼灼，脸上却含着一抹不屑的冷笑，"敢问苏子，那真是雄兵吗？于在下看来，却不过是一群乌合之众罢了！"

苏代仰首大笑，苍白的脸因了这一声笑而泛出血色，他手指着张仪道："张子之胆色，令在下好生佩服，六国之雄兵，皇皇百万，在张子眼里却不过是一群乌合之众，在下冒昧一问，张子可有破那乌合之众的妙计？"

"此举以楚国为纵长，挑起天下之兵伐秦，敢问楚国何以伐秦乎？其不过是受到了秦国的威胁，他不打，秦国也会打，所以此乃楚国的无奈之举，甚至于不过是做做样子罢了。且楚人乐于安逸，多年未有战事，此事无奈起兵，何来雄心？赵国之所以出兵，乃因赵武灵王娶韩女为夫人，与韩有姻亲之好，

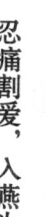

不好驳了韩国的面子，不得已出兵，敢问赵兵可有雄心？燕国位于边塞，与秦相隔几千里，并无实际利益之冲突，最为关键的是，如今燕易王已逝，燕王哙新继大统，国内根基未稳，燕国即便是出兵，也不可能是雄兵，更莫提雄心了。在这所谓的五国之中，只有韩、义渠是真心想打的，而楚国不过是借各国之兵，震慑秦国，楚怀王未必有此雄心壮志。如此敢问苏子，韩、义渠可否与秦国一战？韩与义渠联合，可算是乌合之众？"

苏代含笑拊掌，说道："张子周游列国，见多识广，所言所论，字字珠玑，苏代佩服！按张子所论，五国之兵的确是乌合之众，完全不堪一击。可在下有一事相问，张子敢接否？"

张仪看了苏代一眼，见他目中闪烁着狡黠之色，知是定有诘难，但此时箭在弦上，不得不发，说道："苏子只管说来便是。"

"人有羞耻之心乎？"

张仪一愣，道："自然是有的。"

苏代微哂道："前有五国相王之败，乃因各国其心不合，后有挈桑会盟之鉴，秦国虎狼之心昭昭，此番五国之间，即便再有间隙，但到了战场上也必会协同作战，届时百万雄兵，压向秦境，哪怕是每人射一支箭，函谷关之城墙也将是千疮百孔。"

魏嗣一直认认真真地听着，此时突然用手一拍几案，扯着一把有点儿含糊不清的嗓子道："妙论，当真是妙论，今日我能听到两位名士纵论天下大势，端的是大快人心！"说完之后，魏嗣顿了一顿，又道："不过，出兵伐秦毕竟是大事，容我与众臣商议后再作定夺，请苏先生先回去休息，等我回复，可好？"

苏代应了一声，向魏王拜了一拜，转身退下。张仪看着苏代离开，然后回身，把双手一拱，正要说话，魏嗣却摆了摆手道："都不用说了，此事待我想想，退朝吧。"

正如公孙衍所想，魏嗣并不想出兵参战，但也不敢公然与列国对立，于是派了五万兵马，由公孙衍领兵，虚张声势。并交代公孙衍，只作应和，不可作战。

如此苏代的合纵伐秦大计终告成功，于公元前318年秋，韩、赵、魏、燕、楚各自点兵出征，除了义渠尚没反应之外，其余诸国大军均压向函谷关。

函谷关外，草木枯衰，尘沙弥漫，一派萧瑟景象。

关内的将士前两天就收到了五国来攻的消息，因此加强了布防，这天一大早，虽说东方才露鱼肚白，却有很多士兵在忙碌地搬运檑木滚石。不知何时，突有人惊叫了一声，"快看，联军来了！"

城内一阵慌乱，士兵们纷纷跑上城头去看。果然，在几里之外，尘土大起，隐约间只见戟戈如林，旌旗招展，战马嘶鸣，黑压压的一片，一时难以分清到底有多少人马。

在士兵们议论纷纷之时，早有人去向守将禀报。那关隘守将听闻后，却并不慌乱，说道："函谷关地处深险谷地，车不方轨，马不并辔，道路狭窄，人马多了反而施展不开，联军决计不敢领数十万人马前来扣关，所以我等只需据险而守，等待援军即可。"

斥候快马入京，一路奔向皇宫，手持一份战报提交到了嬴驷手里。

嬴驷看完战报，然后将战报紧紧地捏在手里，咬牙切齿地道："来得好快！"

很显然，这一次的势头要猛过前一次的五国相王，虽然同样是五国围秦，但是五国相王时的中山小国换成了楚国，而且有了前车之鉴，这些国与国之间的配合度必然要好于前一次，所以对秦国来说，此番的形势明显更加严峻，甚至可以说是秦建国以来所面临的最严峻的危机。

"快传庶长来见！"张仪不在秦国，在这危急关头，嬴驷自然而然地就想到了号称是"智囊"的嬴疾。

嬴疾虽然不知道目前五国联军确切的消息，但在几天之前就已得知了列国伐秦之事，连日来一直在盘算着如何应对，一听秦王宣召，就立马动身去了宫里。

嬴驷见到嬴疾也不加客套，直接拉了他来到那张羊毡地图之前，指着图道："赵国十万大军已到了渑池（今河南西部渑池县），由赵公子渴领兵，距函谷关三十里；十万韩军目前在洛水一带，由太子奂领兵，此人功利心重，到时求功心切，估计会与赵军会合扣关；楚国在武关一带，号称是兵甲三十万，燕、魏两国的动向目前尚不明确。"

嬴疾目不转睛地看着地图，良久没有说话，眉头却是越皱越紧，"目前且不去说魏、燕两国会出多少兵力，单是赵、韩合击函谷关，楚国攻打武关，这两方面合起来便是五十万大军，形势不容乐观。"

嬴疾看了眼嬴驷，迟疑了一下，问道："王上的意思，此番是和是战？"

第二章　忍痛割爱，入燕为质

"打！"嬴驷两眼一突，冲口便道："前有公孙衍的五国相王，现在又是苏代的合纵攻秦，说明什么？说明上一次打得还不够狠，打得他们还不够痛！求和？嘿嘿，这一次割地求和了，下一次他们得寸进尺了便又如何？"

嬴疾眉头一沉，先是点了点头，而后又问道："义渠和齐国方面可有动向？"

嬴驷道："义渠目前尚没有动静，我已派人送去金钱女人，以安其心；齐国方面也派出了使者前去，我估计以田辟疆（齐宣王）的为人，很可能会像上次一样，先是坐山观虎斗，待有可乘之机时，会在燕、赵背后捅一刀，捞些便宜。"

"既如此，臣愿领兵。"

"我等的就是你这句话。"嬴驷笑道："说说如何打？"

"化繁为简，重点打一路。联军虽众，可其心不齐，只要我们首战得胜，联军必军心动摇。"嬴疾把手一指地图上的函谷关位置，"就打韩、赵这两只出头鸟，但要将他们打下去了，后面的联军必乱。"

"兵行险招好是好，可如此打法，万一有所不测，武关必然失守。"嬴驷似笑非笑地看着嬴疾道："有几成把握？"

嬴疾神色肃然，把手一拱，大声道："若有不测，臣愿提头来见。"

"我不要你的头，我只要犯我大秦者的头！"嬴驷一拍嬴疾的肩膀，"大秦兴亡，全在你手，走，一起去蓝田军营！"

  五国伐秦的消息很快就在秦国国内传将开来，对于尚武的秦国的百姓来说，他们倒并不觉得惊慌，一来是习惯了，天下大乱，岂有不打仗之理；二来是秦国男儿均以参军为荣，特别是对普通家庭出身的人而言，杀敌建功是改变命运的最佳途径。

芈氏听说此消息后，只觉心惊肉跳。她原非胆小之人，然如今魏冉和芈戎参军了，而且都是刚进军营没多久的新军，技艺尚且未练纯熟，便要去参加如此大的阵仗，一上了战场，必是凶多吉少。芈氏越想越担心，那两个弟弟是她在世上唯一的亲人，断然不能让他们出什么意外，于是她想去找嬴驷商量，不想让她的弟弟们参战了。

可转念一想，却又觉不妥。嬴驷掌管全国之事，些许小事去麻烦他，有些说不过去。再者秦人尚武，以能上战场为荣，她此时去求嬴驷别让弟弟出征，难免会叫他小觑。但不去找嬴驷还能去求何人呢？

正自焦急时，惠文后却来了，她带着一脸的笑，似是闲来无事与芈氏来拉家常的。对于惠文后的到来，芈氏多少有点意外。虽说她们同住后宫，但毕竟是有过节的，只不过彼此心照不宣，没有公开撕破脸罢了，因此平时若非有什么事情，一般不相往来。芈氏见她满脸端笑，瞧不出其心思，也只得笑着迎将上去，说道："姐姐今日却是好兴致，居然想到来看妹妹了！"

惠文后落了座，说道："你我姐妹，若是老死不相往来，也是不成体统，再者我掌管后宫，岂能眼睁睁地见姐妹之间不和呢？今日前来，确实是诚心来慰问妹妹的。"

芈氏讶然道："姐姐这话令人好生奇怪，妹妹处并无发生什么事，何来慰问一说？"

惠文后淡淡一笑，"你两个弟弟初入军营，偏巧遇上了列国围秦，此一战必是场惊天动地的大阵仗，新兵上阵，定是凶多吉少，事关亲人性命，妹妹岂有不担心之理呢。我想着妹妹此时定是心急如焚，便过来看看，若是有我帮得上忙的地方，妹妹只管吩咐便是。"

芈氏闻言，下意识地提高了警惕。毫无疑问，惠文后前来，颇有些黄鼠狼给鸡拜年的意味，那么她如此殷勤，目的何在？因不明白其用意，芈氏便想试探她一下，说道："从了军便是要上阵的，这是无可奈何的事，怕是任谁也帮不上忙。"

"你我在后宫，军中之事，自然是插不上手。"惠文后低头想了一想，说道："如若妹妹果然担心令弟安危，有一人倒可相托。"

"何人？"芈氏装作漫不经心地问道。

"此人叫司马错。"惠文后说道："眼下正是他掌管着三军，你若去央求于他，使令弟免于出征，多半不成问题。"

芈氏听到这里，越发迷惑了，从她的言语间听起来，的确是在为自己出主意，但是她如此热心，用意何在呢，这是不是一个陷阱？

在这一瞬间芈氏的心头转过无数念头，她是聪敏之人，很快便想到了问题所在，望了眼惠文后那带笑的脸，心底油然升起股寒意。从军而不参与作战，是为军人之耻辱也，如果她真去找司马错帮忙，魏冉和芈戎的前程便算是从此葬送了。

本来芈氏确实在绞尽脑汁地想办法，希望能使两个弟弟免去此番征战，这个时候若是其他人来为她出主意，她肯定不会防范，且还会感激万分。但惠文后在她这儿一出现，她便生了警惕之心，故惠文后的这个主意，反而点醒了芈氏，万万不能阻止弟弟出征！

"多谢姐姐提醒，妹妹这厢谢了！"说话间，芈氏便起身行了个礼。她这相谢之举着实是发自内心，若非是惠文后这黄鼠狼给鸡拜年之举，她可能真会犯下大错。"我这便去军营找司马错。"

送走了惠文后，芈氏果然差人准备马车，去了蓝田。

惠文后听说芈氏果然出宫去了，不由得心花怒放，此举一旦叫王上知道，芈氏必失宠无疑。可惜的是惠文后把芈氏想得太过简单了。

秦蓝田军营。

众将士正在操练，空旷的场地上士兵们手持铁矛，在指挥官的口令下练习战场格斗技巧，喊声阵阵，震彻长空。

在操场正上方的点将台上，昂然站着一位年过三旬的将领，只见他身着一副软甲，短须如戟，浓眉如刀，脸上棱角分明，颧骨高高耸立，目光流转之间，精光灼灼，不怒而威。此人叫司马错，是司马迁的八世祖，有勇有谋，领兵征战主张上善伐谋，中善伐交，下善伐力，与后来的白起比较起来，司马错是秦国主将中十分仁道的将领。

就在刚才，司马错接到了大军出征函谷关的军令，一会儿嬴驷将亲临军营，鼓励出征的将士。他知道这是一场前所未有的大战，此战的胜负决定秦国的存亡，所以他尽管久历沙场，但想起函谷关外的五国联军，依然不免有些紧张。

从司马错这个方向看过去，在拿着铁矛操练的士兵左侧，是一队只身着布衣，手持大刀的士兵。这些人叫作死士，一旦在阵前冲锋，这部分死士会首当其冲，阵亡概率巨大。看着这些生龙活虎的死士，司马错暗暗地叹息了一声，这些人上阵之后，会有几人还乡？

在将台上看了会儿，他正欲回营帐，突见大营外一辆马车急驶而来，起初还以为是嬴驷到来，定睛看时，见前车上所坐的居然是个女人，而且是王上的妃子芈八子，司马错不由得愣了一愣，她来军营做什么？沉眉一想，这才想起她的两个弟弟魏冉、芈戎皆在军营，当下便释然了，急忙下了将台，迎将上去。

从内心上讲，司马错对芈八子的为人还是十分佩服的，身为王妃，她的两个弟弟在军营却只是普通的士兵，无任何的头衔或爵位，身在王上身边，要做到如此，十分的不易。故而走到芈氏跟前时，司马错恭恭敬敬地行了一礼。

芈氏没有任何架子,脸上带着淡淡的笑,很是亲切,"将军无须多礼,我来军营只为私事,想在大军出征前看望两个弟弟。"

司马错道:"此乃人之常情,我这就带王妃去见。"当下着人去寻魏冉、芈戎两人,自己则领着芈氏徐徐朝营内走去。

不一会儿,魏冉、芈戎大步而来,见到芈氏时,两人均是又惊又喜。而芈氏见到他俩时,却是怎么也笑不出来,他们身着布衣,并无披甲,手上各持了一把刀,她不知道这是死士的装扮,但她至少知道如此上战场是十分凶险的。

司马错看在眼里,忙解释道:"他们执意加入死士,不愿披甲上阵。"

芈氏娇躯微微一颤,脸色在秋风中显得异常苍白,"为何啊?"

"建功杀敌,不给姐姐丢脸!"魏冉壮声道。

芈戎却是嘻嘻笑了声,"按秦国军制,砍一颗头可晋一爵,姐姐知道,我最是擅长砍人头颅,此等大好机会,岂可错过。"

原来秦国的军功爵位制度是商鞅变法时定下的,凡行伍中人,不论门第出身,但要在战场上立功,根据功劳大小,皆可加官晋爵,且功爵可以世袭,即便是父亲战死在了沙场,其子女可以继承,盖因如此,秦国军队上阵杀敌,人人争先,骁勇异常。

芈氏入秦后,本想着与弟弟共享富贵,偏这两人脾气犟得紧,不愿借姐姐的光,要在战场上实打实地建立功勋。战场本是男儿建功立业的舞台,参战倒也罢了,偏生又去当了死士,思及此,芈氏不由得怔怔落下泪来,说道:"你俩都有志向,姐姐甚感欣慰,但有一条,须牢记在心:建功立业是一辈子的事,切不要建功心切,无端赔了性命。"

魏冉情知姐姐担心,便故意打了个哈哈,装出一副轻松的样子,笑道:"姐姐只管放心,凭我与戎弟的本事,上了战场没人是我俩敌手!"

正说话间,突闻得身后传来辚辚车声,几人回头一看,见是来了两辆马车,第一辆车上的是庶长嬴疾,后一辆车上所坐的赫然是嬴驷,众人见状,忙迎上去。

嬴驷下了马车,先是见芈八子也在营中,很是诧异,再见其双目红肿,似是刚哭过的样子,转头朝魏冉、芈戎一看,也不由得肃然起敬,走将上去,握住芈氏的双肩,道:"你的弟弟不愧是我大秦的士兵,是铁骨铮铮的好男儿,你应该为他们的表现感到骄傲。"言语间,走到魏冉和芈戎两人跟前,又

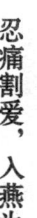

道："可是想好了？"

魏冉大声道："想好了，此战若不杀敌立功，绝不回营！"

嬴驷叫了声好，牵了芈八子的手走上将台。由于事前有所准备，此时三军将士已集结完毕，嬴驷望了眼茫茫无垠的齐整军列，望着那林立的戈矛，不由得心潮澎湃，热血沸腾，他深吸了一口气，一字一句地大声喊道："我大秦的将士们，秦国日渐壮大，引来列国窥视，如今五国联军集结在函谷关外，兵临城下，要夺我秦国的土地，杀我秦国的百姓。兵燹突起，国家危难，就要靠你们这些大秦的男儿，去沙场杀敌，悍我国威，我大秦江山的安危，家国的存亡，百姓的福祸，今日全交予你等之手，嬴驷在此拜托了！"言毕，把手一拱，向三军将士行了一礼。

是时，将士响起震天的呐喊："悍我国威，秦国万年……"

"上酒！"嬴驷激动得涨红了脸，"为我大秦男儿壮行！"

话落间，早有兵士端着酒缸去与将士们倒酒，待所有人手上都端了碗酒时，嬴驷把手中的酒高高举起，喝一声："干了！"一口饮下，然后重重地将碗掷于地下。三军将士如法炮制，饮干碗中酒后，纷纷掷碗于地，一片连绵不绝的脆响在军营的上空回荡，仿似战场上的兵戈交击之声，使得军营之中陡然弥漫一股腾腾杀气！

函谷关外，正如嬴驷所料，韩、赵两军已然会合一处，二十万大军士气高涨，整日嚷嚷着要杀进函谷关去。

韩太子奂为了能在日后顺利登上王位，急于想建立声望，借着军中士气正盛，去与赵公子渴商议，这两人怀着同样的心思，一拍即合，便上了马去向五国统兵元帅苏代请战。

苏代坐在帅帐之中，丝毫不见合纵成功的喜悦，反见是一脸的愁容。

五国大军盘踞函谷关，看似气势汹汹，实际上是一团乱麻。楚国大军扎营在武关之外，一副想要在那里过年的架子，丝毫不见攻城的意图，苏代心里清楚，楚怀王不愿真正与秦国动手，他此番同意了苏代的游说，不过是挈桑会盟时秦国暴露出了伐楚的意图，这才出来做做样子，吓唬吓唬秦国，好教秦国知道，楚国并非可轻易染指，如此而已。

然而如此一来，却是苦了苏代，这一次伐秦楚国是纵长，是此次大战的领头羊，他不开打，其他国家岂愿做出头鸟？

果然不出苏代所料，燕国只派出了一万五千兵马。虽说燕国新君初立，不宜参与大阵仗，但只来了一万五千人，明显是为了不落人口舌，来敷衍了事的。至于魏国，魏惠王在张仪的撺掇之下，亲秦意向明显，为了不开罪列国，给了公孙衍五万人马，并嘱咐不可与秦军正面为敌。

想到此处，苏代不由得看了眼坐在下面的公孙衍，他是昨日刚到的，了解了这边的情况后，就一脸的愁容，极少说话。就在两人发愁的时候，赵公子渴和韩太子奂两人到了，这两人一到营帐内，二话不说，只让苏代下令，让他们去攻打函谷关。

这是苏代没有想到的，他忍不禁朝公孙衍看了一眼，却见公孙衍轻轻地摇了摇头，示意其不可下令。苏代何等聪明，很快就明白了韩、赵两国公子的意图，便叫他们少安毋躁，待统一部署后再作计较。

打发了韩、赵两国的公子哥后，苏代叹道："如今的形势倒是叫张仪说中了，联军浑若散沙，待秦国援军一到，如何是好？"

"秦国的援军一到，我们要想获胜就难上加难了。"公孙衍沉吟片响，说道："函谷关的守军并不多，大约五万人马而已，他们有恃无恐，所凭借的便是雄关内外的崇山峻岭，我们要想获胜，唯一的办法就是在对方援军到来之前，持续强攻，打他几天几夜。既然韩、赵两国急要建功，不妨就让他们主攻，魏、燕两国协同作战。"

苏代闻言，神色一振，"如何打法？"

"分作两路。"公孙衍道："韩、赵两国从函谷关正面主攻，魏、燕两国则从侧面的夸父山上去，分散秦军的兵力，便从今晚开始，连续打他三天三夜。"苏代一拍桌子，"就如此定了！"

韩太子奂和赵公子渴接到军令时热血沸腾，连忙各自沙战点兵，准备作战。当日向晚时分，一轮落日在秋末的寒风里逐渐失去了色彩，当夕阳落在崇山峻岭中时，群山之中陡然响起一阵震天价响的呐喊，韩太子奂、赵公子渴跨了战马，出现在了函谷关前。由于关前道路狭窄，人多了反而施展不开，太子奂便让申差领了两万人前去扣关。

申差是韩国名将，作战经验十分丰富，他一到阵前，先叫弓箭手轮番猛射，直把秦军射得不敢露头时，将佩刀一挥，指挥全军攻城。一时黑压压的大片人潮涌向城墙，云梯啪啪啪地不断往城墙靠，另一厢边则是众人抬着撞木，向城门冲将过去。

下边刚冲上去，上边的秦军滚石、檑木就往下招呼，呐喊声中不断地传来惨号，血腥味在空气中也越来越浓烈。

与此同时，夸父山那边也打响了，魏、燕两军由公孙衍直接统领。因魏惠王曾交代过公孙衍，不可与秦国正面为敌，所以公孙衍此举可谓是违了王命。然而，对一名战将而言，违王命不可怕，可怕的是一旦战败，在魏国便再无其容身之所了。因了这一层关节，公孙衍玩命般地率众往上冲。

守卫函谷关的是秦国公族子弟嬴桑，此人四十余岁年纪，子承父业，大半辈子都是在边关度过的，对其而言，函谷关就是家，任谁也侵犯不得。奈何兵力太少，面对联军的两面进攻，嬴桑有些疲于应付了。公孙衍说函谷关有五万兵力，实际上还是高估了，此时的函谷关即便是连伙夫一起计算在内，也不过四万多点人而已。

嬴桑把这四万人分作三股，一股防御正面，一股防御侧面，最后一股则作为游动兵力，哪里紧急便去救援哪里。他铁青着脸对众兵士说，国家危难，士当拼死以敌，哪怕是打到剩最后一人，也要坚持到援军到来，绝不让联军入函谷关一步！

函谷关之战就此拉开帷幕，随着时间的推移，伤亡人数的增加，战况愈演愈烈，双方也都杀红了眼。到了第二天晚上，函谷关的外围已是尸积如山，血流成河，脚步踩落地时，便如踩在水洼地上，啪啪作响。

函谷关内的秦军面对四国两天两夜的强攻，已伤亡过半，若是联军再这么打下去，函谷关决计守不住。嬴桑急了眼了，抓来一名裨将问："城内有多少桐油？"

裨将答道："尚有一百二十八桶！"

"都给我搬出来往城下倒，烧死他们！"

没多久，一百多桶桐油搬上了城楼上，嬴桑目不转睛地看着城下，等敌军涌至城下时，霍地喊了声："倒！"早有士兵搬了油桶，哗啦啦往下浇，片刻间城下被浇成了洼地，还没等联军反应过来，嬴桑又喊了声："烧！"呼呼的几个火把投将下去，只听得轰的一声大响，火花骤起，只晃眼间，城下成了一片火海，上万人置身火海中，吼叫着争相奔走，饶是申差见惯了大阵仗，见此情景，也是大惊失色，率人撤退。

嬴桑见正面的敌军撤退，便将主力调到了夸父山一带，居高临下一阵猛打，把公孙衍也打了回去。

持续两天两夜的强攻终于退了，嬴桑一屁股坐倒在城楼上，若虚脱了一般，久久没有动弹。不知过了多久，裨将来报，说是已清点了伤亡人数，共计亡九千余人，伤者过万，目下可继续作战的不足三万。

嬴桑只是点了点头，没有说话。裨将说道："若联军再来一番强攻，怕是难以坚守，不知援军何时可到？"

嬴桑望了裨将一眼，肯定地道："再坚持一日，援军必到。"

令所有人没想到的是，嬴疾的大军在当日凌晨时分便赶到了，函谷关内一片欢呼，他们看着生龙活虎的新军，涕泗齐下，还有什么比看到了生存的希望更令人欣喜呢？

嬴疾也不休息，先是慰问了一番关内的守将，然后召集主将召开会议。所有人都以为，秦国必有一次大规模的反攻，连联军都做好了作战的准备。可是让所有人都想不到的是，嬴疾居然坚守不出。

这让平素以稳重著称的司马错都觉得莫名其妙，质问嬴疾为何不出关迎敌。嬴疾却是笑了一笑，问道："我们现有多少兵力？"

司马错道："从蓝田军营调了十五万，加上函谷关的兵力，共计十八万。"

嬴疾再问："武关外的楚军有多少兵力？"

"二十万。"司马错一怔，看了嬴疾一眼，突然明白过来，"你是怕乘胜追击，引起楚国恐慌，被迫与我军作战？"

"正是。"嬴疾道："目前楚军在武关，大有作壁上观之态，我军刚小胜了一场，若是乘胜追击，必迫使楚军闻风而动。"

嬴桑不解地问道："我们下一步作何打算？"

"等。"嬴疾眉毛一挑，"我估计他们也不敢再战，等入了冬，等他们倦了，伺机再战。"

这个消息传到刚从蓝田赶过来的士兵耳里，大家都十分失望，从蓝田千里迢迢赶了过来，就是为立军功的，如今不打了，军功也就无从立起。

话说此时秦惠文王嬴驷也是紧张地在寝宫里来回乱转，直绕得芈八子头晕眼花，劝解的话儿说了无数遍，其实芈八子的担心并不比秦王少，她的两个至亲都在战场上生死未卜，她只得暗地里祷告，希望两个弟弟不要过于拼命，保住性命要紧，可偏是这两个不让人省心的非要捅咕点大事出来……

这天夜里，芈戎把魏冉叫了出来，神秘兮兮地问道："想不想立功？"

魏冉道："废话，到了这里不想立功，莫不是专为喝西北风而来？"

芈戎朝左右望了望，见无异状，说道："今晚我们赶去武关，把楚军的粮草烧了。"

魏冉一听，差点笑出声来，眼里精光一闪，"你小子贼精啊，只要楚军一退，韩、赵两国的军队就是咱们俎上的肉了。"转念一想，却觉得不好，又道："兹事体大，不需要去告诉上面一声吗？"

"你傻啊！"芈戎急道："这么大一个功劳，他若是派别人去了，你我兄弟岂非白高兴一场了？"

旬日之后，已到了武关。待人了夜，两人趁黑摸到楚国军营外围，只见营内灯火通明，酒肉飘香，时不时地从里面飘出来阵阵歌舞之声。魏冉不由叹道："常闻楚人好享乐，于军中尚随歌伎，果然如此！"

芈戎道："我等虽为楚人，建功立绩却要在秦国，少不得只好得罪故人了。"说话间，手指着东北方向又道："哥哥可看到了，那边灯火寥寥之处，便是囤积粮草所在了。"

魏冉说了声"走"，两人猫着身疾步走了过去，不多时，到了楚军囤粮草所在，此时夜黑，加上这里没点几个灯火，易于行动，芈戎哼的一声，脸上浮出抹冷笑，正要过去动手，魏冉却一把将他拉了回来。

芈戎知道他这位哥哥表面粗鲁，实是粗中有细，当下便回了身过来，刚要问，却见魏冉朝一个暗处指了一指。芈戎定睛一看，着实吃了一惊，在那暗处分明趴了一人，因不知是友是敌，芈戎也不敢大意，慢慢地从腰际拔出短刀来，打了个手势，示意两人从侧面兜上去，一举将其擒获了。魏冉会意，配合芈戎从侧边围将上去，等到差不多距离时，两人同时一纵，将那人压在地下。芈戎把短刀搁在那人脖子上，沉声道："你要是敢出声，我就把你的脑袋挪个窝。"

那人果然不敢出声。魏冉问道："你是什么人？"

那人冷哼一声，"既让你们逮到了，要杀要剐悉听尊便，废什么话？"

"呵！"芈戎见是个倔脾气的，一时来了兴趣，"遇上了个硬的，那我就给你个痛快！"正要动手，魏冉却又抓住了他的手，急道："且慢。"

"怎么？"芈戎诧异地问道。魏冉指了指那人的衣服，芈戎仔细一看，这才发现他所穿的衣服跟他们是一样的，惊道："你是秦军？"

那人不耐烦地道："你俩有完没完，我若是楚军，趴在自己的军营作甚，喂蝼蚁不成？"

两人闻言，松手将其放了。那人一个翻身，半蹲着身子一看两人，也是十分惊异，"你俩莫非也是秦军，到此作甚？"

芈戎笑道："天冷了，冻得人睡不着觉，来此生些火烤烤。"

那人目中精光一闪，"看来咱们想到一处去了，走吧。"

"不忙啊兄弟！"芈戎兀自坐在原处，把玩着手里的短刀，"此番功劳算谁的？"那人眉头一皱,道:"自然算是一起的。"

"这便好!"芈戎笑了一声,凑过来道:"火光一起,到时如何撤退?"

那人想也没想,便道:"待楚军杀来时,我来殿后,引开追兵,你俩只管撤退,去函谷关禀报,好叫嬴将军出关袭击韩、赵两军。"

魏冉听他如此说,心底油然升起股敬意,当下认真打量了那人两眼,只见他的年龄与自己相当,二十几岁的样子,面目冷峻,苍白的脸上看不出一丝毫表情,目光转动间,犀利如刀,整个人透着股令人胆寒的杀气。然言语间却是沉着稳重,颇有豪气,当下起了相交之心,问道:"足下如何称呼?"

那人道:"白起。"

"我叫魏冉。"魏冉道:"等下楚军来时,我与你一道引开他们,去函谷关禀报,一人足矣。"

白起也不推却,只说了声"动手吧!"就悄无声息地向楚军摸了上去。

摸到藏粮草处时,三人各自迅速地把各处的粮草点燃了。没多时,火光大起,越烧越旺,楚军大哗,纷纷赶将过来。白起轻喝了声:"走!"三人均不敢怠慢,掉头就跑。由于是时火光烛天,亮若白昼,很快就让楚军发现了,大喊着尾追上来。

魏冉等跑至拴马处,叫芈戎速去函谷关禀报,自己则和白起共坐了一匹马,掉头朝另一个方向而去。

嬴疾吃惊地看着芈戎,愣了一愣后问:"你们三个人,把楚军的粮草烧了?"

"正是。"

"却为何不见魏冉和白起?"

"他们去引开楚军了,估计不时便可回。"

嬴疾霍地拍案而起,黑着一张脸,看不出是喜是怒,看得芈戎心里怦怦直跳。却听得嬴疾大声道:"你等三个小子好大的胆啊,居然只身去敌营烧粮草!还等什么?速速回营待战,等此战过后,我给你们请功!"

等嬴疾说完后,芈戎才缓过回神,原来他这是在表扬!当下应了一声,转身而出。

三军刚刚集结完毕,魏冉和白起两人也到了,芈戎大喜,把白起拉了过来,说道:"今天还是并肩作战,看看是谁割的人头多!"

秦军论功行赏时,是按人头算的,一颗人头加爵一级,白起也是个好斗之人，生性之凶残比之芈戎有过之而无不及，当下冷冷地道："这有何难，与你比了！"

说话间，突听得嬴疾一声喝："三军将士听令，城门开启之际，便是你等杀敌建功之时，这一仗，不光是要把他们打痛，更要把他们打怕了，打得他们一提秦军，便闻风丧胆。待大捷之后，我一一为你们请功！"

这一番话把三军将士听得个个神情激动，热血沸腾，待城门开时，均如猛虎一般，呼啸着冲了出去。

韩、赵两军虽每日都做了防备，但是秦军来得实在太快，且势头太猛，还没等他们反应过来，冲在最前面的死士便已杀到，一时如狼入羊群，把两国军队杀得乱作一团，抱头鼠窜，向南撤退。

韩太子奂惊骇地道："秦人凶悍，不可力敌，此处离修鱼不远，快随我撤吧！"赵公子渴亦慌了神，知道修鱼（今河南新乡市一带）是太子奂的封地，属于韩国境内，料想到了那里便安全了，连忙道："如此甚好！"当下领了两国之兵，往修鱼逃窜。

嬴疾站在函谷关城头观战，见两国军队要撤，转身就下了城头，边走边道："快予我备马！"一旁的守将嬴桑问道："敌军已退，将军这是要去何处？"

嬴疾到了城下，边牵了马跃上马背，边道："要是这便饶了他们，下次还会来犯我秦土，我要打得他们魂飞魄散！"两腿一夹马肚子，战马一声嘶鸣，冲出城去。

如此秦军追着两国军队打，一路追到了韩国边境，这时有人来报："我军已追至韩境，韩、赵两军已退至修鱼，司马将军请示，是否再追？"

嬴疾两眉一扬，冷笑一声，"再追，犯我大秦者虽远必诛，要是这便了事，岂非太便宜了他们！"

韩、赵两军原以为退入修鱼，秦军就不会追来，行军的速度就慢了下来。谁知秦军竟是毫无顾忌，一路追入修鱼，将两军围了起来！

"杀！"嬴疾断喝一声，一马当先，直入敌阵。众将士见状，血脉贲张，奋勇争先，冲在最前面的死士，大多数人把上衣解了下来，围在腰际，赤膊上阵，腰上则挂着敌军人头，一身是血，乍一看，浑若鬼府的索命使者，吓得韩、赵两军魂飞魄散。

公元前318年末，嬴疾率秦国大军在韩境修鱼大败韩、赵两军，斩首敌军八万两千余人，韩太子奂战死，活捉韩将申差，震慑列国，史称修鱼之战。此役后，韩国被迫求和，派了太子仓入秦为质。

而与此同时，魏军退至观泽（今河南清丰县南）时，遭遇齐国军队，折损过半。十分不巧的是，魏惠王在五国攻秦期间驾崩，其子魏嗣继位，史称魏襄王，襄王遵从其父临终之言，魏国积弱多年，不堪与秦一战，继位后与秦示好，并送张仪入秦。如此一来，公孙衍在魏国自然再无立足之地，便辞了官职，流窜列国，于秦武王二年（公元前309年）再次入秦，秦武王有意立他为相，却遭甘茂和嬴疾极力反对而作罢。此乃后话，姑且不表。

却说公元前317年开春，大军回到蓝田军营，嬴驷亲自在蓝田为将士们庆功。芈氏见两个弟弟安然无恙地回来，还建了军功，不由得抱着弟弟喜极而泣，在场之人无不动容。这一切嬴驷看在眼里，对芈八子及其外戚的疑虑彻底从心底抹去了，甚至在内心十分欣赏魏冉和芈戎两人，他们不依靠姐姐在宫里的关系，靠本事去战场建功，非一般人可以做到，同时嬴驷对芈八子的感情也更近一步，芈氏更是日日不离其左右。

修鱼之战后，秦之实力震动关东诸国，同时在张仪的策动下，昔日威震战国的魏国彻底依附于秦，由此，张仪大功告成，于这一年返秦，被嬴驷再次任命为相国。

张仪回秦，芈氏才彻底醒悟，原来他离秦是假，说魏是真，此事之后，芈氏对嬴驷和张仪这一对君臣又敬又佩，学会了政治还可以有如此玩法！

是日朝会后，嬴驷把张仪、嬴疾和司马错三人留了下来，说道："修鱼之战秦国胜了，却也暴露出了边关防御的薄弱，在函谷关告急之时，义渠人趁机袭击了我北境的李帛（今甘肃天水的东边），我军仓促应战，居然大败于义渠！而如今这厢边大战刚告一段落，巴蜀那边也有异动了，我看巴国和蜀国早晚必乱。"

张仪看了嬴驷一眼，问道："王上有征战巴蜀之意？"

嬴驷却不回答，反问道："相国之见如何？"

"秦国的当务之急是东出，修鱼之战秦国震慑各国，也可能会使各国再次抱作一团。不知王上想过没有，若是齐、楚抱作一团，局面将会如何？"张仪振振有词，神色略显激动，"巴蜀深处崇山峻岭之中，蛮荒之地，即便是出来作乱，也动不了秦国之根本，此时若将兵力挪到巴蜀去，万一齐、楚两国来犯，该当如何？"

以当下的局势而言，张仪的分析是完全正确的，却在此时，司马错开口了，反驳了张仪的重东出轻巴蜀之说，这一番反驳于秦国意义重大，故而亦被载入史册。

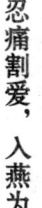

四、嬴荡征巴蜀，张仪一欺楚怀王

却说张仪一心希望秦国东出，以窥视东方六国，此时司马错却道："末将向来敬重相国，对相国的安邦之策佩服至极，然对重东出轻巴蜀之说，却不敢苟同。"

嬴驷饶有兴趣地看着司马错道："将军有何不同意见，只管说来。"

司马错略整理了下思维，娓娓而道："欲富国者，务拓其地，欲强兵者，须先富民，而欲王者，必施其德。巴蜀之乱，始于苴国，乃因其亲巴国，这才使蜀国怒而伐之。倘若秦国趁此机会，以平乱为名，挥师巴蜀，一者可享平暴止乱之名声，二者巴蜀虽为西僻小国，却是富庶之乡，得其可充我大秦之国库，扩我大秦之疆域，富民强国，最为关键的是列国还不会来记恨我们；三者出蜀顺长江而下，便是楚国，得之蜀地，实际上便是俯视楚国，进可攻，退可守，巴蜀之地实可为秦国屏障。"

嬴驷一听这番论述，顿觉热血沸腾，大赞其是妙论，说道："得了巴蜀，便是得了半个楚国，到时何愁楚国不灭？"言语间，看了张仪一眼，见其似还有话说，便又笑道："相国，我看还是分两步走，第一步由司马错领兵入蜀，第二步由你入楚，稳定楚王，不叫他与齐国结盟，可好？"

张仪无奈，只得拱手道："王上执意伐蜀，臣自当遵命。"

处理完政务后，嬴驷想起很久没召幸惠文后了，便去了惠文后处，两厢见了面后，嬴驷并未见嬴荡在屋里，便问道："荡儿去了何处？"

惠文后答道："臣妾惭愧，未能管教好荡儿，想来他又与人比武去了。"

"治国安邦，所凭的岂是力气而已。"嬴驷面色一沉，用手指着脑袋道："靠的是脑子，是权谋。他如此奢好武力，着实叫我失望！去把他给我找来！"

惠文后忙应了声，着人去找嬴荡来。

过了许久，只见得嬴荡大步而来，慢看他此时只有十几岁年纪，却是长得人高马大，行走之间，脚下生风，雄赳赳气昂昂，十分威武。入得内室时，却见嬴驷阴着脸，呼呼喘着粗气。再回头看惠文后时，见惠文后连连朝他使眼色，嬴荡虽好武，却也不笨，立时明白过来，忙拜倒在地，恭恭敬敬地行了礼，"荡儿参见父王！"

嬴驷斜睨着他，隔了会儿方道："你却告诉我，为何这般尚武？"

嬴荡大声道："大秦男儿，若没些手段和气力，枉为秦人。"

"哦？"嬴驷把头转过来，正眼看着嬴荡再问："你这些手段，日后可治国乎?"嬴荡一愣,老老实实地回答道:"这个孩儿却不曾想过。"

一旁的惠文后听在耳里,心头不由得咚咚狂跳起来,听嬴驷的口气,似要立嬴荡为储,若果真如此,倒真是得偿所愿,内心又惊又喜。思忖间,只听嬴驷道:"你这般好武,不思谋略,终难成大器。不日,司马错便要征战巴蜀,你随军一起去吧,届时好生向司马将军学学。"

嬴荡一听去打仗,两眼发光,高高兴兴地应承下来,可惠文后却是大惊失色,扑通跪在地上道:"荡儿年幼,如何上得战场,万一有个三长两短,可如何是好,请王上三思!"

嬴驷却是一声冷笑,"不锻炼不足以成才,如果他连这点考验都经受不起的话,日后如何驾驭国家!"

惠文后语塞,此话的意思很明确,在嬴驷心里,他就是储君了,只是尚需历练,而那所谓的历练便是叫他小小年纪去上战场。惠文后跪在当地,怔怔地发呆,不知是喜还是悲,一时心里五味杂陈,连嬴驷何时走的竟也未曾知觉。

立储是历朝历代最为敏感之事,若是做得不好,便有可能引起同族相残。因此,嬴驷有意无意地透露立储之事,显然是草率了。许是让宫里的侍从听了去,此事很快就传了开来,自然也传到了芈氏的耳朵里。

本来芈氏入秦,并无非分之想,可生了嬴稷,为人母之后,心中所想便与先前大不相同了,所谓望子成龙,哪个不想自己的儿子成龙呢?听了这个消息后,心中着实不是滋味。遂去了相府找张仪商量。

张仪一听,大惊失色,道:"王上正值壮年,公子也尚年少,王上断然不会现在立储,因此你万万不可陷进去,一旦陷将进去,便有可能万劫不复啊!"

芈氏原是聪慧之人,一点即透,便点了点头。瞥目间见张仪一脸的愁容,就问道:"相国何事发愁?"

"秦国危矣!"张仪叹道:"据斥候来报,楚国已经与齐国结成联盟,此两大强国若是联合起来对付秦国,其后果怕是要比五国伐秦可怕得多。"

芈氏一听,顿时就动了私心,要是趁此机会,让王上取消伐蜀,嬴荡便无建功的机会了,其没有功劳,又是一介武夫,日后是否立其为储就是两说了,便道:"可否让王上打消了伐蜀的念头?"

张仪摇头道:"其实司马错的主张也并无不妥,从侧面包围楚国,神不知鬼不觉,比之与楚正面冲突强多了。王上是位志在天下的雄主,我等做臣子的岂可阻止秦国称雄呢。"

芈氏道:"可万一齐、楚两国发难,我军又伐蜀未归,如何是好?"

张仪看着芈氏,却不作声。芈氏好不奇怪,不由问道:"相国看我做甚?"

"我王十分信赖于你,此事若是由你去旁敲侧击一下,倒可成事。"张仪目中精光一闪,"楚王是个贪婪之人,要想让他与齐国断交,必以重利许之,我想以商於六百里地送予楚国。"

芈氏不知道商於的地理位置是否重要,但一听说六百里地,也是吓了一跳,"只怕王上断然不许。"

"我正是为此发愁。"张仪道:"不过你若是能在王上旁边说些话,或有转机。"

"我如何干预此事?"

张仪道:"我今天便会去见王上,与他商议此事,到时他定然拒绝,甚至将我骂出门来。到时你寻个机会,只消说今天遇见了我,无意间谈及此事,然后晓以利害,王上或许能听得进去。"

芈氏想了一想,道:"既如此,我自当尽力而为。"

果然不出张仪所料,嬴驷听了齐、楚联盟后,问张仪有何主张。当张仪说要许以商於之地后,嬴驷的脸一下子就黑了下来,喝了声:"大胆张仪,你这不是联盟,是要了我的命!两片嘴一张,便是六百里地,即便是割地求和,也没有如此做法!"生生把张仪骂了出来。

是日晚上,嬴驷没有去任何一位嫔妃的宫里,只在大殿里独自喝闷酒。他并非不知道楚王贪婪,在这种情况下唯有许以重利,方可令其与齐国断交。但是商於之地在嬴驷眼里,好比是一块心头之肉,割之即痛。

芈氏走进来的时候,便闻到了一股酒气,再看嬴驷时,着实暗吃了一惊,她突然发现,他老了许多,在灯火的映射下,头上居然冒出了许多白发。毕竟是多年夫妻,芈氏的内心一阵隐痛,同时猛然间觉得,作为妻子,对他的关心和关注着实有些少了,他天天忙着政务,有忙不完的事,操不完的心,而他似乎也有用不完的精力,所有人都对这一切习以为常,可是所有人都不曾注意到,当卸下一身的装束,他也只不过是一个普通人,是与常人一样的血肉之躯,也会累,也会老去。芈氏禁不住流下泪来,怔怔地看着王上,脚下似有千斤重。

嬴驷猛然抬头,看见了流泪的芈八子,便招手让她过来,芈氏这时拿过他手里的酒壶,给他斟完一樽,也给自己斟了一樽,然后举樽,朝他微微一笑，一口饮下。嬴驷转过头来，眼里充满了血丝，头上的白发一根一根的分外明显，他看着芈氏，眼里没有威严，尽是疲惫，"很好，还是八子懂我。"他把酒饮干后，将她搂在怀里，然后喃喃地道："我累了，全身没有一丝力气，这种身心疲惫的感觉，甚至叫我有些儿恐慌，大秦江山未稳，列国虎视眈眈，我如何能放下？"

"王上正值壮年，切莫说这等丧气话。"芈氏柔声道："大秦江山，一定会万年永固。"

"你也用这些浮夸之词来安慰我吗？"嬴驷一连冷哼了几声，"主政之人若不殚精竭虑，未雨绸缪，何来江山永固之说。我且告诉你，楚国与齐国结盟了，此乃当今之世除秦国外，最强大的两个国家，若是他们联合了起来，天下诸侯必然响应，如此一来，大秦便有灭国之虞。"

芈氏听他提到了此事，正中下怀，当是自己之前什么也不曾听说，问道："相国可有良策？"

"相国要送商於之地与楚国。"嬴驷皱了皱眉，"我知道相国是对的，可那是我心头肉啊，是大秦南边的门户，把它送出去，虽可解一时之危，却也如饮鸩止渴。"

芈氏道："咱们可以送出去，也可以把它再拿回来。"

嬴驷苦笑道："你啊，还是不明白乱世之法则。要是日后我能轻易拿回来，如今还需要送吗？列国之间，相互为敌，却又相互依存，如果我敢动楚国，齐国岂会坐视？"

芈氏一想也是，日后若是能轻易拿得回来，现在又何须送，直接开战便是。可要是开战的话，列国就会闻风而动，也同样会蜂拥而上对付秦国，这实际上就是一个死结。原先芈氏没想这么多，经嬴驷一说，也觉非同小可，本来想好了劝说他让张仪放手去做，现在竟是不知如何开口了。是夜，风雨交加，王上抱着八子一夜无话……

公元前316年，秦伐巴蜀的大军出发了，嬴驷亲自在咸阳城外送别出征的将士。与修鱼之战时不同的是，上一次出征前是芈氏含泪送别魏冉、芈戎兄弟，此番却是惠文后泪别嬴荡，三军将士见秦王把公子都送去战场了，群情激荡，大喊着誓死荡平巴蜀。

芈氏微微一叹，在这大乱之世，上至王亲公族，下至平民百姓，全民为兵，以战绩功劳论资排辈，与惠文后比较起来，她送弟弟去战场，当真算不

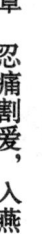

第二章 忍痛割爱，入燕为质

073

得什么了。然而,这也是政治上安排的一着棋,他日得胜凯旋,她的儿子嬴稷便无立储之望了。

三军将士雄赳赳气昂昂地出发了,张仪怔怔在站在原地,神情木然。征蜀之军几乎抽调了秦国大半的兵力,齐、楚两国会否趁机犯境?倘若果真来犯,后果不堪设想。

嬴驷抖了抖身子,装出一副轻松的样子,把张仪拉到一边,"相国,我同意你的意见,不日你便赴楚吧!"

敢情是嬴驷已将这事与芈氏提起过了,所以不怕芈氏听到,所以他们谈论时远离了群臣,却正好在芈氏的旁边。芈氏闻言,娇躯微微一震,她瞟了眼嬴驷,虽说他笑得有些勉强,但从他的神色间可以看出,他真的放开了,留得青山在,不怕没柴烧,不舍等于是不得,想来嬴驷是看透了这些。芈氏吸了口气,此时此刻,她好生佩服这个男人的胸襟,他的胸怀容得下万川,他的心自然也可以志在天下,在这个战火不绝的时代,有此志向者不在少数,然胸怀广阔者却是寥寥无几了。

张仪却是怔了一怔,他狐疑地看了嬴驷一眼,确信其不是在开玩笑后,忙躬身把手一拱,正色道:"张仪定当竭尽全力保护秦国的利益。"

嬴驷叹了一声,"相国为我秦国所操的心,不比我少,岂会损害我秦国利益。"

张仪一听此话,不由得大是感动,"此乃臣子本分,岂敢居功。王上不将此事在朝堂上公开讨论,是怕众臣记恨张仪,王上为张仪着想,张仪岂能不知?因此,张仪必誓死以报我王之恩。"

"你我之间,名为君臣,何异手足?"嬴驷笑道:"这些酸溜溜的话就不必多说了,去准备准备启程吧。"

张仪去了楚国后,对他此次的邦交活动,所有人都不担心,因为他带去了秦国的六百里江山,以楚怀王的脾性,必然是见之心动。

果不其然,楚怀王一听说秦国要把商於之地双手奉送,立时便眉开眼笑。

事实上,商於对嬴驷来说是个心结,对楚怀王而言,也是个极大的心结。那本是楚国的土地,让秦国夺了去后,一直没能够再夺回来。如今不费一兵一卒,就可以将六百里商於之地重新划入楚国的版图,何乐而不为?再者与齐结盟,也不过是为了对付秦国,从秦国手里抢些土地,如今不用抢了,自己送上门来了,也是件皆大欢喜的事。

于是楚怀王就答应了张仪的要求,只要秦国送还土地,楚国马上就与齐国断交。张仪却道:"国与国之间的邦交,无异于生意人做买卖,只有在楚国与齐国已断交的前提下,秦国才会把商於之地奉上,唯其如此才算是公平交易。王上要是不放心,只管派个使臣与我一起入秦,但要我得到齐、楚断交的消息,便马上让秦王画押签字。"

楚怀王一想也是,做事就得公平,不公平何来交易?当下派了两路使者,一路去齐国,一路随张仪入秦。

张仪入了秦后便说,先等楚国那边的消息,只要楚齐断交的消息传来,他就马上找王上签订国书,叫楚使姑且在驿馆住下。楚使也十分的客气,说:"不忙不忙,我在秦国多住几日无妨。"

谁曾想楚国与齐国断交的消息传来后,秦国方面依然没有动静,非但秦王那边杳无音讯,连张仪也未见踪影。如此一来,楚使就有些狐疑了。但转念一想,许是国事繁忙,抽不出时间来,不妨再多等几日看看。

岂料旬日之后,依然音讯全无,这下楚使急了,去了相府处,下人说这几日来未见相国,去王宫时,也未能见着秦王,只听内侍传话说,此事乃张仪经办,需找他才是。楚使聪明,听闻芈八子与相国交好,便带礼物去其处相问,岂料八子一句话不在正题,话语之处尽在天气好,风光好,大胆至极,还要与楚使去郊游,吓得楚使连连后退,找个托词便退了出来。

楚使一看这势头,觉得有些不对劲,使人去禀报了楚怀王。楚怀王听到这消息后,也觉得甚是奇怪,按说邦交之事,事关重大,张仪在楚国当廷说了要以商於相送,不该是信口胡诌,那么是哪个环节出错了呢?楚怀王思索半天,突然有所觉悟,想来秦国是觉得楚国与齐国断得不够彻底,才有这番刁难,要是楚、齐两国彻底翻了脸,秦国也就无话可说了。当下又派了一人赴齐,叫他去骂齐国,骂得越难听越好,最好把齐宣王骂得狗血淋头。

被派去的那人口才甚好,一到了齐国,以楚使身份见了齐宣王,在两班文武面前,当面大骂齐宣王,骂完之后说道:"此乃我王之主意,我只是奉命行事而已,所谓两国交兵,不斩来使,你要恨便恨我王吧,反正我王恨不得与你断交,且断得干干净净。"

田辟疆面白若纸,两眼圆睁着,恨不得将楚使一口吞了。但是他十分能忍,咬着钢牙咽了两口唾沫,然后叫楚使去告诉楚怀王,熊槐(楚怀王)昏庸,齐国不屑为伍,齐、楚两国永不相交。

如此一来,齐、楚两国的邦交便彻底断了。那楚使回楚后,将在齐国当廷大骂一事详细陈述了一遍,楚怀王听后,龙颜大悦,赞他做得好。

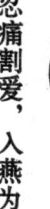

此时，恰巧屈原从魏国回来，听到了此事，当下就把脸一沉，吹胡子瞪眼地把楚怀王骂了一通，"与齐结交，乃为防秦弱楚，我好不容易促使齐楚交好，你却生生把他断了，若是秦国翻脸不认人，楚国危矣，此举分明是要把楚国往火坑里推！"

屈原本姓芈，芈姓是楚国国姓，与楚怀王属同宗同族，因此楚怀王平时对他十分忍让，这回虽在众臣面前被驳斥了一顿，却也是不怒，"与齐交好为何？无非是要得到秦国的土地，无非是想夺回失去的商於之地，如今可不费一兵一卒拿回失地，还不好吗？"

"土地呢？"屈原涨红了脸，那神情仿似恨不得上去把楚怀王揍一顿，"张仪乃欺世盗名之徒，靠的是一张利嘴行走天下，他两嘴一张，无凭无据，他的话你居然也信？你个昏君啊，要是与齐国断了邦交，到时商於之地也无法拿到，楚国便如何是好？"

楚怀王性子再好，被骂到这份上，也动了怒火，"秦国若是不给，我便打到他给了为止，商於势在必得，你休得在此聒噪！"

另一厢，嬴疾也被弄糊涂了，便跑来找嬴驷相询。

嬴驷笑道："相国离秦时曾与我说，要誓死保护秦国的利益，以报国恩。他这一招我却也没有想到。"

"相国果真是要戏弄楚国？"嬴疾露出抹不可思议的笑容，"这一招妙是妙，却是恍如市井小人所为。"

"战争便是正大光明了吗？那是公然的大屠杀！"嬴驷正色道："相国此举，可令齐、楚破盟，拯救了我多少秦国子民的性命？"

"下一步该当如何？"

"相国既出此计，必有全盘计划。"嬴驷信心十足，眼里闪出一抹狡黠之色，"相国这几日病得厉害，你我一同去探望一番如何？"

嬴疾会意，哈哈一笑，与嬴驷一同去了。

及至相府，见张仪独自一人，悠然地坐在太阳底下，微眯着眼，一副很是享受的样子。下人见是王上来了，急忙要入内去禀报，嬴驷却将他拉了回来，并作了个噤声的手势，与嬴疾两人悄无声息地走上前去。

到了张仪跟前，嬴驷蹲了下来，伸出双手给张仪捶起腿来。张仪唔的一声，索性把腿伸直了，说道："膝盖处，酸得紧，来两下重的。"

嬴疾在一边憋着笑，把一张黑脸憋得通红。嬴驷在他的膝盖处捶了两下，问道:"轻重可否?"

"可再重些……"话音未了,张仪听出不对劲了,猛地一睁眼,见是王上在给自己捶腿,倏地收了腿,拜倒在地,"臣该死,不知王上驾到……"

"好了好了,起来吧。"嬴驷摆了摆手,"相国悠闲得紧呐,看你这一副红光满面的样子,想是病好得差不多了!"

张仪讪笑道:"臣这是无奈之举。这段时间以来,不敢出门半步,也不敢去见王上,在家里着实闷得慌。"

嬴驷问道:"相国这是要躲到何时?"

"齐、楚断交之时。"

"我告诉你个好消息。"嬴疾神秘地笑了笑,"在我去见王上之前,楚使到我府上去了,说是齐、楚已然断交,而且十分之彻底,央求我去与王上和相国说说,把之前承诺的土地给了他们。"

张仪神色一振,"如何彻底法?"

"楚怀王派了一人,到了齐廷之上,指着田辟疆的鼻子,大骂了他一通……"嬴疾未等说完,自己便笑出声来,"田辟疆何曾被人如此骂过,气得一张脸拉得比驴还长!"

嬴疾说完,君臣三人忍不住仰首大笑。

隔了会儿,嬴驷抹了把眼泪水,突然把目光定格在张仪头上,张仪不解,问道:"臣头上可有异物?"

嬴驷伸出手,在张仪的头发上撩拨了几下,挑起几根白发来,叹道:"相国,你也有白发了!"

张仪不以为意地说:"王上,你也有了!"

"是啊,时光荏苒,转眼数十春秋,瞬间便是老了。"嬴驷眉头一皱,却像是勾起了什么心事,"最近我常常在想,什么江山永固,那都是骗人的话。"

嬴疾一怔,"王上怎会作如此想?我等披肝沥胆,拓疆扩土,为的便是统一天下,保我大秦万年。"

张仪看着嬴驷,心中突地掠过一抹凉意,"王上这一生,胸怀大志,再苦再难,也是笑看风云,何时曾怕过,今日却为何没来由的说这等丧气话?"

"我等呕心沥血打下的江山,若是后世子孙不肖,旦夕之间便可被败了。"看着嬴驷唉声叹气的样子,张仪和嬴疾对望了一眼,心中同时冒出两个字:立储。

正所谓岁月不饶人,两人均是嬴驷之近臣,近段时间以来,发现嬴驷突然间多愁善感起来，宫里关于立储的传言也是越传越多，不管是张仪还是嬴疾，早已敏锐地感觉到，一股危机正在慢慢逼近。然两人虽都是当世独一无二的智囊，但面对这种事，却也是有心无力。特别是张仪，虽说是当朝宠臣，但归根结底毕竟是外臣，不宜在这种事情上插手，因此当芈氏来相询时，他也并无良策，只叫其退避三舍。

隔了会儿，嬴驷道："不说这些丧气话了，今日前来，是想与相国商量，骗了楚国之后，下一步该当如何？"

"齐、楚已然断交，便无后顾之忧了。"张仪笑道："当可让嬴疾带兵，像打韩、赵之军那样，把楚国打怕了，打得他们谈虎色变。"

当日，张仪送走了嬴驷等人，刚转身进门，便见门外有人喊道："相国，你的病可是好了？"

张仪回身一看，见是楚使，便知他每日在此守候，忙转身迎将出去，笑道："年纪越大，越是不中用，去了趟楚国，便就落了疾，叫楚使担心，实在罪过。"

"无妨无妨！"楚使见了张仪，如若见云销雨霁，心情大好，以为此番秦国终算是可以交付先前之诺了。

张仪将楚使请进了门，双方寒暄一番后，楚使终于开口请张仪兑现先前之诺。张仪笑道："这一番落病，实在有愧足下，这就办，这就办。"

说话间，便叫下人研墨，铺开一张丝帛，认认真真地挥笔疾书，写就之后，拿了来给楚使看。

楚使见状，心里的一块石头终于是落到了实处，将帛书接了过来，仔细阅读。看了后，神色微微一变，以为是自己眼花，揉了揉眼再看，吃惊地抬起头朝张仪问道："相国，你写错了。"

张仪一听，同样吃惊地凑过头去看，"哪里错了？"

楚使指着帛书的一处，道："应是六百里，相国却写成六里了。"

张仪笑道："这个却是没错，我当初是答应六里地，何来六百里之说？"

楚使的脸顿时就绿了，"相国，邦交大事，岂可儿戏？"

"大人说得对，邦交大事岂可儿戏啊，因此张仪丝毫不敢乱来。"张仪道："你想想，商於富庶之地，秦之南门，岂能是随便说给就给的道理？所以定是楚使听错了。"

楚使这才回过神来，整个楚国上下都被张仪骗了，怒道："张仪，如此玩弄楚国，可知后果乎？"

张仪却是冷笑道："楚国若是想挑起战争，秦国接了便是！"

楚使无奈，只得把袖子一拂，气冲冲地走了。

楚怀王拿着楚使送来的帛书，咬牙切齿地将之掷于地，气得半晌没说出话来。猛拍了几下桌子，语无伦次地骂道："张仪小儿，张仪小儿欺我！伐秦，这便伐秦，我要把张仪小儿抓了来，剥其皮，抽其筋！"

屈原一心伐秦，好不容易见楚怀王下决心要打，马上站了出来，"王上若是决心伐秦，臣这便去筹集粮草，保我大军后顾无忧。"

"好！有左徒大人这句话，我心甚慰。"楚怀王大声道："哪位敢出征！"

话落间，跳出两人来，"末将愿往！"

楚怀王一看，一位是屈匄，便是前次五国攻秦时驻军武关的将领，想来是前次不曾与秦交手，有点不甘心，此番便踊跃请战了；另一位是昭雎，也是楚国名将，十分了得。楚怀王道："既如此，我命你等为伐秦大将军，屈匄率二十万大军，兵出丹阳（今陕西与河南之间的丹江以北地区），直面商於秦军；昭雎领十万大军，驻守汉中（今陕西汉中），以侧主力。两路大军，即日出发，务取商於，洗我国耻！"

这一日，嬴驷与张仪、嬴疾等商议完如何迎战之事后，便去了后宫芈八子处。见芈氏正陪着嬴稷和向寿两人读书，顿时间心里一暖，连日来的愁绪似乎也在此时化解开来，所有的流血征战，不就为了图此时此景吗？

嬴稷是时已然十之有三，脸上虽还有稚气，却也看得出来是位翩翩少年了。芈氏当初在诞下稷公子之前做了一个很好的梦，芈氏将此梦藏之于心，并未告知旁人，但心下想以后这孩儿必是不凡，待稷公子长大后，芈氏更是悉心照拂，除请名师教导外，还常常言传身教。嬴稷天性善良，孝顺，故他十分依赖母亲，对父亲也感念颇深。平日里，芈氏带之常与嬴疾、张仪走动，嬴稷聪慧，一点即通，深得二人喜爱。嬴驷见他长得文静，又肯读书，很是欢喜。见了礼后，嬴驷叫他继续读书，却不想嬴稷拿出块羊皮卷，说道："这是稷儿所画的与楚军交战图，请父王过目。"

嬴驷以为他只会读书，却是没想到他也研究兵事，当下便好奇地接过来看，虽说想法尚不成熟，却也分析得有条有理，嬴驷笑道："稷儿聪明，能文能武，甚慰我心。"

这话芈氏却是听到心里去了，那嬴荡虽为长子，但不过是一介武夫，有勇无谋，且秦国也并没有立长不立幼的制度，若是嬴稷能好好表现，将来立储也并非没有可能。当下走近嬴驷，笑意盈盈地道："稷儿从小便是十分的乖巧聪慧，别看他现在年纪小，却是于文于武皆有所通。"一番话说得嬴驷心里越发高兴，称赞嬴稷文武双全，将来定是秦之栋梁。

是时，有人来报，说是巴蜀战报。嬴驷急忙起身接过战报，展了开来一看，喜上眉梢，"好啊，司马错果然不负我望，平了巴蜀！"

芈氏一听，心里一沉，不再说话了。俗话说祸从口出，也是芈氏缺乏经验，心直口快，此等事情要说也该在床头与嬴驷私谈才是，不该在大庭广众之下表现出来。要知道此时的咸阳宫看似平静，实则暗流汹涌，宫中的每一个人在利益的驱使下，都有可能成为他人的耳朵。芈氏的这些话，叫一个内侍听了去，待嬴驷离开后，这个内侍便趁人不注意，悄悄地去找了一个人。

此人叫嬴壮，为惠文后嫡出，其年纪虽与嬴稷相差无二，但为人工于心计，之前他买通了芈氏宫里的一个内侍，叫他随时留意芈氏的动向。

嬴壮听了内侍举报后，眼里寒光一闪，脸上居然露出股杀气，看得那内侍心惊胆战。打赏了那内侍后，嬴壮便去了惠文后处，将此事说与惠文后听。

惠文后不善于争权夺利，但听了这事后却也十分害怕，若立嬴稷为储君，芈氏掌了权，日后岂还有她的安生日子过？当下便向嬴壮问道："荡儿出征未归，为娘的方寸已乱，你可有良策？"

嬴壮想也未想，指了两条路，"为今之计，只有两条路可选，一是让父王尽快把立储之事定了下来。但此事须父王决断，在他未下决心之前，我等皆不好插足，因而不易；第二条路是让芈八子在宫里消失。"

类似的话惠文后在几年前就曾听侍婢说过，她当时便是反对，如今又听嬴壮说起，不由叹道："为何利益之争，总要伤及性命？"

嬴壮知道母亲仁慈，说道："不一定非要了她的命，只要她不插进来搅乱，赶出宫去也是好的。"

惠文后点头称是，"如何将她赶出宫去？"

"待孩儿想想，有万全之策时，再来与母亲商议。"

宫里的斗争随着嬴驷身体的逐渐衰弱而展开了，这虽是一场没有刀光剑影的战争，却也同样可以置人于死地。

此时的芈氏丝毫没有察觉到来自宫里的危机，随着秦楚大战的临近，她把注意力都放到战场上去了。毕竟楚国是她的母国，是生养她的地方，如今虽嫁入秦国，一切以秦国的利益为主，但是对故乡的那份感恩、怀旧之情却是有的，鉴于此，两国的一举一动，都牵动着她的心。芈氏一个人在房子里胡思乱想，越想越是坐立不安，便使人去把魏冉叫了来。

魏冉和白起由于在军中表现神勇，此时均已升为千夫长，听了姐姐召唤，连忙赶了来。进了门便道："姐姐何事找我，速速说来。"

芈氏见他一副风风火火的样子，忙道："可是大军要出征了？"

"正是！"魏冉道："楚军在去年年末便已出兵，现下即将到达丹阳，我们下午就拔营出征了，增援武关。"

魏冉见她一副着急的样子，连脸色都显得有些苍白，以为是为自己担心，便道："姐姐不必为我们担心，我和戎弟定会照顾好自己。"

芈氏叹了一声，道："我等虽身在秦国，但楚国毕竟是故土，秦、楚交战，莫非你不为之惶恐吗？"

魏冉一听，却笑道："姐姐毕竟是女人，多愁善感，在我看来，哪里可扎根，哪里便是家。至于秦、楚交战，在这诸侯争霸之世，那是再也平常不过之事了。"

"你倒是想得开。"芈氏嗔怨了一句，又问道："此番交战，你觉得楚国能胜，还是秦国能胜？"

"这种事不宜在后宫议论，姐姐须小心在意。"魏冉朝左右看了看，轻声道："此番楚军来势汹汹，与秦势均力敌，若是正面交战，胜负难料。"

芈氏惊道："如此看来，你等此去岂非十分危险？"

"倒也未必。"魏冉神秘兮兮地道："这一次是嬴疾将军督战，按他的作战思路，估计不会与楚军硬来，到时少不得使些计策，所以此战孰胜孰负，尚是未知之数。"

说了半天，却是这么一个结果，芈氏的心越发乱了。实际上她的彷徨源于两边都割舍不下，既想秦国胜，却恐楚军吃了大亏，又想楚国胜，偏又怕秦军遭罪，如此反复，任谁也解不了她的心结。当下道："你只管去吧。姐姐是妇人多疑，不妨事。"

魏冉告辞出来，到了蓝田军营时，嬴疾已到那里了，仔细一看，与嬴疾在一起的还有魏章、甘茂两人。魏冉对甘茂不甚了解，但是魏章的大名却是听说过的，此人在智谋上可能略逊于嬴疾一筹，但在带兵打仗上却是自有一手，在秦国的将领之中是数一数二的。见这三人同时出现在军营里，魏冉便已明白了，这一定是场硬仗。

待分配停当，魏冉、芈戎等被分配在甘茂一路，奔卦汉中，阻击昭雎的人马。另一路则为主力，由嬴疾、魏章领军，进军丹阳。

五、蓝田决战，芈氏获罪

丹阳一带，两军兵力相当，接近四十万人正面交战，喊杀之声震动群山，响彻天际，在一股漫天的黄沙之中，鲜血迸溅，隐约之中，不断地有大批的士卒倒下，却又见大批人冲将上去，双方都杀红了眼，只进不退，在战场上展开了惨烈的拉锯战，只片刻之间，战场上便是尸积如山。

嬴疾站在中军的兵车之上，审视着战场上的局面，见秦国前锋逐渐占了上风，命令后面的军队压上去，从两翼包抄楚军。

战不多久，秦军在气势上压过了楚军，那简直就是虎狼之师，拼杀之时，嗷嗷直叫，哪怕是身上被捅了数刀，但凡还有一口气在，便要厮杀到底，男人的血性，秦人的狼性，在秦军身上被演绎得淋漓尽致！

当秦军形成了包抄之势时，楚军显然慌了，恍如羊被狼群围杀，恐慌充斥每个楚军的心里，这种心理上的恐慌很快蔓延到了整个战场，楚军主将见形势不妙，鸣金收兵。

嬴疾脸上露着一抹冷笑，这位内心具有书生气的秦之庶长，在血与火交织的战场上也露出了一抹狼性，当有人来报，楚军败退，要其指示时，嬴疾依然延续了其一贯的作风，下了战车，跨上战马，喝了一声："追，务必要把他们打痛了，打怕了，打到一提秦军便心惊胆战！"

与修鱼之战时追杀韩、赵两军时一样，此一番秦军一直追杀到楚国境内，连克六百里楚地，并生擒了楚主将屈匄、裨将逢侯丑等七十余名主要领军将领，杀敌八万有余，把整个汉中之地收入秦国囊中，在楚国境内设了汉中郡。

丹阳一战，列国震惊，谁都以为这一仗打下来，楚国定然乖乖服输，割地求和。令人意外的是，楚怀王一改昔日畏战的性格，举全国之兵，卷土重来。按楚怀王的话说，我本要收商於六百里地，秦国使诈，非但商於六百里地未曾到手，还被他们拿了汉中六百里地过去，当我楚国好欺吗，哪怕我楚国打到最后一人，也要与秦国血战到底！

就这样，秦、楚之间一战甫落，第二次大战再次拉开帷幕。公元前312年楚国以柱国景翠为将，倾举国之兵二十万，再加上前线的昭雎方面军，预计三十余万大军，再次袭向武关。

楚怀王之举不但列国不曾想到，秦国也没有想到，在秦国人的眼里，以楚怀王的性格，丹阳惨败后，定然不敢再战，谁知他这一次居然越挫越勇，竟要以倾国之军，与秦拼个鱼死网破。

然而，此次大战远没有想象中的那么简单。屈原虽性情耿直，行事不留余地，但他同时也是明白人，当今天下，亡秦必楚，他看到了楚王灭秦的决心，于是在楚国出兵之前，及时出使了齐国。

屈原的职责是邦交，他在邦交上虽然远没有张仪那样的圆滑，但也有个绝佳的优势，那就是实在。到了齐国后，他跟齐宣王说，楚国之前虽辱骂了齐国，但国与国的邦交没有私怨，只有利益，但要与国有利，必然交之。现今楚国伐秦之心，天下皆知，虽丹阳战败，但此战之败也唤醒了楚人，我王欲以倾国之兵伐之，这是灭秦的大好机会，齐国若是错失这等良机，以后再没有这样的机会，定然追悔莫及。

田辟疆被说动心了，齐国想要王霸天下，首要的便是弱秦，楚国倾国出动，确实是天赐之良机，于是就答应助楚一臂之力，发兵攻魏。魏国是秦国的盟国，魏国吃紧，秦必援之，待齐国将秦军主力吸引到魏国后，楚国攻秦就轻松了。

公元前312年春夏之际，齐国发兵进攻魏国濮阳（今河南濮阳），魏国不堪与齐一战，只在两日之间，濮阳就被齐国攻下，魏国震惊，果然向秦求助。秦国不知是计，而且认为楚国不可能再战，于是派了嬴疾驰援魏国。

魏、秦联军刚与齐国交上手，这边楚军就开始攻打武关。武关将士完全没料到楚军会卷土重来，一来准备不充分，二来兵力上太过悬殊，只一日之间武关被克。武关是秦之南大门，此关一经被克，意味着打通了通往咸阳之路，如此楚国三十余万大军，一路猛进，摧枯拉朽一般，连下秦国十余个城池，直逼咸阳。

接连大捷，振奋了整个楚国，也振奋了楚军，景翠向三军将士喊话说，此次伐秦，必入咸阳，不到秦宫，誓不还师！楚军也是杀得性起，几十万人同时大喊着不到秦宫，誓不还师，呐喊之声震彻天地，气吞山河。

嬴驷听到楚军直逼咸阳的消息后，脸一下子就白了，连忙叫人去叫张仪前来商量。张仪闻言，也是吓坏了，"没想到楚怀王还会卷土重来！"

"坏就坏在嬴疾助魏伐齐去了，我军主力如今在魏国。"嬴驷着急地围着沙盘直打圈，"楚军志在咸阳，他们要打进宫里来，活捉我们！这一战事关乎秦国之危亡，该怎么打？"

"我们兵力不足，不宜把战线拉得太长，蓝田是我们的最后一道防线，就

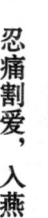

第二章 忍痛割爱，入燕为质

在这里跟楚军决战。"张仪看着沙盘道："分两步走，第一，调集附近所有可用的兵力，前来参战；第二，着斥候去魏、韩两国，一是让嬴疾将军调兵回来，二是让魏、韩发兵攻楚后方。"

嬴驷拉住张仪的手道："这宫里是待不住了，同我一起去城里鼓舞百姓参战，保卫咸阳！"

两人急急出了门，没走几步，却遇上了正好风风火火赶过来的芈氏母子及惠文后母子，惠文后一见嬴驷，眼圈顿时就红了，"王上，咸阳危急，我等可做些什么？"

嬴驷扫了他们一眼，"来得正好，随我去咸阳街头，发动百姓一同参战，秦国存亡，在此一举！"

一伙人也不坐马车，一路行至咸阳城的街头，嬴驷见百姓都好奇地围拢过来，朝周围看了一看，见不远处有一座高台，便拉了芈氏、惠文后、张仪及众公子上了高台，朝百姓喊道："众位父老，我是嬴驷，当今秦国的国君。楚国举国来犯，一路高歌猛进，连下了我十数座城池，此时此刻，我大秦的百姓和将士都在外流血，楚国的那帮鸟人正笑着杀我大秦百姓，倾城之下，焉有完卵？今天，我带着我的一家子来求你们了，看在我嬴驷待众位父老不薄的分上，看在大家都是秦人的分上，看在我们都流着同样的血的分上，不要让我们先辈用鲜血打下的江山让楚人占了去。今天，我嬴驷在此宣誓，我定当领着我的家小，共赴前线，与楚人血战到底，但凡我还有一口气在，必捍卫我大秦尊严，不叫秦土落入楚人之手！哪个血性男儿敢与我一同抗敌，捍卫家园？"

嬴驷这一番声情并茂的呐喊，使底下的百姓群情激愤，纷纷扬言要与王上一道，捍卫秦国。如此一路演说，到咸阳城门时，已然啸聚了近万百姓前来参与。嬴驷便与守城将士一起巩固城防，亲自挖壕担土，芈氏、惠文后也不闲着，给将士倒茶送水，这一番情景士兵们看在眼里，感动在心里，人人血脉贲张，均暗暗发誓，楚军虽众，但无论如何也要与之血战到底！

在咸阳城累了一天后，嬴驷体力明显不支，当夜晚上入宿在芈氏那里，一躺下去便睡着了。但由于心里挂念着秦国安危，说了一夜的梦话，闹的芈氏一晚上都没睡好。次日一早，睁开眼嬴驷便说要去蓝田，芈氏见他神色憔悴，脸色白得像纸一样，心里着实不忍，便劝道："蓝田那边有司马错、魏章他们，当可放心，今日便在宫里休息吧。"

嬴驷两眼一瞪，"国家危难，我岂可独善其身？"硬是穿了衣服要去蓝田，芈氏无奈，只得陪他一起去，以便照料。临出门时，嬴驷又道："叫上稷儿、荡儿一起去。"芈氏应了一声，急忙着人去请公子。不一会儿，惠文后领着嬴荡、嬴壮、嬴稷等公子而来，一行人上了马车，急往蓝田。

到了蓝田军营，张仪、司马错、魏章、甘茂等如数在场，嬴驷把他们叫入营帐，开口便问："楚军几时可到？"

司马错道："最迟明日午时。"

嬴驷再问："我军有多少胜算？"

司马错是老实人，看了眼嬴驷的脸色，阴沉沉的没有任何表情，一时竟不知如何回答。甘茂接过话头道："楚军的兵力在三十万以上，我军不到二十万，殊无胜算。"

在后面站着的芈氏一听这话，娇躯微微一震，她看了眼嬴驷，只见嬴驷大口地喘着粗气，脸色越来越白，看得她心惊胆战。

营帐内一时沉默了下来，氛围静得有些可怕。芈氏仿佛可以听到自己心头咚咚的心跳声。如果说在丹田之战前夕，芈氏还担心母国安危，此时此刻她突然明白了一个道理，列国之争便是一群狼和另一群狼的较量，如果你怀着同情之心去看待这个世界的话，那么到最后你可能会搞不清楚，自己到底在同情什么。时局千变万化，今日是这一国赢了，明日可能是另一国赢了，到底去同情谁呢？在严峻的形势面前，芈氏似乎逐渐意识到，心软的一方死的可能是最快的。

她被自己的想法吓了一跳，但同时事实在告诉她，在这个残酷的时代里，没有谁是值得去同情的，只有老老实实地遵循丛林法则，才有可能活下去。她抬头深深地看了一眼仿若随时都会背过气去的王上，眼神突然坚定起来，大步走向前去一把握住了嬴驷的臂膀，似要给之以支撑。

嬴驷缓缓地转过头动情地看了一眼芈八子，眼神又从营帐里的人一个一个扫过去，然后一字一字地道："守十日，可办得到否？"

司马错看了眼魏章，魏章抖动了两下嘴皮子，艰难地道："末将等定死战楚军，但要有一口气在，绝不让楚军踏入蓝田一步！"

"不！我要你们守十日，待嬴疾大军来援。"嬴驷低着头摇了摇手，再抬头时，脸色似乎更白了，"守得住则秦胜，守不住则秦亡！"

次日一早，天气阴沉，空中乌云滚滚，浑然一副铅云压城之状。至巳时，豆大的雨点打了下来，嬴驷一夜未眠，时时留意着军情，每一个斥候来报，他的神经都会骤然紧绷。如此挨了一夜，整个人疲惫不堪，似乎瘦了一大圈。

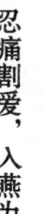

这时，一个士卒冒着大雨冲入营帐，"楚军已到了五里之外！"

嬴驷霍地起身，朝司马错等将领道："大秦生死存亡的时候到了，拜托各位了！"言语间，两手一拱，一躬到底。

司马错、魏章、甘茂等人吓了一跳，连忙还礼："末将誓死捍卫蓝田！"

便在这时，嬴荡一个大步站将出来，跪在地上，"荡儿请战。请求父王给荡儿一万精兵，趁着楚军未到之前，出城埋伏于城外，待入夜后从后方袭击，打他个措手不及。倘若荡儿得手，父王可差各位将军从正面趁乱迎击，当可给楚军一个下马威！"

嬴驷眼里精光一闪，"若是失手，被困于城外了呢？"

嬴荡脸色一沉，咬着钢牙道："孩儿当以死报国！"

惠文后一听吓傻了，"荡儿……"

嬴荡好武，也甚是神勇，未待母亲说下去便道："母亲不必说了，孩儿习得一身本事，此时不用，更待何时！"

诸将情知此去凶险万分，都纷纷劝阻。却不想嬴驷沉吟了会儿，起身走到嬴荡跟前，"荡儿不愧是我大秦男儿，选一支你最称手的队伍，给我打出大秦甲士的威风来！"

嬴荡大声应了一声，随即出了营帐，冒雨走到兵营之中，亲自挑选了一万士兵。

那一万人冒着大雨，标枪般地站在雨中，芈氏从营帐内望将出去，恰好看到魏冉、芈戎均在列队之中，但此时她却没有了依依不舍之情，心中反而有股豪情升起，覆巢之下，焉有完卵，此时不战，更待何时！她回头看了眼惠文后，见她泪光盈盈，不由得伸出手握住了她的手，惠文后回头时，两双眼睛对视，竟在彼此的心中涌起股从未有过的温情。

嬴荡带着那一万人出城了，约是奔了大半个时辰，在距蓝田半里外的一座山林里埋伏了下来。

雨势越来越大，有增无减，是时虽已到了夏初，但长时间地淋在雨中还是有些冷的，然而在这种生死攸关的时刻，谁也没有抱怨，甚至连芈戎这样多话的人，此时也是一脸的严肃，连哼都不曾哼过一声。

过了午时，一阵杂乱的脚步声在哗啦啦的雨声中骤然传来，没一会儿，那脚步声越来越大，甚至盖过了雨声，若万马奔腾一般，轰轰直响。众人的神色顿时紧张了起来，从山头望将下去，只见在白茫茫的大雨中，一大片人黑压压地朝这边移动过来，望不到尽头。雨势虽大，旌旗依然随风起舞，在风雨中猎猎作响。

楚军在距蓝田一里外停了下来,估计是大雨的缘故,也不作休整,就地摆开了阵势,随着一阵山呼海啸般的杀伐之声,秦、楚蓝田决战开始了!黑压压的人若潮水一般涌向城池,那气势若排山倒海,令天地色变。

待楚军冲在射程范围里时,城内的弓箭手轮番而上,矢箭比雨点还密,一批一批地划过天空,落向楚军阵营之中,紧接着便是传来阵阵惨呼。这厢楚军也不闲着,眼看着前锋即将冲到城墙底下,弓箭手一字排开,随着统一号令,嗖嗖地射向对面的城上。如此两边轮番对射,给前面冲锋的军队减轻了压力,很快就到了墙根,一架架云梯靠在墙上,开始攻城。

从两边形势来看,明显楚军占了上风,秦国疲于应付。一直到傍晚时分,虽说各有伤亡,但秦军的伤亡更大,秦军在数量上本来就少于楚军,如此一来,压力骤增。

一天的激战结束后,嬴驷看上去更紧张了,"晚上就看荡儿了,愿天佑我大秦,奇袭成功!"

惠文后和芈八子此时的心似乎走在了一块儿,两人并列坐着,手捏在一起,暗暗地给对方鼓劲,心中默念奇袭成功,亲人无恙。

事实上这样的偷袭是很难成功的,因为兵力上相差太过悬殊,一旦打草惊蛇,很有可能反会被敌军围在其中出不来。然而此时此刻,秦国的命运都放在了援军是否会及时赶到这样的赌注上,嬴驷也是在万般无奈之下,把儿子放在那样一个极其危险的处境之中去赌一把,以争取时间。

白起似乎已看到了这一点,他在大雨中目不转睛地看着前面的楚国军营,突然回头对嬴荡说道:"如果我们冲进楚营去,有去无回,即便是这帮人全死在里面,对整个战局亦无多少帮助。"

嬴荡浓眉一蹙,"依你之见,我等现在便回去吗?"

"公子误会了,白起岂是贪生怕死之徒!"白起的脸上寒芒一闪,"我们把人马分作四股,从四个方向杀过去……"

没待白起说完,魏冉惊道:"你疯了吗,我们只一万人,再分成四股,如何打?"

嬴荡沉声道:"继续说下去。"

白起眉头一挑,继道:"一起冲进去,必被对方围死,谁也出不来。趁着这雨夜,把人分散开来,四面夹攻,对方就不知道我们究竟有多少人,可在短时间内给对方造成压力和恐慌,若是城里与我等配合得好的话,或可奇袭

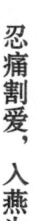

成功。"

嬴荡沉默了下来。这是一个极险之招，一旦被楚军识破，就可被轻而易举的歼灭。但这似乎也是最稳妥的办法，一万人同时冲上去，要被围住，谁也别想逃出生天。

嬴荡皱着浓眉望了楚营好一会儿，暗中钢牙一咬，"就这么办，魏冉、芈戎、白起与我各领一路军，从四个方向杀过去，届时听我统一号令，若有不测，必须及时撤回来，谁也别把命搭在里边！"

魏冉等人闻言，心头一热，都朝嬴荡望了一眼，只见他的眼神也恰好望将过来，四个人眼神对视了会儿，似乎是心有灵犀，均是咧嘴一笑，然后听得嬴荡低喝一声，"走！"四人各率一支人马，冒着大雨朝楚军大营冲将过去。

哗哗的大雨声中，蓦地传来一阵杀伐之声，楚军大营四面开花，各处都有呐喊传出。嬴驷一听这声音，身子不由自主地震了一震，人若触了电般地霍地站起来，冲向雨里。张仪一声惊呼，急忙跟了出去，其余众将及芈八子、惠文后等也都尾随而出。

到了城头一望，嬴驷眯着眼看了会儿，用手抹了把雨水，惊道："好大胆的打法，把一万人分成四股围攻楚军三十万大军！"

"险中求胜，以奇制胜，这怕是最稳妥的战术了。"司马错道："唯如此，才不会被楚军吞掉。"

嬴驷回头问司马错，"我们何时出兵？"

司马错盯着楚营道："只待楚军一乱，马上出击！"

嬴驷不知是冷还是激动的，浑身微微地颤抖着，芈氏见状，忙拿过顶斗笠过来，替他戴上，却不想嬴驷一把将它扯了下来，掷于地上，"前军将士生死一线，偏我嬴驷娇贵吗？"

芈氏愣了一愣，默默地拾起斗笠。惠文后见嬴驷连日来不曾休息，身体越来越虚，怔怔地落下泪来。众将士也不知说什么，只将注意力集中在战场上，心想大秦王上如此，决计不至于灭国。

便在这时，嬴壮悄悄地走到惠文后身旁，在其旁边耳语了几句。惠文后娇躯一震，回头来到营帐内，转身时突然伸手就是一个巴掌，啪的一声脆响落在嬴壮脸上。嬴壮大惊，忙不迭跪在地上。

惠文后气急败坏地低吼，"国家存亡系于一线，你如何还能做这等事！"

"母亲息怒！"嬴壮跪在地上，连头都不敢抬，但语气却是异常坚定，"芈八子不除，荡哥哥王储之位便不稳，这是挤走芈八子的最佳机会，请母亲三思！"

"此等龌龊之事，如何做得？"

"宫闱之争，直若战场，成王败寇而已。"嬴壮铁青着脸，"父王的身体你也看到了，非是孩儿不孝，咒我父王，倘若父王哪天倒下了，叫芈八子钻了空子，这咸阳宫还有我等位置吗？此事须早作打算！"

惠文后不知是被说动了还是在犹豫，沉默了会儿，"如此做，王上怕是不允，王上最是信赖芈八子。"

"国难当头，父王会做取舍的。"嬴壮眼里寒光一闪，"国家与尊严比较起来，孰轻孰重，父王比谁都清楚。"

惠文后倒吸了口气，问道："人在何处？"

嬴壮见惠文后似是同意了，心下略微一松，"就在咸阳城外。"

惠文后闭上眼，火光下睫毛不断地挑动着，再睁开眼时，似有泪光在闪，叹息一声，"事已至此，谁也瞒不过去了，叫他们派使者过来吧。"

嬴壮应了一声，转身大步走入大雨之中。

惠文后再次走到城头时，朝芈氏望了一眼，她的脸色也是苍白的，一双手紧扣在一起，青筋根根暴呈，指甲深陷在肉里竟是不曾知觉。惠文后见状，心里一阵隐痛，像是做了一件十分龌龊的事一般，低下头去。

正值此时，陡听得张仪喊了声，"不好！"把惠文后的思绪拉了回来，往城外的楚营看时，只见楚军集结了大批人马，不慌不忙地往四周扩散，这情形谁都看得明白，嬴荡他们并没有形成对楚军的震慑，楚军开始反扑了！

嬴驷踉跄了一下，忙用双手扶住城墙，失声道："荡儿危矣！"魏章、司马错也不言语，直接下了城头，朝着城下早已集结的秦国将士一声喊，城门启处，秦军蜂拥而出。

这厢军队刚刚出城，那厢就急急跑来一个士卒，到嬴驷跟前时，已是上气不接下气，一时竟是说不上话来。嬴驷见他的模样，心里一沉，"快说！"

"义渠人……义渠人，到了咸阳城下！"

嬴驷两眼一瞪，一口气没有提上来，只觉得胸口闷得慌，喉头涌上一股腥味，哇地吐出一口血来！众人惊呼，芈八子忙不迭抢身上去，一把扶住嬴驷，众人把他抬入了营帐旦去。

到了营帐内，有侍女七手八脚地给他换上了身干衣裳，然后在他身边生了堆火。嬴驷靠在椅子上休息了会儿，似乎缓过了劲来，缓缓睁开眼，对张仪道:"相国,你有经天纬地之才,你与我说句实话,如今这境况,秦国可还有救否?"

张仪明知眼下事态严重,但嬴驷这种情况,却是无论如何也受不住打击了,于是宽慰他道:"蓝田有众将军撑着,应能应付,义渠人那边只要他们现在没有攻城,臣便去跑一趟,交给臣来处理,王上只管放心。"

嬴驷点了点头,闭上眼,不再说话。张仪看了众人一眼,转身走出营帐。城外杀声震天,也不知道情况究竟如何,张仪抬头,任由雨水淋在脸上,向着天空吸了口气,然后朝着外面大步而去。没走多远,便见一名士卒来报,说是义渠人的使者到了。张仪一听,心头略微一轻,他们既派了使者来,想是未必为夺城而来,但要有所求,这事就好办了。当下叫士卒引路,去见那使者。

到了一个营帐外,张仪一头钻了进去,里面的那位义渠人见了张仪,只拱了拱手,说道:"义渠使者,见过相国。"

"秦国正值非常时期,阁下有话直说吧。"张仪开门见山。

义渠人也不客气,道:"义渠王率三万人来,就驻扎在咸阳城十里开外,我们此番前来,非为助楚夺城,相反,只要秦国一句话,我军将助秦国驱逐楚军。"

张仪并没感到意外,问道:"义渠王有何条件?"

"只要一人。"

"何人?"

"芈王妃。"

张仪吃了一惊,"你们要她作甚?"

那义渠人笑了笑道:"秦国的这位王妃,我们义渠王自见了之后,便是日思夜想,念念不忘。这种事换在平时,我们是提也不敢提的,如今秦国到了非常时刻,义渠王认为时机到了,便率了三万人马而来,只要秦王一句话,把那芈王妃赐予我义渠王,我们便助秦国一臂之力,虽说此举未必能击退楚军,但至少可多撑几日,待秦国的援兵到来。"

张仪看着那义渠人,眼里精光直射,呼呼地喘着粗气。从内心上讲,张仪对芈氏是有很深的感情的,芈氏是他亲自带到秦国来的,这些年来,芈氏在秦国无甚依靠,也把张仪引为知己,有事总要来找他相商,他也把她当作妹妹一般,同样芈氏也把他视作在秦国最可信赖的人。听到义渠人的要求后,张仪咬着牙根道:"此等作为,好生卑鄙!"

"卑鄙吗？"义渠人冷笑道："实话与你说，芈王妃在秦国的处境十分危险，倒不如让她去了义渠，可享太平。"

张仪怔了一怔，似乎从话里听出了些什么，愣怔了会儿后道："你且在此等候，我去与王上商量，不久便回复你。"

嬴荡等那一队人马被救了回来，但伤亡很大，几乎有一半的人没能回来。魏冉在后面被人砍了一刀，骨头都露出来了，医官正在为他救治，芈氏则站在医营外焦急地等待着。张仪一看这情景，心下一酸，走将过去，在她背后轻轻一拍，然后带她进了嬴驷所在的营帐。

待张仪把义渠王的意图说明后，嬴驷和芈氏都吃了一惊，帐里一下子就静了下来。张仪偷偷地留意了下帐里的人，几乎所有人都紧张地看着嬴驷，只有惠文后和嬴壮的表现得有些异样，惠文后的表情并没有惊讶，似是早知道了此事，但眼神之中却有痛楚，很显然，她是知情者之一，但她却不想看到此类事情发生；嬴壮的脸上隐隐露着抹冷笑，似乎眼前的局势与他无关，甚至有份幸灾乐祸的成分在内。张仪暗吃了一惊，此人与其他公子大为不同，心机深沉，为人阴险，此事想来就是他在背后牵线搭桥。惠文后虽知道此事，但她为人柔弱，容易被他人左右，看来此番芈氏难逃一劫了。想到此处，张仪不由得暗叹了口气。

嬴驷的脸在火光下兀自没有一丝血色，两只手紧紧地握着，骨关节在苍白的手背上面显得异常明显。他看了眼惊在那儿的芈氏，看着看着眯起了眼，眼里射出一道精光，这与他眼前的身体状况极不相称。隔了会儿，嬴驷缓缓起身，蓦然用力拍了下桌子，脸上也因气怒而现出一抹病态的潮红，"他这是要人吗？是在侮辱我！国家不保了，女人也不保了，要我嬴驷活着何用！"

嬴驷伸出一根手指，激动地道："去，去给我把那义渠使者杀了，祭我军旗！"

众人面面相觑，不知道该去还是不该去。眼下的形势很明显，义渠人帮则可暂阻楚军些时日，义渠人反则墙倒众人推，秦国之亡只在旦夕之间。正当众人不知所措之际，却见芈氏扑通跪倒在地，一双大大的眼里，眼泪大滴大滴地滚落下来，"王上，臣妾愿去义渠！与国家比起来，芈八子的去留又算得什么？"

"母亲……"嬴稷吃惊地看着芈氏，跑到芈氏的身边去，然后看向嬴驷，一脸的惊恐。

第二章　忍痛割爱，入燕为质

091

嬴驷的身子半趴在桌子上，不知是体虚还是激动，支撑着身体的双手微微颤抖着。在他的心里，芈八子在众多的嫔妃中是比较独特的一个，她的善良、她的坦诚、她的天真以及她的智慧，都印在他的心里，无法替代。所以闲暇时，他常去芈氏那里，与她交流谈心，这些年来，芈氏是她宠幸最多的嫔妃，也因为如此，芈氏如今已是三个孩子的母亲，分别是公子稷、公子悝、公子市，毕竟夫妻一场，情意深重，叫他拱手让予别人，实在是割舍不下。更重要的是，当一个男人被迫无奈时，要用妻子去换取和平，这是件十分耻辱的事情。嬴驷一代雄主，平生志在天下，这样的事情，他如何做得出来？然而，当芈氏泪流满面地跪在他面前，让他顾国家而放弃她时，心中瞬间升起一股柔情，一种怜悯，甚至突然觉得，原来在后宫之中，真正为这个国家设想的竟是从楚国而来的芈氏！

想到此处，嬴驷激动得浑身发抖，那一瞬间，泪水竟然打湿了这个钢铁般男人的眼眶，"兵临城下，风雨飘摇，血染沙场，马革裹尸，大秦男儿都不惧，堂堂七尺男儿，便是倒下了，也该是一副雄赳赳的男人模样。可唯独不能屈膝，不能屈服，不能向外面那些鸟人低头！你起来吧，在来这里之前，咸阳城已有防备，即便是咸阳、蓝田两面受敌，我大秦帝国也不会灭亡，待嬴疾大军一到，我要把他们打痛了，打怕了，打到他们一提秦军便闻风丧胆！"

嬴荡走到芈氏身旁，把她扶了起来，"父王说得对，我大秦男儿便是流尽最后一滴血，也不会做这等龌龊之事，二娘只管放心便是！"

惠文后见到这种情形，不知是后悔了还是心中有愧，哭得跟泪人儿似的，一把抱住芈氏，宛如亲人一般。

嬴壮的脸色变了一变，他知道若是再不出手，就会功亏一篑，当下鼓起勇气，哼了一声，站将出来，跪倒在嬴驷面前，大声道："父王，芈八子有罪，留她不得！"

惠文后听到这声言语，娇躯陡然一震，抱着她的芈氏清楚地感觉到她的身子像是被电击了一般，抽搐了一下。对她的这种反应，芈氏倒是感到十分意外，看她的脸时，发现她的脸色也是苍白，芈氏以为她是真的关心自己，心里不由得一暖。

张仪冷眼旁观，看到此处，心里彻底明白了，但由于没有实质证据，便没有发话。嬴驷的反应最大，他突出眼珠子看着嬴壮，"哪儿来的罪？"

"父王容禀，父王可知挈桑会盟后，芈戎抓了义渠王之事？"嬴壮大声道：

"当时的芈戎不过十二三岁的小毛孩,他本事再大,也不可能只身在义渠把义渠王抓了来,真正的原因是,芈八子当时遭人怀疑,他们串通好了,来骗取父王之信任!"

芈氏大震,张大了嘴惊恐地看着嬴壮,竟是说不出话来。再看嬴驷时,只见他的脸满是狐疑。面对这突如其来的境况,芈氏蒙了,不知如何辩解,也无从说起。那件事虽说是芈戎一手操办的,她起初并不知情,但后来确确实实是知道的,也确如嬴壮所言,是为了取得嬴驷的信任才佯装抓了义渠王。

楚军兵临城下,义渠王带兵威胁,再到芈氏的是否忠诚等事情,一下子涌将过来,叫嬴驷有些招架不住,他红着双眼,额前青筋根根暴呈,嘶哑着声音低吼道:"果然如此?"

"事情远非如此简单!"嬴壮咬了咬牙,事至如今,他也豁出去了,"芈八子与义渠王有染!"

此话一出,可谓是语惊四座。芈氏低声咆哮道:"胡说!我与你无冤无仇,为何如此诬陷我!"

"胡说吗?"嬴壮霍地站起了身,面向芈氏道:"义渠使者还在蓝田,你敢不敢与他当面对质?"

芈氏虽性子直率,心直口快,但她并不傻,当她看到嬴壮有恃无恐地说让她与义渠人对质时,她便知道,今晚便是浑身长了嘴也说不清楚了。她望了眼张仪,这是她在秦国唯一可以依靠和信任的人。

张仪看了眼芈氏,然后又看向嬴驷,把手一拱,"王上,请听臣一言,外患不可怕,援军一到,大军所向,敌寇自退。然不可在这种时候,让小人钻了空隙。"

张仪的这句话,虽说得轻描淡写,分量却是极重,他几乎是提着脑袋才将此话说出口的。果然,话音一落,嬴壮脸上一寒,他接招拆招,立时朝张仪回了过去,"照相国之言,我便是从中挑拨离间的小人了?莫非相国也叫芈氏一党收买了吗?"

张仪却是冷笑一声,"张仪在列国之中,虽被笑称是势利小人,但却是忠心事主,一心事秦之肝胆,天地可鉴,壮公子如此说,可是想将张仪也推到义渠人那边去?果若如此,倒也是好事,索性便将这场戏演大了!"

嬴壮脸上微微一阵抽搐,他知道他嘴皮子上的功夫不如张仪,不想被他牵着鼻子走,把话题绕开了,强自一笑道:"相国赤胆忠心,谁人敢疑。可相国想过没有,义渠人领兵三万,就驻扎在咸阳十里之外,三万人马对义渠人意味着什么?是倾国之军,他千里而来,率举国之军,竟是为了一个女人,

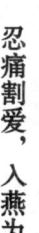
第二章 忍痛割爱,入燕为质

这说明了什么？"

　　张仪虽知这里面是场阴谋，却苦于没有证据，竟也被说得哑口无言。嬴壮嘿嘿怪笑了一声，朝嬴驷道："该说的孩儿已经说了，请父王定夺。"

　　事情发展到这种程度，芈氏一贯的性子又上来了，她不怒反笑，呵呵地笑着问嬴壮道："你是说我私通义渠吗？说我守着秦国的王妃不做，要去做一个被秦国打败的义渠人之妻吗？你算什么东西，秦国的男儿都在外面抛头颅洒热血，你却在这里指手画脚，陷害女人？我弟弟魏冉被楚军砍了一刀，背上的骨头都露出来了，你敢吗？你敢去与楚军拼命吗？依我看，你只敢在这里向我这等女人下手，而且只敢使阴的，你算不得是大秦的男人！"

　　"你……"嬴壮被这一番话说得岔了气，憋红了脸伸手便要打。芈氏却向他走上几步，呵呵的又是一笑，"有本事你就打，我已经被你损得遍体鳞伤，也不欠再多这一巴掌。"

　　"你去吧。"嬴驷铁青着脸，面无表情地看着芈氏道。

　　"王上叫我去哪里？"芈氏脸上惨白，她虽猜到了嬴驷的意思，却还是不死心，想问个明白。

　　"义渠人那边。"嬴驷的脸依然没有表情。

　　"好！好！好！"芈氏银牙一咬，一连说了三个好字，目光一一朝帐内的人扫过，最后把目光落在嬴稷的脸上，泪水竟是簌簌落将下来。嬴稷突然朝着嬴驷大喊，"父王，你不能这么做，你太残忍了……"

　　芈氏轻轻地将手捂在嬴稷的嘴上，"他做的是对的。记住，即便是这世上没人再相信娘了，你也要相信娘。娘走了，好好待在你父王身边，与秦国一起渡过这次的危难。"

　　芈氏挣脱开嬴稷的手，一头扎入雨里，向前跑去，当背后传来嬴稷一声撕心裂肺地大喊时，她的泪水便如这大雨一般，决堤而下。

　　次日一早，雨停了，雾却锁住了群山，天地之间，云蒸雾绕，一片迷蒙。

　　在楚军开始攻城后，义渠人果然与秦军联合，在楚军的背后插了一刀，如此一来，秦军正面的压力大减，虽说依然还是不能逼退楚军，但至少蓝田不会在短时间内被攻破。

　　如此坚守了七日，嬴疾的大军终于到了，从楚军的后面席卷而上，在与蓝田的秦军配合之下，两面夹攻，首次大败楚军，景翠只得退出蓝田，于谨举山下、洛水之畔安营扎寨。

嬴疾风尘仆仆地大步走入蓝田营帐,见到嬴驷,本想行礼,但当他看到嬴驷的神色时,却是愣住了,忘了行礼。此时的嬴驷一手托在桌子上,佝偻着身子,一脸的倦色,似乎在这短短的几日,他经历了数个春秋,一下子就老了,眼神之中不再有光彩,身上也看不到昔日的霸气,竟是一副老态龙钟的模样。

嬴驷微微笑着,喜迎嬴疾的到来。嬴疾却是心中一酸,泪水在眼里不住地打转,愣怔了良久后,突地跪在地上,"嬴疾来迟,叫王上受了这般苦楚,嬴疾该死!"

"造成今日之局,哪是你该死,是我该死啊!"嬴驷亲自扶起嬴疾,"是我小看了楚国,小看了楚王。"

"王上只管放心,他怎么来打我们的,这一次加倍打回去。"嬴疾大声道:"魏、韩两国已经出兵了,两国联军不日将攻打楚国的宛城,楚国国内如今已无军可调,但要那边动手,这里的楚军必退,到时候我们便杀过去,若不杀得他楚王跪地求饶,嬴疾绝不回朝!"

嬴驷拍着嬴疾的肩膀笑道:"好!你来了,我便安心了!"笑声一落,转头望向司马错,突地沉声道:"你马上领兵,把那卑鄙的义渠王给我捉回来,我要叫他有来无回!"

此事众将心里都觉得憋屈,司马错等的就是嬴驷的这个命令,当下大声应诺,风一般地跑将出去。

是日向晚时分,嬴驷终于回到了咸阳宫,经历了这次的危机,再次回到宫里时,嬴驷的心态有了巨大的变化,你再如何强大,哪怕是雄居于列国之首,危机也是随时存在的,一个小小的疏忽,都有可能导致灭国之虞。这个国家是一辈又一辈的秦人用鲜血换来的,不是他嬴驷一个人的,从今往后,他必须排除一切潜在的危机,来捍卫这个国家。

嬴驷拖着疲倦的身子,半躺在椅子上,抬头看时,一缕夕阳恰好照将进来,落在几案之上,他眯了眯眼,一股从未有过的沮丧陡然袭上心头,这便是夕阳吗?竭尽全力地要把最后的光辉洒向大地,怎奈再努力,也少了日中时候的霸气和强烈。嬴驷喟叹一声,我再也经不起大阵仗了,有心纵横,无力驰骋了,可秦国不能缺了这种霸气,他必须随时以傲然的姿态,时时窥视列国,然后一寸一寸的吞噬他们的土地,最终实现大统一。

嬴驷转换了个半躺的姿势,继续想,在我走之前,我得把潜在的威胁扫清了,让大秦帝国可以心无旁骛地去征伐列国。想到这个的时候,芈氏的身

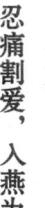

影霍然浮现在了他的眼前，她仿佛就在他的眼前笑着，那笑容起先很天真，那纯粹的眼神很让他心动，但不知为何，她的笑变了，变成了临行时那一抹痛楚的冷笑，直笑得他心痛难耐……

嬴驷的心里蓦然一阵疼痛，是他亲手把她送去了义渠王的怀抱，那晚将她赶出蓝田，终究会成为他一生中所做的最难以原谅自己的事。他深知她对他的忠贞与深情，可那时真的没有办法……

嬴驷支起了身子，抬目间，恰好见司马错穿着战甲大步而来，走到嬴驷面前时，把手一拱，道："启禀我王，末将无能，叫义渠王跑了，亏的是抢回了芈王妃。但王妃不敢来见王上，如今在宫外候召。"

"嗯，她是个聪明人。"嬴驷咳了两声，"她不用进宫了，何去何从让我再想想。"

司马错一愣，但作为外将，这种事他也不敢多言，默默地退了下去。

六、张仪二欺楚怀王，嬴驷驾崩撒人寰

公元前312年夏，韩、魏两国联军攻入楚境，拿下宛城后，大军直逼邓城（今湖北省襄阳一带），楚国大惊，楚怀王连忙派人去叫景翠撤军护国。景翠接到命令后，又惊又怒，一方面不甘心就此撤军，只要假以时日，定可打入咸阳，但另一方面也担心，楚国之精兵现在全部在他的手里，万一国家没了，要个咸阳城何用？思之再三，最终决定秘密撤军，以免撤退之时让秦军钻了空子。可是嬴疾一直在留意着楚军的动态，岂容他们从容撤退？楚军刚有动静，嬴疾便领兵杀了过去，把负责殿后的楚军尽数斩杀，且一路追杀景翠到楚境方才罢休。

在韩、魏、秦三国的两面夹击下，楚怀王被迫屈服，向秦国割地求和。

丹阳、蓝田两场大战，基本上打掉了楚怀王的信心，从此后的楚国几乎是一蹶不振，不敢与秦正面为敌。

把楚国的气焰打下去后，在列国之中，能与秦国分庭抗礼的就只剩下齐国了，于是秦国把矛头指向了齐国。

此乃后话，姑且按下不表。却说嬴稷听说嬴驷不让芈氏进宫之事后，好不伤心，那一日晚上，跑去嬴驷寝宫，哭着哀求嬴驷，希望能让母亲再进宫来。

嬴驷下了床，把嬴稷扶了起来，握着他的双肩，语重心长地道："稷儿啊，非是父王心狠，前几日秦国之危机，你也看到了，此灭国之危险始于何

处？一是外患，二是内忧，此两种忧患，皆源于父王无能。"

嬴稷一愣，他没想到父王会如此评价自己，刚想要开口，嬴驷却把他的话挡了回去，"且听父王说完。你是王室子弟，须有担当。今晚父王便与你掏心掏肺地说一席话。那一日你壮哥哥之言，父王其实没信，你母亲整日住在后宫，如何与义渠王私通？此一切祸根源于立储，始于王储之争，他们只有把你母亲扳倒了，你就失去机会了。可当时由于形势所迫，父王也没有办法，只有把你母亲推了出去，如此一来，不但可平息外患，亦平息了内乱，秦国才有惊无险地渡过这次危机。"

嬴稷年纪还小，从没去想过如此复杂的勾心斗角之事，但他已懂人事，能听得明白，他听着父王将这些事情说出来，可谓是字字惊心，一时忘了哭泣，怔怔地不知所措。嬴驷怜惜地摸了摸嬴稷的头，摇头一声苦笑，"别看父王是秦国的王，在秦国可以呼风唤雨，其实为王者才是这个国家里面最无奈最痛苦的一人，做了王之后，你就会发现，很多事情非人力可左右。如今你母亲身败名裂，我明知她是被冤枉的，却又能如何呢？人证物证俱在，倘若我硬是强出头为她正名，可能事件会进一步升级，甚至引起一番血腥屠杀，把你们娘俩的命都丢了。秦国一乱，列国就会闻风而动，那么将再次面临危局。父王老了，许多事已力不从心，所以我不能立你为王储，不仅如此，你必须与你母亲一起，离于秦国。"

嬴稷傻了，张着嘴望着父王，怔怔地说不出话来。他从没想过宫廷之中会如此复杂，更没想过要离开这个出生的地方，如果离开了这个地方，能去何处呢？

"你们去燕国吧。"嬴驷看着他道："眼下燕国正自内乱，没有人会想到我送你们去燕国是为了避祸，所以也不会有人找你们的麻烦。"

"父王……"嬴稷望着父王，突然间只觉心如刀绞，眼前的父王果然已不再是那个一身霸气的人了，他满脸的暮色，头发花白，这一席话更像是一个将死之人在交代他的后事。"父王，稷儿从没想过要离开你，稷儿从未想过登上王位，如果稷儿走了，日后该如何给你问安，如何照顾你呢？"

嬴驷慈爱地笑着，眼里却也有泪花在闪，"王朝更换，新旧交替，何其危险，父王不求你日后能称雄于列国，只盼你好生活着，便已知足。至于为我大秦开疆拓土之事，就让你荡哥哥去做吧。在你离开之前，父王只求你一事。"

"父王言重了，孩子担待不起！"嬴稷俯身一拜，"但要孩儿做得到，赴汤蹈火，在所不惜。"

"以后不要恨父王。"嬴驷淡淡地说道。

嬴稷闻言，一把扑在嬴驷怀里，涕泗齐下。嬴驷轻轻地摸着他的背，隔了许久，说道："天色不早了，回去休息吧。"

嬴稷应了一声，恭身退出。嬴驷望着嬴稷瘦弱的身子消失在门外时，蓦地眼神一滞，脸上泛起股紫红之色，噗的一声，吐出口血来，啪地倒在了地上！

嬴稷出去后，在外面恭候的侍人便走了进来，一看这情形，吓得大吃了一惊，忙喊："快来人呐……"

众人七手八脚地把嬴驷抬到床上后，医官和惠文后也同时赶了来，待医官检查了之后，惠文后急忙问道："王上的身体如何？"

医官道："王上脉象虚弱，乃操劳过度，心力交瘁所致，须好生静养，不可再使他操心了，不然的话，后果难以设想。"

惠文后闻言，心里突然一阵酸楚，为人妻者，当是为夫分忧，然前日大战当前，她却带头挑起了内乱，使之叫他夹在内忧外患的重重忧虑之中，如若他有所不测，罪魁祸首却是她这位为妻者……想到此节，惠文后忍不住潸然泪下，为权为利，当真可以连至亲之人的性命都不顾了吗？

惠文后复走到床头，屏退了侍女，亲自为其擦拭嘴角的血迹。毕竟是夫妻一场，晃眼间夫君却落得这步田地，好像这一辈子便是要走完了，越想越是怜惜眼前的这个男人，越想越觉得对不起眼前的这个男人，边看着他，边怔怔落泪。

嬴驷在恍惚中觉得有人在给他擦嘴，微微一睁眼，见是惠文后，便握了她的手，"你的心是好的，是善良的，我没看错你。可惜性子软，容易受他人左右，亏的是荡儿尚武，颇有男儿之风，当可自挡一面。"

惠文后没说话，边听边是点头。嬴驷顿了一顿，又道："传太史令。"

须臾，太史令入内，嬴驷道："拟两份诏书，一份是立公子荡为太子，另一份是送公子稷和芈八子去燕国为质，以让秦、燕两国交好。"

惠文后闻言，惊讶之情胜过了喜悦，目的终于达到了，可这样的局面亦非她想看到的。

太史令拟好诏书后，当着嬴驷的面读了一边，嬴驷点点头，又着人宣张仪。惠文后道："你须静养，国事可叫荡儿去办。"

嬴驷摇摇头道："此事须尽快与相国议定，不然如鲠在喉，叫我如何静养？"

张仪听召后，深夜入了宫，乍见到嬴驷的样子时，不由得悲从中来，快步走到床前，颤声道："三上，你这是怎么了？"

嬴驷倒是微微一笑，"无妨，不劳相国挂念，今夜召你来，有要事相商。"

"王上有什么事叫臣去办，但说无妨。"

嬴驷道："秦、楚大战之后，楚国元气大伤，想来不敢再来招惹我们了，所以我们如今最大的劲敌便是齐国，要削弱齐国，须与楚结盟，不然如若齐与楚结了盟，秦国便是又有难了。"

"王上所虑极是，臣不日启程赴楚。"

"不可！"嬴驷连忙阻止道："楚王今对你恨之入骨，你如何能再入楚，派他人去吧。"

"如此多谢王上了。"张仪略微一顿，又道："臣想割汉中之地与楚，王上以为如何？"

"甚好。"嬴驷道："汉中之地，本就是从楚国夺过来的，现在还予他们，无妨。"

君臣议定之后，于公元前311年初，派使入楚，谁知楚怀王却说，不要汉中之地，只要张仪。言下之意很明显，宁可不要了汉中的地盘，也要杀了张仪，以泄私愤。

此事传到秦国后，秦廷大惊。这一日，嬴驷从床上起了身，让内侍更衣，召集众臣，朝会议事。

这是嬴驷近半月来的第一次上朝，众臣情知必有大事相商，皆肃然而立，朝堂之上，臣工虽众，却是鸦雀无声。

嬴驷看着众臣，低哑着声音道："熊槐（楚怀王）小儿，打不过我们，却想拿相国泄愤，给他汉中之地不要，定要相国一人，诸位以为该如何处置？"

"再打！"嬴疾第一个跳出来，大声道："以迅雷不及掩耳之势，打他个措手不及，逼他就范！"

司马错也出来道："臣以为嬴疾将军之言可行。"

张仪看着他们，待他们说完之后，朝着嬴疾、司马错两人行了一礼，"多谢两位为张仪说话。但张仪以为，为我一人而动刀兵不值当。"

嬴驷问道："相国可有良策？"

张仪笑了一笑，"并无良策，楚王既然要我，我赴楚便是。"

嬴驷惊道："断然使不得，此去只有死而已！再者熊槐他算什么东西，给他汉中之地,偏生不要,他要我大秦相国,我便双手奉送吗?就依了嬴疾之言,打他个措手不及。"

张仪见嬴驷决心已下,知道再说也没用,也没再多言。这一日下了朝之后,张仪收拾了行囊,临出门时,似又想起了什么,转身回屋,拿过一卷竹简,提笔留了封书信,交给家奴,嘱咐他明日入宫给王上送去,交代完毕后,这才出了门,上了马车,去了楚国。

张仪才华横溢,机智聪敏,此时此刻却也不会想到,以这样用书信的方式向嬴驷道别,竟是永诀,从此之后,这一对默契得如君臣、似知己之人,便阴阳两隔,再没相见的机会。

嬴驷接到书信的时候,已是次日早上,张仪在信中说,王上为张仪而兴干戈,乃张仪之福,国家之祸也,今张仪赴楚,可解我秦国之危,虽险而愿往矣,望我王勿念。

嬴驷看完,捧着竹简落下泪来,"相国啊,嬴驷若没你,何来今日秦国之强盛,此去若有个三长两短,嬴驷今后该向谁商议国事?"

不出几日,芈氏带着嬴稷也离开了秦国,嬴驷的心突然间就空了,只觉偌大的王宫,没了张仪可议事,没了芈八子可谈心,一下子变得空荡荡的没了人气。春寒料峭,一股风吹将进来,嬴驷忍不住打了个寒噤,眯着眼看了看外面的风景,把身子缩了缩,在内侍的搀扶下休息去了。

从此以后,嬴驷极少现身,也很少见人,即便是有事,也是让人传话,整日卧于榻上,时而沉思,时而喃喃自语,更多的时候,他会想起芈八子,这个他最爱也最让他愧疚的女人,芈八子在时,即便两人不在一处,嬴驷也不会觉得这样清冷孤单……

这一日,惠文后去向嬴驷问安,见他缩在床的一角,盯着一个角落,圆睁两眼,浑身瑟瑟发抖,好似看到了什么可怕的东西。惠文后顺着他的眼光往那边一看,却是什么也没看到,当下走将过去,轻轻地喊了一声,嬴驷蓦地周身大震,吓得跳了起来,瞪大了眼看着惠文后,把惠文后也吓了一跳。

隔了会儿,嬴驷看清了是惠文后,神情这才一松,瘫坐于床上。惠文后走到床头,坐了下来,问道:"王上怎么了?"

嬴驷低着头,眉头紧蹙着,神情显得很是痛苦,"我车裂商鞅,屠杀甘龙等一班元老世族,赶走了芈八子,把亲生的儿子送去了燕国苦寒之地,这一辈子可谓是罪孽深重。这两天,我经常可以看到商君、甘龙他们满身是血地站在我面前,向我陈说,他们忠于秦国,一片赤胆忠心,天地可鉴,可却为何落得个身首异处？"

惠文后听他说完之后，也觉得浑身发寒，劝慰道："王上如此做，自有王上的道理，臣妾虽不能理解这其中的奥妙，但臣妾却看到了秦国在王上的手里，强大了起来，雄视于列国。"

"你不明白，你不明白我心里的痛。"嬴驷红着眼道："天下人称我为一代雄主，可谁解我之无奈？他们一个一个在我面前死的死，走的走，实非我所愿，这几天一桩一桩想起来，心中甚痛。"

惠文后道："王上不敢想这么多，安心静养才是。"

嬴驷似是浑没听到惠文后之言，突然道："我不能再失去相国了，须叫他好好地回来！快传嬴疾来见我！"

嬴疾听召，不敢怠慢，马上就去了宫里。嬴驷见了他后，便急道："相国背着我去了楚国，他此去是以身许国，凶多吉少，我秦国不能没有相国，须救他。"

嬴疾是外粗内细，心忌缜密之人，说道："相国非比常人，他既然敢只身赴楚，不可能若莽夫一般，只为送死，如果秦国急于发兵，我怕反而坏了相国的谋划。"

嬴驷哼的一声，"熊槐心胸狭窄，连汉中之地都不要，即便是相国能说会道，难道还能把熊槐哄开心了不成？万一有所不测，如何是好？"

嬴疾沉吟了会儿，道："要不然兵出武关，缓缓移向楚境，做出些姿态，给楚国点压力。"

"便是如此了。"嬴驷道："速让武关出兵。"

嬴疾答应一声，吩咐斥候去了。

却说张仪到了楚国后，并没有立即去见楚怀王，而是去见了楚国的大夫靳尚。

靳尚性贪，归结其贪性，有两大特点，一是好大喜功，嫉贤妒能，恨不能将比他厉害的人都打压下去，把功劳全归到自己身上，屈原流放，有其一功；二是贪财，贪得无厌。其上巴结君王，下陷害同僚，贪财贪物，是个十足的小人，张仪正是看上了这一点，一入楚国便找上了他，送了他一箱的财物。

靳尚贪虽贪，但并不笨，他说道："这箱财物价值连城，我却收受不起啊，王上现在正在气头上，他要杀你，神仙都帮不了你，何况是我呢？"

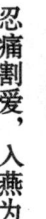

张仪笑着说，在楚国之中若是你都收受不了这些东西，便再无二人了。我还备了一箱，是送给郑夫人的，还须劳烦阁下去送予夫人。

靳尚一听，顿时眉开眼笑，有郑夫人插手，这事必成，靳尚也就心安理得的把财物收于囊中了。

那郑夫人便是楚王宠妃郑袖，此人与靳尚属一丘之貉，好贪善嫉，工于心计。

靳尚深谙郑袖性格，便带了张仪的那箱财物，去了郑袖处，对郑袖说，此乃张仪所赠，他希望王上抓了他时，要你美言几句。

郑袖说那张仪骗了我王，王上岂会饶他，这财物收不得。靳尚狡黠地笑了笑说，此事涉及王妃自身利益，怕是非帮不可。郑袖听了十分奇怪，问他张仪杀与不杀，与我何干？

靳尚说，张仪乃秦之相国，一国之重臣，秦王岂会让他死在楚国呢？为了让张仪不死在楚国，秦王必做两件事，一是向秦、楚边境增兵，二是送财物美女来楚，威逼利诱之下，再加上楚国此前曾败于秦国，楚王未必不会屈服。但是如此一来，到时王上万一看上了哪位秦国美女，日夜宠幸，王妃便难免又要受冷落了，如此张仪之生死，岂非关乎王妃之利益吗？

郑袖一听，果然如此，那一日听说张仪上朝面王后，楚怀王二话不说，就把张仪打入大牢，要择日斩首，郑袖便在楚怀王面前哭，说你要是不放了张仪，就把我流放了吧，最好去了南方蛮荒之地，免得碍了你的好事！

楚怀王一听郑袖所言就蒙了，奇怪地看着她问，"我杀张仪与你何干？"

郑袖边哭边嗔道："张仪乃秦国之相，岂是说杀就能杀的，你不过是想秦国送你美人，好供你享乐！"

楚怀王又好气又好笑，"哪有这等事，是你多心了。"

郑袖却只是哭，不依不饶地撒娇。另一边靳尚也在朝内吹风，如此一内一外两面夹攻之下，楚怀王果真将张仪放了，不但放了，而且还在张仪的游说之下，同意与秦结盟。

张仪离楚后，日夜不停地往秦国赶，他似乎有一种预感，秦国近日要有大事发生。果然到了函谷关外时，发现这里重兵集结，一副大战在即之状。张仪暗吃了一惊，入了关后问守将嬴桑这是为何？

不想嬴桑却是一问三不知，说只是接到了向函谷关增兵的军令，是何原因却是不曾提及。张仪两眼一眯，似乎猜到了什么，立即让嬴桑备匹好马，急向咸阳城而去。

却说这日芈氏在燕国小溪边浣洗衣物，突觉胸口一阵钝痛至眼前一黑，差点跌进水里。芈氏休息片刻突然担心起王上的身子，不知自己走后王上身边是否有知心人为其开解，万般思念与担心下，只得跪在地上，面朝秦国方向磕了几个头，心里默念愿我王安好……

嬴驷迷迷糊糊地在床上躺了几天后也在这天转醒了，醒来后只觉浑身乏力，睁开眼时，也是迷迷糊糊的看不清事物，见惠文后坐在床旁，想要开口说话，却觉得喉咙里堵了口脓痰，话没出口，只发出唔唔声响。嬴驷情知大限将至，使了浑身的劲，对惠文后道："速传荡儿、嬴疾来见我。"

惠文后看他的神色，知是时日无多，抹了把眼泪，令侍人马上去叫嬴荡、嬴疾过来。

嬴荡正在蓝田军营与人比武，十余个人围着他打，他拳出脚踢，只几个回合，便把那些人打倒在了地上。正自高兴，忽见有人来传，说是王上急召。嬴荡知道父王最近状态不佳，一听是急召，猜到了是怎么回事，把魏冉、白起叫了过来，说道："秦国可能要出大事，你俩随我进宫，随时候召。"

魏冉浓眉一沉，似也猜到了是什么事，喝了声牵马来，三人上了马，朝宫里急驰。

待嬴荡进了内宫时，嬴疾已经在那里了，嬴荡看了眼嬴驷，只见其神情萎靡，眼睛似闭非闭，喉咙里时不时地发出嗬嗬声响，忙一个箭步走将上去，跪倒在床前，"父王，荡儿来了！"

嬴驷听到声音，缓缓地把眼睛睁开，看了嬴荡会儿，嘶哑着声音道："荡儿，你且听好，父王不久于人世，我死了之后，切莫拘泥于俗礼，我今日死，你明日便继位登基。"

嬴荡大惊，"荡儿不敢做此等大逆不道之事，父王尸骨未寒，荡儿岂敢擅位！"

"糊涂！"嬴驷从喉咙深处沉声喝将出来，"莫非要让列国来窃取我大秦不成？"

嬴荡慌了，忙道："父王教训得是，荡儿遵命便是！"

嬴驷微微一点头，朝嬴疾道："即刻向函谷关、武关、汉中一带增兵，哪国有动静，就打哪国，如何打，你该知道的。"

嬴疾道："臣知道，定是要把他们打痛了，打怕了为止，叫其不敢再轻举妄动。"

嬴驷再点头,喟然一叹,"不知相国可到了秦国?"

嬴疾忙道:"据斥候来报,相国已安然离楚,旬日可回。"

"怕是见不到了。"嬴驷喃喃地道:"我与相国,如同孝公与商君,君臣同心,患难与共,虽为君臣,实为知己,今生能遇相国,得其相助,嬴驷没白活一遭啊!"

嬴疾闻言,也觉鼻子发酸,张仪在公元前329年入秦,至今君臣相处整整十八年,十八年的风风雨雨他们共同担当,在波谲云诡的乱世中硬生生拼杀出了一条强秦之路,用连横之策多次大破列国之合纵,在刀光剑影闯出了一片新的天地。这一路走来,嬴疾都看在眼里,他相信,他们之间的感情胜却了亲兄弟。

嬴驷的眼角划出一道泪,然后慢慢地合上眼,溘然长逝,一代雄主,于公元前311年画上了他人生的句号,享年四十三岁,史称秦惠文王。

嬴荡放声大哭,这七尺男儿在众多人面前竟是趴在他父王的尸体上悲恸不已。他是从内心深处佩服他父王的,他的阳刚之气、他的不可一世、雄视天下的霸气,无时无刻不在影响着他,所以在嬴荡的思想里,男人就该是霸气的,就该是视天下英豪若无物的,唯我独尊方是男儿本色。

就在嬴驷驾崩后的第二日,嬴荡遵遗嘱,继位登基,史称秦武王。不出几日,列国得到消息,皆闻风而动,欲趁此良机伐秦,整个天下顿时间风起云涌,杀气冲天。

张仪是在嬴驷死后的第二天赶到的,到了咸阳城,他发现满城披素,纸幡摇曳,不由得心头一沉,一口气硬是没提上来,当街从马上栽下来。

待路人将他扶起之时,张仪幽幽醒转,仰天一声悲呼,"张仪来迟,竟未见得我王最后一面!"边喊边捶胸顿足,泪如雨下。

等到了国葬之后,张仪也是多日不上朝,嬴荡不知是有意让其休养,还是朝上真无大事,也没差人来催他。待七日之后,张仪觉得不对劲儿了,秦国王位新旧更替,列国必有所动,为何新王一点动静也没有?

张仪终于坐不住了,这一日早上,旭日未升,张仪上了马车,去了宫里,按照正常的惯例,此时应该是召开朝会之时。

到了宫里后,果然见大臣们都到了,新王嬴荡傲然坐于上首正位,见了张仪也没见有多少高兴之状,只是淡淡一笑,"先生这几日休息得可好?"

一声先生把张仪喊得愣了一愣,尚未待他回过神来,只听嬴荡又道:"列国蠢蠢欲动，我等正在商讨应对之策，先生不妨旁听，也好给我些意见。"

这下张仪听明白了，他回首朝众臣看了一眼，默默地退至一边。

嬴荡虽敬佩其父惠文王，但其一介武夫，喜欢直来直往，对张仪的邦交之策嗤之以鼻，在他的思想里，国与国之间，要打便打，要交便交，用那些龌龊手段为国谋利，十分可耻，因此一上位就把张仪排除在外了。他见张仪退至一旁，冷冷一笑，说道："先王临终前曾与我言，他若有三长两短，列国必闻风而动，因此叫公叔嬴疾向武关、函谷关增兵，以备不测。然我思来想去，如此做虽可震慑列国，却还不足以震动列国，万一他们先发制人，秦国就被动了，所以我认为应先下手为强。"

张仪在旁一听，暗地里吃了一惊，新王初立便动刀兵，万一列国联合起来，再来一次合纵伐秦，局面就难以收拾了。不想此时有一人站了出来，亢声道："我王圣明，制敌于先，用兵之道也！"

张仪正眼一看，那人正是甘茂。此人曾是太子太傅，教嬴荡读过书，两人感情颇好，也深谙嬴荡想法，他站将出来高声应和，只怕是为投其所好。果然，嬴荡十分高兴，"你且说说，兵出何处？"

甘茂道："打宜阳（今河南宜阳），窥周室！"

甘茂话音甫落，嬴荡啪的一拍几案，仰首大笑道："好气势，好壮举！宜阳乃周室之门户，此城一下，便是打开了去往周室之大门，届时我大秦便可挟天子以令诸侯，称霸中原！"

张仪听到此处，终于忍不住了，站了出去道："我王三思，此时打不得！"

嬴荡笑容一敛，把浓眉一沉，"先生何出此言？若是我没有记错的话，先生入秦初见先王之时，便是献计先王，东进中原，取韩地而窥周室，只因先王行事沉稳，比先生想得周到，先是巩固后方，取了巴蜀之地，如今巴蜀已降，无后顾之忧了，先生为何阻我？莫非是先生看我不起，怕我无力取周室而霸天下吗？"

"王上言重了。"张仪把手一拱，不疾不徐地道："新王初立，邦交不稳，若此时大动干戈，逼得列国合纵伐秦，天下动荡，局面就不堪收拾了。"

甘茂笑道："许是相国你老了，少了雄心壮志。邦交固然重要，可何为邦交？不过是强国拍板说事罢了。当年五国相王之时，相国不也是边打魏国的脸，边抚慰于他的吗？如今秦国新王初立，更是要给他们个下马威了。"

张仪冷笑道："按你的说法，便是要边打边交了？"

"正是。"甘茂一脸的兴奋，那一张清瘦的脸上大有气吞山河之豪情，"东交越国，使其制楚，北交齐国，以绝韩、魏伐秦之心，如此宜阳可伐也。"

"此事就这么定了吧。"嬴荡似乎没耐心听他们讨论，"待派出使者前往各国时，便即出兵！"

在此种情况之下，张仪自然是无话可说，况且一朝天子一朝臣，如今已然说不上话，多说只会徒遭攻击罢了，只得乖乖闭了嘴。

由于在嬴荡上台后，张仪得不到重用，而且臣工之中，对他昔日作为多有非议，张仪自知属于他的时代已经过去，于公元前310年辞去相国职位，离开秦国。好在嬴荡虽然不喜欢他的主张和观念，但终归是感激他为秦国所作的贡献，临行之时，赐了众多财物，以让他安度余生。

咸阳城外，魏冉、芈戎、向寿等三人早已等在那里，见张仪的马车过来了，忙迎将上去，在马车前一站定，三人不约而同地跪将下去。张仪吃了一惊，下了车将他们扶起来，"三位这是做什么，张仪担当不起！"

魏冉是性情中人，见张仪独自一人，赶着辆马车，不由得心中凄楚，鼻子一酸，眼眶顿时就红了。想当年这位秦国的相国，运筹帷幄之中，决胜千里之外，翻手为云，覆手为雨，何等威风，何等豪情，这时却孑然一身，两厢对比之下，可见世情冷暖。思忖间，上去与张仪相拥一抱，"相国，你乃我等之恩人，我等永世不忘，待有时机，定去魏国看望你。"

张仪见他如此，也是唏嘘不已，"当今天下，要想闯出一番天地来，唯有在秦国，你们三个好生经营，在秦国做出番事业，一旦时机成熟，就把你们的姐姐接回来。"

三人称是，均言不能让芈氏一辈子待在那苦寒之地。正叙谈间，陡听一阵辚辚车声传来，众人凝目一看，却见是嬴疾。

嬴疾这些年来也有些见老了，额头的皱纹若沟壑一般纵横交错，岁月在这位有勇士气势、书生内涵的儒将身上刻下了浓浓的印记。嬴疾一下车，便打了个哈哈，"相国不辞而别，可有些对不住老朋友了！"

张仪拱手道："张仪原只想悄然离开，免得触景伤情，将军见谅！"

嬴疾把手一挥，喊声"拿酒来！"便有两人拿了酒和碗上来，放于地上，一一斟满了。几个人席地而坐，嬴疾拿起碗酒，对魏冉等人道："容我先向相国敬几碗可好？"见魏冉等人点头，嬴疾将碗高高举起，"第一碗酒，我代先王敬你，先王在临终前，想到终不能见相国最后一面，潸然泪下，足见相国在先王心中的地位无可替代。"

张仪却不说话，默默地站起来，朝着咸阳宫方向跪将下去，然后把一碗酒洒于地下,"先王,张仪此生遇上你,无憾也!"说罢,咚咚咚连磕了三个响头。及至回到嬴疾对面,将酒斟满了,与嬴疾的酒碗一碰,一口饮干。

嬴疾又斟上酒,举碗道:"这一碗酒我代秦国敬你,相国一生披肝沥胆,为我大秦立下了汗马功劳,你的功绩除商君外无人可及,嬴疾代秦国上下谢相国了!"说话间,酒碗一碰,又是一口饮干了。

至三碗酒时,嬴疾道:"这第三碗酒才是我敬你的,相国入秦十八年,嬴疾深为佩服相国为人,来,干了!"

张仪喝完酒,笑道:"痛快!多谢将军以酒相送,张仪在秦国的生涯算是圆满了!诸位保重!"

张仪这一走,在他的纵横生涯之中画上了一个句号,同时也给他辉煌的一生画上了句号,张仪于公元前310年在魏国寿终,这位叱咤风云的纵横家最终在魏国的一个偏僻之地,默默离世。我们无法知晓他离世之时的心情,但生得轰轰烈烈,死得清清静静,也许便是人生最大的圆满。

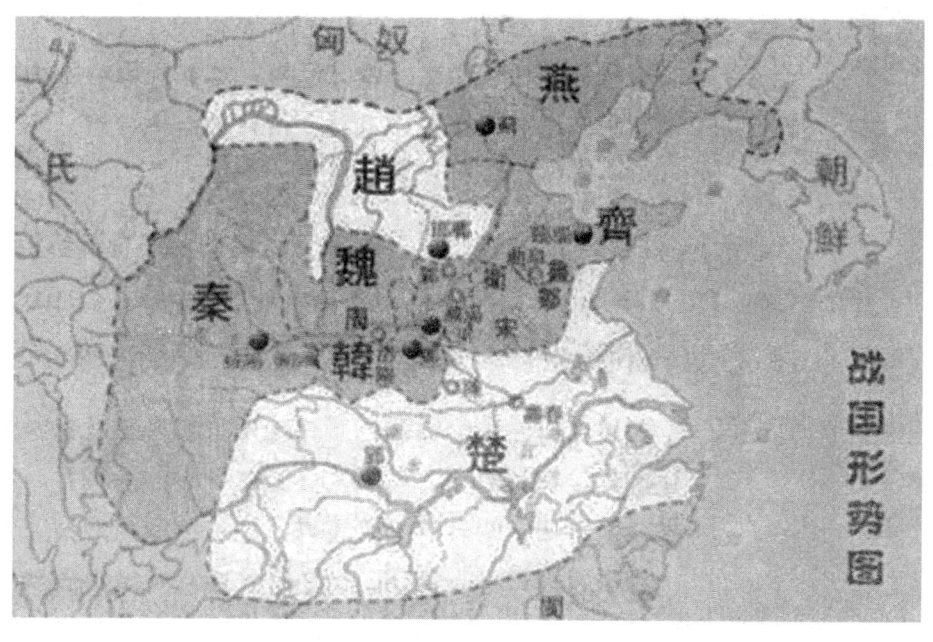

第二章 忍痛割爱,入燕为质

第三章 季君之乱，嬴稷继位

一、周都举鼎，武王绝膑

公元前311年，秦惠文王驾崩之时，芈氏领着嬴稷在燕国已过了一个春秋。

这一年的生活对芈氏母子来说，可谓是颠沛流离，苦不堪言。而这一切全是拜一位神奇的君主所赐，他的名字叫姬哙，史称燕王哙。

姬哙是个理想主义者，他一心想做一个贤明之君，不喜声色之乐，不听钟石之音，三餐之食不按君主规格，果腹即可，不仅如此，他还亲自下地，与百姓一起耕种。燕国百姓见君王如此勤俭爱民，无不欢喜。然而在这个时候，姬哙做了件令人意想不到的事，他要效仿尧舜，做一个流芳百世的君主，于是他做了一件惊天动地的事——禅让，要将王位禅让予宰相子之。

子之接管了燕国的军政大权，此人善权术，但并不善管理，上台之后所推行的一系列新政，无一例外的失败了，由此国内大乱，百姓恫恐，太子姬平本来就不满意把大好江山让予外人，见时机成熟，联合将军市被，举兵造反。从此开始，燕国彻底乱了，举国上下陷入混战之中，芈氏母子便是在这种情况下进入燕国的。

是时，太子姬平和将军市被的造反军被子之打败，子之为了彻底根除这个祸患，派兵在全国范围内追杀。芈氏母子所居住的地方，经常有乱军闯进来，后来实在不堪其扰，便搬到了郊外。可谁承想，这时候齐宣王田辟疆又发扬了趁火打劫的精神，在燕国内乱之际，以平乱为名，举兵伐燕，齐军到处烧杀掳掠，无恶不作，不出几日，燕国便尸积如山，血流成河，芈氏母子为了免遭兵祸，再次搬家，来到燕国边境的深山之中。

或许是上天有意安排，山中生活虽说清苦，但也锻炼了嬴稷，为了不让母亲饿肚子，他每天去山中打猎。起先一整天下来，也打不到猎物，后来遇上了几个山里的猎人，在他们的传授之下，每日所得猎物，足以母子果腹。一年下来，嬴稷身上的书生气少了，变得精干健壮，眉宇之间也多了几分豪情。

孟子曾说，天将降大任于斯人也，必先苦其心志，劳其筋骨，饿其体肤，空乏其身，行拂乱其所为，所以动心忍性，曾益其所不能。这样的日子苦虽苦矣，却也锻炼了母子二人的心志，使之苦而不怨，富而不骄，为日后王霸天下打下了坚实的心理基础。

如此在山里生活了半年光景，与世无争，芈氏本是在乡野之中成长，容易与百姓相处，不消多久，就与山中猎户打成一片，再者猎户们也不知他们是王室贵族，因此生活过得十分自在快活。

然而山中无日月，生活平静，山下的世界却又发生了天翻地覆的变化，太子姬平被子之所杀，后来齐军破燕后，燕王哙死于乱军之中，子之被擒后处以醢刑。由于齐军攻入燕都后，大肆杀伐，激起了燕人的爱国情怀，燕人奋起反抗，燕国再度引发混战。此时，其他诸侯也坐不住了，特别是赵国，一旦燕国被齐所吞，对赵国的威胁是巨大的，赵武灵王便把当时在韩国当人

---

① 醢刑：古代的一种酷刑，把人剁成肉酱，根据史记记载来看，最早出现醢刑的是在商纣时期。

质的燕公子姬职接了来，送入燕国，立他为王，如此一来，赵国不但可以与燕结盟，而且还少去了来自齐国的威胁。公元前311年，姬职登基，史称燕昭王。

也就是在燕昭王登基期间，芈氏接到了来自秦国的消息，嬴驷驾崩了。

芈氏听到此消息时，一下子就蒙了，往事若决堤了的洪水一般，一幕一幕朝她袭来。在她的内心里面，自从入秦以来，嬴驷一直用爱在包容着她，像一个兄长，笑看她的霸蛮，包容她的无理。尽管中间也曾有过怀疑，有过误会，甚至有过伤害，但他从未曾当着她的面质问，即便是在蓝田决战的时候，他也没有让义渠的使者来与她对质。从一个女人的角度来看，她对他的爱胜过了恨，哪怕是来了这苦寒之地，她依然对他心存感激，如果此时她还在秦国，那么她还能在那吃人的政治斗争中幸存下来吗？

芈氏怔忡了半晌，泪水一滴一滴往下掉，你护了我一生，我却连在你生命的最后时刻，守在你身边的机会都没有，老天对你我是何其苛刻！芈氏越想越心痛，一时悲痛交加，竟欲昏厥过去。

是时，恰好嬴稷打猎回来，见母亲如此样子，跑将过来，扶着母亲的两肩，急道："母亲，发生什么事了？"

"你父王他……他驾崩了。"

嬴稷把猎物往地上一掷，哇的哭将出声，边哭边道："离开秦国之时，我就在父王面前说过，若是稷儿走了，谁人照看于他，他偏是不听，把我赶了来这偏僻之地！"

"他是为你好，你须明白！"芈氏抱着嬴稷哭道："唯有在此，你我才能好好地活下来，唯有在这样的混乱之地，才不会有人惦记我们。"

"我要回秦！"嬴稷大声道："我不想在这里煎熬了！"

"我与你说过多次了，此时回去，唯死而已。"

"那我们究竟何时能回到秦国？"

"会的。"芈氏替嬴稷拭去眼泪，语气坚定地说："总有一天，我们会回去的。"

"可我一刻也不想在这个地方待下去了。"嬴稷痛苦地道："虽已无法见父王最后一面，但只要踏上了秦土，在父王的墓前拜上一拜也是好的。"

芈氏看着儿子的眼，收了抽泣，正色道："稷儿，何为三军不可夺志？三军者，男儿也；志者，男儿之志向也，但要你志向不灭，何愁不能再回秦土？"

嬴稷一怔，似懂非懂地点了点头。

历史的发展，与人生一样是有轨迹可寻的。就在嬴稷日思夜想急切地想要回秦时，秦武王嬴荡做了一件十分荒唐之事，加速了他的死亡。

公元前308年，嬴荡带了左右丞相嬴疾、甘茂去了蓝田军营。嬴荡把两手朝着天上一拱，"先王矢志东出，然那时后方不稳，他便搁置了东出策略，伐义渠平巴蜀，攻赵得安邑，伐楚得汉中，待大秦东出指日可待时，怎奈天命不佑，竟是壮志未酬先一步走了。嬴荡之才虽难及先王之万一，但身为大秦男儿，若不能睥睨天下，何以立足于天地之间。宜阳乃韩国之喉舌，周室之门户，此城一下，挟天子以令诸侯，称霸中原，指日可待，天下早晚是我大秦之天下。我等今日在此誓师，不克宜阳，誓不还秦！"

五万王师就这样出了蓝田，由甘茂为将，向寿为副将，扑向韩国之宜阳。

大军途中因甘茂事多，及至公元前307年开春之时，才到了宜阳城外，甘茂令三军就地扎营，埋锅造饭。向寿摩拳擦掌，准备开战，于是笑嘻嘻地去问甘茂，何时攻城？

甘茂善用小心计，用兵也是如此，见向寿一副急不可待的模样，斜睨了他一眼，"着什么急？你差人每日去城前，射几个守兵下来，到时他们气愤之下，自会出城而来。"

向寿一听傻了，雄赳赳气昂昂而来，便是如此打法？但他终归是副将，不得违令，只得遵守军令，每日派几个善射之人，埋伏在离城不远的隐秘处，伺机放暗箭，如此几日下来，射杀了十余韩军。

韩军守城大将叫公叔婴，此人是韩国老将，天生一部紫髯，连眉毛也是紫里带红，行事沉稳，打起仗来骁勇异常，人称紫髯神将。他知道秦国这是激将，要他们出去会战。但是秦军远涉而来，深入韩境，最怕的就是打持久战，时间久了，粮草不继不说，士气也会逐渐低沉，这是甘茂所惧的，却是公叔婴想看到的，所以他对守城军士道："大家不可急躁，现在损了的这几人，他日便从秦军处双倍讨要回来！"便是认了死理，坚守不出。

过了十日有余，甘茂见城内毫无动静，不由得急了。这几日来，军中怨声载道，众将士纷纷喊着要打，要是再无行动，怕是不好控制了，便叫来了向寿商议攻城之策。

向寿早就在等他这句话，拉了甘茂走到临时所制的沙盘之前，"宜阳城高，周围无甚事物，别无他策，只有强攻。"

第三章 季君之乱，嬴稷继位

111

可谁也没有想到，宜阳之战这一打便是五十余日，如同一块难啃的骨头，甘茂愣是没啃下来。

战场之后形势紧张，秦国朝中局面也越来越难以控制，随着朝中臣工非议之声的增多，嬴荡也开始扛不住了，为了这么一座城池，秦国不知消耗了多少人力物力，而且还要这么持续消耗下去，最为关键的是将近两月，依然看不到胜利的希望，再不撤军，难道非要让秦军全数死在外面不成？

嬴疾本不同意伐韩，此时趁机劝道："宜阳之战，劳民伤财，若是再如此损耗国力，列国也会伺机而动，臣请王上即速撤军。"嬴荡无奈，只得下令撤军。

撤军的命令传到甘茂手中时，甘茂没有言语，提笔回了封书信，交由斥候送去。嬴荡打开书信一看，上面只有两个字：息壤。

嬴荡一愣，随即想到了息壤之约，打消了撤军念头，喝声："传乌获来见！"

嬴荡重武好战，以斗力为乐，上位之时，便招募力大之人，凡勇猛之辈，皆提拔为将，那乌获便是嬴荡继位后因力斗数十人而不倒，被提拔起来。除此之外，还有任鄙、孟贲等勇士，个个力大无穷，有气拔山河之势，均被嬴荡收入帐下。

那乌获一脸的横肉，浑若屠夫，听说是叫他率五万大军去协助甘茂攻城，哈哈大笑道："王上只管放心，若是旬日之间拿不下宜阳，末将提头来见！"

乌获出得宫后，点了五万人马，即日开拔，扑向宜阳。

乌获大军到后也不休息，与向寿一道率了七八万人咻咻然冲上去攻城。这乌获天生便是勇将，甫上战场便是杀红了眼，一马当先，不断率军冲击，果然不到两日，在秦军的猛攻之下，城门被击碎，秦军蜂拥而入，宜阳城终于拿了下来，斩杀韩军六万，韩国被迫求和。

从此之后，秦国东入中原的途径彻底打通了，山东六国从这一年开始，从主动出击转入战略防御，秦大统之势已无可抵挡，故而从这个层面而言，宜阳之战在嬴荡的一生之中，有着里程碑式的重要意义。

然而在打下了宜阳之后，嬴荡又做出了个惊人的举动，说："我出生于西戎，不曾到过周都洛阳，今宜阳既归秦所有，便是打通了去往周室之路，不如趁此时机去周王室游览一番，看看九鼎重器，也好让我长些见识。当下也不叫甘茂撤军，叫上了任鄙、孟贲等人，去了宜阳。"

嬴荡到了宜阳后，甘茂出城迎接，嬴荡安抚了众将士们后，说道："都说洛阳乃王畿所在，天下之中心，定是十分的繁华，我便带你们去洛阳赏玩赏玩，看看天子究竟是何等模样！"

众将士闻言，比当初要打宜阳时更加兴奋，是时周室虽弱，但洛阳毕竟还是天子行宫所在，能亲自去领略番王者气象，当是人生快事，谁人不兴奋？当下全军开拨，浩浩荡荡也去了洛阳。

周室主政的乃是周赧王姬延，亦是周王朝的最后一位皇帝，列国称雄之下，他不过是个名义上的帝王，手里既无兵，又无财力，朝中也尽是些年迈之臣，听得秦国领大军而来，吓得面无人色，急使众臣出城去迎接。

嬴荡一到了周都，只见都城内外，破败不堪，恍若是没落贵族一般，虽有王者之象，却没有帝王之家的威严。嬴荡不由得大为失望，向跟随在左右的乌获、任鄙等人道："这便是王室所在吗，实在是扫我游览之兴！"

言语间，只闻得一阵钟器之音遥遥传来，嬴荡定睛一看，却见是周室群臣出城来迎接了。任鄙笑道："周室善礼乐，果然如此！"

到了周室大殿之外，也是一派破旧之象，嬴荡早已没了游兴，下了马对甘茂道："去叫天子出来见我！"

甘茂应了一声，走上几步，在大殿外大声喊道："秦王在此，天子速来相见！"

周天子姬延本还想作一番姿态，让秦王去殿前相见，见这一番景象，情知躲是躲不过去了，只好出来相见。

嬴荡在殿前石阶下的软榻上居中而坐，眼睛一扫，只见所谓的天子不过是个四五十岁的老者，满头花白的头发下，是一副愁苦之脸，哪有半分天子之相？当下把浓眉一挑，看着姬延只把手微微一抬，"天子在上，嬴荡这厢有礼了！"

姬延苦笑道："秦王客气了，秦国雄视天下，令列国侧目，秦王之礼，寡人怕是也难以消受了。只是不知秦王举雄兵而来，所为何事？"

嬴荡大声道："秦本是西戎小国，未曾目睹中原繁华，此番入京，乃是要一睹天子之都的绝代风华，却不想堂堂天朝上国竟在你手败落得这般模样，实在令我秦国上下失望之至，大大的扫了本王游兴。"

姬延脸上隐隐泛起一抹怒色，但想想虽贵为天子，实际上不若一个诸侯，只得隐忍怒气，说道："寡人无能，竟使周室没落，千古罪人也。"

"周室没落非一朝一夕之事，这也怪你不得。"嬴荡没心情跟他讨论王朝兴衰之事，说道："听说天子之处立有九鼎，象征王权所在，可否带我去

第三章 季君之乱，嬴稷继位

113

看看?"

姬延说道:"自无不可。"当下领着众臣,带了嬴荡去了太庙,那象征天下九州的九只大鼎便是放在太庙一侧。

只见那九只铜鼎一字排开,一人多高,须三四人合抱,虽因年代久远,生有铜锈,但依是气象森严,令人见之肃然起敬。

相传这九只铜鼎乃大禹所铸,在铸鼎之初,大禹专门差人去各个地方绘制山川图形,然后刻于鼎上,每一鼎象征一州,每只鼎所刻的图形代表的是该州的形胜之地,故而九鼎便是代表了九州,代表了天下,而所显示的便是至高无上的王权。正所谓普天之下,莫非王土,率土之滨,莫非王臣,自有了这九鼎之后,九州便成了中国的代名词,所谓"定鼎"也就成了一个政权建立的专用词语。

嬴荡刚入周都之时,意兴索然,然在见了这九鼎之后,却是两眼发光,脸上泛出红潮,兴奋不已,哈哈笑道:"一睹九鼎,不虚此行了!"说话间,走将上去,一一细看铜鼎,边看边是啧啧称赞。便是在此时,他发现各个鼎上都刻了字,分别是荆、梁、雍、豫、徐、扬、青、兖、冀等九个字,回头朝姬延问道:"鼎上所刻的字,便是指一州吗?"

姬延道:"正是。"

嬴姬兴趣盎然地走到刻有雍字的铜鼎面前,笑道:"此鼎所代表的就是秦国,我要把它带回去,待我统一中原后,再来搬运另外的八个!"

姬延大惊,"此鼎乃祖宗所铸,神器所在,岂容你动得?"

"当我是三岁孩童吗?"嬴荡怒道:"大禹铸鼎,传予夏,夏亡后九鼎落于商,商亡后这鼎才落到了周室,此鼎确实是神器,却哪里是你祖宗所造?如今你周室衰落,该轮到大秦掌管这些神器了!"

话落后,也不去管姬延乐不乐意,转首在众将中扫了一眼,大喝声:"谁来举此鼎,若能搬得动此鼎,将其放于马车之上,运回秦国,当属首功!"

此时守鼎的官吏忍不住出声道:"启禀秦王,此鼎重逾千钧,自周武王定鼎于此后,无人举得。"

那守鼎官吏不说还罢了,这一说激起了嬴荡争强好斗之心,用手指了乌获、任鄙、孟贲三人道:"他们说此鼎重逾千钧,无人举得,你等可敢与我比一比,究竟谁人可将它举起来?"

任鄙虽也好武,但一看那铜鼎一人多高,须三四人合抱,情知守鼎官吏所言非虚,便道:"王上,此大鼎怕是举不得,实在要运去秦国,便拉了马车来，着十余人搬运上车便是。"

甘茂听说他果真要举鼎，早已吓得心惊胆战，扑通跪倒在地，苦劝道："王上三思啊，莫说是此鼎重不可举，即便是举得，此王室神器，也非赌斗玩乐之器。"

"大秦男儿，倘若连举个铜鼎也畏首畏尾，思前顾后，岂非叫人笑话！"嬴荡把脸一沉，"若是怕了的，只管离得远些，免得扫了本王兴致，若还有些男儿气的，给我上来比比，看哪个可力拔山河！"

孟贲一听，走上前去道："末将不才，便与三上比试一番！"

这孟贲长得五大三粗，话落间走到雍字鼎前，三下两下把上衣脱了，露出一身的肌肉，更是显得遒劲有力，勇武不凡，惹来在场众多秦国将士的一阵喝彩！孟贲低喝一声，手臂骤然一使力，那铜鼎随着他的这一声喝摇了一摇，随即一寸一寸地离开地面。在场众人见状，倒吸了口凉气，谁也不曾想到，如此巨大的铜鼎居然真被他举了起来！

却在这时，但闻咔嚓一声脆响，这声音虽轻，但此时人人都屏住了呼吸，全场静谧，因此在场众人却是听得清清楚楚。在众人还不知道发生了什么事时，猛听得孟贲一声痛呼，两条手臂处鲜血迸溅，白骨透肉而出！

随着铜鼎轰的一声落地，所有人都不约而同地惊呼出声。站在近处的嬴荡一个箭步走将上去，将孟贲抱在怀中，叫道："孟将军！"

孟贲忍着剧痛，啮着牙道："王上，孟贲无能，给秦国丢脸了！"

"丢不了！"嬴荡把孟贲交与他人，"还有我呢！"

甘茂闻言，吓得面无人色，飞扑上去，挡在嬴荡面前，"王上万金之躯，岂可涉此大险，臣恳请我王，莫要意气用事啊！"

嬴荡一把推开甘茂，回首朝众人骂道："一帮没用的东西，些许凶险便叫你们慌了神，丢尽了我大秦的脸！且看本王如何把此鼎举将起来！"

言落时，已走到雍字鼎跟前，一弯腰，单手一拉鼎足，试了试铜鼎的重量，再把另一手也握在鼎足上面，大喝声"起！"铜鼎果真应声而起，慢慢地随着嬴荡身体的站直，铜鼎亦升了起来，直至被他举过头顶，用两手擎举在半空。

所有的人都愣了，此时的嬴荡头顶之上高高的顶着只大鼎，短髯如戟，两眼突出，面色涨红，宛若天神一般。周室君臣见状，惊为天人，心想怪不得秦国可称雄于天下，王尚如此神勇，士兵岂敢怠于练武？

嬴荡把大鼎举之后，环着四周转了一圈，待要把鼎放将下来时，心下暗

吃了一惊，举起来时已用尽了全力，此时再没力气把鼎好生放下去，除非是一扔了之。但他争强好斗惯了，不甘心将大鼎弃之于地，遂把钢牙一咬，把大鼎慢慢斜将过来，欲以此使大鼎平稳落地，岂料就在此时，又听得咔嚓一声脆响，在场所有人都听到了，甘茂的心随着这一声响，咚咚的直要跳出嗓门上来。

果然见嬴荡一声大喝，整个人随着大鼎一起倒了下来，亏的是铜鼎在落地之前便被他斜举着，落地时并未曾砸到他。甘茂等人抢步上去，只见嬴荡两条腿的膝盖处白骨森森，竟是生生折断了！

乌获、任鄙不由分说，把嬴荡架了起来便往外走。甘茂大喝道："三军护驾！"秦国将士情知事态严重，此时出不得半点马虎，一声令下，在瞬间便组成了军列，以防不测。

姬延见秦军悉数退出，却是暗松了口气，领着众臣工向铜鼎跪拜，"多谢神器显灵，护我王畿！"

大军行至半路时，有人来报，王上失血过多，怕是不行了！

甘茂闻言，心头大震，急命军队停下，就地扎营。待扎了大营，把嬴荡在床上安顿好，只见嬴荡面白如纸，呼吸粗重，全身的衣衫都被冷汗浸湿了。

不多时，医官从帐内出来，甘茂便问道："王上如何了？"

医官看了三人一眼，叹道："吾王绝膑，伤势极重，怕是撑不过今晚。"

任鄙一听就吓傻了，怔怔地站在当地，半晌作不得声。乌获愣了一愣后，立时清醒过来，说道："兹事体大，关及秦国根本，须早下决断。"

"这决断非你我可定得了！"甘茂低吼着道："此地并无嬴室宗亲在场，谁能做得了主？"

乌获道："那便如何是好？"

甘茂虽也慌乱，但毕竟未乱了分寸，道："你俩连夜赶去咸阳，当面与嬴疾说此事，切记不可再让第二个人知道！"

乌获、任鄙虽是重武之辈，却也知道如若此事传将出去，必会掀起一场血雨腥风，点了点头，心领神会，跃上了马，连夜往咸阳赶。

甘茂再次回到帐内时，嬴荡已然昏迷，一张脸虽在火光下，兀自白得吓人。及至半夜时分，嬴荡便断了气，与世长辞。宫女、内侍张嘴便哭，甘茂蓦然低喝道："谁敢哭出声来，我便要了他的命！"随即传了向寿进来，语气生硬地命令道："我王已然驾崩，此事切不可外传，除了营帐里的人之外，若明日还有他人知晓，唯你等是问。明日三军与平日里一般照例启程，只说王上伤势虽重,但并无大碍。"

向寿问道:"到了咸阳后,该作何处置?"

甘茂沉声道:"嬴疾未到之前,不可进入咸阳。"

向寿一听就明白了,应了声诺,出得帐去。

却说此时燕国边境,芈氏这里也出了事,嬴稷外出打猎一日未归,芈氏心急如焚,询问所有猎户均无人见过嬴稷,芈氏无法,只得亲自上山搜寻,乃至半山腰时天色已晚,狼虫虎豹低鸣之声不绝于耳,就是芈氏素来胆大也惊出一身冷汗。

但思儿心切,芈氏并未停止呼叫和搜寻的脚步,待行至山顶时,天色已黑,伸手不见五指,芈氏依然没有找到孩儿,正要下山之时,忽听一声虎鸣,只觉周身飒飒生风,芈氏抬头忽见一双泛绿光的大眼从天而降,吓得芈氏差点背过气去;就在此时,乌云尽散月色莹莹,芈氏顿见眼前是一只斑斓猛虎,芈氏忽觉自己仿若置身梦中,因其生嬴稷时亦梦见一只大虫,当时芈氏大喜,猛虎乃丛林之王,这可是上上好梦。

芈氏这时亦不害怕了,她直视老虎双眼,感觉它似乎有话要说,那老虎这时转身就走,临走时蹭了蹭芈氏,芈氏明了,紧紧跟随其后,至一大洞时,老虎停下来示意芈氏进去,芈氏借着月光进去一看,这可不得了,见那嬴稷正躺在地上,身上骇然插了一支短箭,芈氏大急,推了半天,嬴稷就是不动,背也背不动,抬也抬不走,这时老虎进来直接叼着嬴稷起身便走,芈氏当时看儿子尚有气息,亦振作精神跟着下山了……

嬴疾瞪大了眼看着任鄙、乌获两人,蓦然发出一声暴喝,回身把一张桌子举了起来,朝两人砸将过去,两人大吃一惊,退了几步,啪啦啦一声巨响,桌子在他们面前被砸得稀巴烂。

嬴疾像一只愤怒的狮子,涨红了脸朝两人怒吼,"你们干的好事,要毁我秦国吗?"

任鄙、乌获忙不迭跪在地上,低头认罪。

发过火后,嬴疾很快冷静了下来,事已至此,说什么都无济于事了,当务之急是如何善后,万一处理不好的话,后果不堪设想。在这刹那间,他的脑海里浮过无数个念头,突然间目中精光一闪,叫了个门人进来,在他耳边

第三章 季君之乱,嬴稷继位

低语了两句，那门人应了一声，急走出去。

"你俩起来。"嬴疾看了跪在地上的任鄙、乌获两人，沉声问道："此事还有何人知道？"

乌获刚刚起身，忙又躬身道："甘丞相交代我俩，让我们单独见你，不可对任何人说起。"

嬴疾道："事情未决之前，不可让王队入咸阳，快随我走！"

三人出了右丞相府，一人骑了一匹快马，出了咸阳城。

在距离咸阳十里之外，嬴疾等人遇上了王队，下了马后，嬴疾面无表情地拉了甘茂，走进一片林子里面，劈头就问："王上驾崩之事，在这军队之中，有多少人知道？"

甘茂道："除了向寿、乌获、任鄙及当时在营帐中的医官和三个侍人外，无人知道。"

"亏的是你未乱了方寸！"嬴疾微微松了口气，"你打算怎么办？"

"你没到之前，我等不敢进咸阳城。"甘茂的表情也是要凝固了一般，僵硬着脸道："只等你来决断。"

"当务之急是立新王，立谁呢？"嬴疾目光如电，盯着甘茂寒声道："此事须速断，不然秦国必乱！"甘茂称是。

"可立谁为王呢？"嬴疾瞟了甘茂一眼，说道："要不如此，你我背过身去，各在地上写一个字，如何？"

甘茂闻言，暗吃了一惊。他知道嬴荡无子，那么所要立的新王便是在嬴荡的兄弟之中推举，然此事难就难在嬴荡死时，没留下片言只语，也就是说没有遗诏。如此说带来的问题是，如果解决不好，嬴室兄弟之间便有可能掀起一场夺位之争，其后果是难以想象的。他看着嬴疾，只见他黝黑的脸庞冷得像铁，高大的身躯微微颤抖着，想来他的内心也是十分恐慌。

甘茂艰难地吞了口口水，"你的意思是说，你我把新王人选定出来，然后拟假诏，拥立新王继位？"

"要使秦国不乱，唯有如此。"嬴疾一字一字地道："此事犹豫不得。"

甘茂眼睛一转，犹豫不定地道："要是你我之间，所选的人不同便要如何？"

"此事没得商量。"嬴疾冷冷地道："你我必须统一。"

甘茂背过身去，拾起根树枝指着地，手微微颤抖着，迟迟不敢动手。嬴疾的眉头打着结，但他的眼神很坚定，转身的时候很快便写了个字。

实际上嬴疾在来此地之前，心里就已经有了人选，不管甘茂所选的那人是否与自己所想的一致，此事却由他不得。他之所以要甘茂推选一人出来，是想试试甘茂是否与自己站在同一条阵线上，如果其与自己不同心，便当机立断，就地解决了他！

这是嬴疾在路上预谋好的，因为在这种情况下，他不容许秦国出任何事。

嬴疾写完之后，慢慢地把身子转过来，眉宇间隐隐含着一股杀气。

二、权力真空，杀气漫咸阳

甘茂的心怦怦剧跳，他能感觉到从背后传来的一股杀气，这杀气浸透了他的肌肤，直入内心。他善谋略，工于心计，甚至很会猜测他人的心思，可是此时此刻，他却猜不透嬴疾的心里究竟是怎么想的。

甘茂此时十分明白，一旦他心目中的新王与嬴疾想的不是同一人，那么嬴疾就会干净利落地除掉这个隐患。

甘茂的方寸彻底乱了，一时难以决断。当下把牙一咬，将树枝掷于地，突地转过身去，说道："甘茂乃外臣，不该参与王室之事，一切当由右丞相定夺，甘茂绝无异议！"

嬴疾铁青的脸缓和了下来，把身子一侧，道："你看看我写的是谁？"

甘茂定睛一看，地上赫然写了个"稷"字，不由惊道："惠文后那边如何处置？"

嬴疾此时已彻底平静了下来，脸上恢复了平日里的波澜不惊，"速去拟诏书吧，由他们不得，今晚之前，栎阳令就会到此，到时去燕国迎芈王妃之事，就由他来主持，你我的任务就是稳住咸阳。"

甘茂暗呼了口气，心想他果然事先安排好了，幸亏刚才没有鲁莽。当下不敢说二话，应了一声，与嬴疾缓缓走出树林。

那栎阳令便是芈氏的弟弟魏冉，他自蓝田大战受伤后，便去了栎阳上任，若是立嬴稷为王，由他去负责迎接新王之事，再适合不过了。

薄暮时分，魏冉带了芈戎和白起两人便到了。暮色之中，魏冉若铁塔般的身子未待马站稳，便从马上跃了下来，一弯腰就钻进了营帐之内。

营帐里面只有嬴疾、甘茂和向寿三人在，双方见了礼，魏冉也不客套，直接朝嬴疾道："事关重大，出不得任何差池，我们要把所有潜在的危险都考虑进去。我觉得如今重中之重是咸阳城，一旦王驾进了咸阳，即便是秘不发丧，也会引起惠文后的怀疑，但长留于此，也同样不妥。故我以为，王驾照

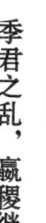

第三章 季君之乱，嬴稷继位

119

例入城，但只在蓝田驻扎，并不入宫，只说是王上伤重，暂期内不见任何人。"

嬴疾点头道："王上好武，说在军营里养伤，在情理上说得过去，这倒是可行之策。"

魏冉浓眉一扬，"在下还有一虑，请丞相定夺。"

嬴疾道："都到这时候，没什么可忌讳的了，只管说来。"

"嬴壮城府颇深，须防他一着。"魏冉道："在下以为，最好派人盯着他的行踪。"

"这事我理会得。"嬴疾淡淡地道："由不得他乱来！"

魏冉见嬴疾果然是全力支持立嬴稷为王，便放下了心来，拱手道："如此我等三人便领一支劲骑，连夜赶去燕国，咸阳之事全托诸位了！"话落后，带着芈戎、白起两人出了营帐。

几乎是在同一天，嬴稷在芈氏的悉心看护下转醒，芈氏喜极而泣，嬴稷说当时正在射野鹿，不料从后面飞出一支箭，直插入他后脊，原来嬴稷没注意侧方原来正蹲着一只斑斓猛虎，嬴稷间接救了老虎一命，故有此后故事。嬴稷没伤到要害处，只是流血过多，在芈氏的照顾下，日见好了起来，只是这只老虎识得了他家，依然隔几日来探望一次，叼着野鸡野兔，倒是省了嬴稷出去了……

次日的午后，王驾进入了蓝田军营。

在最初的两三日里，几乎没人怀疑王上出了事，但时日一久，不少人便开始猜测了，自从入了军营后，王上几乎就没露过面，这不像是他的性格，以王上的为人，除非是起不了床，奄奄一息了，不然就算是让人抬着也要出来看看士兵们斗武。可如果是奄奄一息了，躺在床上动不了了，为何不进宫里去医治，要来军营呢？

一时间各种各样的猜测之声传将开来，说什么的都有。这一日，嬴壮也听到了风声，作为嬴荡的亲弟弟，他是知道他这位哥哥脾性的，除非是伤重病危，不然他不可能终日待在营帐内无声无息。嬴壮的刀眉一挑，两眼眯了一眯，闪过一道森然精光，王上出事了，一场前所未有的风波已然悄无声息地在咸阳城的上空生成，即将袭击看似平静的王宫！

嬴壮的感觉十分敏锐，他分明嗅到了一股危险，在心里迅速的分析了下局势：王上出事了，但他们却秘而不宣，唯一的可能性就是要另立新王，而那新王很有可能就是芈氏的儿子，不然他们不可能将王上深藏起来！如今，最保险的方式是去探明实情，掌握事件的主动权。

嬴壮的眼睛骨碌碌一转，在王宫之中最有权力去探查情况的唯有惠文后，她是王上的母亲，儿子受了重伤，作为母亲完全有权力去看望，而且谅那帮人也不敢阻拦！

想到这里，嬴壮不由得阴恻恻地笑了，转身朝后宫走去。

事实上惠文后也听说了嬴荡在周室举鼎之事，但她没往深里去想，要知道王上万金之躯，事关国家大计，即便是受了重伤，他们把消息封锁起来，也是情理之中，不然被列国风闻，后果就难以设想了。然而，当她听完嬴壮的分析后，花容陡然一变，慌张地望着嬴壮道："如果王上真有不测，此乃惊天动地的大事，谁敢如此大胆将此事秘密封锁？"

"母亲，你太小看他们了！"嬴壮急道："你想想我荡哥哥是何许人，即便是腿断了，骨折了，也难断他的英雄豪气，他肯定会让人抬着出来去观看将士们操练。可这么多日以来，却是谁也没有看到他的身影，这说明什么？我再假设，荡哥哥是伤重得起不了身了，他命在旦夕，可为何不进宫来治疗，要待在军营？从种种迹象来看，荡哥哥可能已经不在了！"

惠文后心里一沉，只觉两眼一黑，险些昏厥过去，大滴泪水若珍珠般往下掉。她从未把此事想得如此可怕，因此当这股恐惧骤然来袭时，她彻底被击垮了，眼神无助地望着嬴壮道："如果真如你所说，该如何是好？"

"孩儿说句不该说的话，即便是我荡哥哥真不在了，继承王位的也该是我才是，他们如此做法，分明是要害我们母子。"嬴壮忍着怒火，沉声道："他们要另立新王，所以才把荡哥哥在军营里藏着掖着，如果王位让芈八子的儿子继承了，我们母子的路也就走完了！"

惠文后平时脾气甚好，不会轻易发火，但是此时她也禁不住无名之火大起，紧蹙着蛾眉道："嬴疾他竟敢做这等事！"

嬴壮冷笑道："嬴疾为了自己的利益，有何不敢做的！伐宜阳时，嬴疾极力反对，然荡哥哥却听了甘茂之言，执意出兵，他知道如果王位再让我们执掌，他早晚失去地位，所以他要立一个可以控制的，远在燕国不谙人事的黄毛小儿！"

第三章 季君之乱，嬴稷继位

惠文后抹了把眼泪,她知道此时还没到哭的时候,强自镇定心神,问嬴壮道:"现今我们该怎么办?"

嬴壮道:"孩儿想请母亲去一趟蓝田军营,探一探虚实,王上是你的儿子,只有你去了他们才不敢阻拦。但要探明了实情,主动权便在我等手里了,到时你完全可以太后之身份,号令百官,封我为王!"

惠文后起了身,"我这就去!我一定要把这一口气争回来,秦国王位之归属,谁也不能擅自作主!"

蓝田军营里,甘茂一听惠文后到了,心里咯噔一下,惊得险些从椅子上跳将起来,王上受了重伤,是国事,也是家事,亲生母亲来了,如何挡得了?正在他手足无措的时候,嬴疾走了进来,甘茂正要说话,嬴疾却阻止了他,把手里的一份帛书塞到他手里,说道:"此时我不方便出面,我若出声,她定与我争执。你出去后,就事论事,当着惠文后的面宣读这份诏书,谅他们也不敢闯进来。"

甘茂半信半疑地打开诏书,迅速地浏览了一遍,还是不放心,问道:"如若他们硬闯呢?"

"以秦法从事!"嬴疾脸色如铁,生硬地道。

甘茂应了一声,把诏书放在了胸口,大步走了出去。见到惠文后时,拱手道:"甘茂迎驾来迟,乞恕罪。"

惠文后蛾眉一竖,嗔道:"王上洛阳举鼎,受了重伤,如此重大之事,你们居然不向我禀报,好大的胆子啊!难不成我这做母亲的,没权知道王上的事情吗?"

甘茂早料到了会有这一番斥责,佯装惊恐地道:"臣不敢,此事重大,臣岂敢擅自隐瞒!"

"谅你也不敢。快带我去见王上吧。"惠文后边说边要往里走。

甘茂连忙退后一步,拦在惠文后之前,"王上有旨,谁也不见。"

"也包括我吗?"惠文后见甘茂这般言行,果然印证了嬴壮所言,心里一阵沉痛,眉头不住地抖动着。

"正是!"甘茂从怀里取出那份诏书来,"王上诏书在此,书曰:寡人伤重,遵医嘱将养蓝田,一律不得探视,违者以秦律论处。"

惠文后的脸色马上就沉了下来,现在她已然确信,他的荡儿已不在人世,这些人果然在谋取王位!她看着甘茂,寒声道:"甘茂,你且听好了,要是荡儿有个三长两短，秦国有个三长两短，你便是千古罪人！"

甘茂一怔，看着她的眼睛，她的眼里闪烁出来的是从不曾有过的犀利目光，忙不迭把头一低，拱手道："臣恭送娘娘！"

惠文后回到宫里时，嬴壮正在那里焦急地等待，见惠文后进来，忙迎了上去，道："母亲，如何？"

惠文后眼圈一红，"荡儿看来是真的走了……"

"母亲，我们不能坐以待毙。我去嬴市那边看了，他那里无甚动静，看来他们要立的果然是嬴稷。"嬴壮急道："眼下只有你下诏拥立我为新王，才有可能把局面扳回来。"

惠文后却是摇了摇头，"这一路上来，我想了许多，他们敢如此有恃无恐，必有所恃。"

"遗诏？"经惠文后一提醒，嬴壮醒悟了过来，周身大震。但转念一想，嬴荡是他亲哥哥，如何会将嬴稷立为新王？"不可能，荡哥哥决然不会如此做！"

惠文后此时也已完全冷静了下来，说道："我在蓝田时，甘茂拿了诏书出来，说是王上拒绝任何人探视，违者以秦律处置。如果荡儿已不在了，那么甘茂所读的便是假诏，他们可拟这等假诏，为何不可拟遗诏，反正是死无对证。"

嬴壮倒吸了口凉气，随即咬牙切齿地道："这是他们把事做绝了，须怪我不得！我们虽无兵符在手，调动不了军队，但嬴氏宗亲尚有老兵，我再去找些死士，当可出其不意，杀他个措手不及！"

惠文后娇躯微微一震，"你要做什么？"

"截杀！"嬴壮的脸上露出股浓浓的杀气，"王上死讯没公布，芈氏母子想从燕国回来，肯定是秘密入秦，所以我们还有机会。为保此事万无一失，我已想好了，分三步走，第一步是赶去燕国，在燕国杀了他们；若是在燕国杀不了，就在函谷关下手，届时我会与嬴桑说好，芈氏母子要篡位犯上，见了他们格杀勿论。除非他们生了翅膀，能飞过函谷关去，不然的话，决计过不了函谷关。若是真侥幸让他们进入了函谷关，我还安排在了最后一步，在宫里设埋，伺机斩杀！"

惠文后从没想过要杀芈氏，但如今真正较量的时候到了，为了保全身家性命，便同意了嬴壮之计。

魏冉等三人一路马不停蹄，丝毫不敢怠慢，这一日终于到了燕国。在燕国的协助下，终于在山里找到了芈氏母子。

魏冉、芈戎乍看到芈氏母子完全是一副猎户的打扮，脸庞被北风吹得甚是粗糙，心里猛地一酸，虎目中泪光盈盈，扑通跪在地上，"弟弟来迟，叫姐姐受苦了！"白起见状，也连忙跪了下来。

山中的猎户见魏冉等三人着装，非是普通百姓，又见后面跟了燕国的官员，然这些人却对芈氏恭敬有加，不由得愣了。

芈氏没有想到两个弟弟全来了，心中之惊喜比猎到了一头大象还甚，噗哧一笑间，竟是笑出了泪来，整整五个年头了，除了在宫里的公子市和公子悝外，她最思念的便是这两位弟弟，虽说山里的日子过得逍遥自在，可毕竟是身在异乡，那份思念亲人之苦，也只有她自己方才知道。当下跑上前去，与魏冉、芈戎抱在一起，痛哭流涕。

魏冉轻声在芈氏耳畔道："姐姐，上苍有眼，你的苦日子到头了，我们是来带你回秦的。"

芈氏一怔，一时忘了哭泣，疑惑地望着魏冉。芈戎道："此非说话之地，我们进屋去说。"

姐弟三人带着嬴稷进了屋，白起则在外守卫。

芈氏听完芈戎的述说后，瞪着对大大的眼睛，如置梦里，"嬴疾果然要立我稷儿为王？"

魏冉道："千真万确。"

芈氏的脸上泛起股红潮，拉了嬴稷过来，说道："稷儿，我们终于可以回秦了，而且回去之后，你便是王上了！"

嬴稷这些年来虽说已长大成人了，但一来尚未及冠，二来一直在山里打猎，未经世事，对当王之事倒未显出特别的兴奋，反而对他荡哥哥之死表现出十分的伤感，泪眼汪汪地道："荡哥哥居然也死了，父王也死了，我再也见不到他们了……"

魏冉语重心长地道："稷儿，回国后你便是王上了，王上代表什么你清楚吗？是天，可以翻手为云，覆手为雨，每个人都要听你的，每个人的命运都掌握在你手，你高高在上，凡事都要比别人看得开，看得远些，明白了吗？"

嬴稷似懂非懂地点了点头。魏冉道："此事虽有嬴疾和甘茂两位丞相主持，但为了以防万一，在回秦之前，须得到燕国的支持。"

芈氏一听这话，眼前油然浮现出惠文后的身影来，她有两个儿子，嬴荡死了，还有嬴壮可以继位，她断然不会将王位拱手予人。随后想到，嬴荡死后，虽秘不发丧，可事情毕竟过去这么多天了，天下无不透风的墙，即便是没人将此事透露给惠文后，想是猜也能猜到三分，此番入秦，这一路上怕是凶险重重。当下点头道："一切按弟弟的安排行事。"

这一日，魏冉等人去见了燕昭王。燕昭王是一位有雄心壮志的雄主，但是此时刚刚经历了子之之乱，国力尚弱，一听这事便犹豫了。燕国的实力远不如秦，如果支持了芈氏，万一芈氏争权失败，燕国必然遭池鱼之殃，真到了那时，燕国危矣。

恰好那时有一个叫赵固之人，在燕廷做客，此人时任赵国的相国，他一听此事，便听出了玄机，秦国王上驾崩，这时候送一个秦公子过去，秦肯定内乱，如此不动一兵一卒，就能削弱了秦国，实在是天赐之良机。他看出了燕昭王的犹豫之后，便进言表示，赵国愿意从中协助，帮助公子稷安然入秦。

燕昭王岂有看不透此间玄机之理，他见赵固如此说，就欣然答应。

燕赵两国毗邻，赵固回到赵国，将此事与赵武灵王说了之后，赵武灵王大是高兴，立即派赵固为使，以出使秦国的名义，护送芈氏母子回去。

一切准备停当后，由白起率一支两百人的劲骑在前开路，一行人朝秦国进发了。

然而，芈氏等人如此在燕赵两国之间往返，却留给了嬴壮大量的时间，在他们出发时，嬴壮亲率五百死士，也到了赵国的边境。

由秦入燕，须经赵国，嬴壮也没有想到这么快就狭路相逢了，当他发现最前面一马当先的是白起时，便已料定，那就是护送芈氏母子的军队了，当下命人用丝巾蒙面，轻喝一声，杀了上去。

三、勇闯三关，鲜血铺起帝王路

白起凝目一看，见对方的人马多于自己数倍，情知是场硬战，差了一人去告诉后面的魏冉，叫他们走山上的小路，吩咐停当，白起把剑眉一扬，拔剑在手，纵马率先冲了上去。其余两百劲骑均不敢落后，明知实力悬殊，依然奋勇向前。

嬴壮心里明白，这一战关系到自己的命运，故而两军刚相遇，就展开阵势，把白起围了起来剿杀。

白起年纪虽轻，但性子刚毅，天生有一股杀气，但凡上了战场，杀气盈然，且杀将起来时不将对方斩尽杀绝，绝不罢休，此时在实力上虽输于对方，

但在气势他却丝毫不逊于敌人，擎了一把剑，左冲右突，浑没将对方的优势放在眼里，一时竟是又杀红了眼。

嬴壮早就听闻这白起是天生的杀手，今日一见，果然传言无虚，当下把钢牙一咬，领了几个人，独朝白起攻去。白起冷哼一声，"送死吗？"长剑起处，宛若白虹贯日一般，剑落时，就有两人倒了下去。

嬴壮暗吃了一惊，率众再攻，他打定了主意，不惜一切代价，要与白起死磕到底，你再神勇，也抵不住连番攻击。

果然几番冲杀下来，白起力气有所不及，眼看着包围圈越来越小，白起也忍不住着急起来。却在这时，陡然听得山上传来一声虎啸，紧接着便一阵急促的金铁狂鸣。白起周身大震，也就是在这一分神的当儿，嬴壮看得真切，朝左右使了个眼色，齐攻上去。白起不曾防备，被刺中左胸，跌下马来。

其余人见主将受伤坠马，也不知伤势如何，顿时都慌了神。嬴壮大喝声"杀，一个不留！"众人得令，便趁着对方慌乱之际，展开屠杀。

白起虽受了重伤，但依然强撑起身子，要去与对方拼命。却不想山上响起一阵兵戈之声后，便戛然而止，再也没了声息。如此一来，两边激战的人都不知道那边的状况，都不由分了神。

嬴壮心念电转，芈氏母子没与白起随行，必然是在山上了，难不成他们的主力在山上？但是转念一想，却又觉得不可能，即便是他们的主力在山上，可他派了两百余勇士去，不可能在一击之下如数被杀啊？如若没有被杀，却为何突然没了声息？

此时白起也觉得莫名其妙，那边只有魏冉、芈戎、赵固和三四十个赵兵，不可能将对方的人马一下子击杀了，两军对阵，除了列阵厮杀外，还能出什么状况？

嬴壮、白起都怀揣着这种不安的心思，都怕那边出事，不觉均停了手。

嬴壮看了下周遭的形势，喝声"走！"率队撤上山去。白起也不敢怠慢，撕了块衣袂下来，绑在胸口，随后跟了过去。

却说魏冉一行抄山径而入，因一路有猛虎相伴，大家皆觉怪异。芈氏解释后，大家暗暗称奇。没走多少时间，便听得前面有马蹄之声传来，暗叫不妙，回头看了眼芈氏母子，又看了看赵固，急中生智，"赵丞相，把你马车上面的箱子打开，让我姐姐和公子稷躲在里头。"

赵固一听便明白了他的言下之意，那箱子是作为使者必备的物什，一般用于放置礼物，以便邦交之时馈赠，当下忙不迭叫人打开箱子，把里面的物什取了出来，让芈氏母子进去藏好，那只猛虎也似乎嗅到危险气息，顿时跑来伴至箱体左右。

刚刚把箱子盖好，便见一支骑兵纵马而来，那些人见山道上有人，神色一振，冲将过来。魏冉浓眉一扬，把他的一把佩刀拔了出来，一马当先，立在众人之前。他人高马大，手举一把五指宽的大刀，端的威风凛凛，身旁伴只猛虎，真真宛若天将一般。待那队骑兵驰近，觑了个真切，把刀一扬，身子在马背上一纵，连人带虎如山一般地扑将过去。

那队骑兵没料到他会突然间动手，还未回神过来时，眼前刀光一闪，兵刃相交之时，爆出一连串的金铁狂鸣之声，再看时，前面几人手里的兵器已被削作两截，魏冉体形虽高大，行动起来却是丝毫不慢，左手一抄，抓了那人的后领，用力一提，喝声"下来吧！"随着那骑兵的一声惊叫，人随声落，被魏冉拖到地下。

骑兵们虽惧于魏冉的身手，但仗着人多势众，想要冲上来救人。却听得芈戎哈哈一笑，摇摇晃晃地走将过来，"且慢！"他边说边俯下身，揭了魏冉手中那人的面巾，然后熟练地从那人的腰间掏出一块木牌，看了一眼，见上面所刻的是一只黑色的玄鸟①，便知是嬴壮所派的秦军，当下冷冷一笑，漫不经心地从腰际取出把匕首来，回头朝骑兵道："想要救他吗？找死！"

芈戎"死"字一落，匕首一扬，魏冉手里那人的头颅早已骨碌碌地滚下山去了。这一招连魏冉也不曾料到，他本是想出其不意，抓个人来查明这些人的身份，却不料芈戎一刀就把人杀了！

芈戎却是宛若什么事也没发生，看那些骑兵就要杀过来，蓦地一声大喝："我看谁还敢过来，看看这是什么人！"说话间，一把将赵固拉了过来，冲着骑兵大声道："此乃赵国丞相，奉赵王之命，出使秦国，你等敢在山中拦截赵使，是嫌死一人不够多吗，想让赵王派兵来把你等都杀了吗？"

赵固从怀中掏出赵国使臣的令牌来，在众人面前亮了一亮。

此地毕竟是赵国边境，所遇的又是赵使，骑兵一听，果然不敢造次。芈戎抓了把杂草，慢慢悠悠地把匕首上的血迹擦了，抬头见骑兵依然挡在路的

---

① 黑色玄鸟：秦国尚黑，据说五行属水，因此秦人以玄鸟为图腾，秦国士兵上战场时，一般都佩有玄鸟木牌，一来可辨识身份，二来以此祈出战顺利，胜利而归。

中央，冷笑道："还不让我等过去吗？"

骑兵你看看我，我看看你，一时谁也不敢做主。

"赵使何在？"正当骑兵愣怔的当儿，嬴壮率众赶了上来，看了眼赵固之后，又看了看魏冉和芈戎两人，冷笑道："这可就奇了，赵使出使秦国，却还叫我大秦栎阳令亲自护送，当真是旷古未有之事！"

魏冉看他蒙了面，一时也不敢断定他究竟是不是嬴壮，冷笑道："阁下是秦国的哪位壮士，在此埋伏，袭击赵国丞相，莫非想破坏秦、赵两国的关系，挑起战祸吗？"

嬴壮的目光在他们身上一一扫过，却未见到芈氏母子，最后把目光落在了马车上的那个大箱子之上，阴恻恻地笑道："在下岂敢为难赵相，只是接到消息，说有人要偷入秦国，乱秦宗室，这才奉命沿途盘查。赵相既然是奉命入秦，当无可疑，不过为了安全起见，可否打开后面的那个箱子，容我等看一眼？"

赵固闻言，暗吃了一惊，心想他们人多势众，万一硬来，芈氏母子便是在劫难逃了。

芈戎嘴角一扬，走到嬴壮的对面，寒声道："你是什么东西，有什么资格盘查赵使的随身之物？芈戎乃粗人，不懂得官场里的道道儿，但我早年混迹山野，最基本的道理还是懂的，你要查可以，但凡事须讲个公平，你蒙着个脸，说查就查，万一与我早年一样，是打家劫舍的山贼，我等岂非是亏了？所以你要查，便把脸上的面巾摘下来，让我等看清楚你究竟是什么东西，只要你敢摘，你便是把整个箱子倒过来，我等也决不阻拦。"

芈戎的话头一落，山上顿时静了下来。事实上芈戎也知道，嬴壮已然怀疑芈氏母子藏在箱子里，他所赌的便是嬴壮有没有胆量公然与赵国作对。两国交兵，尚且不斩来使，两国相交，对待使臣的态度决定了国与国之间的态度，故若无特殊情况，谁也不敢怠慢使臣。

嬴壮此行势在必得，他心里清楚杀不杀芈氏母子，关乎自己的身家性命。但是他同样也清楚，如今嬴荡之死尚未公诸天下，他与芈氏母子也只是暗中较量，谁也不敢在这时候公开对阵，撕下面巾相当于撕破了脸皮，万一芈氏母子被藏在了山里的某个角落，没在那箱子里，如何向赵国交代？思忖间，眼里精光一闪，饶是嬴壮暗地里恨得咬牙切齿，却也是无计可施。心想罢了罢了，此地杀不了你们，便在函谷关下手，看你们如何飞出函谷关去！

心念转动间，冷哼一声，喝了声"撤！"率众撤了回去。

众人见他撤了，都是暗松了一口气，此时白起也带着人赶了过来，见大家都相安无事，也是暗自庆幸。魏冉见他受了伤，忙相问要不要紧？白起却说："小伤罢了，不妨事，赶路吧，咸阳那边可等不得。"说话间，芈氏母子从箱子里面出来，芈氏让猛虎退回林中，大家又向前赶路。

如此日夜兼程，一路无事，这一日已到了函谷关外。

函谷关的嬴桑早已接到惠文后的指示，令其严格盘查入关之人，见到芈氏母子格杀勿论。嬴桑是外将，一来不明白这其中的玄机，二来芈氏母子确实被发配到燕国去了，没有王命私自回国，便是大罪，便按令严密盘查来往人等。

此时嬴壮也到了关内，与嬴桑坐在一起，听到卒来报说，赵国使臣到了，神色一振，朝嬴桑道："芈氏母子就藏在马车的箱子之内，到时把箱子打开了，一见人不由分说杀了便是。"

嬴桑作为守关将领，盘查来往人等乃职责所在，无需有所顾忌，便起身道："我理会得，公子只管放心便是了。"话落间，把手一拱，走了出去。

嬴桑到了城门前，向魏冉、赵固见了礼后，说道："赵相不辞辛劳，远道而来，末将本不该为难，奈何军务在身，望乞恕罪，请赵相把国书拿来与我看看，可好？"

赵固从怀里取出国书，送到嬴桑面前，笑道："你可敢看？"

嬴桑道："末将岂敢私看国书，只需让末将看到贵国的印铃便可。"赵固便露出一角，让嬴桑看了印铃。嬴桑看了印铃无误，施了一礼，又道："敢问赵相，那箱子里面所装何物？"

赵固道："乃我王送予秦王的一些赵国特产。"

嬴桑走了过去，手按剑柄，命士卒将箱子打开了。士卒得令，伸手便把箱盖打了开来，只见箱内的确有一些礼物……嬴桑不由得暗自一怔。暗忖：若是果如嬴壮所说，芈氏母子藏于箱中，却为何不见人影？思忖间，目光朝赵兵身上一个一个望将过去。

白起所率的劲骑加上赵国的兵士，好歹也有两百余众，倘若真是精心装扮了混在士卒里面，嬴桑一时也难以发现，是时，函谷关内外，除了萧萧的风声及偶尔响起的鸟鸣之外，却听不到任何声音，场面一度紧张到了极点。

在将近函谷关时，魏冉已让芈氏母子穿上了赵军衣服，安插在了队伍之中，见嬴桑朝队伍中打量，他朝芈戎看了一眼，芈戎心领神会，与魏冉一起走上前去，一左一右地站到嬴桑旁边，将其夹在了中间。嬴桑似嗅出了一丝

危机，脸上微微一笑。

　　只见魏冉嘿嘿一笑，脸上的横肉随着脸皮的抖动，露出一抹杀气，"嬴将军，是谁给你换了个胆子，把我等都当作敌人来查了？难不成我这小小的栎阳令，与赵国的丞相一起入秦，还不足以让嬴将军放心？"

　　嬴桑吃了一惊，他自然知道魏冉这句话的分量，别说是赵国丞相，即便是魏冉这个栎阳令的官衔一亮出来，也足以使他难以消受。栎阳乃秦国早年的国都所在，虽是旧城，但栎阳对秦国极为重要，其分量相当于陪都一般，栎阳令拥有军政大权，属于地方大员，嬴桑的官职自然不能与魏冉相提并论。因此听了魏冉之言，便怔在了那里，不知如何作答。

　　芈戎把头凑到嬴桑的耳边轻声道："你可是在查我姐姐芈八子？"

　　一方要护人，一方要杀人，此事双方都心照不宣，此事便如隔了层窗户纸，双方都没去触碰罢了。让嬴桑没想到的是，芈戎居然把这层纸给捅破了，心里一慌，不知该如何应付。却不想芈戎又道："我告诉你，她就在使团当中，等下我给你指出来，你敢动她吗？"

　　嬴桑听了这话，着实是吃惊不小，他并不笨，知道这层纸捅破之后，意味着什么，但着实猜不透芈戎主动说将出来意欲何为，要知道函谷关有重兵持守，难不成凭他们这几人还能硬闯过去不成？却在这时，他发觉有一把匕首抵在腰际，芈戎的声音再次从耳畔传来："不信的话，你动弹一下试试？"

　　嬴桑把头微微一低，往自己的腰际看了看，事情发展到这地步，嬴桑反而不怕了。他好歹是一名守卫边关的战将，一生经历无数阵仗，自然也是见惯了生死，为了国家的利益，他随时可以付出性命，岂会在乎区区威胁？当下咧嘴一笑，"杀了我，你自忖能过得了函谷关吗？"

　　"看来你还是不明白。"芈戎沉声道："实话与你讲明白了吧，现在王上已经驾崩，咸阳城危机四伏，一触即发，左右丞相要立公子稷为新王，命我等秘密护送芈王妃和公子稷入咸阳，此等大事，若是延误了，你担待得了吗？"

　　嬴桑煞然变色，"此话当真？"

　　"你看我们像是千里迢迢赶来与你开玩笑的样子吗？"魏冉寒声道："王上立了遗诏，让公子稷继位，但公子壮不服，欲趁乱夺位，故而一路派人追杀。眼下的事态已很明朗，你要跟着嬴壮犯上作乱，还是辅助秦国平定内乱，请将军速作决断。"

　　嬴桑忠心事秦，自然是向着王上的，既然王上有遗诏，左右丞相又想拥立公子稷为王，他哪里还有什么话好说。但是转念一想，如果是王上驾崩，最该立的应是嬴壮，如何会立嬴稷为王？便看了魏冉和芈戎两人一眼，问道："有何为凭？"

魏冉从怀里取出了一张羊皮纸，交与嬴桑看，说道："此乃右丞相手书，你且看仔细了。"

原来嬴疾为人机智，他早想到了沿途关将可能会阻止芈氏母子入秦，便暗中给了魏冉一道手书，说可在危急拿将出来，秦军将领大多忠心事秦，了解真相后断然不会发难。嬴桑仔细看了一遍，见果然是嬴疾手书，惶恐地道："末将该死，险些误了大事。嬴壮现在就在我府上，可要将他拿下？"

魏冉经过这几年的历练，行事明显老练了许多，低头一想，如今事情还未摆到明面上，要是在这里公然将嬴壮杀了，怕天下人不服，嬴氏宗室内不服，反而会另起事端，当下道："到了咸阳，自然会收拾了他，但现在暂时不宜动手。一会儿我们入关后，你只当是什么也没查到，随便应付他便是了。但切要记住一条，新王未继位之前，切不可对人言王上驾崩之事。"

嬴桑连连点头，待芈戎暗暗地收了匕首之后，嬴桑故意高喊一声："什么也没发现，放行吧！"魏冉朝其微微一哂，率人朝关内而去。

入了关后，众人悬着的心终于放了下来，在秦国境内，嬴壮胆子再大，也不敢公然动手，当下快马加鞭，急往蓝田。

不出一日，抵达蓝田。蓝田方面早已得到消息，大小官员纷纷恭候在大营外面，见芈氏母子下得车来，纷纷鞠躬行礼。芈氏下了马车，当脚下踏着秦土，眼望着秦国臣工时，有一种恍如隔世之感，她想过回秦，但没想到这么快就回了秦国，而且这一次回来，她的儿子就要被立为新王了，她也终将从一个默默无闻的女人，一跃而登上人生的巅峰，甚至是登上这个世界的巅峰，俯瞰芸芸众生，以及这个纷繁复杂的时局。回想起这些年来的起起伏伏，端的是际遇无常，命运多变。她深深地吸了口气，望着臣工们由衷地微微一笑，"众位无须多礼，我们母子以后还要多仰仗诸位鼎力协助。"

及至入了大营，嬴疾便迫不及待地道："既然新王已到，我们便可进宫了。据斥候来报，嬴壮已安排了死士及三千世族府上的老兵进了咸阳，这些人被安排在何处，目前尚不得而知。昨天晚上，我已令司马错和向寿各秘密领了两千甲士潜伏在了咸阳城，可在紧急时调动。我想惠文后和嬴壮虽然势在必得，但还不敢明目张胆地夺位，因此入宫之时，芈王妃须小心在意，处处提防。"

芈氏经历了一番沉浮，吃了许多苦之后，性情已然沉稳了许多，不再是

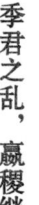

第三章 季君之乱，嬴稷继位

131

当初那个大大咧咧，想做什么便做什么，想说什么便说什么的人了，听了嬴疾的话后，虽然心中担心，却也未露出慌乱之色，只盈盈一笑，向着嬴疾微微一鞠躬，说道："丞相如此安排，我放心得紧，此事须耽搁不得，我们这便动身入宫吧。"

众人称是，出了大营，浩浩荡荡地朝咸阳宫而去。

咸阳城的氛围紧张到了极点，连普通的百姓都似乎感觉到了风里所带来的阵阵杀气。按着秦国平时的律令，商贾往来自由，百姓出入城门也不会有人阻拦，可这几日全城却戒严了，出入城门搜查得十分严格。其次，嬴荡在洛阳举鼎受伤之事已在咸阳不胫而走，几乎所有的老百姓都知道王上受了重伤一事，再观察这几日城里的动静，稍微会分析的人都能猜得出来，秦国要变天了。但尽管如此，茶坊酒肆里却没人敢于公然议论此事，说到底嬴荡是死是活没人知晓，要是在这种敏感的时候议论朝政，除非是嫌命长了。

芈氏母子出现在咸阳城门口的时候，城内的百姓禁不住目瞪口呆，这位被先王送入燕国为质的公子怎么突然间回来了？

城门内外观看的人虽多，一圈一圈的几乎把城门都塞满了，但却没有人说话，偌大的城头竟是鸦雀无声。然而几乎所有在场的人都已感觉到了一股即将袭来的巨大风暴，再傻的人也能猜得出来，芈氏母子的陡然出现，定然与当今王上的受伤一事有关。

芈氏坐在辎车之上，望着两边的百姓，浅浅地笑着，她似乎并不在意老百姓那木然的甚至有些惊讶的脸，她是由衷在笑，她虽非秦人，但对这片土地是有感情的，尽管此时的咸阳危机四伏，可此情此景，却要比在燕国遭受的兵戈之乱来得幸福得多了。

到了宫门外时，文武大臣早已在那里候着了，在众臣工的后面则是惠文后及后宫嫔妃、众公子们等。芈氏下车时，惠文后走了上来，亲切地扶着芈氏的手，搀着她下车，及至芈氏站定，惠文后上上下下地打量了她一番，暗自叹道，五年的风霜雨雪并未在她脸上留下半丝痕迹，只见她更沉稳内敛更显成熟的气质，惠文后哂笑道："妹妹，一别五年，别来无恙乎？"

"劳姐姐挂念了。"芈氏也笑着，"姐姐定是没想到我会这么快回来吧？"

惠文后怔了一下，随即强笑道："妹妹一路上舟车劳顿，快别站在这里说话了，入宫吧。"

芈氏望了眼巍峨的宫殿，庄严而肃穆，这是她五年来时常午夜梦回的地方,可此时这座令她时萦惦念的宫殿,俨然是一只潜伏着的露着森曲獠牙的巨兽,作势欲扑。她暗吸了口气,牵了惠文后的手,徐徐走将进去。

到了正殿,惠文后终于忍不住了,朝着嬴疾问道:"所有人都到齐了,独缺王上,敢问丞相,到了今天,我该知晓王上的情况了吧?"

嬴疾朝甘茂看了一眼,甘茂走上几步,立于众人之前,从怀里掏出一份诏书,神色肃然地看了众臣工一眼,暗提了口气道:"我王遗诏,众臣听旨!"

惠文后虽然早已猜到了今日之结果,但当听到遗诏两字时,依然如雷轰顶,两眼发黑。

在众臣工交头接耳的嗡嗡声中,甘茂提高了声音,念道:"予入周室举铜鼎而伤,将殁,然天子面前扬威,举神器于顶,虽死而无憾也!今立遗诏,拥公子稷为王。"

众臣工虽也料到了要立嬴稷为王,但听闻嬴荡已死的消息后,均陡然变色,齐齐跪了下去,有的默然流泪,有的大声痛呼。

惠文后浑浑噩噩地听完遗诏,突然间发出一阵尖厉的令人毛骨悚然的笑声,边笑着边落下泪来。笑声落时,指着甘茂、嬴疾两人厉声道:"新王不到,秘不发丧,好个计谋啊,这便是你们这几日来所谋划的事吗?王上生前,可是待你等不薄,没想到他一走,你们便秘密拥立新王,把他的尸身藏在军营那么多日,你等扪心自问,对得起王上吗?他的尸身在哪里,我要见他?"

甘茂道:"便是在宫外。"

惠文后闻言,疯了一样地跑出去,边跑边撕心裂肺地喊着嬴荡的名字,众人闻之,均是唏嘘不已。没过多久,便传来惠文后伤心欲绝的号啕哭声,一阵一阵在宫殿上空回荡,声嘶力竭,痛不欲生。殿内的百官着实听不下去了,纷纷出去相劝。没一会儿,嬴壮搀扶着乏累无力的惠文后走了进来,随之跟在其后的还有嬴荡的棺椁,由七八个人抬着,晃晃荡荡地进了正殿。

这样的情景在秦国历史上是十分罕见的,按照正常的思维,棺椁抬入皇是非常不吉利的,更何况是抬到了商讨朝政大事的正殿之内!但是此时此刻却是谁也提出异议,臣工们甚至暗暗以为,王上死了那么多天后才公之于众,尸体都腐烂发臭了才让母亲知晓,所以惠文后的行为是正常的。

芈氏敏锐地感觉到了众人心中的天平在逐渐倒向惠文后一方,尽管她有遗诏在手,但情大于法,法不责众,如此下去对她十分的不利。她走将过去,站到惠文后身边,正要说话,却不想惠文后没给她开口的机会,伸出手指着她的鼻子喊道:"你也是当母亲的人,你设身处地想一想,倘若那里面躺的是

第三章 季君之乱,嬴稷继位

133

你的孩子,他的尸体腐烂了才让你最后得知消息,你会如何?"

惠文后又激动地把手指向甘茂、嬴疾等人,"你们这一群乱臣贼子,如此做法,天理难容啊!今日我如此说,非是一定要给壮儿争什么王位,但我定要争这一口气,为什么王上死后会遭受如此待遇,为什么要立嬴稷为新王?若是给不了我一个合理的说法,谁也休想安稳地继位!"

芈氏脸色一变,于情于理,惠文后的话都没有错,她无可反驳,也无从反驳。嬴疾轻咳了一声,"娘娘,臣知道您说的是气话,当务之急,该是让王上入土为安,至于新王继位之事,有王上遗诏在此,怕是谁也改变不得。"

"嬴疾,此事怕是你一手操办的吧?你深受秦国两朝君王大恩,位极人臣,秦国待你可是不薄,你怎可做出如此大逆不道之事,让秦国大权旁落到那一帮外戚手中,你想毁了秦国吗?"惠文后眦眦俱裂,朝着嬴疾咆哮道:"别以为我是个妇道人家,什么事都不懂,这所谓的遗诏真是荡儿所立吗?只不过如今死无对证,任由你信口胡诌罢了!"

"娘娘此话怕是说错了吧?"魏冉勃然大怒,"稷儿也是嬴氏子孙,何来大权旁落外戚之说?"

"你是什么东西,这里什么时候轮得到你说话了?"惠文后娇叱道:"别以为嬴稷掌了权,你便可作威作福,别忘了你们原不过是混迹楚国街头谋生的刁民罢了!"

嬴疾怕这争端一起,一发不可收拾,把脸一沉,隐忍着怒火道:"如此说来,娘娘是要抗诏了?"

"抗不抗诏,那要看是什么样的诏书。"惠文后的脸色发白,许是从未发过如此大的脾气,胸口因激动而剧烈地起伏着,"今日我当着众臣工的面与你言明了,新王继位之事,等王上大殓之后,再作计较!"话落时,狠狠地瞪了芈氏一眼,然后朝嬴壮道:"壮儿,我们走,给你的哥哥布置灵堂去。"

惠文后走了之后,嬴荡的棺椁也被抬了出去,大殿里的氛围一下子有所缓和下来。芈氏走到众臣工面前,肃然道:"新王乃王上指定,任是谁也更改不了,国不可一日无君,秦国若是迟迟不立新君,无异于是将秦国之安危置于不顾。但是眼下事情特殊,娘娘正在气头上,为了不使宫廷混乱,祸起萧墙,我会好生相劝娘娘,想她也是明事理之人,待气消了后,必是会顾全大局的。关于新王继位大典之期,旬日之内必会定下来,届时再通知大家,现在先行散了吧。"

这一番话听她不疾不徐地说来,不卑不亢,但隐隐之中却是含了丝威严,容不得抗拒。众臣闻言，陆续散去。

待众人散尽之后，魏冉终于忍不住一拳打在柱子之上，"那妇人咄咄逼人，欺人太甚！"

"现在还不是发火的时候！"嬴疾冷哼一声，不冷不热地说了一句后，又朝芈氏道："新王登基一事，不宜拖延，请王妃定夺。"

对于登基一事，芈氏在来的路上便已想清楚了，也不假思索，开口就道："便定在玄冬季月，你等速遣使臣知会各国。"

嬴疾见她心中早有了计较，暗松了口气，"王妃心中已有主意，臣便放心了。只是宫中危机四伏，王妃须十分小心在意才是。"

"不如我们先下手为强……"魏冉大手一挥，正要往下说，芈氏看了旁边的嬴稷一眼，陡然喝道："住口！"魏冉一怔，看了芈氏的眼神时方才明白过来，毕竟嬴稷尚未成年，而且这孩子甚是重感情，他如今正处于嬴荡之死的伤感之中，若是再提杀惠文后和嬴壮，怕是他会难以接受，当下讪笑道："臣失言，一切当由王妃定夺。"

芈氏不再理会魏冉，转身朝嬴稷柔声道："稷儿，今晚陪娘去那边祭奠王上吧。"

嬴稷与嬴荡从小一起玩到大，兄弟间的感情颇好，他自然是极想去祭奠嬴荡的，但又怕惠文后为难，因此战战兢兢地道："这自然是好的，只是母亲不怕大娘发难吗？"

芈氏自然也怕惠文后发难，但她更知道有些事必须去面对，连质燕之事都能坦然接受，如今还有什么事情她不能去面对的？当下嫣然一笑，"你大娘心里难受，且正在气头上，发难是自然的。但终究是一家人，有事得当着面解决，总不能一辈子躲着她吧？"

嬴稷似是听明白了，微微一笑，"母亲说的是。"

是晚，惠文后布置好了嬴荡的灵堂后，便坐在棺椁旁边默默流泪。这时嬴壮悄声走将进来，拍了拍惠文后的后背，说道："母亲，事已至此，请节哀顺变，保重身体。"

惠文后微微点了点头，"壮儿，为娘方寸已乱，不知当如何应付如今的局面，眼下他们继位势在必行，我们也是箭在弦上，不得不发，你可有主意。"

嬴壮眼里精光一闪，走到惠文后的前面，蹲在她的脚旁，说道："母亲只管放心，孩儿都已经安排好了。"

第三章 季君之乱，嬴稷继位

惠文后脸色一变,"如何安排的?"

"母亲可还记得孩儿之前说过的三次截杀?"嬴壮沉声道:"前两次因赵国使者捣乱,让他们侥幸过关了,这最后一次截杀便是在宫里,成败在此一举,孩儿丝毫不敢马虎,宫中的截杀共有三处地方可下手,谅他们也逃不过去。"

惠文后毕竟是妇道人家,想到要在她面前动手杀人,不免有些紧张,问道:"第一次动手却在何处?"

"便是在灵堂旁边的厢房里。"嬴壮冷笑道:"芈八子今晚必会过来,而且必会苦苦相劝于你,到时你只当是被她说服了,要予她接风洗尘,我已吩咐侍人备了酒菜,母亲切记,当侍人把酒樽放在你俩面前时,在你面前的是金色的,芈八子面前的是银色的,那银色的酒樽有毒,但要她喝下一口酒,就休想再走出这灵堂了。"

惠文后一听,本来苍白的脸越发得白了。正自吃惊间,芈氏领着嬴稷,一身素衣地出现在了灵堂门口,惠文后像是见了鬼一般,娇躯微微一阵颤抖。

芈氏在燕国历经九死一生,再者深知宫里步步危机,因此对身处的环境极为敏感,惠文后微妙的神情变化,早已落在她的眼里。但她此番为祭拜而来,只当是不曾看见,款款走到惠文后面前,向她微微一施礼,便带着嬴稷去拜祭嬴荡。

及至祭拜完毕,嬴稷一头跪倒在惠文后面前,含着泪道:"大娘,稷儿知道你现在心里极是难受,但请你千万保重身体,节哀顺变。荡哥哥不在了,稷儿当待你如亲娘一般,代荡哥哥为你尽孝!"

这一番话在一个未成年的孩子嘴里说将出来,极为诚挚,而且嬴稷边含着眼泪边跪在膝下说这番话,忍不住叫惠文后心里生起了一股母爱,嬴稷虽非她所出,毕竟是嬴驷之子,要说没有丝毫亲情那是假的。她也知道嬴稷心地纯朴,这话出自他口中,只怕是肺腑之言,当下眼眶一热,落下泪来。

一旁的嬴壮知道母亲心慈手软,只怕是动了真情,冷冷地道:"这些话怕是有人教你说的吧?"

嬴稷红着眼看了下嬴壮,激动得涨红了脸,"此乃稷儿肺腑之言,若有半句假话,叫我……叫我不得好死!"

一听嬴稷发了如此毒誓,所有人都吃了一惊。芈氏当着别人的面打也不得,骂也骂不得,只好强挤出抹笑容道:"这孩子就是实诚,让人一激,什么誓言都发得出来!不过稷儿所说的,也正是妹妹所想的,事到如今,最紧要的便是秦国之安危,你我的那些恩恩怨怨与国之大义比较起来,算得了什么呢？如果姐姐肯放下的话，你我从前的不快，从今日起便一笔勾销了如何？"

惠文后抬头看着她，眼里带着疑惑，"你在燕国待了五年，果然不恨我？"

"正是因为我在燕国待了五年，尝尽了世情冷暖，经历了艰难险阻，我才看开了。"芈氏微哂道："不瞒姐姐，那五年我和稷儿过得很快活，无忧无虑，自由自在，虽说日子过得清苦了些，但至少没有烦恼，没有尔虞我诈的争斗。我厌了，想必姐姐也不想再争下去了吧？"

这一番话说到惠文后的心坎里了，其实在设计赶走了芈氏之时，她一直处在内疚之中，虽掌管后宫，位高权重，可是快乐吗？也许芈氏的妥协很大程度上是为了嬴稷，可今晚要是当真杀了芈氏，虽说可继续掌管后宫，继续锦衣玉食，但这一辈子也许就要永远活在痛苦之中了。

惠文后看了眼芈氏，又看了眼嬴壮以及嬴荡的棺椁，内心开始激烈地交战起来，良心、亲情、权力等各种势力在她的心里肆意挣扎，压得她几乎透不过气来。

嬴壮见惠文后的神情不对劲，忙道："母亲，不管如何，二娘和稷弟刚从燕国回来，理应为他们接风才是，我这就去吩咐下人备些酒菜来。"

惠文后暗吃了一惊，脸白得像纸一样。可嬴壮没等她回应，已然出去了。

芈氏看着嬴壮出去，眉头微微一动。

没过多少时候，嬴壮又进来道："母亲，酒菜已备好，请二娘和稷弟去隔壁厢房用餐吧。"

芈氏说道："壮儿倒是懂事了许多，五年未见，居然学会疼人了。我也正好想与姐姐聊聊。"见惠文后兀自愣愣地坐在那里，又道："莫非姐姐吝啬一顿酒菜，不欢迎我吗？"

嬴壮怕事情败露，慌忙打圆场，"母亲伤心过度，今日一直都是如这样般神情恍惚，二娘莫怪才是。"

惠文后慢慢地站将起来，朝芈氏艰难地一笑，"妹妹请。"

进了厢房，惠文后便看见桌子上果然放了一金一银两只酒樽，金色的放在主位，银色的放在客位。芈氏往酒桌上瞥了一眼，在客位上坐了下来。惠文后神色凝重地坐在芈氏对面，嬴壮、嬴稷则站在旁边相陪。

侍女为两人都斟满了酒，芈氏微微一笑，拿起银樽在手里把玩了会儿，然后看了惠文后一眼，说道："姐姐这酒樽果然精细得紧，雕龙镂凤，且是栩栩如生，怕是并非凡品。不过妹妹说句实心的话，却是看得我有些儿别扭。"

惠文后看着她手端着酒樽，直是心惊肉跳，强自镇定心神，问道："妹妹

第三章 季君之乱，嬴稷继位

137

说来听听。"

芈氏瞄了眼惠文后面前的那只酒樽,说道:"把酒言欢,人生快事,且两方人坐到了一起,本不该有尊卑之分,上下之别,不然这酒喝的便是人生痛事了。你看这器具,一放于桌上,便显示出了所用之人的尊卑,如何会让人觉得爽快?"

惠文后怔了一怔,吩咐旁边的侍女道:"快予我把酒樽换了,换成与芈王妃一样的。"

"且慢!"那侍女正要动手,芈氏却制止道:"姐姐既然也要用银樽,不妨就用我这只罢了,顺便也好让妹妹体验一下用金樽的感受。"话落间,笑着把银樽放到了惠文后的面前,却把那只金樽拿在了手里。

惠文后脸色微微一变,却又不知该说什么,一时间表情阴晴不定。芈氏看在眼里,咯咯笑道:"姐姐像是不肯?"

嬴壮见这等情形,钢牙暗咬,脸上一阵青一阵白,正想上去要把那银樽拿过来,却不想嬴稷走了上去,把银樽拿在了手里,笑道:"大娘和母亲都是万金之躯,都用金樽吧,这银樽就交给稷儿了。"

惠文后脸色大变,在她眼里看来,毕竟他还只是个未谙世事的孩子,而且他方才的那番话,情真意切,她如何能去伤害一个如此善良的孩子!当下忍不住道:"放下!"

芈氏推樽而起,叹息道:"人啊,端是的越尊贵越麻烦,可惜了这一大桌好酒菜!稷儿,我们走吧!"也不待惠文后说话,拉了嬴稷就走。

待芈氏的身影消失在门口时,惠文后霍地站了起来,神情慌张地道:"她怕是看出来了。"

"这女人果然聪明得紧!"嬴壮咬牙切齿地道:"事情到了这等地步,不是她死便是我亡的时候来了!"

是年岁末,即公元前307年冬,嬴稷的继位大典即将开始,而与此同时,惠文后与嬴壮为了阻止嬴稷登基,斩杀行动也在秘密筹备着,芈氏与惠文后真正的对决开始了。

四、嬴稷继位,芈氏尊太后

随着秦国新君继位日子的临近,各国使臣陆陆续续地到了咸阳,这使得原本紧张的咸阳城陡然热闹了起来。老百姓暂时忘却了担忧和猜测,或是出来做买卖,或是出来看热闹,一时间街头上人来人往,摩肩接踵。

与街上热闹形成对比的是宫里紧张的氛围，几乎整个咸阳宫里上上下下看不到一张笑脸，因为所有的人都知道，一场暴风雨已然聚合在咸阳的上空，随时都有可能爆发。

魏冉疾步走入宫里，许是走得急了的缘故，脸上微现红潮，在一把虬髯的映衬之下，便更显得威风凛凛。他见了芈氏也不行礼，说道："向寿已经查到那些世族老兵落脚所在，已然赶了过去，只是嬴壮安排的那批死士尚未查到踪影，我估计怕是混入宫里来了。"

芈氏不动声色地道："芈戎何在？"

魏冉道："正带了人在宫中巡逻。"

"一切都要在暗中进行。"芈氏看着魏冉道："稷儿心地善良，既然他不想看到血腥，就由我们来替他扫清障碍，而且务必斩草除根，不能给稷儿留下一丝一毫的麻烦和后顾之忧。"

魏冉冷哼一声，"姐姐只管放心便是。"

是日晚上，芈氏正欲更衣歇息，突然有一位侍女神色紧张地走进来，说是宫外有一位士卒来报，向寿府上起火，因事发突然，府上竟是没一人逃了出来，向寿如今也是生死不明。

芈氏闻言，周身大震。她随即就想到这可能是嬴壮所为，因为按正常的逻辑推理，即便是着火时府内的人都睡熟了，也不至于到没一人逃出来的地步，很明显这是有人事先做了手脚，才致向寿一家灭门。

芈氏脸色惨白霍地站起身，吩咐人备马车，要去向寿府上查看。向寿是她从楚国带入秦的，更是她娘家唯一的亲人，如果真是被人谋杀，她必双倍奉还。

从后宫到宫外去，须经过一个巷子，出了巷口便是咸阳宫的一个偏殿所在，这个偏殿因非重要之所，因此平时鲜有人来，夜晚也没有什么人把守。芈氏在两名侍女的引路下，出了巷子，往前头望了望，只见前面一片漆黑，因了殿前有一棵大槐树，根深叶茂，连月光都照不下来，阴恻恻地有股森然之气。若是换在平时，芈氏可能会有所防备，但如今向寿一家被灭门，芈氏心乱如麻，只想快些赶到向寿处，却是忘了宫中危机四伏，只顾疾步往前走。

及至偏殿之前，槐树之上突地一阵沙沙声响，三道黑影鬼魅般地跃将下来，夜色中寒光迭闪，三柄剑朝着芈氏等三人的头顶扫落。芈氏大吃一惊，亏的她是在山野长大，身手较一般的女子矫健，惊呼声中连退几步，避了过

去。那两名侍女则没有这么好的运气了，还没待她们回神过来，剑身已到，寒光闪没间，侍女应声而倒，手里的灯笼落在地上，着了起来。

芈氏借着灯笼燃起的火光定睛一看，只见来者是三个黑衣蒙面人，心想这些人杀了向寿，再来杀我，看来是要将我等势力彻底消除！

芈氏虽然恐慌，但是她有个特点，即越是处于危险之中，心神越能镇定下来，她知道此地偏僻，这种时候根本不会有人过来，别说是三个黑衣人，他们之中的任何一人都可轻而易举地将她置于死地，所以她是无论如何也逃不出去的。然而在黑衣人朝她逼过来时，情急之下，陡然心生一计。

芈氏往地上燃烧的灯笼看了一眼，突地朝槐树的右侧跑了过去，故意引黑衣人到了树的后面，然后冲向灯笼，也顾不上会不会烫手，拾起一盏灯笼就朝偏殿抛将过去。也该是芈氏福大命大，偏殿的窗户是虚掩着的，灯笼破窗而入，一时火星四溅。

芈氏的想法是，想要利用灯笼的火将偏殿点着了，以此引人过来。但显然她把这事想得简单了，灯笼毕竟只有那么一点火，若是运气好的话，抛在可燃物体上，或可起火，但天下哪来这么巧的事，灯笼入窗后就落在了地上，并没点燃任何东西。芈氏见状，心要此番我命休矣！

黑衣人冷哼一声，三人正要动手，突听得偏殿中传出声瘆人的尖叫来。

这一声突如其来的尖叫非但把芈氏吓了一跳，连那三人黑衣人也吓了一跳，均想莫非里面还有人？黑衣人率先缓过神来，其中一人跃入窗内去查看。另两人则仗剑上来，往芈氏身上砍。芈氏的身手毕竟与他们差了一大截，逃躲不及，背部被划了道一尺来长的伤口，跌倒在地。

芈氏忍着剧痛翻身过来，见那两个黑衣人又逼了上来，不由得暗叹，质燕五年，原以为此番可脱离了苦海，享受荣华，却不想还是难逃一死！五年前惠文后设计，叫她远赴北方苦寒之地，五年后惠文后再出手，却是要了她的性命！想到此处，芈氏暗自一声冷笑，也许这便是命吧，她命里注定不敌惠文后。

就在黑衣人要动手的时候，偏殿的窗户内人影一闪，原先进去的那黑衣人又出来了，朝着外面的那两人摇了摇头，眼神里充满了怪异之色，想来是在殿内没发现人。

芈氏看在眼里，也觉得奇怪，适才明明听到里面有人惊叫，怎会没有人呢？但她心思敏捷，突地喊了声"鬼啊"，不知哪来的力气，突然起身就往偏殿内跑，到窗前时，两手一攀，翻身进了去。

黑衣人虽说是艺高胆大，但一来殿内明明听到有人尖叫，过去查看却未曾发现人，心里本来就觉得怪异；二来被芈氏喊一声鬼，也觉得阴恻恻的诡异至极。就在这一愣神间，芈氏已然翻窗过去了。三人相顾一视，均想女人都不怕，三个大男人且手里还拿着把剑，还怕什么？思忖间，三人不约而同翻窗而入。及至进入里面，三人马上发现，殿内空无一人，居然连芈氏都不见了！

原来芈氏在宫里早就听说，此地一到了晚上便鲜有人来，于是宫内的那些寂寞的男女常到此偷情，她听到那声惊叫时，是个女人的声音，便已猜到里面可能是有人在偷情，后见黑衣人进去后空手而返，就料到殿内定是有暗道，当下叫一声有鬼，糊弄黑衣人一下，到了里面后，隐约间看到这里面无甚藏身之处，便灵机一动，钻到了床底下，果然见下面有一块木盖子，掀开一看，是一个洞穴。芈氏也不加考虑，钻到里面去了。一路摸黑至另一头的出口时，却发现已到了后宫的一座花园里，不由得暗暗惊奇，心想这洞穴不知经过了几代偷情者的改造，才有了这么一个曲径通幽处，也该是我命大，命系一线之际，正好撞上了两人偷情，这才得以逃命。

后来黑衣人虽也发现了床底下的那个洞穴，但一来不知通往何处，二来怕引来宫中侍卫围剿，只得退出宫去。

芈氏死里逃生，回到后宫后，边让医官料理伤口，边让人去叫芈戎来，令其速派人去向寿府内查看。不多时，芈戎回报，说是向寿府上并没着火。芈氏闻言，这才明白今晚之事是场阴谋，目的是要诱杀她。

芈戎说道："姐姐，惠文后已两次要置你于死地，也亏得是你福大命大，才得以死里逃生。现在该是我们出招的时候了，对于反对我们的人，务必斩尽杀绝，断然不能留下祸患！"

芈氏本来就是睚眦必报之人，别人一拳要来，她必以双倍还之。入宫以来屡次受惠文后的挑衅，她已动了报复之心，听了芈戎之言，把眉头一皱，说道："嬴壮的那帮死士就在宫里，你要尽快查出他们藏身所在，如数歼灭。"

次日午后，咸阳宫正殿。

由于嬴荡死后，新王未立，咸阳宫的正殿已许久没开过朝会了，是时正是下午，一般情况下正殿内不会有人走动。可偏在此时，十位侍人模样的人急匆匆地走入了正殿，没隔一会儿，又有十位侍人鱼贯而入，如此一连十批人，陆续入了正殿里面，待那一百人如数进去后，正殿的门便被关上了。

第三章 季君之乱，嬴稷继位

一百人齐刷刷地站在大殿之上，个个神情肃穆，面无表情，浑然不像是侍人模样。在大殿的正上方，也就是王上所坐的那位置上，正坐着一人，只见他锁着眉头，两眼炯炯有神地看着下面的人，那张四方脸上有紧张、有激动，也有少许惶恐。他就是嬴壮，帝王般的坐于上首，俯视着大殿上的人，寒声道："明日便是新王登基大典，成败在此一举，谁能最终坐在这个位置上面，完全要看诸位了。事成之后，我保准诸位有享不尽的荣华富贵。"

下面的人齐声轻喝道："愿为公子赴汤蹈火！"

"赴汤蹈火倒也不必。"嬴壮冷笑道："在这里动手之前，还有一批人会在殿外下手，如果他们成功了，让嬴稷死在了殿外，你们就可以坐享其成了。但是，如果殿外行动失败，你们就是我最后的希望，一定要予我全力一搏，不然的话，大家都会死在这里，谁也出不去。"

话落间，殿门吱呀一声，突地开了。众人周身一震，回身看时，见同样是一个侍人模样的人慌慌张张地走了进来，跑到殿前时，也顾不上喘口气，急道："启禀公子，出事了，潜伏在城里的世族老兵，已如数被向寿所杀，三千余人没留下一个活口！"

嬴壮闻言，瞪大着眼睛看了那人一会儿，整个脸都黑了下来，"那些人马潜伏在城里已有一段时间，一直深居简出，如何会被发现的？"

那人道："他们一直在城内盘查，今天晚上不慎被撞见了。"

嬴壮坐不住了，一拍桌子，站了起来，"如此说来，只有在此作最后一搏了！"

芈氏正在教嬴稷明日大典时的一些礼仪，突见侍人慌慌张张地跑了进来，后面还跟了一群人。芈氏定睛一看，原来是秦国的一些老世族，想来是受了惠文后的煽动，找芈氏理论来了。

那侍人怕芈氏责骂，忙不迭解释道："他们不由分说硬闯进来，我想拦也没拦住。"

芈氏脸上没见一丝愠色，起身朝那些世族宗亲行了一礼，笑意盈盈地道："诸位公叔公伯远道而来，有失远迎，还望莫怪。"

其中一人大声道："非是我等要为难王妃，实是王妃如此做法，有失道义。虽说嬴稷继位有那遗诏为凭，但也无法使人信服。试想王上有个一母同胞的弟弟嬴壮，年已及冠，如何会将王位传予尚未成年的嬴稷？嬴稷不谙世事，大权必将旁落，王上再糊涂，也不可能会做出此等事来！"

芈氏不怒，依然笑意盈盈地看着众人，"如此说来，你们都认为那遗诏是假的了？"

老世族愤然道："难不成是真的吗？"

芈氏笑容一敛，脸上一寒，"诸位公叔公伯，明日便是稷儿的继位大典，事已成定局，我奉劝诸位，为了大秦江山的安危，莫要从中作梗了。"

老世族道："本来嬴壮是理所当然的新王，如今被嬴稷拿了去，他必是不服，大秦江山如何能不乱？"

"乱不了。"芈氏自信地笑了笑，"我向诸位保证，嬴壮掀不起风浪。"

"你把他们都杀了？"老世族脸色一变。

"哦？诸位所指的他们是何人？"芈氏大大的眼里精光一闪，"莫非诸位暗中支持了嬴壮，把家里的老兵都分派出去了？"

老世族的脸色大变，他们看着这个看上去亲切温和的女人，不知为何，心底蓦然生起一股寒意，仿佛她盈盈的笑意之中，藏着一把锋利的刀，暗暗地抵在他们的心口。但是与此同时，也有一股怒火在他们的身体里面逐渐升起，并迅速形成燎原之势，爆发了出来。毕竟他们是公室世族，是嬴氏的长辈，按理说王上突殁，选何人为新王这种大事，应有他们参与，但如今他们不但不知，还被一份假诏欺瞒，更让他们无法容忍的是，嬴稷年幼，继位之后，大权必然落入芈氏及其一帮外戚之手，如果任由其发展，那么以后的秦国还是嬴氏的秦国吗？

想到这一节，老世族们愤然表示，立谁为王，当由惠文后及世族决定，绝不容许芈氏一族插手。

事情闹到这个份上，按理说该是芈氏急了，如果到时候他们在大典上面一闹，典礼不成不说，嬴稷的继位一事也得推倒了重来。但是她依然显得很镇定，让侍人上了茶水，并笑着说让他们少安毋躁，坐下来好好商量。

老世族们以为占了理儿，认为是芈氏害怕了，越发吵闹起来。却不想过不多时，芈戎进来了。

原来芈氏在与那些老世族周旋的时候，暗中遣人去找了芈戎。芈戎近几日一直负责宫中的安全，一接到姐姐的紧急召见，就立马赶了过来。看到这里面的场景时，马上就明白过来是怎么回事了，他看了芈氏一眼，然后笑嘻嘻地朝老世族们道："诸位前辈，如此在王妃面前吵吵闹闹，也吵不出个所以然来，可否听在下一言，我们借一步说话，可好？"

老世族们一来不知道芈戎的脾性，二来见他言语诚恳，以为借一步说话当真要与他们商量大事，当即便答应了下来，与芈戎一同走了出去。

芈戎把他们请进一间厢房里面，而后把门关了。

这一间厢房坐落在王宫的东北偏角上，位置偏不说，而且还极少有人来。老世族们心里打定了主意是来商量大事的，可进了厢房之后，才发觉到不对劲。因为商量要事不该到这种厢房里面来，而且没必要走那么远的路，走到如此偏僻之处，如此做法倒更像是来商讨什么见不得光的事一般。

有人感觉到事情不妙，问芈戎道："你引我等来此做什么？"

芈戎脸色一变，杀气大盛，目光环视了他们一番后，寒声道："别以为我不知道你等将府上的老兵尽数调到咸阳，以供嬴壮驱使，实话与你等说了吧，那三千人马已如数歼灭，永远在咸阳城消失了。"

老世族们闻言，着实吓了一跳。芈戎嘿嘿怪笑道："尊你等一声公叔公伯，是因为你等是前辈，可你等别忘了，前辈并不代表有权力对宫里之事颐指气使，不代表就可以倚老卖老，对王妃以及未来的王上指手画脚。今天你们走进了这里，好比是踏入了阎王殿，休想再出去了。"

话声甫落，便见从后面跳出一群持刀剑的甲士，不由分说，冲上来便是一阵砍杀，只一会儿工夫，这些秦国公室的世族，便全数倒在了血泊之中！

芈戎沉声道："天黑之后，把他们都抬出去，秘密埋了。"

这一个晚上对惠文后来说是漫长的，她与芈氏已公然决裂，她们都被推上了风口浪尖，这一场新王之争即便是她的内心有些排斥，却也由不得她了，因为在这节骨眼上，没有成与败，只有生与死。所以她同意了嬴壮的意见，明日与嬴稷同时登基，生与死，成与败就在明日一举了。

就目前臣工的动向来看，虽说有大部人支持嬴稷，但毕竟还是有一些人是支持嬴壮的，只要还有人支持，那么就还有胜算。此外，楚国由于丹阳、蓝田之战的失败，楚怀王一直都没有放弃报复的念头，他在今年夺下了越国之地后，重拾信心，欲趁秦国内乱，夺回汉中之地，不日前举兵压向秦境武关；齐国的孟尝君田文得悉楚国的举动后，也联合了韩、魏两国，以应和楚国之举，声称要拥立嬴壮为王，若不然将攻打秦国东部。惠文后知道这些国家表面上虽以拥立嬴壮为名，实际上是想趁机侵略秦国。可是作为一个女人，对此她也无可奈何，唯有祈祷上苍，让嬴壮借势登上王位，尽早解决内忧外患之困局。

而对于眼下之处境，芈氏却与惠文后有截然不同的看法，当魏冉、嬴疾、甘茂等深夜入宫，说了齐、楚、韩、魏四国蠢蠢欲动，以及义渠已入秦境作乱等局势之后，芈氏低头微一思索，再次抬起头时，脸上却已挂满了笑容，"四国蠢蠢欲动，非是要拥立嬴壮为王，不过是假此名义，乱我大秦而已，其实四国之雄兵，只需击其一环，便会在瞬间崩溃。"

嬴疾没想到芈氏会如此镇定，且说出此般气吞山河的话来，当真是又惊又喜，问道："想来王妃已有成竹在胸了。"

芈氏谦恭地笑了笑，"两个字，联楚而已。"

魏冉却依然没想明白此中的玄机，"联楚可令联军崩溃吗？"

甘茂凝神思索了会儿，笑道："此番四国联合，齐国因距秦境太远，实际上只是虚张声势而已，主要的参与国是楚、韩、魏三国，而在此三国之中，唯以楚实力最强，但要楚国一倒向秦国，韩、魏不战自溃。"

魏冉笑道："原来如此！"

"不仅如此。"芈氏瞟了魏冉一眼，笑盈盈地道："四国之中齐国虽只是虚张声势，但此事是由田文发起的，所以齐国乃合纵之纵长，楚国若是亲秦，必招来齐国之怒，进而发兵讨楚，故而联楚便是弱楚。"

嬴疾沉着眉点了点头，看到芈氏运筹帷幄，他更深信自己当初的决定没有错。当下粲然一笑，"此一石二鸟之计，若得成功，秦国之幸也！"

"明日大典全拜托诸位了。"芈氏笑容一敛，"想来明日必不会平静，拥护嬴壮的那班臣工必然会在大典之上插足捣乱，你等有何想法？"

魏冉浓眉一扬，大声道："今晚便派了兵马，把那些乱臣尽数杀了便是！"

"休得胡说！"芈氏嗔道："反对的人一概都要杀了，岂不叫支持我们的臣工寒心？"

嬴疾看着芈氏，似问非问地道："若是不动刀兵，怕是也难服众？"

芈氏要的就是这句话，她一个女人要是率先提出杀人，未免有些太过强势，嬴疾一开口，芈氏便笑了，"杀一儆百，把他们的嘴都封上了便是。"话落时，朝魏冉看了一眼，淡淡地道："这事你去办吧，谁领的头便向谁下手，而且要把动静做的大些，好叫其他人知晓。"

魏冉说我理会得，便大步走了出去。

不多时，咸阳城的大街上便出现了一队人马，持矛带戈，杀气腾腾，马蹄之声在青石板铺就的道路上响起，踏破了夜色的宁静。

如此杀气腾腾的军队，在咸阳城内鲜有出现，因此这一出现在街头，便引起了众人的关注。

魏冉一马当先，走在前头，他看着街道两旁指指点点、交头接耳的百姓们，心下暗喜，他要的就是这种效果。行及一座大院门外时，人马停了下来，魏冉下马时，门内已有人警觉，出来一个管家模样的半百老者，他乍见到门外这等阵势，料知大事不妙，脸色顿时就白了，颤抖着声音道："你们这是要做什么？"

魏冉冷笑道："你家大人何在？"

老者情知这场面自己无法应付，忙道："在下这便去通报大人。"

"在就好，通报就免了！"魏冉话音甫落，一把推开那老者，一脚踹开半开半闭的大门，喝一声"进去！"

及至大院时，便见一人从厢房内出来，魏冉上上下下地打量了那人一番，沉声道："上大夫百里陌，你可知罪？"

那百里陌是侍奉惠文王、武王的两朝老臣，一见这架势，便明白了是怎么回事，冷笑道："这是要拿我开刀吗？"

"正是！"魏冉话刚落，佩剑已然在手，火光下但见精光一闪，随着百里陌家人的惊呼之声，一道血光喷溅出来，再看时，百里陌已然倒地身亡。

魏冉瞟了眼带血的剑，铁青着脸喝了声："杀！"后面的士兵蜂拥而上，大院之内惊叫之声，惨嚎之声不绝于耳，没一会儿工夫，百里府已变作了血腥屠场。魏冉将手一挥，士兵便把火把掷入厢房里面，须臾，火光冲天，偌大的一座院子成了一片火海！

次日一早，新王继位大典正式开始。秦国各臣工以及各国使节纷纷入宫，陆陆续续地走向王宫大殿。

在去往正殿的路上，有一条长达上百丈的正道，在这条正道的前面，有一道门，所有上朝的大臣都须从这道门经过。然而当各国使节及大小臣工要入门时，却被守卫拦了下来，说是大典尚未开始，请所有人在此等候。

众人一听，都觉得不可思议，按平时正常逻辑来看，不管是上朝还是重要的典礼，都是王上未到，众臣先在殿内等候，现在不叫去殿内等了，叫在外面等，却是何道理？一时间议论纷纷，却是谁也猜不透其中玄机。只有少数一部分人铁青着一张脸，沉默不语，似乎已然料到了有什么事要发生。

在众人正议论之时，大殿前的正道两侧突地涌出两队人马，足足五百人。是时虽值寒冬腊月，可这些人却个个都劲装疾服，手里均拿着把刀，领头的是魏冉、芈戎和向寿三人，他们都寒着一张脸，满脸的杀气。魏冉打了个手势，那五百人微猫着身子，疾速地往大殿小跑过去。

及至殿前大门时，魏冉朝芈戎、向寿两人使了个眼色，两人会意，同时伸出手推门进去。在大殿厚重的木门往里推时，魏冉一个箭步，率先进入了里面。

大殿里面是一百名举剑的死士，他们站在两侧，目不转睛地看着一拥而入的魏冉等人。在正上首的王位上坐着嬴壮，他此时头戴冕冠，身着一袭墨黑王服，正襟危坐于王位之上。

按照嬴壮的设想，他在此抢占了王位，安排了死士，要给嬴稷出其不意，打他个措手不及，先声夺人，当着众臣工的面抢下王位，定了大局。可令人没想到的是，进入殿来的并非是朝中百官，而是魏冉所带的杀手！

嬴壮的脸一下子沉了下来，暗咬着钢牙，脸颊两边的肌肉不住地挪动着。他凝视着魏冉，眼里似要喷出火来，蓦地拍案而起，"魏冉小儿，坏我好事！"

魏冉却没理会于他，只把手一挥，那五百劲装疾服的汉子便关了殿门，一声不吭地杀了上去。

急促的短兵相接之声，劈劈啪啪地响起，那一百死士在五百人的围杀之下，没有维持多久，就被全部杀害。这时，芈戎把手一抬，喝声："到阎王殿做你的王上梦去吧！"手中匕首呼啸着掷将出去，不偏不倚落在嬴壮的胸口，没胸而入。嬴壮手捂着胸口，手指着魏冉等人，却没说出一句话来，倒地身亡。

这一番交战速度极快，等候在外面正道的臣工及使节根本就没有听到任何声息，几乎所有的人都是一刀致命，连惨叫之声都未及发出，便断送了性命。

魏冉看了眼满地的尸体，吩咐众人从后殿抬出去，又命人进来把大殿里的地毯换上新的，待布置完毕之后，大殿依然堂皇而威严，似乎刚才的杀戮未曾发生过。

这一场夺位之争在芈氏的铁腕政权之下彻底结束，史称"季君之乱"，公元前307年，嬴稷继位，史称秦昭襄王。

魏冉从大殿里出来，向着朝霞深吸了一口气，他相信从今日起，秦国的明天必然是光明的。

随着内侍的一声尖呼："新王继位大典开始！"礼乐之音陡然响起，候在外面的臣工及使节这才被放行。步入殿前的正道之时，耳听得礼乐声声，目睹着彩旗飘飘，正殿内外的侍卫手持戈矛，挺身而立，将王宫衬托得庄严肃穆，烘托着新王继位的喜气以及庄重。

待秦国的大小官员入得殿内，各国使节便在外听宣。须臾，但见嬴稷昂

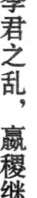

第三章 季君之乱，嬴稷继位

首阔步从右边的侧殿走将出来，头戴王冕，身着皂色王服，虽说脸上尚有一股未成年人的稚气，但却是英姿飒爽，朝气蓬勃，目光朝众臣工流转之间，自有一派帝王之威严。其后面跟着芈氏，她今日身着乳白色的衣服，两手微微拢于袖口，与嬴稷两人并肩一站，嘴角微露着抹笑意，显得亲切而又端庄，沉着而又稳重。

继位仪式正式开始了，芈氏却没有在意那些繁文缛节，她静静地坐在嬴稷的旁边，望着底下两班文武，神游物外。十八年前，当她还是一个小丫头的时候，其弟弟为了讨生活去武馆打拳，打死了令尹的内侄，许是上天的安排，让她在令尹府外，遇上了出使楚国的秦相国张仪，那一年她随着张仪入秦，原是想入宫后可以与弟弟一起，过上锦衣玉食的生活，哪里想到宫里的生活大出她的意料之外，那些明争暗斗也非她一个来自民间的女人所能应付，最终被逐出了秦国，在燕国苦寒之地度过了五年的光阴。惠文王死后，武王继位，那位年轻的王力大无穷，体格健壮，她以为这辈子都没有机会回秦了，要老死在燕国的山里。却不想在这时，命运跟他们开了个玩笑，武王举鼎绝膑，嬴疾、甘茂两位左右丞相力拥嬴稷为王。

经过了这一番起起伏伏，如今坐在王位的旁边，俯视着朝上两班文武，她感慨万千，曾经是直率爱笑、活泼耿直的一位小姑娘，如今一跃而成为一人之下万人之上的秦国太后，爬上了人生的巅峰，当初在楚国云梦泽的时候，怕是做梦也不会想到会走到今天这一步！

想到此处，芈氏的嘴角微微向上弯起，但是在那一抹浅浅的笑容之中，多少也透露出了些微的无奈和沉重，坐在这个位置之上，是踏着成千上万的尸体上来的，连她自己也不知道，为何人一旦坐上了这个位置，便会变得如此的心狠手辣，鲜活的生命从如今的角度看过去，为何不再珍贵？她微微地抬起眼，望着眼前金碧辉煌的大殿，暗暗地叹息了一声，要使这个国家强大起来，还需要有多少人倒下去？

也许这就是命运。芈氏暗想，当命运把你推到这个位置的时候，当你身系国运，一举一动关系到举国千千万万百姓的时候，你的命运便已不再自主，所做之事不可以再考虑自己内心的感受，你要顾虑的是天下的芸芸众生。

及至她回神时，典礼已然结束，她的儿子成了秦国真正的王。这时候，列国使臣陆续走入朝堂，纷纷表示祝贺。芈氏微笑着面对每个使臣，并颔首致意。可当她看到一个人进来的时候，脸色立时沉了下来。

那是个三十岁左右的中年人，长得甚是健壮，黑色的脸颊两旁被风吹得有点发红，一对剑眉下镶嵌的是一双犀利的眼睛，目光转动之间，精光暴射，带着股杀气。

芈氏寒着脸看着他。在蓝田大战之时，此人与嬴壮联合，威胁惠文三，要是不把她交出去，他便联楚攻城，可以说正是此人害得她去了燕国，也正是此人使她的身子不再纯洁。尽管在这个战乱的时代，没有人会去在意这些，但是她自己在乎，她恨不得将此人剁碎了去喂狗。

义渠王也看着芈氏，眼里有些许的暧昧，也有些许的挑衅，似乎在向她说，不管你如何恨我，怔我又来了，你能奈我何？他把嘴角一斜，两手向嬴稷微微一拱，算是见了礼，倨傲地道："见过王上，恭贺我王继任秦国新王！"

嬴稷把手一抬，"免礼！"

彼此见了礼后，按理义渠王该退到一侧去了，但他似乎并没有这意思，看着嬴稷又道："义渠现为秦之郡县，王上继位秦王，该是大赦天下，王上莫非不想封赏微臣吗？"

嬴稷没想到他当着众臣及各国使节的面讨要封赏，因未曾面对过这种场面，一时竟不知如何作答。芈氏轻哼了一声，说道："你要什么？"

义渠王大声道："要是向王上要黄白之物，未免要的有些轻了，我要城池如何？"

"好大的口气啊！"芈氏冷笑道："你不怕要了之后后悔莫及？"

"齐、楚、韩、魏已经动手了，大家都想要来咬一块肉，我为何要不得？"义渠王桀骜地道："实话予你说了吧，我义渠已然起兵，旬日之间，便可攻入秦国。"

魏冉见他如此趾高气扬，勃然大怒，抽出剑来，大喝道："你就不怕出不了这道门吗？"

"魏将军，好大的火气！"义渠王看着魏冉，眼里精光一闪，"我来了，就没想到要回去，但你就不怕义渠举倾国之兵，与齐、楚合而攻秦吗？"

"怕个鸟！"魏冉把剑一扬，举剑便刺。却在这时，听得芈氏一声喝："住手！"魏冉一震，手势顿时缓了下来，剑身抵在义渠王的肩头，便停住不动了。

芈氏说道："且留下他的性命。"义渠王冷哼一声，用手拨开肩上的剑。

散了朝后，芈氏把义渠王带到了后宫，遣散了左右后，芈氏悠然地坐了下来，向义渠王道："你果然是小人，会找最合适的时机来威胁。"

"君子成不了大事。"义渠王冷笑道："你在燕国住了那么多年，还不明白

第三章 季君之乱，嬴稷继位

吗？那燕王哙禅让王位于子之，结果使国家大乱，让百姓死于战祸。"

芈氏微微一笑，算是默认了他的话，直勾勾地看着他道："那么你是要城还是要人？"

义渠王闻言，呼吸顿时急促起来。这是一个迷人的女人，她那如深潭一样望不到底的眼睛，她那率真的微笑，她富有光泽的肌肤，她身上的每一寸地方都深深地吸引着他。如今，一别五年，燕国的风霜和艰苦的生活不但丝毫没有改变她的风采，岁月反而在她身上增加了独有的成熟的风韵，这使她身上散发出来的气息都格外的令人心醉。

义渠王的神色顿然变了，脸上散发着柔和的光，"你不恨我吗？"

"恨，岂能不恨。"芈氏在说恨的时候，语气依然是淡淡的，但是很坚定，"但我如今不再是秦国的王妃，一个闲居于后宫的女人。我是秦国的太后，一个左右朝政的女人。这个女人为了国家，可以把身体给你，你却永远无法得到她的心，你要她吗？"

"我就是为你而来的。"义渠王激动地道："这些年来，我与秦国作对，就是为了你。我屡屡犯境，是为了吸引你的注意，为了得到你。五年前，蓝田决战的那晚，是我这辈子最难以忘怀的一夜，你身上的每一寸地方，你的气息，我无时无刻都在想念，是你让一匹狼尝到了肉的滋味，从此以后便再也难以忘记。哪怕是只能得到你的人，我也无怨了。"

义渠王像狼一样的扑将上去，眼里喷着火，饥渴的难以抑制的火，仿如果真面对着一只柔弱的羔羊，体内的野性被彻底激发出来，他把她抱到床上，撕碎她的衣服，边喘着粗气，边发泄着五年来的思念、渴望和原始的兽性。

一番云雨之后，义渠王倒在芈氏的旁边，叹道："此时此刻，死亦无悔了！"

芈氏看了他一眼，确切地说，这个男人表面上冷如冰霜，内心却是热情如火，他对她的思念和爱情都是真挚的，毫无隐瞒的，当一个男人想尽了办法想要得到一个女人时，那女人应该感到幸福，此时此刻，芈氏的内心并非一潭死水，她恨他，却也感激他，爱与恨的交织之下，使她的内心一阵隐痛，她突然发现她快要不认识自己了，今日之事，到底是为了自己的私欲，还是国家的安宁？或许是两者兼而有之吧，又或许这就是权力所驱使的。

芈氏的蛾眉微微一蹙，当一个人抓住了权力的权杖之后，除了不愿再把权杖落于旁人之手以外，还有一份沉沉的责任，为此，一代又一代的人为了权力和责任，奋斗着、拼杀着，而自己的灵魂和意愿却在不断的拼杀中被无意地潜藏了。

想到此处，芈氏的眼眶湿了，她再也回不到过去的自由和率真的时代了，包括和这个男人在一起，也必须违心地应和着他，只有西境的匈奴不乱，秦国才能空出手来去对付楚国。

芈氏转过头，幽怨地看着义渠王。义渠王见她的眼里泪水盈盈，正要发话，却见芈氏突然伸手就是一个巴掌打过来，义渠王猝不及防，结结实实地挨了一个巴掌，不由得捂着脸，莫名其妙地问："好端端的为何打我？"

芈氏见他一脸的无辜，没忍住扑哧笑将出来，"就打你了，如何？"

义渠王一下子就蒙了，但看着芈氏又哭又笑的样子，似乎又看到了当年率真的她，脸上破天荒的露出一抹微笑。

是日晚上，嬴稷去后宫找了芈氏，他显然已经风闻了义渠王在后宫之事了，脸上露着怨责之情，"母亲，你的事孩儿原不该过问，可那义渠王桀骜不驯，嚣张跋扈，你如何能屈服于他？"

芈氏问道："按你的意思，该当如何？"

嬴稷气愤地道："该是按舅舅的意思，当时便杀了他！"

"原来我的稷儿长大了，也学会杀人了！"芈氏不知是真的欣慰，还是嘲讽，脸上木无表情，"每个人长大了，都要学会担当，学会承担，你可想过，杀了他后的后果？"

嬴稷红着脸大声道："发兵义渠，彻底消灭了他们便是！"

"糊涂！"芈氏蛾眉一竖，起身走到嬴稷面前，轻斥道："你刚刚继位，内忧犹在，列国虎视，如何抽出手来去打义渠？你父王在世时，蓝田之战的情形莫非你忘了吗？以你父王的实力尚且难以应付，你刚刚继位，何来能力去打人家？"

一连数问，把嬴稷问得哑口无言，一时竟是急出了泪水，直在眼里打转，"孩儿是不想母亲受委屈。"

芈氏把嬴稷拥在怀里，轻轻地道："母亲不怕委屈，母亲会把摆在你面前的障碍尽数清除，好让你安安心心地稳坐王位。秦国一定会在我们手里更加强大，待到我们虎视天下的时候，所有的委屈都会不驱而散。"

嬴稷点点头，拜别芈氏，走了出去。

芈氏喟叹一声，转身面向前面的一张桌子。桌上放了一壶酒，酒壶的旁边放了一金一银两只酒樽，她走将过去，把酒壶和酒樽放入盘里，叫了一个侍女进来，说道："与我一道去惠文后处。"

第三章 季君之乱，嬴稷继位

第四章
芈氏亲楚，黄棘会盟

一、惠文后伏诛，楚怀王赴会

惠文后的寝宫里，只点了一根火烛，昏黄的火光下，惠文后头发散乱，容颜憔悴，眼神之中再无光彩，犹如一潭死水，毫无光泽。

嬴荡意外身亡，嬴壮夺位被诛，一下子失去了两个儿子，彻底把惠文后打垮了，体内的灵魂早已随着两个儿子飞至天外。

确切地说，惠文后并无谋权夺利之心，只是她被时局牵着鼻子走，身不由已。

孤灯下，她的身体微微颤抖着，苍白的嘴唇时不时地嚅动着，喃喃地不知道在念叨什么。目光流转间，她看到了芈氏站在门口，一股怒火猛地在心底升起，是这个女人毁了她的一切，她想痛骂她，可是话未出口，她又看到了芈氏手里托着一个盘子，盘子上面有一壶酒，旁边又放了一金一银两只酒樽。看到这些，她明白了，当初她用毒酒侍候她，如今她来报复了。这是一个睚眦必报的女人，她是绝对不会放过自己的。

惠文后凄然一笑，事到如今，生亦何欢，死亦何悲？

芈氏走将进来，把盘子放于桌上，然后在惠文后面前坐下，"姐姐，妹妹来给你送别。"

惠文后看了眼一金一银两只酒樽，"今日我用哪一只？"

"自然是银樽。"芈氏拿了银樽在手，斟满了酒，放在惠文后面前。

惠文后看着酒樽，蓦然尖笑起来，"所谓成王败寇，今日我输了，死而无怨。但有一件事须与你说明，事实上我从不想与你剑拔弩张，只是我性情软弱，一直在良心与权力之间左右摇摆，不想竟是不知不觉地陷入了泥潭，终至不可自拔。今日之后果，是我自己造成的，我没有主张也没能阻止壮儿夺位，与你比较起来，今日之结局，早已注定。"

说话间站起身来，从身后的一个箱子里取出一捆竹简，回身放到芈氏面前，说道："这是商君书，乃当年商君以法治国的典籍，此书在先王驾崩后，便保存在我处。但我并没有交给荡儿，他天性好武力，想以武治天下，所以即便是给了他，他也不会看。今日我把它取出来交予你，唯望秦国在你的治理下，国泰民安，强我大秦，富我百姓！"

芈氏忙不迭起身，神色肃然地朝惠文后一拜，"芈氏起誓，倘若秦国败于我手，叫我永生永世不得超生！"

惠文后惨然一笑，端起酒樽，"好歹曾是姐妹一场，共事一主，我信你。来，干了此樽，算是作别之酒。"

芈氏手握金樽，迟迟没有举起来，"知道我为何一定要让你走吗？"

"知道。"惠文后似乎已将生死之事看淡了，淡淡地道："我在，则有些臣工反你之心不死，朝局不稳。"

芈氏端起酒樽，"武王的妃子魏夫人，我会让她回魏国，不会动她，你尽可放心。"

惠文后点了点头，闭上眼，一饮而尽。芈氏饮完酒，走到惠文后旁边坐下来，把她抱于怀中，轻声道："姐姐一路走好！"

旬日之后，嬴稷给惠文后举行了盛大的葬礼，武王妃则在葬礼之后，被遣送回了原籍魏国，至此，芈氏扫清了内忧，开始着手应付楚、齐、韩、魏

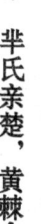

四国围秦之事。

在昭襄王元年,即公元前306年,嬴稷尊芈氏为太后,史称宣太后,太后之称自芈氏始,太后执政,亦从芈氏始,从此之后,拉开了宣太后轰轰烈烈、壮怀激烈的执政生涯。她上台后,面对战国的局势,所下的第一盘大棋便是盟楚弱楚。

是时,齐、楚、韩、魏等四国欲趁秦国新王即位、大局未稳之时合纵攻秦,芈氏的盟楚之策,实际上就是要破坏四国之合纵,使齐、韩、魏三国憎恨楚国,从而达到孤立楚国、削弱楚国的战略目标,遂遣使入楚,与楚盟好。

岂料楚怀王先前被张仪诓了多次,对秦国恨之入骨,一听秦使说要与楚国修盟交好,楚怀王哈哈大笑道:"秦虎狼之徒也,本王岂能再与虎谋皮?再者时下正值楚、齐、韩、魏四国合纵之际,我放着这大好的报复机会不用,却去与秦交好,岂非可笑至极?"

秦使无奈,只得回秦复命。嬴稷一听楚怀王的态度,大为慌张,齐楚乃大国,再加上韩魏两国共同伐秦,若与之硬战,殊无胜算,当下便去与芈氏商议对策。

芈氏闻言,虽也吃惊,倒是并不觉得意外。那楚怀王乃贪婪之辈,想当年张仪与之相交,无不是以利相诱,如今秦国空着手去与楚怀王打交道,失败而归,也是在情理之中。

芈氏紧蹙着蛾眉来回走动着,她心里很清楚,若不能破坏这一次的四国联盟,慢说是四国合纵,仅以齐楚两国便足以灭秦。蓝田之战的旧伤未愈,此时的秦国不宜再战了。芈氏抬起头看了嬴稷一眼,他的眼里尽是慌乱无措之色,仿如一只雏鹰,虽有英武之气,但毕竟尚且稚嫩,经不起大风大浪。

看着尚未成人的孩儿,芈氏暗暗下了个决定,亲自赴楚去见楚怀王,她要为她的孩儿扫平障碍,助其完成大业。当下她朝着嬴稷微微一笑,说道:"想当年张仪二欺楚怀王,无一落空,母亲便亲自去一趟楚国,再欺一欺那楚怀王。"

嬴稷惊道:"此时楚国正要伐我大秦,母亲入楚,岂非是羊入虎口?"

"人都有弱点,与之相交,但要抓住其弱点,便可无往而不利。"芈氏道:"我儿只管放心,母亲此去定叫楚怀王与秦修盟。"

昭襄王元年,芈氏以太后之尊,亲自出使楚国。

楚怀王自然知道嬴稷继位后,芈氏是秦国实际的掌权者,惊闻其以太后之尊亲自入楚,好不讶异,心想此番四国联盟,端的是吓着秦国了,非是万不得已，她是不可能千里迢迢来楚国的。芈氏此番入秦，大大地满足了楚怀王的虚荣之心，心下好不得意，当下便在楚王宫之中设宴接待了芈氏。

芈氏入了楚宫，但见两班文武坐于左右，楚怀王端坐在上首正位，桌上摆放了酒肉等吃食，以国礼接见，很是隆重。芈氏见状，微微一笑，"王上以国礼相待，着实令我受宠若惊。"

楚怀王从上面望将下去，只见芈氏笑意盈然，眉目含情，仿佛又看到了多年前第一次在楚宫见到她时，那娇媚俏皮的丫头，不由得心里一动，"你如今是秦国太后，位高权重，本王自是要以国礼待之。来，先请入座，我们边吃边谈吧。"

芈氏在右侧首位落座，举酒相敬，与楚怀王一同饮尽之后，便又笑道："我如今虽是秦国太后，可王上也莫忘了，我也是楚国的公主，当年这公主身份还是王上亲自封的呢！"

"不错，不错！"楚怀王打了个哈哈，又道："不过你虽与楚国渊源颇深，但如今毕竟是两国相交，国之邦交，与亲情无干，到时少不得要得罪了。"

"哦，如此说来，王上莫非要大义灭亲了吗？"芈氏娇嗔说了一句，然后直勾勾地看着楚怀王，眼波流盼，仿似在说，你狠得下心吗？

楚怀王看着她那水汪汪的大眼睛，神色间含娇带嗔，眼角生春，把楚怀王看得心里一荡，心想此女虽已没了当年的俏丽可爱，却是出落得越发的娇美妩媚了，怪不得嬴驷后宫佳丽无数，却要独宠此女了！楚怀王本来就是个好色贪婪之徒，见其神色暧昧，便试探道："所谓邦交，利也，眼下我大可与齐、韩、魏四国合纵伐秦，此时与秦相交，何利可图？"

芈氏见他一副色眯眯的样子，莞尔一笑，"王上欲在我身上得到什么？我今日入楚，诚心与楚修好，但要秦楚两国能再修盟约，王上想要什么，我无敢不从。"

楚怀王闻言，全身热血沸腾，连呼吸都急促了起来。在座楚臣也并非傻子，见他们表面上虽谈的是国事，实则眉来眼去，煞是暧昧，特别是屈原，此人一身正气，见不得芈氏当众媚惑楚王，站将起来大声道："王上，所谓红颜祸水，切不可被此女迷惑，坏了伐秦大事！"

楚怀王一怔，刚要开口，芈氏却先他一步道："这位敢情就是楚国赫赫有名的左徒屈原吧？"

屈原斜瞟了她一眼，哼的一声，"正是！"

芈氏如今虽已是秦国太后，对屈原之鄙夷之色却是浑如未见，依然大大

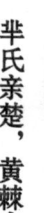

方方地笑道："左徒说红颜祸水，将天下女子都一竿子打尽了，却是不该啊。身体发肤受之父母，我等都是母亲所生，你说红颜祸水，是大大的不敬。"

屈原明知是歪理，但他毕竟是饱学之士，读的是圣贤之书，被芈氏如此一批，一时竟不知如何作答，气得满面通红。楚怀王看了芈氏一眼，朝她微微一笑，然后对屈原说道："左徒所言，大有道理，楚秦邦交一事，容后再议吧。"

芈氏对楚怀王那寓意深长的一笑，似乎是心领神会，宴毕便告辞出来，回了驿馆。

是日晚，芈氏穿了件素绫薄衫，长发披肩，端坐在一面铜镜之前。从镜中望将过去，她薄施粉黛，双颊酡红，眼波流转，蛾眉若柳枝儿一般往两边斜斜延伸，娇媚无边。

不多时，有侍从开门进来，说是楚怀王来见。芈氏哼的一声，脸上露出一抹淡淡的笑，道："请他进来！"

楚怀王轻手轻脚地走将进来，见到芈氏时，只见她素白的薄衫下，肌肤若隐若现，一头秀发如瀑，一双秀目含春，娇羞无限，不由得眼睛一亮，嘻嘻笑道："芈姑娘这一身打扮，卸下了太后之妆容，还原了女儿之本色，着实是倾国倾城，秀色可餐也！"

芈氏叫左右俱退，嫣然一笑，"王上此言差矣，该是卸下了太后之妆容，还原了公主之本色，与王上见面，该是如此。"

楚怀王大喜，三步并作两步走上前去，一把将芈氏搂住，丑态尽现，也着实是卸下了楚怀王之装束，还原了登徒子之本色，边在芈氏身上吻着边喘着粗气道："可想死了本王我也！当年初次与你见面时，本王便是怦然心动，奈何当时张仪在朝，为了两国之邦交，为使楚秦联姻，只得将你送了出去。"

"王上可别忘了，我此番入楚，也是为了邦交。"芈氏捧了他的头，止住他的动作。此时近距离相看，见其头发灰白，不过是一个半百老头，心里一阵厌恶。但为了促成秦楚邦交，强自媚笑道："交与不交，只在王上一念之间。"

此话一语双关，直把楚怀王说得心痒难耐，急道："只要你诚心相交，本王岂有不从之理？"

芈氏咯咯一阵娇笑，放开了手。楚怀王便迫不及待地抱起芈氏，去了内间。

这一年，在芈氏的促成下，秦、楚两国正式结盟，楚怀王也认为，如今与芈氏有了那一层关系,再者她毕竟是楚人,且曾是楚国的公主,如今她执政秦国,该不会害母国,对秦国的警惕之心逐渐消除。

昭襄王二年,秦楚两国再次联姻,嬴稷迎娶了楚怀王的孙女①,即熊横(楚顷襄王)的女儿为妻。楚亦迎娶了一位秦女,如此两国便结为了昆弟之国,均表示愿世代结好,永不再战。

这虽然是一段政治婚姻,但嬴稷对这位楚女十分满意,叶阳生性温柔,长得也是十分的可人,嫁予嬴稷后,一心事夫,她喜好琴棋书画,能弹奏各国音乐,但由于嬴稷不喜郑、卫国的乐声,叶阳从此之后就不再弹及,便是听也不听了,可见其十分的温柔随和。

昭襄王三年,由于楚国亲秦,韩、魏对合纵之事逐渐失去了信心,但是齐国对楚国的公然背盟之事十分气愤,同时也对秦楚两国的联姻感到担忧,为此再次派人去韩、魏两国游说,韩、魏权衡利弊,最终同意联合齐国,攻打楚国。

楚怀王敢情是与秦国有了姻亲的关系,没了后顾之忧,这一回反应极快,一接到齐、韩、魏三国联盟,要对楚国下手的消息后,立马出师发兵韩国。由于楚国下手奇快,把韩国打了个措手不及。秦国对盟亲国也是十分的配合,在楚国攻打韩国之时,为了防止魏国出兵,兵出函谷关,屯兵魏国边境,牢牢地压制住了魏国,使其不敢乱动。

如此一来,韩国慌了,齐国虽是强大的靠山,但远水救不了近火,情急之下派出使者向秦国求救,希望他们出来说句话。

这一日,芈氏正与嬴稷在花园游赏,听说韩使来秦,便笑了一笑,跟嬴稷道:"稷儿,你说该不该见?"

嬴稷想了一想,说道:"孩儿以为不见。"

"为何?"芈氏饶有兴趣地看着嬴稷问道。

嬴稷说道:"我与楚国联姻,若是接受了韩国求援,岂非让楚国寒心?"

芈氏眉毛一挑,笑着又问,"你只看到了这些吗?"

嬴稷挠了挠头,"孩儿愚昧,望母亲教我。"

"楚国原与齐、韩、魏三国联盟,如今其背信弃义,与我秦国结了亲,此三国必然大怒。现在韩、魏两国已然陷入战局,那么下一步齐国肯定出手。"

---

① 楚怀王的孙女:关于此女,史书上基本没有记载,其生卒年及姓名失考,史称叶阳后,本书在后文中姑且以叶阳称之。

芈氏认真地道:"你且想想,齐国插手之后,局面会变得如何?"

嬴稷并非愚痴之人,经芈氏一点,已然明了,不由得变色道:"楚国危矣!"

芈氏颔首而笑,"这就是我们联楚的目的,联楚是为了弱楚。"

嬴稷闻言,脸色十分难看。芈氏看在眼里,哼的一声,问道:"可是因为叶阳是楚国人?"

嬴稷点了点头,很显然叶阳在他的心里占了一定的分量,"她的父亲是楚国的储君,我们如此谋楚,她知道了后,心里定是不会好过。"

芈氏皱了皱眉头,心想我何尝不是楚国人呢?是那片土地将我养大,我又何尝想谋他?可这是一个弱肉强食的时代,你若不思进取,早晚被人吞并、灭亡,便如那燕王哙一样,即便是将王位让与他人,那也是贻害子孙,最终只能落得个害人害己的地步。如今秦国握于我手,由我的儿子当着这个国家的王,我岂能容他走向衰弱,甚至是灭亡?当下轻叹了一声,说道:"你若是普通人家的孩子,如此为妻子着想,倒是好事。可你是秦国的王啊,你顾了私情,如何顾国家?"

芈氏的神色越来越凝重,声音也逐渐尖厉起来,"我也是楚人,为了秦国的壮大,我率先提出弱楚,你可想过我的感受?为了促成秦楚联盟,我不远千里入楚,不惜一切与之结交,你可曾想过我的感受?为了保秦国西境的平安,我不惜与义渠的男人私通,你顾了我的感受了吗?你父王为了蓝田之战的胜利,把他的妻子送予义渠,你想过他当时的感受了吗?你今天的位置是踏着成千上万的尸体登上来的,你顾了为此而亡之人的感受了吗?秦国朝野上下都盼着你让国家变得更加强大,你顾了秦国臣工和百姓的感受了吗?"

一连串的问话,让嬴稷听得心惊胆战,冷汗涔涔而下,芈氏话落时,嬴稷扑通跪在地下,"孩儿知错!"

芈氏叹息一声,将嬴稷扶将起来,不无怜惜地道:"你是王,行事不能凭一己之感受,如此难成大事。"

没过多久,楚国围攻韩国雍氏(今河南禹州东北),事态紧急,韩国再次遣使求助秦国,这次出使秦国的是大夫尚靳,此人能言善辩,在韩国颇负才名,韩襄王对他寄予了厚望,希望他能说动秦国出面阻止楚国的攻伐。

尚靳到了秦国后,嬴稷和芈氏果然在朝会时接见了他,嬴稷问他,来秦所为何事?尚靳拱手道:"楚国围攻韩国,韩国危在旦夕,望秦出面阻楚助我。"

嬴稷笑了一声，"楚乃我大秦的昆弟之国，渊源何其之深。我的母亲是楚人，我的王妃乃楚王的孙女，楚国伐韩，秦举双手赞成，且为了能让楚国顺利伐韩，秦兵出函谷，屯兵在魏国边境，以防止魏国驰援，所以你来秦国求救，怕是求错地方了。"

尚靳料到了秦王必出此言，微微一哂，问道："秦王可听说过唇亡齿寒之言？"

嬴稷点头道："倒是听说过。"

尚靳道："秦韩接壤，倘若楚国得了韩国，其坐大之后，下一个目标必是秦国，莫非秦眼睁睁地看着楚国坐大不成？"

尚靳话音一落，甘茂站了出来，说道："启禀我王，臣以为尚大夫所言未必没有道理，秦楚虽为昆弟之交，但是楚国若果真吞了韩国，对我秦国必形成威胁。"

甘茂话音甫落，但听坐在嬴稷旁边的芈氏呵的一声，笑出声来。甘茂目光一转，问道："太后所笑何事？"

芈氏没有理会甘茂，径朝尚靳说道："所谓邦交，利也，我若出兵，帮了韩国，免不了寒了楚国之心，且每日要消耗数以万计的粮草和财钱，利从何来？我不想听你什么唇亡齿寒的大道理，只与你说一件事，我侍候先王之时，王上将大腿压于我身上，我便感觉十分的不舒服，但他若是将整个身子压于我身上，我与他一上一下面对面时，却反而感觉不到沉重，你可知这是为何？无非两个字，平衡。救韩于我没有利好，何来平衡？你且回去告诉韩王，秦国决计不会出兵。"

此一番话说将出来，朝堂上下目瞪口呆。以床笫之事作比喻，公然在朝堂之上议政，史无先例，自然也是尚靳首次遇到，他作为一国之使臣，这样的事情若是发生在弱小国家，必然怒而斥责，可他如今面对的是秦国，一个正在崛起的强大的国家，他无言以对，只得退了出去。

实际上芈氏的这一番话也是对甘茂的一种反斥，身为一国之相，不能看到未来之利益，还为韩国说话，传将出去，无疑会沦为笑柄。她以床笫之事反诘，戏谑韩使，恰恰表现的是一种强国的风范，换了他人，何人敢言？

然而众臣未明白芈氏的心思，看着尚靳走出去后，朝上的两班文武鸦雀无声，静得落针可闻。而在这所有人之中，最为尴尬的是嬴稷，在他的心里，她一直是一位值得他去敬重的母亲，特别是在燕国的那几年里，他与母亲相依为命，她教他如何做人，如何在最困难的时候树立起信心和希望。但是令

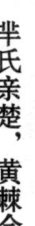

他没有想到的是，苦尽甘来，在他们登上了权力和人生的巅峰之时，他的母亲先是与义渠王暗通，后在朝会之上公然以床笫之事说事，作为秦国的王上，在那一刻，他为此感到汗颜。

下了朝后，嬴稷头也不回地走了，这是他第一次没有与母亲一起下朝。芈氏看着儿子离去的背影，心里莫名升起一股失落感，好像是突然间失去了什么，心里有些空。

嬴疾虽也因芈氏的言语感到意外，但他是懂芈氏之用心的，待臣工散尽之后，他走到芈氏的身边，说道："王上重感情，也好面子，可能是你刚才的那番话，损了他的面子。"

"我不担心这些。"芈氏转过头看着嬴疾道："我担心的是，一旦到了楚国的利益受损，叶阳在他身边哭闹之时，他会不会改变主意。"

"成长之时，难免迷茫。"嬴疾依然是一副波澜不惊的样子，"我相信当国家的利益和个人情感摆在他面前，叫他选择时，孰轻孰重，他会做出正确的选择。"

芈氏闻言，轻轻一笑，"在最危难之时，看到你风轻云淡的表情，令我也看开了许多！"

嬴疾也是淡淡一笑，"在我最担心之时，看到你强秦之决心，我心甚慰。下一步如何做，太后可有计较？"

芈氏低头沉吟了片晌，说道："以眼下的局面来看，要使齐国真正下决心伐楚，我们所做的尚有不足之处。"

嬴疾点头称是，"楚国伐韩，在韩国危急时刻，齐国可能会出兵，但只是解其之困，事后可能还会将矛头指向我秦国，故而秦之危险尚未解除。只是如今秦楚已是昆弟之交，如何再进一步行事？"

"再盟楚。"芈氏的心里早有算计，这是她谋划已久的一盘大棋，因此当嬴疾相问之时，几乎是脱口而出，"选一个地方，大张旗鼓地与楚签订盟书，做予齐国看，他昔日的盟友是如何亲秦的。"

"太后之计，大妙！"嬴疾忍不住笑道："臣便锦上添花，给太后出个主意，关于签盟所在，为示诚意，不妨就选在楚地的黄棘（今河南省新野县东北一带）如何？"

芈氏说道："黄棘距函谷关不远，又属楚国边境，甚好，便是那里了。"

却说嬴稷阴沉着脸回了宫，让侍人都退了下去，一个人独自坐着生闷气。母亲在这个少年的心里是神圣的，在燕国的那几年里，他与母亲相依为命，在他的心里，从未如此感激过母亲，她的勤劳，她对人的谦恭，一样一样印在他的心里。可是回了秦国，似乎一切都变了，他的母亲，让他觉得陌生。

叶阳进来的时候，正好看到嬴稷在喝闷酒，柳眉微微一动，在她的心里，他是从不喝酒的。当下轻声走将上去，慢慢地坐在他的身旁，待他饮尽时，又替他斟了一樽。

嬴稷回头看了一眼叶阳，心里涌起一股深深地内疚，她总是如此安静，总是默默地留意着他，关心他，顺着他，从不曾有过一丝的怨气。这是多么温柔的一个女人，尽管她的容颜不是那么尽善尽美，可她的温柔却使她那样的富有光彩，如水般的眼神无时无刻不在吸引着他。

嬴稷轻轻地把她搂在怀里，当她的体温慢慢地袭上他的身体时，他猛地产生一种想要保护她的冲动，她这弱不禁风的身子，是禁不起伤害的。

嬴稷低下头，在叶阳的额头吻了一吻，心旦传来一阵隐隐的痛。亲楚进而弱楚在战略上没有错，恰如母亲在朝堂上所说的那番床第之事也没有错，可偏是要如此极端吗？

想到此处，嬴稷又要拿起酒来喝，这一回叶阳却阻止了他，伸手纤纤玉手把酒樽轻轻地拿了过来，然后自己一口饮尽。她不善饮酒，一樽酒下去，白皙的脸上立时泛起红晕，这使她的脸看起来弹指欲破。

嬴稷诧异地道："你不善饮，为何今日却抢我的酒来饮？"

叶阳把酒樽放下，"王上也不善饮，为何今日却独坐苦饮？我不能为王上分忧，但为王上饮一樽却是无妨。"

正说话间，侍人来禀，说是太后旨意，三日后去黄棘与楚王会盟。

嬴稷闻言，勃然大怒，伸手将桌上的酒扫落于地。叶阳大惊，"王上这是为何？"

"我尚年幼，事由母亲作主，无可厚非。可我也是人，她为何不能听听我的感受！"嬴稷涨红着脸，激动地道："我不想去参加会盟！"

叶阳自然不能看透个中玄机，讶然道："秦楚互递盟书，乃是好事，王上为何发如此大的火？"

嬴稷红着眼，看着叶阳懵懂无知的样子，重重地叹息一声，"你不懂。"

叶阳说道："我若是懂得，便能替王上分忧了。但还是劝想王上一句，太后如此做，定是为秦国着想，王上莫要拂了她的意才好。"

嬴稷点点头，让叶阳先行出去，让他好生静静。

事实上，在制定盟楚弱楚这个战略时，芈氏也曾摇摆过。每个人对故乡

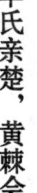

第四章　芈氏亲楚，黄棘会盟

161

都有个解也解不开的情结，不管故乡曾对其有过利也罢，有过伤害也好，这无碍思念，思念只是单纯的对故土的一种眷恋。这样的眷恋芈氏也有，她有时甚至憎恨自己，为何如此狠心图谋故土。可当回到现实，眼看着偌大的咸阳宫时，她又告诉自己，这一步是必须走的，如果不吃掉楚国那只庞然大兽，秦国早晚也会被其吃掉。

这是一个弱肉强食的世界，在这个世界里，如果你动了情，伤了心，便是离死不远了。

公元前304年初秋，芈氏带着嬴稷、魏冉等，在一队千人甲士的护送下，浩浩荡荡地出了函谷关，前往楚国黄棘。

嬴稷虽说极不愿意去黄棘会盟，甚至只要想起齐、韩、魏三国围楚，叶阳那痛不欲生的表情时，他的心都会忍不住作痛。但他也是识得大体的，看得清大局的，从国家的利益上来讲，母亲的做法是正确的，如果为了一个女人，置国家的利益于不顾，如何对得起为此耗尽心血的嬴氏祖宗？

在芈氏等人抵达黄棘的时候，楚怀王已然到了，他依然很胖，依然面白无须，却已然略有些老了，岁月给他留下了一头花白的头发，那双小小的眼睛也不再有当时的神采，看上去有点混浊。

芈氏下了马车，看着楚怀王的样子，喟然道："果然岁月无情，年华易逝，这一别才两年，王上的头上竟是增了这许多白发！"

楚怀王看着这位年华正茂、神采奕奕的女人，不由又想起了在楚国驿馆时与她在一起的旖旎情景，禁不住看得痴了。芈氏轻咳一声，微笑道："王上看什么，莫非我的头上也有白发了不成？"

楚怀王这才回过神来，哈哈一笑，"你却还说岁月无情，依本王之见，岁月是何等眷顾你！"

"王上说笑了！"芈氏嫣然一笑，"饮水思泉，时刻不敢忘母国之恩，今日与王上在此签订盟约，以使两国交百年之好。"

楚怀王闻言，眉开眼笑，说道："甚好，甚好！秦国没了张仪，本王放心得紧！"

这一日，嬴稷与楚怀王签了黄棘之盟，互递国书，秦国还将之前占领的楚国上庸（今湖北竹山县西南）归还楚国。楚怀王很是高兴，大摆酒宴，招待秦人，他浑没想到，一股强大的危机已然临近。

齐宣王田辟疆听到楚秦两国黄棘之盟一事后，果然怒发冲冠，从眼下的局面来看，若说要联合韩魏伐秦，尚欠时机，但攻打楚国却还是绰绰有余的，先把楚国拿下了，伐秦自是不在话下，于是发兵十五万，日夜不停地往楚境扑将过去。韩、魏两国正被楚国逼得苦不堪言，见齐国出兵，自然是欣然响应，三国大军，分作三路，从三个方向，向楚国发起了攻击。

此时的楚国虽依然国土广袤，人口众多，但军事上却十分薄弱，楚怀王闻得三国联军在楚地四处开花，旬日之间，便被夺了六座城池，顿时就慌了，连忙遣使求秦救援。

嬴稷接到战报后，急忙来找芈氏，说道："三国联军已然攻楚，只在旬日之间，便攻克六座城池，楚国怕是抵挡不了多少时日，若是楚被灭了，秦国亦危，孩儿以为该是我们出手的时候了。"

芈氏瞟了嬴稷一眼，粲然一笑，"稷儿，越是在这种时候，越要沉得住气。急什么，让他们再打打无妨。"

嬴稷急道："母亲打算何时发兵救楚？"

"哪个说我要发兵救楚了？"芈氏正色道："稷儿，看来叶阳还是影响你了，你的方寸已乱。"

嬴稷一听，越发的不明白了，"若不救楚，楚岂不亡也，到时秦国该如何应对联军？"

"救楚，不一定非要发兵去楚。"芈氏站了起来，走到嬴稷的面前，看着他的眼睛一字一顿地道："你且静下心来，好生盘算盘算，如果发兵往楚，顶多是把三国联军赶跑了，我们却得不到丝毫好处。但如果发兵韩、魏两国呢？"

嬴稷愣了一愣，低头思索时这才恍然大悟，原来黄棘会盟母亲不只是要弱楚，还要攻韩、魏！

芈氏的这番话对嬴稷内心的震动是非常大的，这道理其实很简单，这就如同在燕国时去山中打猎一般，看到两只狼在撕咬一只野猪，如果猎人冲将上去，必然可得野猪，但那两只狼肯定是被吓跑了。可如果猎人守在暗处，待时机成熟，用箭射狼，不但可以得到野猪，还能把狼也一道射杀了！

嬴稷看着母亲，她的确已不再是那位温柔持家的母亲了，她是一位才思敏锐的谋略家，此时此刻，嬴稷对母亲又有了新的看法，在母亲面前，他的确过于幼稚了，他应该向她多学习，唯谋略才是治秦之道啊！

二、围魏救楚，宣太后铁腕集权

楚怀王见三路联军一路高歌猛进，势不可挡，而秦匡却支支吾吾的迟迟

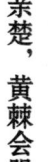

163

不出兵，以为是诚意不够，要派太子熊横去秦国为人质，促使秦国发兵。

屈原一听，脸上顿时涨成酱紫色，那神情恨不得冲上去扇楚怀王两记耳光。在黄棘之盟前，他曾力劝楚怀王切莫去签那盟书，表面上来看，那是盟书，可对齐国而言，那是断交之书，一旦秦国翻脸，楚国就彻底被孤立了，到时便是神仙也救不了楚国。可楚怀王却是不听，执意去了黄棘。如今又见他要把太子熊横送去秦国当人质，屈原再也无法平静，他伸手指着楚怀王的鼻子吼道："好你个昏君，你如此一而再，再而三的糊涂作为，非要把楚国败于你手吗？黄棘盟约已使三国攻楚，如若现在把太子送去秦国，万一有个三长两短，楚国便连储君也没了！你可拉下脸去求秦，为何不去求齐，再与齐一道伐秦呢？"

这一番话说得极重，不但把楚怀王骂了个狗血淋头，言下之意还说，你要是在这场战乱中不幸死了，若连个继位送终的人都没有，楚国还有救吗？话是实话，可如此骂法，便是普通人也无法消受得了，更何况是一国之君？在楚怀王的耳里听来，你骂我便也罢了，咒我死也还罢了，你还咒楚国亡，咒我死后无人送终继位，是可忍孰不可忍，啪的一拍几案，怒气冲冲地道："我念你多年为楚奔波，劳苦功高，且不拿你项上人头，但本王也不想再见到你了！"当即就把屈原逐出了郢都。

公元前304年岁末，熊横被遣入秦为质。

熊横作为嬴稷的泰山大人，入了秦之后，倒是不曾受到屈辱，嬴稷还恭恭敬敬地招待了他。叶阳能在秦国见到父亲，也是十分高兴，并劝慰父亲，秦国定会救楚于危难，父亲不必过于担心，只管在秦国住下便是。

熊横一到秦国，芈氏便出手了，遣魏冉、白起两员大将，一路伐魏，一路攻韩。这时候韩、魏两国的主力全部在楚国，猛不丁被秦国在背后捅了一刀，丝毫无还手之力，于是秦军便如狼入了羊群，一路势如破竹，摧枯拉朽般地连夺了魏国的蒲阪（今山西永济市西面一带）、阳春（今山西永济市西南一带）、封陵（今山西风陵渡），又攻陷了韩国武遂（今山西垣曲）等地。

秦国的这一招大出了齐、韩、魏三国的意料之外，他们做梦也没有想到，秦国会以这种方式替楚国解围，被迫无奈之下，只得撤军各自去救国了。

可偏偏他们所遇的是魏冉、白起两个杀星，此二人都是一上战场便不要性命之徒，深入韩、魏境内后，一时竟打得性起，借着士气正足，没完没了地打。相反韩、魏方面一见秦军便闻风丧胆，有些城池甚至不战自溃。此时韩、魏的盟国齐国虽有相救之心，但秦国在韩、魏的战场拉得太大，即便是想救也是心有余而力不足,在这样的情况下,魏、韩连忙派使者去秦国求和。

是时,嬴疾为相,韩、魏两国的使者到了秦国后,嬴疾便接待了他们。

所谓弱国无邦交,韩、魏两国的使者显然是求人去的,所以一进了门便是谦恭有加。好在嬴疾并没有为难他们,客客气气地加以招待。但两国使者都对嬴疾有所了解,此人喜怒不露于形,虽表面上甚是客气,心里到底是怎么想的,却是不知。是故酒过三巡,魏国使者首先发话,引入了正题,"我等此来,实望秦国撤军,入秦之前,我王再三交代,但要秦国撤军,愿与秦修好。"

嬴疾饮了口酒,慢慢地把酒樽放于桌上,淡淡地道:"秦国大军,千里迢迢地深入韩、魏境内,若是单凭两位在此张口一说,便让秦国撤军,岂非儿戏?"

韩使拱手道:"不瞒秦相,秦国要想灭了韩魏两国,实非易事,即便是灭了,也是元气大伤,到时齐、楚要是乘虚而入,秦国也得不了好处去。"

"哦?"嬴疾没想到韩使会说出这样一番话来,显得很是讶异,"如此说来,两位如此不辞辛劳赶来秦国,是为了救我秦国了?"

韩使说道:"秦相号称秦国智囊,相信此中利害当能洞悉。"

嬴疾站了起来,朝两人深深一躬,一副十分感激的样子。行完礼后,把眉头一皱,说道:"两位的好意我心领了,但是我的性格两位想必也清楚,要么不动刀兵,动了便要打到底,不打到对方魂飞魄散,不把对方打痛了,打怕了绝不罢手。这是我的为人风格,也是秦国的风格,所以韩魏两国秦国灭定了,魏冉和白起要是不把韩魏给我灭了,提头来见!"

韩使和魏使一听这话,顿时就被吓蒙了,一时间面无人色。亏的是魏使脑子转得快,忙站起来道:"秦相且莫动怒,韩使的意思是,秦、韩、魏三国相战,不若相和。"

嬴疾依然是不动声色,只淡淡地问道:"敢问怎么和?"

魏使暗地里咬了咬道:"割地。"

"秦国不缺地,我们出兵,也非是要你们的地。"

魏使讶然道:"秦相不妨明说,只要做得到的,下臣必知会我王,满足秦国要求。"

"秦国只要你等的诚意。"嬴疾又坐了下来,看着两人道:"但要韩魏两国诚心与秦结盟,事后唯秦马首是瞻,我们不但不要地,还会把夺来的地还予你们。"

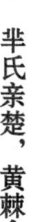

韩、魏两使一听，半信半疑地看着嬴疾，心想还会有如此好事？嬴疾却是淡淡一笑，"两位不必狐疑，此事只需你等两国君主亲自来秦一趟，与我王签了盟书，我王自然会将魏国的蒲阪还于魏，将韩国的武遂还于韩，如何？"

这样的一个结果，对两国使者而言实在是意外之喜，当下拜别了嬴疾，回国禀报去了。

芈氏听完嬴疾说完会谈细节后，也觉得十分满意，笑道："待盟书一签，便可叫魏冉、白起收兵了。"

嬴稷在一边静静地听着，并且揣测着芈氏此举的意图。连日来，在朝政之事上他几乎全凭芈氏安排，事实证明，芈氏的每一次决定结果，都能让他感到意外，感到惊喜。这一次伐韩魏而救楚，巧妙地化解了齐、楚、韩、魏四国的合纵，且深入韩魏国内，夺了他们的土地，打得他们跪地求饶，这一步步走下来，每一着都是绝妙之棋。那么下一步呢？嬴稷眉头一沉，从表面上看来，秦国瓦解了四国合纵，且得了便宜，楚国也在齐、韩、魏三国的打压下，心惊胆战，短时间内不会对秦起什么异心了。难道这就是母亲当初所设定的弱楚之目标？

嬴稷悄悄地看了母亲一眼，恰好芈氏的目光也朝他看将过来，见嬴稷神色有异，便问道："稷儿，你在想什么？"

嬴稷脸色一红，讪笑道："孩儿适才在揣测母亲的心思。"

嬴疾笑道："稷儿长大了，开始会揣摩他人心思了！且说来让我也听听。"

嬴稷微作沉吟，说道："母亲从联楚开始布局，到如今的伐韩魏救楚，瓦解四国合纵之势，也使得楚、韩、魏三国对秦又敬又畏，可谓收到了奇效。此外，楚国已与我有盟约，韩、魏也即将与我结盟，三国事秦，显示出了我大秦之雄风。那么下一步的目标是否是赵国？"

芈氏不置是否，问道："为何是赵国？"

嬴稷整理了下思绪，娓娓说道："赵国本弱，连中山小国都敢于去侵扰，然武灵王赵雍继位后矢志强国，推行胡服骑射，着匈奴之服，习匈奴骑射之术，几年之间，军事力量大增，灭中山小国，败林胡、楼烦二族，辟云中、雁门、代三郡，使胡服骑射大行天下，列国闻之色变，若长此下去，早晚威胁我秦国。"

嬴疾点头表示赞许，"想不到稷儿有如此见识，足见不简单！"

芈氏也笑道："稷儿有如此雄心壮志，我心甚慰。但眼下我们尚无暇去顾及赵国，而赵国在短时间内也无法对秦构成威胁。"

嬴稷不解地问道："这是为何？"

"赵国的后面是燕，在目下的六国之中，唯燕国是与我诚心盟好的，故而有燕国在后面盯着，赵国尚不敢动。"芈氏语速缓慢，便如在教学生一般，似要让嬴稷完全明白当今天下之局势，"你父王在位期间，张仪为相，他二人为何屡屡要向楚国下手，为何要用几年时间去伐巴蜀？这一切都是为了东出。而秦国想要东出，要占领中原，楚国是最大的障碍，灭了楚，一统天下，指日可待。"

嬴稷的脸色变了一变，"母亲下一步是要灭楚？"

"不错。眼下的局面便如一盘棋局，联楚破四国之合纵，乃我出的第一步，伐韩魏而救楚，乃我出的第二步，下一步是绝杀招数，联齐、韩、魏而击楚。其实你应该想得到这一步，只是你不愿意往那一步去想，可是？"芈氏叹息一声，"英雄气短，儿女情长，无可厚非，但是娘告诉你，私人情感须与国家大事一分为二，为王者若做不到公私分明，行事畏前惧后，如何统领天下？你须知道，我也是楚国人，我也恨自己为何会这般冷漠，去谋害母国？但是我是你的母亲，我必须抛开私情，使你不受伤害，你可明白？"

"是，孩儿明白了。"嬴稷听着芈氏之言，只觉冷汗涔涔而下。嬴疾听了这一番话，对芈氏刮目相看，如果说他之前还担心芈氏专权，使秦国的大权旁落的话，此时他则完全放心了，原来芈氏并非专权，而是爱护，当下不由对芈氏肃然起敬，朝嬴稷说道："你母亲为了你，可谓是煞费苦心，朝政之事，你须向你母亲好生讨教学习。"

嬴稷瞟了眼芈氏，突然笑道："母亲在我心里，一直是温柔良善的，却何来突然生出这许多治国之策，望母亲教我。"

嬴疾哈哈笑道："太后弱楚之局的精妙，也令我深为叹服，其实我也很是好奇，太后从何处学来这些谋略？"

芈氏却是叹了一声，现出一脸的无奈，朝嬴疾道："武王绝膑，你等接我母子入秦，那时候的咸阳危机四伏，四处杀机，我只有随时提防着，且比他人更狠，才有机会生存下来。可还记得我背后的那道剑伤吗？这便是我放松警惕的后果，若非我福大命大，寻得一个他人偷情的一个秘道，今日如何还有机会与你们在此说话？这让我想起了在燕国狩猎的情形，猎人和猎物时刻都在格斗，谁死谁生凭的是胆识和智慧，这是亘古不变的存亡法则。人与人、国与国之间亦是如此。我对那些打打杀杀、政治谋略殊无兴趣，然上天将我抛到了这一个偌大的争伐之所，我唯有时刻防御着，才能保护自己，不被对

第四章 芈氏亲楚，黄棘会盟

167

方吃掉。弱楚之局，其实也是提防着楚国来攻我，为了叫他不来侵犯，我只有将其削弱了，方才安心。"

"太后虽不读兵书，却深谙攻防之道也！"嬴疾由衷地道。

"所谓兵书，不过也只保护自己的一些手段罢了，为生存而战，物之天性也。"芈氏顿了一顿，看了下嬴疾，又道："对外提防固然重要，对内同样不可松懈。"

嬴疾一听，似已料到了她要说什么，脸色微微一变。果然只听芈氏道："秦自孝文王始，一直重用客卿，商君、张仪皆为客卿，但那是时局使然，秦为了强国，不得不用客卿。如今，我秦国俨然为列国之强，虎视天下，当可弃客卿而重用内亲。"

嬴疾小心翼翼地道："内亲固然可信任，可太后不怕内亲集权而憾王位吗？"

嬴疾知道芈氏想重用魏冉、芈戎等外戚，将权力集中起来，便于控制。可凡事有利也有弊，权力集中了，自然不用再担心他人谋权，可人一旦沾了权与利，便再无亲疏之分，外戚同样也可以谋权。而且一旦那帮外戚掌握了实权，威胁到王位，后果就不堪设想了。

"相国所虑，不无道理。"芈氏自然知道嬴疾在担心什么，作为嬴氏宗亲，他的担忧是有道理的，如果真让外戚掌了权，这大秦江山到时究竟是姓嬴还是姓芈就分不清了。芈氏看着嬴疾肃然道："我母子本质燕之人，还秦尚且不敢想，何敢想有今日之荣华？之所以有今日，全仗相国成全，故在相国面前，虽表面为君臣，实为知己，不敢有违心之言，我摒客卿用内亲，非为自家考虑，也并非想把秦国弄成是一家一室之江山，乃是想把利益捆绑在可信任者身上，使得内部团结起来，一意事秦，一心强秦。至于集权而憾王之事，但要我活着一天，绝不允许此等大逆不道之事发生。"

嬴疾认真地听完，释然而笑，"有太后这句话，嬴疾无话可说了。稷儿作何想？"

嬴稷已然成人，是非对错他自然是分得清的，实际上嬴疾所担心的，他隐隐也想到了，但如今毕竟是芈氏掌权，而且从现在来看，魏冉、向寿、芈戎等人，确实也是人中龙凤，他自然没有反对的道理，便说道："母亲一心为秦，为此殚精竭虑，此事可依母亲所言。只不知要从何人下手？"

"甘茂。"芈氏想也没想，说道："便从左丞相下手。"

昭襄王五年，即公元前303年初春，芈氏在嬴稷、嬴疾的支持下，开始驱逐客卿，秦国历代君主重用客卿的历史在宣太后时期终结，并开始启用外戚，魏冉封大将军，镇守咸阳，芈戎封将军，向寿被派往宜阳镇守，公子市封地高陵（今陕西高陵），号高陵君，后改封宛（今河南南阳），公子悝封地泾阳，号泾阳君，后改封邓（今河南郾城）。如此一来，京畿要地，军机大权，尽由外戚内亲掌控，一个由宣太后、嬴稷为核心的军政集团成立了。

稳固了内部权力之后，芈氏放心了，这时候她至少无须再对内时刻提防，可以一心一意的对外了。是年暮春，秦知会韩、魏两国的国君，于临晋会盟。然这一次芈氏没有亲自出面，而是叫嬴稷独自去了，他已继位五年，年已及冠，芈氏开始让他去外面尝试飞翔。

然实际上这是芈氏一种十分巧妙的安排，嬴稷毕竟长大了，有了独立的思想，想要自由，而且他掌权是早晚之事，适当的放手，可安嬴稷之心，由此带来的结果便是皆大欢喜。

嬴稷意气风发地出发去了临晋（今陕西渭南大荔县），这是他首次以强国王者的身份去与列国谈判，领着一千余鲜衣怒马的甲士，心里多少有些兴奋。尽管他已然猜到，这一次与韩魏结盟，目的是为了孤立楚国，从而达到削弱楚国的目的。他也知道身为秦国的王，要想壮大秦国，首要任务便是伐楚，他早晚要去面对当秦国的大军挥师楚国的时候，叶阳那痛不欲生的神情，以及她苦苦的哀求。这是上天赐予他的苦难，他没有选择，只有面对。但是他却没有想到，这一场战争，以及那一件藏在心底不愿去触碰的心事会来得如此之快。

抵达临晋的时候，魏王魏嗣、韩太子韩婴已然到了，他们听说秦王的王驾到了，均迎将出来。

嬴稷下了车驾，与之相互见了礼，瞥眼间，却只见韩太子未见韩王，嬴稷把脸一沉，"为何不见韩王，莫非是瞧不起我吗？"

韩太子韩婴忙不迭道："父王对秦王敬重有加，岂敢有轻礼之举，实在是身体抱恙，经不起长途劳顿，望秦王见谅。"

"既如此，却也无妨。"嬴稷看着韩婴道："只是今日所谈之事，太子可代表韩王乎？"

韩婴道："父王已全权交予在下。"

嬴稷把两人请进了内室后，一干人等分宾主落座。嬴稷坐于居中上首的主位之上，往下面扫了一眼，缓缓地道："今日我秦、韩、魏三国于临晋会盟，为的是结束三国兵燹之患，为三国百姓谋安居之福，实乃三国之幸事。

第四章 芈氏亲楚，黄棘会盟

此前相信韩魏两国已接到使节回禀,秦国愿意从韩魏撤军,非但没有任何条件,而且还可以将魏国的蒲阪还于魏,将韩国的武遂还于韩,足见秦国修盟之诚意。秦有此举,不为他,只望如今日这般坐将下来,平心静气地好好谈谈,然后和和气气地把盟书签了,从此之后,愿韩魏以秦马首是瞻,秦绝不会再发难于韩魏。"

魏国自魏罃晚年起便有心事秦,魏嗣继位后,对秦也无甚二心,虽说听了嬴稷的这一番话,觉得其过于强势,但强国弱国相交,无非如此,自然没甚二话了,讪笑道:"秦国有心与我两国相交,自然是天下之福,百姓之福。"

当下三国君主将盟书签了,秦按之前所说的把蒲阪、武遂还予韩魏,皆大欢喜。嬴稷为尽地主之谊,设宴款待了韩魏两国之人。次日,韩魏即将返国,嬴稷特意相送,然在送别了魏嗣后,韩婴刚要上车驾,却被嬴稷叫住了。韩婴的年纪与嬴稷相仿,以为其还有什么交代,当下回转身来,拱手道:"秦王还有何事交代在下?"

"你不想去咸阳走走吗?"嬴稷目光炯炯地看着韩婴,"秦与韩结盟,乃韩之大幸,若不去咸阳走一遭,顺便拜谢一下我母后,岂非失了礼数?"

韩婴的脸本来是笑吟吟的,一听此话,马上沉了下来。说是去秦国走走,但以韩太子之身份去咸阳拜见宣太后,无疑是向世人宣布,韩国一心亲秦了,向秦国臣服了,这比之签订盟书无疑要更进一步。但此时秦军依然在韩国,如若不依了他,秦军不撤,韩国就彻底完了,当下只得暗咬了咬牙,勉强挤出一抹笑容,"秦王所言极是,在下便与王上一道去秦国走一遭了。"

嬴稷留意着韩婴的神色变化,见他应承下来,哈哈笑道:"如此甚好!"

两队车驾同时启程,朝秦国而去。

芈氏见嬴稷把韩太子引了来,又惊又喜,虽说此举出了她的意料之外,但却深为赞许,所谓无势则不强,作为秦国的男儿,特别是秦国的王,该当有如此的气势,威慑列国。

韩太子在咸阳绕了一圈,拜见了太后之后便回了国,嬴稷年轻气盛,威风了一把后,却完全没去想此事的后果。

不管是临晋会盟,还是拉韩太子朝秦,从表面上看并无不妥,亦无甚危机可言,秦联楚之后,再联韩魏也是情有可原。但是人心是敏感的,脆弱的,且每个人之内心都有难言之隐痛,一旦有人戳中了其心结,藏于心中的怨气便会爆发出来。

这些世道人心之事,嬴稷决然想象不到,但芈氏却想到了。这一日,她闭着眼坐在太阳底下,似乎是在享受春天阳光的温暖,然每一个脚步声响起,她闭着的眼睛都会动上一动,显然她在等待什么。

不一会儿,一位侍人轻轻地走到芈氏的旁边,俯下身悄声道:"启禀太后,熊横果然有所动作,他去了叶阳处。"

芈氏倏地睁开眼,"说了些什么话?"

侍人顿了一顿,颇有些为难地道:"那熊横之言,对太后大是不敬。"

"无妨,照实说来便是。"

侍人应了一声,这才说道:"熊横骂太后是无信无义的失德之人,与当年张仪有过之而无不及,骂王上与太后沆瀣一气,欺骗楚国。"

芈氏冷笑一声,问道:"叶阳如何说?"

"叶阳只是相劝,说秦与韩魏结盟不过是邦交而已,非是要害楚。"

芈氏唔的一声,"叶阳夹在中间,倒是难为她了。"

侍人又道:"熊横却又愤恨不平地说,齐、韩、魏击楚,秦围韩魏而救楚,表面上是帮了楚国一把,实际上是秦国得了大便宜。这且罢了,事后还与韩魏结盟,她这是要孤立楚国啊,我从楚国入秦为质,岂非成了笑话?"

芈氏笑道:"继续留意此人,切记不管他做了什么,都不可打草惊蛇。"

侍人眼珠一转,问道:"要是他逃了呢?"

"由他逃。"

却说楚怀王听闻秦、韩、魏三国在临晋结盟一事后,勃然大怒,"前有张仪,今有芈氏,屡次欺我,好不可恨!什么昆弟之交,有如此戏弄友邦的吗,端的是无耻小人!"

骂完之后,楚怀王意识到了一股危机,他虽贪婪,但并不是傻子,这时候他突然省悟过来,秦送地与韩魏结盟,绝对不是为了示好,他先是联楚,破齐、楚、韩、魏四国之合纵,继而联韩盟魏,无形之中把楚国在列国之中孤立了起来,那么下一步她就要击楚了!

想到此处,楚怀王只觉背后升起一股凉意,痛悔当初没听屈原之言,不该与那虎狼之国结盟。虽道屈原的话难听了些,骂得狠了些,但他却是耿耿忠心,是看到了今日之后果才会那般激动,他何罪之有啊。只要能挽回今日之局面,让他再痛骂一顿又有何妨?当下马上差人又去把屈原找了回来。

屈原再见到楚怀王显得十分激动,红着眼眶道:"我王心中念着屈原,屈原虽死无憾也!"

楚怀王感叹道:"左徒切莫说此话了,本王悔没听左徒之言,才有今日之苦果,你且帮本王想想,可有应对之策?"

屈原紧蹙着眉头道:"我与齐、韩、魏背盟在先,韩魏与秦联盟于后,燕与秦交好,且燕国自子之之乱后,国力尚未恢复,断然不会和我修盟,与齐秦为敌。剩下的赵国推行胡服骑射之后,虽说实力大增,却尚无法与秦分庭抗礼,况且王上在邦交上左右游离,列国即便是有心结交,也是有所顾忌的。因此,楚国如今是彻底被孤立了起来。为今之计,唯有不生是非,不落口实于秦,可保一时之太平。毕竟有盟约在先,秦国也不敢无故毁盟而失信于天下。"

楚怀王点头道:"左徒分析得极是。秦国虽然无信无义,但师出无名,他尚不敢公然背信弃义。"

屈原冷笑道:"他要是敢公然背信弃义倒是好说了,屈原有把握再次联合各国伐秦,怕只怕他再使诡计。"

屈原虽是文人,有文人的爱国情操,说话行事也会受情绪支配,但他却有先见之名,正如他所言,秦国不敢毁盟而失信于天下,但秦在等一个时机。

这个时机很快就来了,这一切都在芈氏的意料和掌控之中。

这时候,芈氏的眼睛正在盯着熊横,不管他逃跑也罢,做出什么异常举动也罢,但要他生事,秦军就将挥师楚国。

三、楚太子秦都杀人,宣太后兵指垂沙

熊横果然没有让芈氏失望,他很快便有了动作。

这一日,熊横匆匆地写了封书信,差人送去与叶阳,然后整理了些细软,夺门而出。

岂料才出门,就见迎面走来一人。那人叫王雍,乃秦国之大夫,他本想来看望熊横,却不想正好撞上熊横背着细软出走,不由得大吃了一惊,相问道:"太子这是要去何处啊?"

熊横知道今日被他撞见无论如何也走不成了,非但是走不成了,以秦国的行事风格,还有可能给他加个罪名,以此怪责楚国。熊横暗地里把牙一咬,边走将上去,边暗暗地伸手入包袱,握住包袱里所藏的匕首,待两人走近时,熊横猛不丁抽出匕首,伸手便是一刀。

也怪那王雍倒霉,本是好心来看望的,却横遭杀身之祸,一命呜呼。

熊横杀了人后,更是半刻也不敢停留,跑至街上,买了一匹好马,上了

马便出城而去。

熊横以为秦国疏于防范，侥幸逃脱了，事实上这一切都在芈氏的掌控之中。当有人跑入宫中将熊横出逃之事告知于她时，芈氏哼的一声，"逃得极好，速传魏冉来见！"

魏冉接诏后，很快就赶到了宫里。此时他已身为秦之大将军，身着一袭软甲，再加上他本身就人高马大，走将起来，步履生风，端的是如天神一般。他走到芈氏跟前，见芈氏愣愣地坐着，便问道："姐姐唤我，所为何事？"

芈氏抬头看了他一眼，幽幽地道："熊横跑了，而且还杀了王雍。"

魏冉愣了一下，随即便明白了她的意思，"伐楚的时机到了！"

"是时候了，但不是秦国伐楚。"芈氏道："这是一个群雄并起的时代，就好比是森林里有一群狼，你要去吃一块肥肉，自然要想到别的狼也想去吃，故凡行事都须防人家一点。若是秦国单独伐楚，齐国不免眼红，且还有可能使齐楚再次结盟。故此番要联合齐、韩、魏三国一道伐楚。"

魏冉闻言，深以为然，"姐姐果然思虑周全，那齐、韩、魏三国本来就对楚国存了怨气，恰好合了那三国之意。"

芈氏问道："点何人为将？"

魏冉却是脱口请命道："既然是四国围楚，无须点将了，魏冉一人领兵去了便是。"

芈氏见他那急不可耐的样子，无奈地摇了摇头，"你的脾性可是一点没变，还是与当年一样。"

魏冉憨笑道："魏冉尚武，这急躁的脾气一时怕是难改了。"

"得改。"芈氏正色道："眼下秦国的军政大权，全握在宗亲外戚之手，你要是不做出一番功绩来，怕是要遭人闲话。"

"姐姐教训得是，魏冉谨记！"魏冉看了芈氏两眼，问道："眼下的局势，正按着姐姐所布下的局往前走，姐姐该是高兴才是，如何却是一副无精打采的样子。"

芈氏起身走到窗前，望着远方，轻轻一叹，"我既想着那熊横闹出点事来，又想着他不要犯傻，心里矛盾得紧。人说滴水之恩，当涌泉相报，想那楚怀王当年封我为楚国公主，送我入秦，虽说并非好意，但你我之所以有今日，岂非正是拜他所赐吗？楚国对我有恩，我非薄情寡义之人，此一番伐楚，楚国定是要毁于我之手，心中不免有些伤感。"

魏冉知道他这姐姐表面看去雷厉风行，干练果断，实则内心也如普通女人一般有些哀怨愁绪，便说道："姐姐适才也说了，这是一个群雄并起的时代，无非是成王败寇而已，我若不灭楚，楚亦灭我，姐姐勿要伤怀，免得徒增悲伤。"

芈氏嗯了一声，回头道："你且去准备吧，待齐、韩、魏三国回应后，便立即出兵。"

却说叶阳听说熊横杀人出逃的消息后，吓得花容失色，对于叶阳来说，她尚无法理解父亲出逃的原因，在她的眼里看来，即便是秦国与韩魏订了盟约，那也是邦交之常事，如何会威胁到楚国呢？

单纯的叶阳自然不会想到芈氏要对楚国下手了，她慌张地跑去嬴稷处，希望她夫君能为她的父亲开罪。

然在叶阳获知熊横出逃的消息时，嬴稷已然接到了芈氏要伐楚的命令。确切地说，这算不得命令，伐楚一事是早就设计好的，此事嬴疾在内心上是赞同并认可的。因为要想让秦国强大，称霸于中原，要想做出一番业绩来，让所有人承认他是一位有作为的少年天子，伐楚是必走的一着棋。

在嬴稷的心中，他一直崇拜他的父亲惠文王，他变法图强，矢志东出，北吞义渠，南并巴蜀，在列国屡次合围中化险为夷，让秦国一步步强大起来。如今他做了王，自然想以父亲为榜样，做惠文王那样的一代雄主，傲视天下。可是当伐楚的时候真正到来的时候，他却不敢去面对叶阳，毕竟楚怀王熊槐是她的祖父，太子熊横是她的父亲，要是秦国有朝一日当真灭了楚国，杀了她的亲人，与杀她何异？

此时，他猛然间想起了入燕为质之前，惠文王坐在床前对他说的那番话，"别看父王是秦国的王，在秦国可以呼风唤雨，其实为王者是这个国家里面最无奈最痛苦的一人，做了王之后，你就会发现，很多事情非人力可左右。"他那时尚无法理解他父王说此话时的无奈和悲痛，如今他做了王，才真正体会了其父王当时的心情。于是他按着惠文王的思路，来对照自己眼下的处境，在蓝田决战之时，他舍弃了芈氏，在惠文后和嬴壮夺储之时，他又让他们母子去了燕国……

想到此处，嬴稷似有所悟，在国家利益与个人感情之中，当时的惠文王选择了国家，抛却了个人私情。与此同时，他也理解了他母亲的作为，人生要做许多选择，而选择无非舍与得而已。

嬴稷低着头暗咬了咬牙，他已经有抉择了，当他再次抬起头来时，眼神之中焕发出来的是坚毅无畏的光芒。然也是在此时，他看到叶阳跑了进来，她的脸苍白若纸，她那细细的柳眉紧紧地拧在一起，眼神之中所透露出来的是恐慌、无助和悲痛。

看到她的样子，嬴稷的心里蓦然一阵刺痛，他曾对自己说过，这是一个需要他保护的女人，她这弱不禁风的身体禁不起伤害。可就在刚才，他分明已下了决心要去伤害她。

叶阳跑进来后，慌慌张张地跪在嬴稷的面前，话未出口，泪水竟已簌簌地落下来，"求王上救我父亲！"

嬴稷自然不能告诉她，这是早已设定好的计策，秦国不仅要伐楚，而且还要灭楚。他面对着跪在他面前苦苦哀求的叶阳，一时竟不知如何开口。

叶阳见嬴稷不说话，以为她父亲杀了人，必然要偿命，越发的害怕了，"你是秦国的王啊，难不成也做不得主吗？"

嬴稷站了起来，走到叶阳的身边，将她扶了起来，在这一刹那他突然又想起了在质燕之前，他跪在父王的床前，要父王宽恕他母亲时的一幕，这是何等的相似！然而，那时候他的父亲没有选择，如今他同样也没有选择。他看着叶阳说道："别看我是秦国的王，可以呼风唤雨，然为王者是这个国家里最无奈最痛苦的一人，今日我与你说一番掏心的话，你且仔细听好了。"

叶阳不知道他究竟要说什么，边含着泪边点头。嬴稷抬起手为她拭去泪水，边拭边道："人与人之间的交往，感情比利益更重要，所谓士为知己者死，便是这个道理。然国与国的交往，则是无利不交，不然百姓会因你而受苦，国家会因你而灭亡。秦楚之间的盟约，所谓的昆弟之交，不过是流于形式的邦交之策略，一旦两者之利益失去了平衡。莫说是昆弟之交，便是亲兄弟亦可斗得你死我活。"

叶阳默默地听着，却是待他说完也不曾听得明白，怔怔地问道："你是说我父亲杀了人，秦国须杀还一人以偿命吗？"

嬴稷看着她懵懂天真的样子，忍不住把她拥入怀里。隔了会儿后，似鼓起了勇气，说道："叶阳，非是要杀一人偿还，是秦国要打到楚国去。"

叶阳的娇躯抽搐了一下，突然一把推开嬴稷，大喊道："你好不心狠，我父亲不过杀了秦国一人，你却要发兵打到楚国云，他再有错，好歹是我父亲，你却也下得去手！自从入了秦，我依着你，顺着你，心里想的嘴里念的都是你，你不看我父亲的面子，也该看在我的面上饶他一回啊！"

叶阳看着沉默不语地嬴稷，似看到了他伐楚的决心，抬起手把眼泪一抹，

"你定是要伐楚是吗？"

嬴稷看到她决绝的神情，心里倏地一颤。果然，只听叶阳道："你若是执意伐楚，你我便恩断义绝，再无关系！"说完之后，转身跑了出去。

嬴稷的眼一直望着门口，久久不曾移动。

不知何时，芈氏轻轻地走了进来，走到嬴稷的旁边，将他搂入怀里，疼惜地抚摸着他的头，"母亲相信你能熬过去的，你也会迅速地成长并成熟起来。在每个人的一生之中，都必须面对诸多的无奈和痛楚，此乃成长所必须付出的代价。"

嬴稷没有说话，只觉得依偎在母亲的怀里时，心里莫名地升起一股委屈，有一种想哭的冲动。

芈氏又道："不要恨她，在楚国的都是她的亲人。"

嬴稷的眼泪终于掉了下来，"我不恨她，我只恨我自己，喜欢她却无力去保护她。"

"她和你一样，还是个孩子。"芈氏轻轻地道："你放心，不管如何，母亲都会好生待她。"

"孩儿不知道以后该如何面对她。"

"这个时候，任何言语都无法劝慰她。"芈氏伸手为嬴稷擦掉脸上的泪，"让她自己学会去面对吧，她会自己做出选择。"

嬴稷点了点头，也许他此时此刻永远也无法想到，叶阳的选择会是那样的刚烈。

蓝田军营里旌旗招展，猎猎作响。三军将士齐刷刷地站着，排列成一个巨大的方阵。

这是嬴稷继位以来第一次踏上这里，只有站在这里，他方才感受到作为王的责任和使命。这些生龙活虎的将士，他们的生与死、功与辱都掌握在王上的一念之间，王上的每个决策都可改变他们的命运，在如此多的为秦国赴汤蹈火的勇士面前，个人的私情算得了什么？嬴稷深深地吸了口气，这一刻他终于明白了母亲的用意，他回头看了芈氏一眼，朝她微微一笑。

芈氏看着嬴稷脸上的那一抹笑，心里却是有些发酸。他长大了，敢于去面对现实了，可也终将要为此付出沉重的代价。

芈氏轻叹一声，朝着嬴稷颔首示意。在秦国的众多战役之中，此次的伐楚之战因是与齐、韩、魏联合作战，所以并非是重要战役，王上本不必来军营为士兵壮行，但是芈氏却特意安排了嬴稷前来，是想让他来感受出征前的氛围，让他知晓身为王上的责任。芈氏认为，责任是一个男儿特别一个王上必须具备的素质。如今，当她看到嬴稷那自信的笑，她知道，她的目的达到了，"你下决心打了吗？"

嬴稷坚定地点了点头。芈氏道："那就号令三军出征吧！"

嬴稷转过头，慢慢地抽出佩剑，把剑身往天空一指，陡然大喝道："出征楚国，壮我大秦！"

嬴稷的话一落，下面十几万将士齐声山呼："出征楚国，壮我大秦……"喊声如雷，响彻天际，气势如虹。嬴稷的胸口激动地起伏着，他瞪着眼朝将士们呼喊："待诸位胜利归来，本王还在此迎你们，出征！"

魏冉跨上战马，在一阵战鼓声中，三军将士调了个方向，正要出发，却突见一辆马车急驰而来，及至军营的门口时戛然而止，似乎是有意要阻止军队出去。魏冉心想谁人如此大胆，敢阻大军出征？眯着一看，心里一沉，那车上所坐的赫然是叶阳！

马车停下时，叶阳站了起来，走到马车的前端，缓缓地举起手里的剑，搁到自己的脖子之上，一脸的决然。是时，朝阳正照在叶阳的身上，风卷着她的裙袂，吹动着她的发丝，娇弱的躯体在风中越发显得若柳枝儿一般的无力。在三军的威然气势之下，她举剑的样子丝毫没有壮士断腕的感觉，反倒是平添了一份凄凉，一种令人心疼的凄凉。

叶阳憋了一口气，然后使出浑身力气朝嬴稷喊："你敢出兵，我就死在你面前！"

其实在场的人谁都知道，将令已出，宛如箭在弦上，必发无疑。任是谁也阻止不了，叶阳的天真让全军将士都黯然神伤，如若这样的方式可阻止列国争伐的话，那么天下早就没有争战了。一时间偌大的军营除了猎猎作响的旌旗招展声外，听不到任何声息。

嬴稷没想到她会到这里来阻止他出兵，叫他骂也不是哄也不是，脸上一阵青一阵白，阴晴不定。突然眉头一沉，喝一声："拿弓箭来！"

底下的士兵吃了一惊，一时怔忡在那里，不知该拿上去还是不该拿上去。芈氏朝那士兵使了个眼色，那士兵才把弓箭拿了上去，递给嬴稷。

嬴稷拿了弓箭在手，朝着叶阳的方向，把弓越拉越满。此乃三石之弓，专为秦国的骑兵而制，将其拉满至少有两百余斤重，百步之内即便是对方穿了盔甲，亦可将其射穿，力道极大。秦国将士见少年王上挽弓拉箭，毫不吃

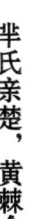

第四章 芈氏亲楚，黄棘会盟

力，不由得暗暗喝了声彩。

　　嬴稷的射箭之术是在质燕时与猎户学的，那时为了生存，射箭之术愈练愈精，可将奔跑中的猎物一箭射中。然此时在面对叶阳时，嬴稷还是不免有些心虚，剑眉紧蹙，目注远处，弓拉满时，却是迟迟不曾射将出去。

　　叶阳见他把弓箭对准了自己，心里一寒，举剑的手剧烈地颤抖着，眼泪簌簌地不断往下掉，"杀了我吧，若不同心，何以共枕！"

　　军营里静得落针可闻，谁都知道这一箭射将出去，会是什么样的后果，然箭在弦上，嬴稷会发吗？

　　死一般的静谧之中，只听铮的一声响，羽箭咻然飞出。叶阳咬着朱唇，闭上了眼，心想我因两国的联姻而来，为两国关系破裂而亡，为国而生，也为国而死，也算是值了！

　　却在这时，只听当的一声，叶阳手臂一麻，虎口生疼，手里的剑被震得落在了地上。

　　原来嬴稷的这一箭不偏不倚射在了叶阳的剑柄之上，叶阳的臂力本来就不大，在飞箭的冲击下，剑锋一弯，离开她脖子的同时，长剑也被震落在地。

　　众将士浑没想到会是这种结果，不由得发出一阵轰然叫好之声。嬴稷把弓箭一扔，飞一般地跑下将台，朝叶阳飞奔过去，从马上一把将她抱下来，抱在怀里，在她的额头上吻了一吻。

　　这一番突生的变故叫叶阳应接不暇，及至回神过来时，已然落在了嬴稷的怀抱之中，却不想还没待她做出什么动作，嬴稷却已吻在了她额头之上，虽说她是她名正言顺的王妃，可在上万人面前被人抱着吻了一下，不由得又羞又急，粉拳若雨点般地捶落在这个叫他又爱又恨的男人胸前，边捶边喊："好你个心狠之人，为何不将我一箭射杀了！"

　　"射杀了你，谁为我红袖添香，为我解颐？"嬴稷边抱着叶阳，一个纵身，上了一匹战马，"我与你说，秦国不会缩于西隅之地，必然东出进军中原，但我断然不会杀你亲人！走，我们回宫。"两腿一夹，战马一声嘶鸣，奔出了军营。

　　咸阳，后宫。芈氏与义渠王在床上缠绵着。

　　时至今日，义渠王与芈氏的关系已然公开化，宫里的人早已司空见惯，因此义渠王虽是秦国边境的匈奴，却是破天荒的可以在宫里出入，没人会阻拦他。如此的一种状态，令义渠王很是高兴，可以说这一段时间以来，是他一生中最为快乐的时光。想到初见这个女人之时，虽说是在挈桑劫持了她，但那时给她的承诺却是真的，这一辈子便是要与她在一起。如今他真的与她在一起了，兑现了承诺，甚觉满足。除去情感上的满足外，还有一点也让义渠王引以为傲，秦乃强国，义渠能与秦保持这样的一种关系，使得义渠脱离了藩国的范畴，与秦是平等的。

从芈氏的角度来说，义渠王便是一匹狼，桀骜不驯的狼，保持如今这样的关系，无异于驯服了蛰伏在西北的这匹狼，使他不会再轻举妄动，让她可以腾出手心无旁骛地去应对列国。其次，她也正是三十余岁的年纪，义渠王健壮的身体以及身上的野性正好满足了她，因此她对目前这种关系还是满意的。

然而，过不多久，这样的一种状态被打破了，芈氏发现自己怀了身孕。这个发现叫她猛地一阵心慌，她是大秦宣太后，若是给义渠留了种，岂非令列国耻笑？更为严重的是，这孩子出生于秦国王室之中，日后宫中万一有什么变故，使这孩子也加入王位之争，如此秦国岂非要在自己手里亡了？想到他儿子的江山将来有可能易主，芈氏不由得一阵战栗。

芈氏虽也是来自楚国外姓，从某种意义上来说，与楚怀王是同宗同族，但她对惠文王是有感情的，那是嬴氏宗室百年基业，也是他儿子嬴稷的王图霸业，绝不允许他人染指。

芈氏越想越是害怕，立时差人去把义渠王召来。义渠王自从与芈氏发生关系后，在咸阳城里有落脚处，听是芈氏召见，马上赶到了宫里。可没想刚刚入了宫，甫与芈氏见面，芈氏便冲上来，不由分说就给了他一个响亮的巴掌。

义渠王捂着火辣辣的脸，眼里蓦地射出一道寒光。按义渠王的脾性，若换作是他人打他耳光，三个脑袋也已早被他割落于地了，但在芈氏面前，他虽也愤怒，却是硬忍着没有发作出来。

芈氏她冷冷地盯着他，"我怀了你的种。"

义渠王闻言，眼里的寒光立时便没了，换作了惊喜，激动地道："你是说我……有孩子了？"

"你高兴什么？"芈氏冷笑道："你就不怕我杀了你？"

义渠王敢情是让兴奋之情冲昏了头，未曾回过神来，"这却是为何，莫非你不高兴吗？"

"嬴室后宫，绝不允许他姓孩儿出世。"芈氏看着义渠王，一字一字地道：

"你且与我听仔细了，此孩子出生后，不得留在秦国，必须马上送到义渠去。"

义渠王这才明白过来，走上前去抓着芈氏的手道："你只管放心，但要这孩子一出世，我就把他带回义渠，绝不让他参与嬴氏之事。"

芈氏听他如此说，略微放了心。义渠王时不时地去摸摸芈氏的肚子，还对着芈氏憨笑，很是兴奋。过了会儿，又道："此孩子的到来，给了我希望，我不再担心无后了。让我为你做点什么事吧，哪怕是去战场也好。"

芈氏娇嗔道："算你还有些良心！"

两人正说话间，却见嬴稷和嬴疾两人走了进来，义渠王以君臣之礼见了嬴稷，而后便站到一旁去了。嬴稷说道："母亲，适才接到战报，我四国联军被阻在垂沙一带（今河南省唐河西南），难以行进。"

芈氏讶然道："这倒是奇了，四国大军，号称五十万，如何会被阻在垂沙，前进不得？"

嬴疾把芈氏引到羊毡地图前面，手指着图说道："太后请看，此乃楚国方城（今河南省南部方城县），在此城的前面便是垂沙，在此地有一条大河，叫做沘水（今河南西南唐河境，下游至襄樊入汉水），楚将唐眛隔水列阵，但要我军涉水渡河，唐眛便在对岸用弓箭手连番射杀，三军不能过，被阻在了沘水沿岸。"

芈氏看着地图倒吸了口气凉气，"唐眛不愧是楚国名将，把方城当作城墙，把沘水当作护城河来部署防守，利用山水形式布作一道铜墙铁壁，好生了得！"

四、唐眛死守垂沙，庄蹻郢都叛乱

嬴疾皱了皱眉头，道："这唐眛乃沙场老将，在楚威王时期便已立下赫赫战功，精于谋略，早年曾与齐国在诸城一战（今山东省诸城市），歼齐军两万，威震列国。今虽老矣，然临敌经验犹在，沘水水深，我四国大军均不善于水战，其临水而守，乃有的放矢，有备而来。"

芈氏没有说话，却是转过身瞄了眼义渠王，问道："你可敢去？"

义渠王走将上来，大声道："上山下水，赴汤蹈火，没我不敢去的地方，小小垂沙，何足道哉！"

"且莫说大话。"芈氏说道："倒是与我说说，到了垂沙之后，你如何应对唐眛。"

"兵者，诡道也。"义渠王冷笑道："两军临水而列阵，一攻一守，若攻者咻咻然堂而皇之地渡河，自然成为众矢之的。倘若精选一批善水者，趁黑去摸清水路，而后再引大军过河，何惧不胜？"

嬴疾听他一说，微哂道："此话倒是在理，河道有深有浅，如能摸到浅水处，引大军过河，唐昧兵不及我众，必败无疑。"

义渠王道："便是这个道理。"

芈氏称好，道："如此你便去吧。只是两军对阵，危机四伏，须小心些。"

义渠王闻言，不觉心里一暖，心想为了你便是上刀山下火海又有何妨呢，因在嬴稷、嬴疾面前也不敢说那些贴心的话，只把手一拱，就走了出去。

却说这一番四国出征，各国都派出了精兵强将，除了秦国的魏冉外，齐国领兵的是匡章，魏国由公孙喜领兵，韩国由暴鸢掌兵，此四人可以说是当时世上赫赫有名的战将，身上都背有大大小小的战绩。此外，四国之兵合起来号称五十万，将精兵多，按理说拿下楚国几座城池，而后各国按战绩大小瓜分了，这本该是毫无悬念之事，可偏偏让唐昧阻在了沘水，组织了几次攻击，均是损兵折将，难越雷池一步。各国将领殚精竭虑，思索应对之策，争奈河宽水深，众将均是束手无策，战争陷入了僵局，一拖就是五月有余。

这个消息一传到四国君主耳里，都是讶异不已，他们均没想到四国雄师居然被唐昧牢牢控制在了水边，寸步难行。韩魏两国的国力相对较弱，担心长久拖下去，劳民伤财，犹豫着是不是该撤军。齐宣王田辟疆精于骑射，是个尚武之辈，他大骂匡章无能，空有几十万雄兵，却被人家挡在水边，动弹不得。

匡章心里比谁都急，他是联军的总帅，没想到本国王上齐宣王先急了，齐国军心则有所动摇，秦国正好派了人来。匡章听得消息后，马上赶去了秦营。及至秦军大营时，魏冉正与刚到的义渠王商量军情，见匡章入内，两人均是起身相迎。魏冉说道："义渠王是受太后所遣，来助我等一臂之力的，他或有办法引军渡河。"

匡章闻言，心里的石头顿时便落下了，虎目里精光一闪，哈哈笑道："如此甚好，且说说我军如何渡河。"

义渠王道："虽道沘水河宽水深，但整条河道必是有深有浅，但要摸到浅水处，便可过河。"

匡章长长的白眉一动，疑惑地看着义渠王道："这几个月来，我也曾在附近勘察过多次了，却是不曾发现浅水之处。"言下之意是说，我们勘察了这么

第四章 芈氏亲楚，黄棘会盟

181

多日子都不曾发现，便能让你发现不成？"

义渠王冷笑一声，扬了扬眉道："予我三日，若三日之后不能引军过河，只管把我的头颅拿了去便是！"

"后生可畏！"匡章听他说出这番话，不由得重新打量了他一番，"你既然立此军令状，本将岂有不信之理，要多少人手，只管说来。"

"二十人足矣！"义渠王道："但这二十人须深谙水性。"

是日晚上，匡章精心挑选了二十位善水的士兵，交由义渠王。

却说义渠王带着二十位善水之人到了水边，瞅准了几个楚军防卫薄弱地带，叫士兵下水去探。那些士兵闻言，你看看我，我看看你，却是没一人下水去。义渠王大怒，轻叱道："叫你等下水，却为何不动？"

当中有一人说道："不瞒将军，这一带的水路匡将军带我等探了不下上百趟，皆有数人之深，水流湍急，再探也是徒然。"

义渠王眉头一皱，说道："且与我细说你等是如何探的。"

那士兵道："除了楚军主力所在之处，其余地方我等皆是一一细探，不曾放过一处。"

义渠王眼里精光一闪，又问："在这水域之上，楚军共有几处主力所在？"

"有八处，皆是重兵驻守。"

义渠王略有所思地点了点头，朝士兵招了下手，道："回去吧。"

众士兵一听，却是百思不得其解，疑惑地问道："果真不探了？"

义渠王冷哼一声，"你等既已探得仔细，无须再探，明日晚上强攻便是。"

及至回了军营，匡章、魏冉见义渠王这么快便回，好不奇怪，均问道："如此之快便探明了吗？"

义渠王看了匡章一震，嘿嘿怪笑一声，"我如此之快探明回来，须仗匡将军之功啊！"

匡章被说得丈二和尚摸不着头脑，诧异地问道："如何是我之功？"

义渠王道："将军明明已然探得水浅之处，却是不曾发现。"

魏冉神色一震，"哪里来这么多废话，赶快说来便是。"

义渠王道："匡将军在这一带水域均探了个遍，敢问可曾去探过楚军重兵把守之处？"

匡章说道："楚军重兵把守之处，轻易不得近身，却是不曾去过。"

"这便是了。"义渠王冷冷的脸上露出一抹得意之色，"重兵把守之处，便是浅水所在也！"

魏冉一听，脸色顿时沉了下来，"这便是你所探之结果吗？那几处地方，我等曾组织过数次进攻，折损了数千将士，都不曾渡过河去，即便是你所言不虚，那又能如何？"

义渠王性子极犟，见魏冉没给他好脸色，他也把一张脸沉了下来，看着魏冉硬生生地道："你打不过去，未必就代表我也打不过去。"

"哦？"魏冉浓眉一扬，挑衅地看了看义渠王，冷笑道："言下之意是说，你比我还能打仗？"

义渠王仰首一笑，"我虽狂也，却有自知之明，其他地方不敢说，但是这一战，我有必胜之把握。"

魏冉见他一副成竹在胸的样子，朝匡章看了一眼，呵呵笑道："你若果然能打过河去，这一战便任你做前锋，须调拨予你多少人马，只管说来。"

义渠王伸出两根手指头，"二十人。两位将军只需把今晚的那二十善水之人调拨予我便可。"

匡章吃了一惊，"楚军有二十万大军在对岸，你二十人如何打得过去？"

义渠王走到桌前，把一壶酒举将起来，咕噜噜地灌了一口，许是兴奋的缘故，脸上微现股红潮，"四国联军人数加众，但一来不善水，二来不知水域深浅，下水之前全军便已然心生畏惧，自然是过不了河去。明晚子时，趁楚军疏于防备之时，我领二十人从浅水处先行过得河去，好叫三军将士知道，此河并非不能过，如此便去了三军畏惧之心。待我等上岸，摸到楚军粮草所在，放一把火烧了，但要火光一起，你等便趁乱率军渡河。"

匡章闻言，两眼一亮，叫道："妙计，便如你所说，明晚过河！"

次日晚，四国联军秘密集结起来，义渠王则依然带那二十人去了河边。那二十个士兵此时也与义渠王熟了，边走边问道："将军之计，并非没有道理，可万一楚军重兵把守之处，河水也有数人之深，这可如何是好？"

另一位士兵连忙接过话头道："是啊，四国联军，集结待命，我等若是无功而返，可叫兄弟们笑话了。"

义渠王边走边哼了一声，"此行若是不成事，断然不会活着回去了。"

话音一落，趁着对岸的巡逻兵走过去时，义渠王一个翻身，便已入了水里，脚底试着往水下面一探，果然探到了水底，此处的水不过齐胸而已，不由得心下大喜，朝着后面挥了挥手，那些士兵见状，都下了水去。

如此一路泅将过去，待巡逻兵过来时，众人把身子往水里一沉，待得对方过去了，再伸出头来往前游，没多久工夫，果然到了对岸的河堤之下。那

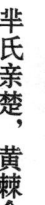

第四章　芈氏亲楚，黄棘会盟

183

二十名士兵眼见得就要立大功了，都是兴奋不已，对义渠王也是言听计从了。义渠王咧嘴对他们冷冷一笑，猫着身子往河堤的右侧潜行过去。

义渠王此举能成功，其实也并非他的计策巧妙，若换在几个月之前，楚军防备严密，他们未必就能偷渡得过来，但是五个月下来，楚军的防备之心渐渐松了下来，这才叫义渠王有了可趁之机。

却说义渠王带着众人绕过了哨所，见左右无人，上了岸去，觑了个机会，迅速地穿过箭楼以及瞭望木塔所在，绕到了楚军大营的后面。义渠王也曾常年行军打仗，熟知粮草通常会放置在军营的后面，是时楚军营里大多数人均已入睡，也没见几处灯火，这让义渠王顺利地摸到了囤积粮草之处。

许是天意使然，楚军在此守了五月有余，料想联军不可能过河来，放在后军的粮草也就没派几人守卫，那二十余人到了地头，觑个真切，合围上去，一人一个就把守兵解决了，没发出半点声响。义渠王冷冷一笑，朝众士兵道："建功的机会到了，快把这里放火烧了！"

众士兵均是眉开眼笑，四散开去点了火。须臾，只见一阵浓烟腾空而起，火光在浓烟之中愈烧愈旺，待楚军发觉之时，已是火光烛天，义渠王等人却早已藏了起来。

这边匡章、魏冉等人正等得着急，猛见楚营之中火光大起，情知大事已成，不由得哈哈大笑，率领大军从义渠王所经之处渡河而去。

唐眛毕竟是久经沙场的老将，听是粮草起火，便知是联军有人混了进来，接下来联军必然要大举进攻，连忙出了营帐去，集结军队迎战。怎奈此时军营之中火光大盛，映红了半边天，楚军人人心慌，越慌越乱，争相奔跑，大乱之下，夜色之中，竟是连敌我都分不清了，未待联军攻打上来，楚军便是自相践踏……

垂沙一役，唐眛殉国，楚军被杀两万余人。联军则乘胜继续深入楚境，旬日之间，便拿下了垂丘（今河南省沁阳县北）、宛城（今河南省南阳县）、叶城（今河南省叶县）大片土地。

面对着来势汹汹的四国联军，楚怀王吓得不轻，莫说是四国联军，即便是秦或齐其中一国来攻，以楚国现在的实力，也是毫无胜算的，无奈之下，只得向齐国求和，并把熊横送去齐国为人质，此事才算平息下来。可怜那熊横，刚从秦国逃了出来，却又落入了齐国手里。

熊横质齐之后，四国联军退了，然楚国的噩运却并未因此而终结，反而陷入了更大的内乱之中。

却说那庄蹻领着十余万人马，退至郢都外围时，许是对楚国昏庸的楚怀王不满，突地号召大军举兵起事，虽说未能说动三军造反，却也有三四万人跟着他一路杀将过去，直至楚国都郢。由于当时城内都百姓也不满楚怀王，由此里应外合，被庄蹻一举杀了进去。

庄蹻一起事，楚国便是彻底乱了，不久之后，楚国四分五裂，庄蹻与楚怀王形成了割据之势。

垂沙之战后，芈氏诞下一个男婴，义渠王如获至宝，看着床上的母子俩，宛若换了个人一般，一改昔日冷如冰霜的表情，竟是不住笑着。

芈氏看着旁边躺着的婴儿，脸上也散发着母性的光芒，心里对义渠王的感情也逐渐发生了变化。若说之前纯粹是为了牵制秦国西境的这匹野狼，此时此刻他们之间已然有了孩儿，他已是这孩儿的父亲，心里自然而然地对其生出了些情愫，便笑着对义渠王道："你给孩儿取个名吧。"

义渠王应了一声，低头一想，说道："便取名叫隼吧，希望他将来能如鹰隼一般，展翅长空，自由飞翔。"

芈氏看着婴儿含笑道："甚好！"

满月之后，义渠王按照之前所说的，要将婴儿带去义渠，芈氏抱着孩子依依不舍，但同时她也明白，此子断然不能留在秦国，便将其亲了又亲，垂泪道："隼儿，非是母亲心狠，母亲只是想让你离开这是非之地，将来不望你做出多大的成就，只期望你能自由自在、无忧无虑地活着！"

芈氏感慨一番，将孩子交给义渠王，又道："须好生待他，不可使他受苦。"

义渠王道："你只管放心，我便是不要了性命，也护他周全。"

与义渠王作别后，芈氏着实伤感了多日。眼前时常浮现出那婴儿白白胖胖可爱的样子，心中愧疚不已。

这是数月之后的某一天，芈氏在花园里与嬴稷对弈，芈氏执白子，嬴稷执黑子，黑白两方经过一阵对决，最终黑子被围了起来，左冲右突无望之下，嬴稷弃子道："孩子棋艺与母亲相比，相差甚远也。"

芈氏盈盈一笑，"你猜猜看我下一步将如何走。"

嬴稷苦笑道："孩儿已被母亲团团围困，母亲如何下都是赢的。"

"赢有很多种。"芈氏半是认真半开玩笑地道："一击而胜是赢，狙击围困

第四章 芈氏亲楚，黄棘会盟

是赢，与之决杀以命相拼也是赢，如若是你，你选哪一种制敌之法。"

嬴稷想也没想便道："自然是一击制胜。"

"这便是了。"芈氏微笑着落了一子，只见这一子落下后，嬴稷右上方整块地方都被控制了起来，失了大片地盘。

"一击而中，此招甚妙！"嬴稷惊叹了一声，忽而似想到了什么，看了棋局一眼，抬头说道："母亲今日叫我来下棋，想来并非是为无聊解闷儿的，可是想以此棋局暗示天下之形势？"

"哦？"芈氏未作直接回答，把身子靠在椅子之上，说道："你倒是说说当今天下之局面。"

嬴稷略想了一想，说道："在七国之中，原以秦、齐、楚为强者，今楚国在父王和母亲的打压之后，再无能力对秦构成威胁，不足道哉，倒是赵国与燕国有雄起之气象，隐隐然与齐一起，在东北之处形成并驾齐驱之势，孩儿以为，秦国要想称霸天下，该是到了对齐、赵下手的时候了。"

芈氏笑着摇头。嬴稷诧异地问道："莫非孩儿说错了吗？"

芈氏道："眼下之时局，确如你所言，以秦齐为强，燕赵渐成隐患。可毕竟这三国与我相隔甚远，若是秦国发兵攻齐或攻赵，就不怕韩、魏、楚在背后捅上一刀吗？"

嬴稷点头道："母亲所言，确也在理，韩魏两国今已亲秦，莫非母亲还要向楚国下手不成？"

"所谓百足之虫死而不僵，楚国地广人多，若是其再举倾国之兵，力量依然不可小觑。"芈氏正色道："若要想彻底制住楚国，还需用上一招。"

嬴稷看了眼棋局，恍然大悟，"便是母亲适才所下的这一招吗？"

芈氏道："正是。"

第五章 武关挟王，计骗田文

一、芈戎欺楚战襄城，嬴稷用计骗怀王

嬴稷看着棋局，脸色越来越白，突地起身走到芈氏身前，跪了下去，"孩儿答应过叶阳，断然不杀她亲人！"

芈氏抬起头闭上眼，国家大事和个人情感同样在她的心里交集，若是从她的私人角度讲，她也绝对不想去践踏那片土地，不想让鲜血去染红生养她的故土。可是这是乱世啊，七国纷争，即便是秦国不去践踏那片土地，也会有其他国家入主楚境，到时候甚至秦国都会被吞噬，谁又想看到那样的局面？

芈氏吸了口气，睁开眼把嬴稷扶将起来，"母亲理解你的难处，人非草木，孰能无情啊，到时只要无损秦国利益，由你决断便是。"

"多谢母亲！"嬴稷再行了个礼，在芈氏对面坐下说："何时动手？"

"楚怀王与庄蹻两雄相持，都想得到更多人的支持，以安定局面。"芈氏说道："楚怀王想要坐稳王位，所凭为何？土地也。楚国在他手里失去的土地太多了，他想夺回来，却又不敢向强国动手，于是把目标锁定在了韩国。垂沙一战，韩魏两国把宛、叶以北的地区夺了去，楚怀王想争回一口气，用景缺为将，发兵韩国庸氏（今河南沁阳一带），此乃楚怀王给我们提供的一个机会，韩为我秦国之盟国，可以救韩为名，发兵伐楚。"

嬴稷剑眉一扬，"但愿此举可一举定了中原局势，实现秦国东出之夙愿！"

芈氏微叹了一声，"你父王励精图治，为的便是秦国东出，若是此夙愿能在你手中实现，你父王当含笑九泉了。"

"孩儿定不负父王之宏愿。"嬴稷在芈氏的扶持之下，雄心渐壮，谈论时局时已不像之前那样没有主见，思前顾后，而是意兴遄飞，雄心勃勃，"敢问母亲，点何人为将？"

"让芈戎和白起去吧。"芈氏淡淡地笑道："此二人均是当世之煞星，叫他俩去杀杀楚怀王的气势。"

公元前300年，芈戎、白起领了军令，率十万雄兵，出蓝田而奔楚。这一次依然延续了芈氏的作战方法，以救韩为名，直接出兵攻打楚国襄城（今河南襄城），楚怀王接到秦国出兵的消息后，不敢把战线拉得过长，急令景缺从韩国撤军回援襄城，专注应付秦军。

从楚国眼下的综合实力出发，楚怀王的做法是正确的，若是不全神贯注地接迎秦军，怕是要吃更大的亏。然而秦国似乎是楚怀王天生的克星，当他小心谨慎地在襄城摆开阵势，要与秦军好生打一场时，却偏偏遇上了秦国的两个煞星。

此番出战楚国，芈戎为将，白起为副，两人在襄城一里之外安营扎寨，命令全军埋锅造饭，先填饱了肚子再说。

芈戎休息过后问道："你说，咱们攻城，你可有良策？"

"楚军早已风闻我军前来，调了景缺在此，如今在襄城里面，最少也有十五万人马。"白起静静地看着不远处的襄城道："强攻怕是要吃亏，须引景缺出来应战才是。"

芈戎满脑子的歪主意，眼珠子滴溜溜一转间，计上心来，嘻嘻笑道："我负责把他引出来，你负责杀，如何？"

白起一听，正中下怀，"甚好。"

这一日，秦军吃饱了饭，芈戎便叫全军将士安心歇息，隔日再战。将士们一听，都十分高兴，这些人从军均有些年月了，但鲜有在战场上吃饱了还能睡觉的，都说跟了芈戎将军就是不一样，不但能打胜仗，且很是舒服！

楚将景缺是楚国后起之秀中的翘楚，深谙兵法之道，虽只三十几岁年纪，但在楚军之中却是颇具威名。此时听说秦军吃饱了后，在营中睡大觉，好不奇怪，叫来原襄城守将皮丘商议。那皮丘想了想说道："秦只有十万人马，想是不敢正面攻城，引我军出战。"

景缺冷哼道："即便出战又能如何，我有十余万人马，还怕与之决战吗？"

皮丘道："秦军狡诈无比，末将以为，不可贸然出战。况且秦军远途出战，最忌打旷日持久之战，拖他几日，与我有益无害。"

景缺一想也是，便同意了皮丘之策。

及至次日，芈戎睡了一大觉，精神大好，走到士卒之中，叫道："谁愿与我去襄城跟景缺玩玩？"

众士卒均知芈戎的思维不能按常理揣度，行事往往出人意表，听他说要去与景缺玩玩，纷纷围了上来，问是如何玩法？芈戎说道："我需神射手一名，善于说词者十名，去与景缺理论理论。"

芈戎话音一落，众人争相报名。当下便精选了弓箭手一人，口才佳者十名，临出发前，与他们一一交代后，便嘻嘻哈哈地一路说笑着往襄城而去。

消息传到景缺耳里时，他忙不迭地登了城楼去看，却见芈戎只带了十一个士卒，也没骑马，更没携带兵器，赤手空拳地站于城门之下，景缺顿时就蒙了，不知其为何而来。

芈戎把两手叉在腰际，望着城楼喊："秦将芈戎在此，哪位是景缺将军？"

景缺道："我就是！"

"原来你就是楚国大名鼎鼎的景缺将军！"芈戎嘴里夸着人，神色间却流露出不屑之色，"我敢赤手空拳站在此处，你敢下来吗？"

景缺的年龄与芈戎相差无几，被他如此一激，当真下去了，芈戎笑吟吟地看着景缺的刀砍过来，却是纹丝未动，甚至连眼睛都没眨上一眨。然当景缺的刀即将在他头顶砍落之时，蓦地箭影一闪，紧接着便是叮的一声尖锐的响声，一支箭落在景缺的刀身之上，且由于是近距离射击，力道奇大，震得景缺虎口发麻，刀势不由得偏了一偏。

芈戎轻喝一声，纵身扑将上去，匕首又是一扬，落在景缺的脖子上，一道鲜血立时若血箭一般，喷溅出来。景缺下意识地去捂自己的脖子，奈何这

一刀被割得极深，喉管已断，已然说不上话来，心头却是掠过一抹悔意，悔不该下了城来，今主将一死，襄城内即便有十余万大军，又如之奈何乎！

景缺倒下了，襄城里面传来阵阵惊呼，守将皮丘大喝道："弓箭手何在，把这些人都射杀了，给景缺将军报仇……"皮丘的话还没有喊完，又是一支利箭射去，不偏不倚正好钉在他的额头之上，皮丘连哼都没再哼上一声，便倒了下去。

襄城两员主将接连被杀，所有士卒顿时都慌了，恰在这时，不远处响起一阵惊天动地的呐喊之声，浑若天雷一般，由远而近奔袭过来。此时，从襄城的城头望将过去，前方尘头大起，秦军若一股黑色的龙卷风，挟万钧之势，朝这边扑将过来。

楚军的主将没了，群龙无首，本来内心就已慌乱了，见秦军这等气势，哪个还有再战之心，争相逃命，一时间城头一片大乱。

秦军毫无悬念地打入城去，白起铁青着脸，面对着惶惶如热锅上蚂蚁似的楚军，陡然喝道："杀！"秦军呼喊着冲将过去，如狼入羊群，见人就砍，逢人便刺，不出多久，襄城血流成河，尸积如山，竟是一口气杀了三万楚军，降者无数。

入了襄城后，芈戎很是高兴，说旬日后便可回秦。白起却似乎不愿回秦，说道："眼下士气正盛，若是就此回秦，岂非可惜了？"

芈戎诧异地道："太后只叫我等攻襄城，继续再战，岂非抗旨？"

白起冷哼一声，不屑地道："不想你原来也是拘泥之人。"

芈戎被这么一激，果然被激起了性子，"依你之见，该是如何？"

"此番襄城拿得忒是容易，不甚尽兴，再去拿下一城去如何？"白起眼里发着光，"大好江山，多送太后一座城池，料她也不会不高兴。"

芈戎本是不甘寂寞之人，被白起如此一说，也来了兴致，拍了下桌子道："便依了你！"

谁承想这两个杀星，不打便罢了，一打就收不住势头，又连克了楚国八座城池，方才罢休，把楚国打得人人自危。

捷报传到秦国后，国内人心振奋。然在此时，却也传来了一个噩耗，身经百战的嬴疾病故。

嬴疾之死，对芈氏和嬴稷的打击都是十分巨大的，没有他的支持，芈氏母子不可能执掌秦国，这些年来，没有他里外打理，忙前忙后，芈氏母子也不可能心无旁骛地一致对外，不管是在惠文王时代，还是在芈氏母子执政时期，若说嬴疾是秦之栋梁也毫不为过。

为此，芈氏母子亲自主持丧事，为嬴疾举行了盛大的葬礼。安葬了嬴疾之后，在芈氏的提议下，任赵国人楼缓为相。嬴稷也知楼缓善谋略，颇有才能，至此时年四十六岁的楼缓登上了秦国的政治舞台。

料理完了国内之事，嬴稷再次把目光放向楚国，他写了封书信，交由信使快马送予楚怀王。此信的内容大意如下：

> 寡人曾与王结为至交，两国结为昆弟之国，此良举也，两国至欢。殊奈变生突故，王之太子杀寡人之重臣，不谢罪而逃归，寡人诚不胜怒，使兵侵王之境地也。寡人与楚接壤疆界，故为婚姻，相亲已久，寡人愿与君王会于武关，当面再续盟约，复遂前好，惟王许之。王如不从，是明绝寡人也，寡人不得已以兵戎相见，望君三思。

楚怀王看到此信，又犹豫了起来。且不说秦国结盟之心是否真诚，单从眼下的境况来看，楚国接连惨败，着实打不起了，若不与秦国再续盟约，后果难以设想。但是，秦乃虎狼之辈，续盟之后，其会否再变卦？可转念又想，如是不与其续盟，惹怒了秦国，如何是好？一时委决难下。

这一日，楚怀王在朝会上与诸大臣商议此事。是时楚国的令尹昭雎①听了此信的内容后，立时大声反对亲秦，"恳请我王再不能信秦国，秦之虎狼之心，天下皆知，楚国受其害深也，岂可再与虎谋皮乎？"

屈原见昭雎反对，正中下怀，也站将出来道："前有张仪欺楚，今有芈氏乱楚，楚之大好江山，一寸一寸尽落于秦手，使之百万楚人尽数寒心，那庄蹻才得以趁机起事作乱，苦是再与秦订盟，我王将再失人心也！臣以为楚当前虽无力伐秦，但全力拒守，以抵秦国，尚有此能力，望我王三思。"

楚怀王听了昭雎、屈原之言，虽觉他们所言在理，但是心下依然没底，散了朝之后，还是思前想后，犹豫不决。是时，恰好郑袖进来，见楚怀王愁眉不展，便问其缘故。楚怀王便将事情缘由说了一遍，而后唏叹道："秦狼子野心我又何尝不知，但若不与其续盟，怕是引来更大的患祸，委实让我难以

---

① 昭雎：即领楚军与秦军战于丹田者，楚国大官向来由昭氏、屈氏任职，昭阳亡故后，楚令尹便由昭雎接任。

决断。"

郑袖却道："此事之利害十分清楚，王上无须多虑。"

楚怀王一听她这话，十分意外，问道："你倒是说来给我听听。"

郑袖道："与秦翻脸，其势必举兵来攻，楚难以与敌；然与秦续盟，可保一时之平安，此是显而易见之事，保了平安之后，再图御敌，岂非更有保障？无论如何，也比得仓促应战强。"

楚怀王一听，点头笑称郑袖说得在理。又过一日，楚怀王庶出之子子兰来见，于是又相问于子兰。子兰纯属纨绔子弟，贪图享乐，自然不希望再起战事，于是说道："秦善意约之，若断然拒绝，便是给秦国一个起兵理由，必招兵燹，楚国拿什么与秦国再战？不妨顺水推舟，与其续盟，方是存国之道。王上心里若是不踏实，可领一万兵马前去护驾，可保无忧。"

楚怀王深以为然，当下便决定亲自去武关，与秦会盟。

屈原听得楚怀王要去会盟，吃惊非小，忙入宫去力劝，叫他不要去。楚怀王却是心意已决，说与其续盟，不过是要给楚国一个喘息的机会，休养生息，方可图强。再者，我堂堂一个楚王，去了秦国之后，他们还能把我吃了不成？秦虽强，何以让你等惧怕如斯？

公元前299年，楚怀王领了一万人马，亲自去了武关。按照楚怀王的思路，秦国是有意续盟的，此行必然无忧，领这一万人马不过是壮楚国声势罢了。可是他断然想不到，此一番离楚，再没机会踏上故土。

叶阳虽深处后宫，但秦楚两国的战事却时时牵动着她的心，这一日，她在宫里听到消息说，嬴稷要在武关与楚国重新修订盟约，以续前好，不由得喜出望外，连忙跑去找嬴稷，问他是否真的要与楚国结盟，不再起战事了？

嬴稷笑道："自然是真的，国家大事岂有戏言！"

叶阳开心得像个孩子，咯咯笑道："如此太好了！届时你去武关与我祖父会晤，可否带着我一道去，我可是有多年不曾见他了？"

嬴稷闻言，面现为难之色，一副欲言又止的样子。叶阳忙道："你是担心我予你添乱吗？我向你保证，绝不予你添麻烦，哪怕只是远远地望他一眼也是好的。"

"若是你真想见他的话，在咸阳便可。"隔了许久，嬴稷说道："他会来咸阳的。"

叶阳似乎从嬴稷欲言又止的神色中读出了什么，脸色微微一变，"他能来咸阳自然是好的，可两匡于武关会盟，他来咸阳作什么？"

"有些事你不懂。"嬴稷不愿与她说透，"到时候我安排你俩见面便是。"

从嬴稷那里出来后，不知为何，叶阳总觉得有事要发生，心里怦怦乱跳。她虽不懂国家大事，可她会看人脸色，如果她的祖父楚怀王果真是受到秦国的邀请，来秦国观摩，嬴稷为何会在她面前表现出欲言又止的模样？很显然，有些话他没说出来，有些事不方便对她言及。

到底是什么事呢？楚国的王上到秦国来，会发生什么样的事呢？叶阳想了半天也想不出来。

芈氏拉着嬴悝的手并肩走于后宫的庭院之中。嬴悝小嬴稷两岁，然此时也是个二十有四的青年了，由于他一直生长于宫里，没吃过什么苦，所以看上去比嬴稷白皙许多，也显得要瘦弱一些。芈氏说道："此番代你哥哥去武关，也是锻炼你的一个机会，到了那边后，切记三点，一是注意安全，多留意周围的事情，注意事态的发展，有时候些微的变化，都足以令人致命，必须要时刻留意；二是代表国家去做事时，切不可加入个人情感，莫因楚王是你嫂嫂的祖父便心慈手软，公是公，私是私，要以秦国的利益为先；三是在楚怀王未入关前，不可与其正面相对，否则将前功尽弃，坏了好事，可记住了？"

嬴悝微微一躬身，"孩儿牢记母亲教诲。"

嬴悝拜别芈氏出来，正行走间，恰遇到了叶阳，嬴悝连忙行礼道："嬴悝见过嫂嫂！"

事实上嬴悝的年纪要比叶阳大，但是身为高陵君的嬴悝却是守之以礼，对叶阳十分尊重，叶阳也对其大有好感，当下也还了一礼，问道："高陵君何时入的宫，我却不知？"

"上午便来了，与母亲商议些事情。"

叶阳笑道："既是来了，不妨去我处小坐片刻，也好顺便与你哥哥叙叙。"

嬴悝说道："多谢嫂嫂，这厢有事，耽搁不得了，须出宫去。"

叶阳闻言，心里一动，便问道："我有一事问你，不知可否？"

嬴悝忙道："嫂嫂何须客气，但问无妨。"

叶阳问道："秦国要与楚国重修盟约，你可知晓？"

嬴悝暗自一怔，笑道："听说了。"

叶阳留意着他的神色变化，又问："我听你哥哥讲，楚王还要亲自到咸阳来，可有此事？"

嬴悝听她语气，明显不知此事的内情，想来是嬴稷刻意隐瞒了，他也知道此事不能对她实说，但一时又不知如何应付，支吾了一下，说道："嫂嫂以后自会知道，我还有事在身，先行告退。"施了一礼后，慌忙告辞出来。

　　叶阳看着嬴悝急匆匆离开的身影，愣怔了良久。如今她已基本确信，此番所谓的会盟绝没有想象中的那么简单，而且如果是好事的话，他们没必要遮遮掩掩，瞒着自己。难不成武关会盟是阴谋，他们要谋杀楚王？

　　一股怒火在叶阳心里升起，她可以容忍所有的委屈，却容不下欺骗，当下咬着牙含着泪又反身去找嬴稷。

　　嬴稷正于书房里看书，听有人进来，抬头一看，只见叶阳满含着泪，气愤地疾步走来，不知发生了什么事，刚起身要相询，却不想叶阳抬起手就给了他一个耳光。

　　嬴稷捂着脸，莫名其妙地看着她，脸色渐渐地沉了下来。他虽然极是喜欢叶阳，但成年以来，从未有人扇过他耳光，特别是继位之后，人人唯他是从，何曾被人如此对待过？不由得怒道："你要做什么？"

　　"做什么？"叶阳红着眼喊道："你却是要做什么？看在这么些年夫妻的份上，我求你告诉我，武关会盟，你到底要对我祖父做什么？"

　　嬴稷气道："两国会盟而已，我能对他做什么？"

　　"难道我们之间连最起码的信任也没有了吗？"叶阳的眼泪忍不住掉了下来，"你可还敢对我说句真话？"

　　"我对你所说，句句属实，绝没用假话哄骗于你。"嬴稷认真地道："只是国家之事，你不方便知道而已。"

　　"果然是如此吗？"叶阳抽泣着道："如果只是单纯的会盟，你为何对我遮遮掩掩；如果是光明正大，为何不能予我言说？你可是要害我祖父？"

　　嬴稷闻言，终于明白了她心中所担忧之事，当下缓和语气说道："我与你说过，断然不会害你亲人，可还记得？这一次的会盟，只是出于策略，但决计不会伤你祖父性命。"

　　"你敢起誓吗？"

　　看着叶阳哭花的脸，嬴稷又好气又好笑，说道："我起誓，如若我此番害了你祖父性命，叫我也不得好死！"

　　叶阳听他果然发了毒誓，这才稍微放下心来。可叶阳放心了，嬴稷却是极不舒心，身为秦国的王，被人打了耳光却也罢了，还在一个女人面前发毒誓，莫非秦王行事还要经过王妃首肯？

嬴稷的自尊心受到了极大的伤害，他们之间的距离也由此拉开了。

这是公元前 299 年的春天，煦风送暖，春暖花开，武关内外满眼翠绿，一派盎然景象。

楚怀王一路欣赏着风景，于这一日到了武关，当下差人前去关前通报。须臾，便见关门缓缓打开，传话的人回来说秦王便在关内相候，请楚王入内。

楚怀王虽然贪婪，但却并不愚蠢，按照礼仪，两国君王会晤，秦王理应迎出来才是，如今却只见回话，未见秦王踪影，不由生了疑心，再差人去说，入关之前，须见秦王。

又过了会儿，城楼之上走出来一人，皂衣王冠，站于城头哈哈一笑，大声道："楚王好大的架子啊，非要我亲自来迎方才入关！"

楚怀王此时已是年过六旬，又距城头有些距离，那人的面貌看不太真切，但在秦国敢戴王冠的除了秦王，还能有谁？当下不再疑虑，率人浩浩荡荡地入城而去。及至城门时，守将说道："我王有吩咐，楚王只可带随从入内，其余士卒一律在关外候命。"

楚怀王笑道："秦乃强国也，虎视天下，莫非还怕我这区区一万人吗？"

话音一落，只听里面有人也笑道："楚王既如此说，都叫他们入关吧！"

楚怀王叫了声好，"秦王果然有气魄！"当下率那一万士卒入了关。

待楚军如数入了关内，关门缓缓关上。楚怀王一路走上前去，及至走到那皂衣王冠之人面前时，楚怀王简直不敢相信自己的眼睛，这哪里是什么嬴稷，分明是有人刻意假冒，不由大惊失色地道："你是何人，敢冒充秦王？"

那人微微一笑，"我乃王上同胞兄弟，嬴悝是也。"

此时，后面传来砰的一声响，楚怀王回头看一眼，原来是城门被关上了，心里升起股不祥的预兆，问道："既是秦王之兄弟，何以要穿王服冒充他？"

嬴悝仰首大笑，笑声之中只听得左右两边响起一阵杂沓的脚步声，楚怀王猛地往左右望了一眼，可不望还罢了，一望之下着实吃惊非小，大批的秦军迅速围将上来，将他们团团围住。

楚怀王一见这阵势，脸色大变，"你好大的胆子，莫非敢扣押本王吗？"

"扣你又能如何？"嬴悝脸色一寒，冷冷地道："莫非我大秦还怕你来打吗？"

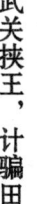

二、武关扣楚君，章台胁怀王

秦国的行为大出楚怀王的意料之外，楚怀王手指着嬴悝痛骂道："秦国小儿，欺我太甚！"

"为了今日擒你，我母亲准备了许多年啊。"嬴悝笑道："可是下了苦功。"

楚怀王怔了一怔，这才慢慢回想起来，宣太后上台后，先是盟楚破坏齐、楚、韩、魏四国合纵，再是伐韩魏而救楚，联韩魏而孤立楚国，最后是伐楚，迫使楚国来武关求和……事情一桩一桩在楚怀王的心里掠过，这才明白，原来宣太后是在下这么一盘棋，一盘灭楚的大棋！思及此处，楚怀王忍不住痛叹，那芈氏城府之深，谋略之精，非己所能比，无怪乎落得个今日之下场！楚怀王的神情如被霜打了的茄子一般，神色萎靡，"你挟持于我想要如何？"

嬴悝说道："请楚王到咸阳一行。"

楚怀王回头看了看后面的一万士卒，问道："我所带之人，你怎生处置？"

"杀！"嬴悝神色一寒，从嘴里崩出一个字。

嬴悝带着楚怀王经蓝田入咸阳。

楚怀王坐于马车上，虽说这一路而来，无心再欣赏沿途的风景，但入了咸阳城后却不免对这里的一切关注了起来，他想看看，在宣太后的执政之下，秦国国内究竟是何模样。然这一路看将过来，楚怀王越看越是心惊，不由得连连叹息。

坐在旁边马车上的嬴悝见他唉声叹气，便问道："楚王何故入了咸阳连连叹息？"

"数年之前，我曾听荀子言，秦自宣太后始，其百姓朴，其声乐不流污，其百吏肃然，莫不恭俭敦敬，忠信而不楛，其士大夫，出于其门，入于公门，出于公门，归于其家，无有私事也，其朝间，听决百事不留，恬然如无治者，故佚而治，约而详，不烦而功，治之至也。今日得见，果然如此！"楚怀王叹息道："想当年，张仪入楚，机缘巧合之下，将芈氏接入秦国，其当时不过一小女子，率真而质朴，哪里想到她能执秦之牛耳，开创秦之盛世，果然叫本王侧目也！想当今天下，没有哪国可与秦比肩了。"

嬴悝听他赞其母亲，把手一拱，说道："我替母亲谢楚王夸赞，楚王可是后悔当年让张仪带了母亲入秦？"

"非也。"楚怀王道："人之际遇，因缘而已，芈氏若留在楚国，无非是在乡野终老一生，唯到了秦国，方可大展宏图。我只后悔当初见她，没有将其留于身边。"

两人边走边说，不觉到了一条大街之内，嬴悝说道："前面便是咸阳闹市，王兄在那里筑有一台，名曰章台，他便是在章台接迎楚王。"

果然行不多久，只见芈氏、嬴稷、魏冉站在那章台之上，朝着楚怀王走来的方向，一字排开，似乎是专门来迎接楚怀王的。

在秦国，不论是身份还是权力，无人能超越此三者，楚怀王一见这迎接的规格，有些不知所措，先是武关示威，杀他一万士卒，再是咸阳接迎，这一来一往，形同天壤之别，直把楚怀王看蒙了，心想他们究竟想要干什么？

楚怀王下了马车，走上章台。这里亭台楼阁，风景独好，叫楚怀王的心情也好了起来，笑吟吟地走上前去，与三人行了礼。那三人却只是微笑着点了点头，其情形宛如长辈见了晚辈，国君见了藩王一般，很是倨傲，勾起了楚怀王一腔怒火。但是他带来的人都被人家杀了，又被人家劫持来了咸阳，如之奈何？只能暗暗地把怒气压将下去。

芈氏的笑容依然十分亲切，说道："故人相见，分外亲切，王上近来可好？"

楚怀王心想，我都被你们逼到这份上了，还能好到哪里去？讪笑道："尚好尚好！"

魏冉站前一步，朝楚怀王拱了拱手，笑道："说将起来，我姐弟俩能有今日，须感念王上当年的宽宏大量，那年魏冉打死了昭阳内侄，若非王上恕罪，岂有今日！"

楚怀王微微一笑，"魏将军如今位尊身贵，不想还不忘当年些许之情，十分难得。"

如此一番叙旧下来，使得气氛一下子融洽了许多。嬴稷请楚怀王在客位坐下后道："王上入关之时，可能舍弟有诸多不敬之处，切莫往心里去，我此番邀王上前来，是诚心结盟，并无他意。"

楚怀王一听这话，又被弄懵了，既是结盟，哪有先兵后礼之说？不住冷笑道："秦王结盟之方法，实在古怪。"

芈氏咯咯笑道："古怪吗？我觉得古怪的是楚王你啊，两国联盟，何等高兴之事，楚王却领了兵来，是要向秦国示威吗？若果然如此的话，楚王却是错了，我大秦并非传说中的虎狼之国，只是好强罢了，他人若是给脸色看，必还以脸色，他人若是示威，必杀其威风。你看如今多好，双方可以安安静静地坐下来商议续盟之事。"

楚怀王听着这话，只觉如坐针毡，明明是他秦国杀了人，却好似楚国先挑的头一般。楚怀王想辩，但想想如今的处境，已无这个必要，嘿嘿怪笑一声，问道："秦国有意续盟，却不知是何条件？"

芈氏看了嬴稷一眼，嬴稷微微一笑，说道："若是楚国愿意割地予我，便续前盟。"

嬴稷的要求原在楚怀王的意料之中，倒也不惊讶，再问道："要我割何处予秦国？"

嬴稷淡淡地道："巫、黔中两郡之地。"

楚怀王闻言，着实吃了一惊。巫郡辖巫山一带、四川北部和湖北清江中上游地区，黔中郡辖湖南西部和贵州东部的大部分地区，此两郡合起来足上千里江山，若是割让出去，实际上就是将楚国的西南一带如数给了秦国。

听到这个条件，楚怀王坐不住了，霍地站起来，沉声道："秦王好大的胃口啊，你这岂是要联楚，分明是要亡我楚国啊！"

魏冉浓眉一皱，两只眼一瞪，大声道："莫非楚王不肯吗？"

"杀人不过头点地，你三番两次辱我，我若再将巫、黔中郡割予你，熊槐日后有何颜面去见列祖列宗！"楚怀王挺直了脊梁，脸上露出一股从未有过的果敢，大声道："熊槐无能，致使楚国败落至斯，但我至少还有些骨气，只要尚有一口气在，绝不答应割让巫、黔中两郡！"

楚怀王向来优柔寡断，他这一生中从未表现得如此决绝，视死如归，这倒反让芈氏吃了一惊，她讶然地看着楚怀王道："你果真想死吗？"

楚怀王哈哈一笑，"今日落入你等之手，乃我自己种下之苦果，虽死无怨，但想要从我手里得到巫黔之地，却是休想！"

"楚王宁死不屈之气节，叫我好生佩服！"芈氏起身走到楚怀王面前，说道："但事到如今，割不割地，你怕是做不了主了。"

"哦？"楚怀王眯着眼睛，与芈氏对视着，眼里掠过一抹不屑之意，"我乃楚国之王，我若做不得主，莫非楚国割不割地还得你来做主不成？嘿嘿，芈氏啊芈氏，你虽可在秦国呼风唤雨，可你别忘了，你曾经不过是个楚国的乡野丫头，楚国再弱，怕也轮不到你来做主！"

"楚王好记性，我曾经确实是郢都云梦泽的一个乡野丫头，楚王在我心目中，曾是高高在上，便如天上的神仙一般，遥不可及。"芈氏笑吟吟地道："可你别忘了，风水轮流转，在这个群雄并起的时代，你等高高在上之人不可能永远左右天下，在二十五年前，怕是神仙也预测不了，高高在上的楚王会落到我这个乡野丫头之手。你且细想一下，楚王落于我之手，楚国的臣工们是否着急？他们是否会为保全楚国而代你割地予我？"

楚怀王望着满脸笑意的芈氏，脸色惨白，他从未像今天这样害怕眼前的这个女人，她虽笑着，却同样可以吃人，这比露着狰狞面色的刽子手更加令人恐惧。

芈氏看着面白若纸，额头浸汗的楚怀王又道："你再仔细想一想，楚国的太子熊横在齐国当人质，你再落于秦国，楚国再无人可主政，国家重要还是国土重要，你的臣工自会权衡两者之利害，故巫、黔中之地，秦国要定了。"

芈氏的这些话如同雷击一般，一记一记地落在楚怀王的心头，直把他击得两眼发黑，险些晕厥。他手指着芈氏，嘴唇抖动着，却愣是一句话也说不出来，身子踉跄了一下，倒在地上。

楚怀王被关入了秦国的大牢，这是在整个春秋及至战国中期是绝无仅有之事，此举震动了山东六国，震动了天下，几乎所有人都能看到，秦国这匹凶恶的狼，终于露出了狰狞的面目，张开了龇着獠牙的嘴，开始吞噬天下；所有略有些远见之人都能猜到，西秦要发力东出了，啃掉了楚国之后，接下来便是三晋，而后就是位于东北方的燕齐，最终实现天下一统。

此时此刻，天下诸国才幡然悔悟，大秦宣太后实是继惠文王之后的另一位雄主，她的野心几乎与惠文王如出一辙！

时局发展到这一步，战国七雄之中的另一强国齐国坐不住了。在过去的几十年里，齐国几乎扮演着坐山观虎斗的角色，偶尔出来在纷争之中捡些便宜，在列国不断的战伐中，唯独齐国能独善其身。但如今却不一样了，天下格局让宣太后打破了，如果秦国当真吞了楚国，继而合并三晋，那么这一匹狼便会蜕变成一头雄狮，他将无敌于天下，再也无哪一国可以是他的对手。

公元前301年齐宣王田辟疆谢世后，其子齐闵王田地继位，那田地与秦武王嬴荡有异曲同工之处，尚武好斗，恨不得天天住在军营，与士兵一起操练，把宫里的嫔妃都招至军营之中，把床笫和练兵之事一并在营里办了，两厢不耽误。

田地欲凭借着齐威王、齐宣王两代君主所创之霸业，在这乱世之中与列国争锋，最终实现统一天下的宏愿。所谓一山不容二虎，若是被秦国抢占了先机，齐国就有被吞并之虞，当下便召来当时任齐相的孟尝君田文前来商议。

那田文是战国四公子之一，乃齐国宗室子弟，其父田婴是齐威王的小儿子，齐宣王同父异母的弟弟，因此，田文与齐闵王田地是堂兄弟关系。此人

好交友，为人爽快，因府上有食客三千而闻名于世。

虽说田文是贵族子弟，衣食无忧，但并非纨绔之徒，颇有些雄心，在嬴稷继位之初，便曾策划合纵齐、楚、韩、魏四国伐秦，只是那次的合纵在宣太后的一系列举措之下化于无形。然也正是那次的合纵失败，使得田文一直耿耿于怀，一直想再次策动列国伐秦。如今机会来了，自然不会放过，他向田地言道："秦吞并天下之大口已然张开，齐国不能再坐山观虎斗，该是主动出击的时候了。臣愿再次联合韩魏伐秦。"

田地想了一想，说道："合纵伐秦，我无异议，但是尚有几个顾虑之处……"

有句话叫做无巧不成书，在田文正犹豫要不要伐秦之时，秦国也正在商议如何对付齐国。

芈氏认为，秦挟楚王，控制了楚国，此举震动天下，使列国人人自危，近期内必然有所动作。而在列国之中，唯一能对秦国勾成威胁的便是齐国，须未雨绸缪，早做打算。

嬴稷道："齐国的田地好武，田文善谋，此一文一武联合起来，便会对秦国构成威胁。因此我以为，齐有田地不可怕，可怕的是齐有田文。"

芈氏闻言，眼睛一亮，赞许地看着嬴稷笑道："稷儿切中了要害，了不得！"

嬴稷被母亲一夸，甚是高兴，继道："田文曾策动韩魏伐秦，这个时候为了不让楚国被我吞并，必然会想方设法阻止，故而我以为，须设法除了他才是。"

当下母子俩人商议，由泾阳君嬴市出使齐国，假秦齐修好为名，骗田文入秦，伺机除了此人。母子二人吃定了齐国在合纵未成之前，他们必先要救楚，以此来牵制秦国独大，故只要秦使一到，田文定会答应出使秦国，以救出楚怀王。

按理说此计谋很是周密，若不出意外，田文必死在秦国无疑。谁知人算不如天算，嬴市到了齐国后，与田文一见如故，惺惺相惜，成了莫逆之交。

田文这一番出使秦国，却引出了许多事故，其中"鸡鸣狗盗"的典故被载入史册，同时也拉开了秦、齐两国强强对决的序幕。

三、昭襄王使计骗田文，孟尝君鸡鸣出函谷

楚怀王被扣秦国，震动了列国，更震动了一个人的心。

在楚怀王被关入大牢之后，叶阳方才明白，原来当初嬴稷对自己遮遮掩

掩，竟是为此！

叶阳不再对嬴稷抱任何希望，现在她只望嬴稷能放了她的祖父，然后便不想与他有任何瓜葛，她觉得累了。

见到嬴稷的时候，他依然在书房看书，但叶阳不再像上次那样哭着求他，只是铁青着脸道："你说过不会杀我家人，如今扣押我祖父，却是何意？"

嬴稷抬起头，面无表情地看着她。其实如今在他的心里，也开始厌烦这一段政治婚姻，当初为了结盟，迎娶了楚国的这位公主是何等大的错误，如果没有那段政治婚姻，何来如今的纠结和痛苦？

他看着叶阳，放下手里的竹简，然后站起来，生硬地道："我答应过你，不会杀你亲人，说得出做得到。如今他虽被囚禁了，但并无性命之忧。"

"可那与杀了他何异！"叶阳突然大声吼道："他是楚国的王，也是如你这般，是一国之君，你让他割地，做你的阶下囚，换作是你，你是愿生还是愿死？"

"你可想过我是秦国的王？"嬴稷强忍着怒气，沉声道："在私情和国家之间，我选择了后者，我也别无选择，今日我还是当初的那句话，不伤他性命。"

"我不懂家国天下，我只问你一句。"叶阳冷冷地道："无论如何你也不放了他，可是？"

嬴稷看着她的表情，他知道他们之间，已然走到了尽头，也冷冷地道："决计不放。"

"好！好！好！"叶阳一连说了几个好字，"你既然不顾我的亲人，不顾我的感受，我俩便从此恩断义绝！"

看着叶阳的身影消失在门口，嬴稷的心像突然被抽空了一般，十分失落。尽管他早已预见早晚会有今日之结局，但他原本是重感情之人，面对着叶阳气乎乎地走出门去，良久无法释怀。

正自嬴稷怔怔出神之时，有内侍来禀，泾阳君领了孟尝君已到宫外。嬴稷闻言，游离的神思再次被拉回现实，心想我何止是骗了楚怀王，连齐闵王也一起骗了，从上古至今，一国之君，哪个敢扪心自问，对得起良心，对得起家人？当下暗舒了口气，宣孟尝君田文来见。

须臾，嬴市领着田文入内。嬴稷摆出一张笑脸，热情地接待了田文。

双方入座后，侍人上了茶水，嬴稷笑道："孟尝君之名，如雷贯耳，若是在齐国只闻有孟尝君，不知齐闵王也毫不为过，我着实是仰慕已久，今日见

第五章　武关挟王，计骗田文

201

君，三生有幸也！"

田文拱手一礼，也笑道："王上所言，令在下汗颜不已。"

"此非客套话，实乃肺腑之言。"嬴稷认真地道："秦国自甘茂走了之后，左相一职空缺至今，我时有想起孟尝君，奈何一来秦齐路途遥远，二来君乃当今名士，又是齐国贵族，恐不会来秦国这苦寒之地，是以一直不敢将此言说出口来。"

田文闻言，恭恭敬敬地行了一礼，"田文何德何能，得王上如此赏识！"

嬴稷虚手一扶，道："君可愿留下来，在秦国为相？"

田文讪笑道："秦乃当今强国，若可在秦为相，田文之幸也。然当今齐王是在下堂兄，在下不敢弃之而投他国。此番而来，只愿秦齐两国修好，若两国能结为兄弟之邦，田文此行便算不辱使命了。"

嬴稷笑而不语，看了嬴市一眼。嬴市见了哥哥的眼神，心下暗自一震，他知道但要田文不愿留在秦国，那么便再也走不出秦国了。

"可惜了。我惜才若渴，奈何难留大才。"嬴稷摇了摇头，苦笑道："不知此番秦齐修盟，齐王有何交代？"

田文理了理思绪，说道："王上明鉴，虽说楚国朝三暮四，屡次三番推翻与齐国的盟约，但是事实是齐楚两国断断续续在维持着盟约，齐王仁慈，不想眼睁睁地看着昔日盟约之国日渐败落，故此番秦齐修好，我王唯愿秦国能放还楚王，此外便再无他求。"

嬴稷闻言，只觉暗暗好笑，但表面上却是认真地点头道："秦齐结盟，齐王想的却是楚国之事，着实令人敬佩。但是，君可曾想过，放了楚王，秦损失至大？"

"非也！"田文笑道："王上可曾想过，齐国手中握着楚太子熊横？秦国若是扣着楚王不放，齐国完全可以遣送楚太子回国，立他为王。可如此一来，秦不但依然得不到楚之土地，而且还会得罪盟友齐国。王上试想，到了那时，损失是否更大？"

"君这算是威胁于我吗？"嬴稷不露声色地看着田文，似笑非笑地问道："君言下之意，可是说，秦若是不放了楚王，齐国便要发兵横加干涉？"

田文的笑容慢慢地隐之于脸，不疾不徐地道："若是真到了那时，即便是齐不出兵，秦也会出兵，在下着实不想看到那一步。"

嬴稷知道再没与他谈下去的必要，他本想留他在秦，为秦国出力，但如今话说到这份儿上，也就只有下手杀他了。嬴稷微微一哂道："兹事体大，君可容我与母亲商量后,再告诉你结果?"

田文没想到嬴稷的话居然会软下来,还以为当真有商量的余地,便高兴地道:"如此甚好,在下静候佳音。"

从宫里出来后,嬴市将田文安排在驿馆。两人分别之后,嬴市越想越是觉得不妥。那嬴市的性格之中与芈戎有几分相似,略有几分江湖脾性,为人很是讲情义,这段时日以来,与田文相处甚欢,两人皆是惺惺相惜,相见恨晚,若说真的将其引入秦国,一刀砍杀了,如何心安?

边走边想,走了一段路后,进了一家酒店,沽了壶酒,买了几样菜,这身又去了驿馆。他知道嬴稷很可能今晚便会动手,于是决定让田文伺机逃走。

在饮酒之中,嬴市暗示秦王要杀他,田文大惊,问如何才能逃出秦国去?嬴市替他出了一个主意,说可去央求唐八子,让她去游说王兄,或有一线生机。

那唐八子原是嬴稷的嫔妃,在叶阳得宠时,其在宫中默默无闻,及至叶阳失势,因唐八子娇小可人,长得甚是乖巧,许是嬴稷难忘旧情,唐八子身上多多少少能看到些叶阳的影子,便想在她身上,找些心灵上的慰藉,得闲时便常与她在一起,后生得一子,名柱,便是后来的秦孝文王。此乃后话,姑且按下不表。

却说田文的门客见了唐八子后,将来由说了,望唐八子能救一救田文。

是时,唐八子得宠没多久,多少有些得意忘形之态,见有人来求她,便答应了下来,但有个条件:她很是喜欢田文入秦时送嬴稷的那件白狐裘衣,也想要一件。

这个要求却是把田文难住了,那件白狐裘衣,乃绝世之珍品,当世只此一件,哪里能给她再去弄一件来?正自伤神之时,低下有一位门客站出来说,主上放心,我有办法去把裘衣弄来,送予唐八子。

是晚,那门客披了身狗皮,化装成狗的模样,潜入宫去,摸到库房里,把那件白狐裘衣盗了出来,送予唐八子。那唐八子如了愿,就去劝说嬴稷,趁嬴稷醉酒之时骗走了通关文书。

唐八子得了出关文书后,连夜差人给田文送去。田文不敢在秦国逗留片刻,连夜动身离秦。一行人马不停蹄,赶了两天两夜的路,至这一日的寅时方才到了函谷关,谁承想深更半夜,关门紧闭,按着秦国的规定,要等到卯时鸡鸣才开关门,田文深恐嬴稷后悔,再遣人追杀,不由急得直跺脚。这时候又有一位门客出主意说,不妨学鸡鸣,诱使守关之人开门。

田文也不知道此法可不可行，但眼下实在是别无他法，只得叫他一试。那门客伸长了脖子，尖着嗓子开始学鸡打鸣。不想附近的鸡听到这声音，也跟着叫了起来，一时之间，鸡鸣之声，此起彼伏，果然像是天要破晓一般。守关之人哪里会想到关内有人刻意学鸡鸣？以为是天将亮了，便出来开了城门。

田文大喜，上了马急驰出关，旬日之后，到了齐国，田文对齐闵王田地说道："秦不肯放还楚王，楚国岌岌可危，恳请我王，将熊横放回楚国，立他为王。"

田地也深知此中利害，若是楚国亡了，秦国坐大，天下格局就会改变，将直接威胁到齐国，当下说道："放回熊横无妨，但须将秦国痛打一次，削其气焰，灭其威风。"

田文这一回死里逃生，对秦也是恨之入骨，冷笑道："这是自然，我便联合韩魏，痛击秦国。"

商议即定，齐国一边放了楚太子熊横回楚，立其为王，一边联合韩魏两国，誓要与秦国决战。

公元前299年，熊横结束了质齐之生涯，被送回楚国，次年继位，史称楚襄王。

同年，孟尝君田文游说韩魏两国，说秦国虎狼之心，昭然若揭，楚国一亡，三晋定遭池鱼之殃，难以幸免，是以要求他们举倾国之军，与齐国一道伐秦。韩魏不是傻子，自然也看到了来自秦国的威胁，于是同意了田文的意见，与齐国联合伐秦。这一次的合纵伐秦，与以往皆有不同。以前所谓的合纵，由于没有涉及列国之间的根本利益，因此联合作战之时，都是各怀鬼胎，步调不一。而这一次是为了生存而战，齐、韩、魏三国竟是同仇敌忾，史无前例地把心聚在了一起。

这边合纵势成，三国大军，蓄势待发，那边嬴稷酒醒后，想起放了田文离秦，后悔不迭，派人去追时，已然不及，大叹不该听妇人之言。不久之后，又闻齐国遣送熊横入楚，拥立其为王，嬴稷闻言，怒火冲天，气得浑身发抖，齐国拥立了熊横为王，秦国所扣的楚怀王还有何用处，之前所打的如意算盘岂非如数落空了吗？

嬴稷越想越气，喝一声："备马，另召魏冉去蓝田！"疾走出宫来，上了快马，亲自去了蓝田军营。

及至军营时，嬴冉已先他一步到了，见嬴稷阴沉着脸下了马，忙迎将上去道："王上急着召臣而来，有何要事？"

嬴稷眼里寒光一闪，"即刻点兵，伐楚！"

魏冉闻言，暗吃了一惊。此时的魏冉已非当年在楚国一拳打死昭雄的鲁莽之辈了，他知道眼下秦已达到弱楚之目的，如果再一味的对楚国穷追猛打，必然牵动列国的神经，尚若大军在外征战，列国趁机合纵伐秦，很有可能会让秦国陷入当年蓝田之战的险境，便小心翼翼地问："敢问王上，此事太后可知？"

"放肆！"嬴稷本就在气头上，魏冉此问，不亚于火上浇油，"你可还记得谁才是秦国的王？"

魏冉大惊，忙跪于地上，大声道："臣失言！"

"出武关，伐楚。"嬴稷一脸的杀气，咬牙切齿地道："如若不将楚国打得落花流水，提头来见！"

魏冉不敢违令，即刻使人去往武关，要求点兵五万伐楚。

楚襄王元年，即公元前298年，秦军出武关攻楚，斩楚军五万，连克楚国十六座城池而还。

毫无疑问，秦国又是一次大胜。然而也正是因为秦对楚的步步紧逼，越发坚定了韩魏等与秦接壤国家灭秦的决心。

在秦军伐楚的同一年，齐、韩、魏三国合六十万大军，怀必胜之决心，杀气腾腾地往函谷关而来，一场前所未有的危机在秦国的上空形成。

这一次的合纵，是战国时代纵横家在战场上的最后一场表演，此战之后，秦国将以绝胜之势，横霸天下；同时，这一次的合纵，也是秦自蓝田之后最艰难的一场战役，将秦国再次逼上了绝路。

话分两头，姑且按下列国出雄兵伐秦不表，却说宣太后芈氏得知嬴稷放走了田文后，且在这之后还逼魏冉发兵伐楚，气得花容失色，把嬴稷叫了来，抬手就是一个巴掌打过去，嬴稷不曾提防，结结实实地挨了一记耳光。

"你知错了吗？"芈氏脸色如霜，厉声道："放了田文出秦倒也罢了，你可知此番伐楚的后果吗？"

嬴稷捂着脸，虽此刻也想到了后果，但毕竟他此时已然成年，被母亲如此斥责，心中甚是不快，便硬生生地道："我已成年，自然会对自己的言行负责！"

"你负得起责吗？"芈氏气急败坏地道："如此对楚国穷追猛打，三晋人人自危，他们必然是同仇敌忾，合将起来攻秦，你可有应对之策？一旦函谷关被攻克，关中一马平川，无险可守，联军顺势而入，秦国便有灭国之灾，此责任你负得起吗？"

嬴稷脸色煞白，他想到了列国可能会合纵而伐秦，但没想过这么严重的后果，"函谷天险，自立关以来，无人能破，我就不信，他们能克函谷关！"

"嘿嘿！"芈氏气极反笑，"稷儿啊，你是王，母亲这一耳光非是要辱你，是你把事情想得简单了。此番田文逃窜而去，对秦心怀憎恨，必撺掇韩魏合纵，而韩魏两国与秦楚接壤，所谓唇亡齿寒，你如此击楚，韩魏岂不忧心？故此番要么不合纵来攻，攻则同心，他们势必为存国而战，非同小可呀！"

母子俩正说话间，相国楼缓应芈氏之召而来，他已听说眼下发生之事，故进来时也是神色沉重，只向芈氏及嬴稷微微行了礼，便直入正题，"启禀太后，王上，从眼下的局势来看，齐、韩、魏三国必然举倾国之军来攻，大战在所难免，臣以为，秦固然可强行一战，但不可再使事态扩大，须派使节于燕赵等国。"

嬴稷一听此话，脸色又是一变，毕竟姜还是老的辣，想得周全，如若燕赵等国也与齐国联手，秦国哪还有存国之希望？

第六章
函谷决战，咸阳断魂

一、楼缓谋对三国，叶阳怒杀秦王

那楼缓曾侍奉赵武灵王，于公元前306年被赵王遣送至秦国，由于芈氏母子当初入秦继位，赵国曾大力支持，并派了赵固一路陪同，这才躲过嬴壮的重重伏击，有惊无险地入了咸阳，因此芈氏母子眼里，赵国通过胡服骑射等一系列军事改革，实力大增，但一来眼下对秦国尚构不成威胁，二来存了份感恩之心，所以对赵国并不排斥，及至赵武灵王送楼缓入秦时，芈氏欣然接纳，让其在秦国做客卿，以示与赵国的交好之心。后任楼缓为相，实际上也是从邦交的角度为出发点，芈氏认为，只要楼缓在秦为官，只要秦赵之间无实际的利益冲突，两国就不会开战。后来也确如芈氏所料，在齐、韩、魏联合攻秦之时，赵国也没有动静。

这时候，齐、韩、魏三国再次伐秦，楼缓提出了以邦交稳定其他国家的策略，只听他说道："秦赵两国近两年来修好，今再出使以示盟好，当可无虑；秦燕之间，乃婚姻之国，惠文王时栎阳公主嫁于燕易王之后，两国之间素无纠纷，可再出使修盟，亦当无忧；唯一叫臣忧虑的是宋国。"

芈氏蛾眉一动，不解地问："宋弹丸之地，又受挟于齐、楚、韩、魏之间，何虑之有？"

"正是因宋国的国土夹在齐、楚、韩、魏之间，才叫人担心。"楼缓神形消瘦，颧骨耸立，却是生得一副机灵之相，此时目中精光一闪，对着芈氏道："太后试想，若是齐、韩、魏三国迫使宋国出兵，宋在三国之威下，也不得不出兵助阵了。"

芈氏恍然大悟，正盘算着该如何应付宋国之时，突听嬴稷说道："宋处四国夹峙之地，其可助列国伐秦，亦可助我分散列国兵力。"

芈氏、楼缓闻言，不由为之动容。嬴稷剑眉一扬，说道："燕昭王继位后，筑黄金台，广纳贤才，我听说燕国有个苏秦，乃苏代之族弟，素有谋略，善合纵之策，可让燕昭王派苏秦入齐，游说齐闵王伐宋。"

楼缓两眼一亮，大笑道："此计善也！"

芈氏听了之后，脸色总算拨云见雾，微哂道："当年我与稷儿质燕时，燕国内乱，齐国曾派兵入燕，杀得燕国血流成河，尸积如山，故燕与齐之间有不共戴天之仇。而齐闵王田地对宋国这块膏腴之地垂涎已久，如若田地果然伐宋，必然牵动韩、魏两国利益，或可消除此次之兵祸。"

嬴稷看了芈氏一眼，"正是。"

当下，芈氏叫嬴稷一面派人去燕国，一面令魏冉出举国之兵，赶往函谷关，以防联军来范。

然而，三国联军行军速度之快，完全出了芈氏母子的意料之外，在秦国各路使者还在路上的时候，六十万大军则已逼近函谷关。

如今的秦国，嬴疾已故，司马错亦垂垂老矣，高级将领青黄不接，在朝的大将谁也没有指挥过如此大之战役，魏冉临危受命，领了四十万大军，奔赴函谷关。但是魏冉也无此把握，他之所以敢带四十万人马去函谷关，不过是赶鸭子上架，无可奈何而已。在这种危急时刻，大将军不上去，还能有谁可担此重任？

为了壮胆，魏冉把向寿、芈戎带在身边，将白起留在了军营镇守。这个决定使魏冉事后想起来后悔不迭，后来每当白起纵横沙场，所向无敌之时，魏冉都会为今天的这个决定懊悔，如果白起在函谷关，结局会不会不一样？此乃后话，姑且按下不表。

却说魏冉到了函谷关后，登上城楼，望见前方看不到边际的联军营地，饶是他艺高胆大，也不由得倒吸了口凉气，敌军六十万，秦军四十万，合计起来多达一百万大军，这仗该怎么打？向寿说道："此次联军的将领与垂沙之战一样，以齐国的匡章为首，魏将公孙喜、韩将暴鸢为副，哥哥曾参与垂沙之战，想来对此三人是有所了解的。"

魏冉说道："匡章为人谨慎，从不打无把握之仗，他如今扎营在关外，是还没想到破城之法，他要么不动，一动便是雷霆一击。"

果然，次日一早，便听到关外战鼓震天，匡章亲率大军，前来攻城。双方激战一天，各有损伤，难分胜败。

秦廷听说函谷关双方已然交兵，都是十分紧张，日夜等着战报。这一日，嬴稷一直都在书房处理公务，直至深夜时，也不曾去歇息，丑寅之时，困意来袭，便趴在桌上昏昏而睡。没过多时，只见门口人影一闪，一个娇小的人走入房来。

她正是叶阳，手里拿着一张羊皮纸卷，是一道模仿了嬴稷笔迹的诏书。虽然现在她的父亲被拥立为楚国的新王，但是他却没有能力把楚怀王救出去，在叶阳的眼里看来，这倒是无关乎什么面子和国体，她只是觉得心痛，祖父已是个垂暮老人，以他现在的身体状况，怕是来日无多，如果让他死在秦国的大牢里，客死异乡，他的心里该是有多么的难受！

叶阳心想，便是不要了性命，也救祖父出去，让他回到故土，叶落归根。于是她仿着嬴稷的笔迹，草拟了道诏书，想要把楚怀王救出去。她清楚假拟诏书必是死罪，让嬴稷发现后，难逃一死，可身为一个赢弱女子，她能做到的唯有如此了。于是拟好诏书后，便趁着夜深，偷偷地来到嬴稷的办公所在，想偷了印玺盖在诏书上，以骗过狱卒，救出楚怀王。令她没想到的是，嬴稷居然趴在桌上睡着了。

看着这个往日恩爱过的男人，看着他累到趴在桌上，昔日之情愫油然而生，幽怨地看了他一会儿，想去为他盖件衣物，又怕惊醒了他，终是忍住了没上去。美目流盼间，看到印玺正是放在桌子之上，便轻手轻脚地走上去，将羊皮纸轻放于桌上，拿起玉玺在上面盖了印钤。正欲转身，却不想嬴稷突然身子一动,醒了!

　　值此大战之时,嬴稷脑海之中想的都是当下之时局,哪里能够安然熟睡?因此即便是再轻微的响动,也足以将其惊醒。抬头看时,见是叶阳站在前面,以为她是心疼自己,特来看望的,不知道是惊是喜,不由多看了她两眼。但很快他就发现,她见他醒来之时,满脸都是惶恐之色,他很快感到不对劲,往她手上一看,手里握着张羊皮纸,纤手微微抖动着。毕竟是夫妻一场,叶阳的性格嬴稷是了解的,她质朴单纯,心里藏不住任何心事,此时如此表情,其手上的这张羊皮纸定有蹊跷,当下问道:"你手上拿的是什么?"

　　叶阳脸色惨白,嘴唇哆嗦着,怕得说不上话来。

　　嬴稷起了身,朝她走上两步,"拿来予我看看。"

　　叶阳惊恐地往后退了两步,依然不说话。嬴稷似已预感到了什么,脸色一沉,"你可是想救你祖父?"

　　叶阳娇躯一颤,急得把羊皮纸藏于身后,"莫要逼我!"

　　"非是我要逼你,是这世道逼我!"嬴稷想起齐国放还熊横,拥立他为王,使得秦国的努力付之东流,为此他还揍了芈氏一记耳光,想起这些,他不由得就来了火气。如今三国联军兵临城下,秦国危在旦夕,这场兵祸也是因伐楚而起,要是在此时放了楚怀王,无疑是向列国大喊,秦国伐楚错了,叫秦国的脸面何存?更重要的是,即便是此时放了楚怀王,列国也不会买这笔账,他们此番大举而来,誓破函谷关,既然如此,何必还要去丢这个脸,叫人看不起?

　　嬴稷怒瞪着叶阳,大声道:"你在做这些事的时候,可为我想过?此时若放了楚怀王,只会让列国笑话我偷鸡不成蚀把米!"

　　叶阳冷冷一笑,"我乃一介弱女子,不懂得列国会何要联合杀向秦国,我只明白一条,在生命面前,什么事都是微不足道的。家祖垂垂老矣,来日无多,加之在牢狱之中,心结难解,再如此下去,他必死于秦国大牢,我想把他救出来,重见天日,再获自由,叫他不会带着遗憾离世!"

　　"好!"嬴稷咬着牙叫了声好,"人说嫁鸡随鸡,嫁狗随狗,你嫁入秦国,不为国家考虑,休怪我也不认你这个王妃。把那东西拿来!"话音一落,便要上前去抢。叶阳猛不迭往后退,目光游离间,突然看到了墙上所挂的一柄剑,纤腰一拧,伸手便把墙上的剑拿在手里,抽将出来,把剑身往自己脖子上一搁,厉声道:"你再敢过来,我就死在你面前!"

　　"又来威胁我!"嬴稷剑眉一扬,喝道:"别以我割舍不下你!"喝声一落,抢身上去。

叶阳见他果真敢上来抢，好不心灰意冷。转念一想，我若果真死了，谁还能去救祖父？心念电转，银牙一咬，剑身一转，往嬴稷身上刺去。

嬴稷浑未想到，她居然会用剑刺向自己，惊觉时，收势已然不及，一阵钻心的痛从腹部传将上来，低头一看，半把剑已没入体内。

叶阳也吓傻了，她虽恨他，虽对他心灰意冷，可毕竟还没到你死我活的地步，从不曾想过要杀了他。看着剑插在他的身体上，看着鲜血迸射出来，叶阳又是心痛，又是惊慌，想要叫人进来，突然想起，要是此时被人发现，别说是救祖父了，便是自己也难以脱身。想到此处，叶阳哭着道："请王上恕罪，叶阳走了！"

嬴稷看着她走，痛得弯下腰来。他一度要喊人来，把叶阳拦住，终究是没有出口。她拟假诏，杀王上，如果被抓了起来，唯死而已。他虽也恨她，也怨她，但毕竟爱过她，宠过她，从没想过要杀她，因此捂着伤口，默默地忍了会儿，等到叶阳差不多出宫了时，才叫人来。

亏的是叶阳手劲不大，这一剑并没伤及内脏，倒也并无大碍。

芈氏听说嬴稷被叶阳刺了一剑，一头从床上惊起，连夜赶了过来看望，看医官已料理完毕，便问医官情况如何？医官说并无大碍，只需安心将息，不叫伤口崩裂，一月之后便可痊愈。芈氏一听，这才放心下来。回头想去问嬴稷到底是怎么回事，见他故意闭着眼睛，知是他对叶阳多少还有情谊，不想让她追究，便隐忍下来，没去追问于他。

叶阳救出祖父后，爷孙俩开始了逃亡生涯。按照楚怀王的意思，出咸阳后，便过蓝田，经武关入楚，但是秦国并没想要放他走，芈氏原想将两人都追了回来，可嬴稷顾念着昔日情谊，求芈氏放过叶阳，只追回楚怀王便是。芈氏心想追回叶阳，不过徒增他儿子伤心忧郁而已，就答应了下来。所以在叶阳、楚怀王逃至蓝田时，就发现盘查得紧，根本混不出去，只得绕小道，过渭水，去赵国，只求赵国能暂时收留他们，待时机成熟时，再回楚国。

俗话说，树倒猢狲散，墙倒众人推，楚国若还是强国，列国自然会出城而迎之，但如今楚国岌岌可危，楚怀王也非当今楚王，赵国听是他要暂留于赵，却是怎么也不敢收留，如今这个局势，楚怀王便如一枚烫手的山芋，捧在手里谁都会觉得烫手。幸好当时有人给他们指了一条出路，说你俩还是去魏国吧，魏国如今与韩、齐合纵伐秦，想来他们是支持楚国的。

楚怀王无奈，只得离赵去魏。谁曾想尚未抵达魏国，就被追来的秦兵截住，又被抓回了秦国，可叹一代君王，竟落得个如此惶惶不可终日的下场。

由于芈氏有交代，只抓楚怀王，因此叶阳并未被抓了回秦。可是此时她一人流落于乡野，四周尽是荒莽古道和崇山峻岭，只觉人世茫茫，不知何处是归途，好不凄凉。再者她从小就在宫里长大，这之后嫁入秦宫，从不曾如此一人流浪，如今非但没将祖父救将出来，自己还落得如此下场，思及伤心处，蹲在地上，呜呜哭将起来。

便在这时，突听一阵急促的马蹄声传来，叶阳抬头一看，两人两骑朝这边奔来。看那两人的模样穿着，应是魏军。此时魏国与齐韩联合伐秦，两人两骑出没在魏国边境，想来该是传递战报之人。

那两人经过叶阳身边时，不经意地看了她一眼，其中一人咦的一声，停下马来。前面那人回头喊道："你要做什么？"

那人下了马，将挂在马背上的水袋解了下来，拨开塞子，走到叶阳身边蹲下来道："来，喝口水。"

叶阳未经世事，见是这人给她水喝，很是感激，道了声谢，举起水袋喝了几口，便还予那人。

那人朝她身上打量了两眼，问道："看姑娘的模样，怕非普通人家出身，敢问姑娘因何流落于此？"

叶阳看他不像是坏人，便如实道："我叫叶阳，本身楚国公主，后嫁入秦国为妃，因于王上闹翻了，才流落于此。"

那人闻言，眼里精光一闪，心想原来她是秦国王妃，真乃天助魏国，值此魏国与秦国大战之际，若是将她劫去函谷关，秦国投鼠忌器，便可使联军多一分胜算！心念电转，朝另一人使了个眼色，另一人在一旁听得分明，此时心领神会，笑了一声，一手抓起叶阳，往马背上一抛，纵身上马，急驰而去。

叶阳大骇，惊叫道："你等为何抓我！"

那人哈哈大笑道："秦与联军对阵于函谷关，把你抓了去，对付秦军！"

叶阳闻言，心里一沉，边哭边骂那两人无耻。可随即想到，她已无家可归，被抓去军营让人杀了倒也清净。当下便不再哭泣，任由人抓着走。怎奈人心险恶，很多事情是叶阳设想不到的，她这一去，却引出了更大的风波。

二、人永诀，城相破

却说叶阳与楚怀王逃出秦国后，辗转赵魏两国，经历了将近一年的逃亡生涯后，却又在魏国边境被秦军截持，楚怀王复被抓了回去，于公元前296年死于秦国牢狱之中，一代君主就这样客死他乡，走完了他可悲可叹的一生。

楚怀王客死秦国，天下诸侯在纷纷表示同情之时，也对秦国之行为表示愤慨。本来这样的事情，放在任何一国，都不会将楚怀王送回，但是世事便是如此，所谓枪打出头鸟，索性就趁此机会，合而攻之。

原本按照齐闵王田地的性格，齐国远途奔袭秦国，不宜打旷日持久之战，但正是由于秦国引起了公愤，想借此机会，一举攻下函谷关，将其之气焰打压下去。因了这个缘故，齐、韩、魏三国联军围困函谷关一年有余，田地兀自未曾撤军。

回头再说叶阳被魏兵劫持到军营后，魏将公孙喜大为高兴，盛赞那两名魏兵。然匡章得知此消息后，却是勃然大怒，赶到魏营后，指着公孙喜大声道："堂堂三军统帅，劫持一个羸弱女子用予威胁，不怕辱没了你的名声吗？"匡章为人沉稳耿直，颇有名将之风，对此类事件深恶痛绝，不由得越说越气愤，啪的一拍桌子，喝道："赶紧把她送出去吧，若是以此胜了秦军，胜之不武！"

公孙喜被劈头盖脸地训斥了一顿，心中有气，冷哼道："匡将军不屑做此等苟且之事，末将敢问将军，你可有良策破关？若将军果然有破关之策，我立马就把她放了回去，搁在营里整日哭哭啼啼我还嫌烦呢！"

匡章被如此一激，气得满脸通红，"如此说来，你定是要用此女子去威胁秦军了？"

"不如此做，还能如何？"公孙喜理直气壮地道："你我六十万大军，围在函谷关外一年有余，再不做个了断，此番合纵又是徒劳无功。要是这一次依然对秦国束手无策，待其坐大之后，你我便连性命都要丢了，还怕丢面子吗？匡将军要是实在放不下脸面，明日我率兵前去便是了！"

次日，天刚破晓，公孙喜就率了本部十万人马，前去扣关。

整整一年的对峙，魏冉的防备之心多少有些松懈，也没了先前那般紧张，如今他彻底相信，函谷乃天险雄关，无人可破。这一日，当士卒来报说公孙喜来扣关时，魏冉正同芈戎、向寿一起喝酒，听了那公孙喜又来发难，魏冉把酒樽一扔，"那猴子果然烦人得紧，且与我出去看看！"

原来公孙喜人形消瘦，长得尖嘴猴腮，这一年多来，屡次来关前骚扰，魏冉便以猴子戏称。乃至城楼之上，只见黑压压的一片，净是魏卒，魏冉不由诧异地道："今日单见魏军来犯，可是有些奇怪！"

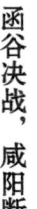

第六章 函谷决战，咸阳断魂

芈戎为人机灵，嗅出了不寻常的气息，说道："三国联军独见魏卒，怕是有些古怪，须小心了。"言语间，突然瞥见一辆战车之上，战战兢兢地站了一位女子，见了那人的模样时，芈戎的身子不由得颤了一下。

魏冉朝芈戎看了一眼，问道："怎么了？"

芈戎把手一指，魏冉朝他所指的方向看去，这一看之下，把魏冉也吓了一跳，动容道："叶阳！"

向寿恻恻地道："秦王妃居然到了魏营，这真是咄咄怪事。"

"如何是好？"魏冉回头问芈戎道。

芈戎虽道为人机灵，诡计百出，但面对这种情况，也是皱着眉头束手无策，"此事你我做不得主，速派人去咸阳知会王上才是。此间能拖便拖，待王上到了再作计较。"

魏冉情知事非寻常，招了人来，叫去咸阳通禀王上。

此时，只听城下的公孙喜跨着马徐徐走上前来，哈哈尖笑道："魏熊，今日可还敢战？"

魏冉却沉声道："公孙猴，素来战场之上，都是男人的天下，你绑了个女人上来，却不怕脸红吗？"这一年多下来，彼此虽说是处于敌对状态，但日夜相处，已然甚是熟稔，故而相互间都给对方起了外号，魏冉叫公孙喜做公孙猴，公孙喜叫魏冉做魏熊，因叫得习惯了，都习以为常。

公孙喜仰首一笑，"兵者诡道也，战场之上只问胜败，不问手段，这女人一上来，只要叫你畏惧了，我便是胜了。"

因叶阳在其手上，魏冉心中虽气，却不能拿其奈何，只得问道："你待如何？"

公孙喜说道："叫你旁边的芈鼠下来，让他来陪我砍头玩玩！"

芈戎一听，怒上心来，"公孙猴，有本事你把那女人放了，我自当奉陪！"

"原来芈鼠也有怕的时候！"公孙喜得意的一笑，"怎么，不敢吗？"

芈戎是逞强好斗之人，被公孙喜一激，果然按捺不住要下去，却被向寿一把拉住，"想去送死吗？再者万一王妃有个三长两短，你我如何担待得起？"

魏冉也知此事非同小可，说道："公孙猴不过是想激我们出关去，切记事关王妃性命，鲁莽不得。"

公孙喜见芈戎被强行拉住，又笑道："我听说向大嘴巴是个杀人不眨眼的好汉，今日一见，也不过如此。罢了罢了，你们不敢下来，本将军便要动手了！"

向寿咧嘴一笑，他这一笑，果然半张脸被嘴巴占了去，十分的怪异，"你今日若是敢动王妃一根头发，决计不能活着回去。"

公孙喜认真地点了点头，"多谢向大嘴巴提醒，我不杀她便是。不过我想了个更好的主意，叫她带头攻城如何？"话音一落，把手挥了一挥，便有士卒把叶阳的那辆马车赶了上来，停在三军之前，然后有一位士卒跳上车去，把叶阳绑在了车上。在马车的背后，便是载着撞木的战车。

魏冉一看这情形，脸色大变，公孙喜的意图很明显，要以叶阳为盾牌，引着撞木撞击城门，如此一来，秦军便是投鼠忌器，只能任由他们撞门，直至破门而入。

叶阳毕竟心地纯良，心中只有善与恶，是与非之分，见秦军任由魏军撞门，丝毫不敢阻止，心头大是愧疚，要是城门真的被撞破了，魏军如狼似虎地杀将进去，城内百姓岂非都要遭殃？想起这些，她好似突然理解了嬴稷之前的所作所为，任何一个决策，都事关成千上万百姓的性命，在天下生灵面前，个人之私情算得了什么？

城楼之上，向寿下令弓箭手对着魏军射杀，一时间，惨叫声、怒箭在空中的呼啸声以及城门的轰然撞击声，在函谷关前夹杂着响起，震彻山谷。然而，此时此刻，叶阳好似浑然没听到这些声音，她无声地落着泪，在泪眼蒙眬中，好似看到了嬴稷的脸，他蹙着剑眉，那神色之中好像依然在责怪她不懂事。叶阳张着嘴巴，却没有喊出声来，只在心里大声地呼喊，王上，是我错了，我不懂事，也许只有到了战场，才能感受到什么是国家，什么是荣誉，也只有上了战场，才能体会到天下苍生这四个字的分量，如果那时我能顾念苍生，与你商量着处理秦楚之关系，何至于有今日！今日之难，是我带给你的，我岂能顾念一己之生死，而置苍生于不顾？

叶阳猛地一声娇喝，向着城楼嘶声大喊："杀了我，求你们杀了我！"

听到叶阳这一声娇喝，看到她那一副视死如归的神情时，饶是魏冉、向寿等铮铮铁骨的大汉，也不由得眼眶一热，热血沸腾，喊道："王妃只管宽心，我等定将你救出来！"

是时，在秦军弓箭手的不断射击下，魏军不得不远远退将开去，也叫弓箭手上来与之对射。魏冉大喝道："芈戎，开城门，杀出去！"

芈戎早已按捺不住了，大喝一声，把城门打开了，率众杀将出去。在前边撞城门的魏兵见状，忙不迭劫持了叶阳往后退，在魏军弓箭手的掩护下，撤了回去。芈戎本要趁机杀向前去，哪曾想韩将暴鸢前来接迎，为防对方反

第六章 函谷决战，咸阳断魂

攻，只得退入关内去了。

不过此一战后，公孙喜吃了亏，倒是消停了几日，没敢再来犯。

却说函谷关的情报传到秦廷后，芈氏和嬴稷都是吃惊非小。特别是嬴稷，虽说也恨叶阳，感情在一次一次地争吵之中渐渐淡了，但毕竟是夫妻，听她被敌军抓了去，命悬一线，心头不由得一阵隐痛，眼前浮现出她那单纯的楚楚可怜的脸。

芈氏看着儿子，并没有开口，然眉头却是紧紧地皱着。在这场吃人的战争之中，叶阳是最无辜的那只羔羊，她的善良她的纯真，最终使她走上了一条不归路。芈氏两眼一眯，露出一抹痛苦的神色，善良错了吗，纯真错了吗？可叹这纷纷扰扰的世道，把人逼得若凶残的野兽一般，竟是容不下最纯真的善良。不知为何，她突然想到了自己，如果不是她变得狠心了，变得认不清自己了，怕是早已化作一堆枯骨，死于非命了。如此看来，叶阳反倒是在这世上唯一敢以真性情面世的女人，她哭她笑，她爱她恨，无一不是由心而发，率性而为，如此种种在当今之世，却是何其难得！

芈氏暗吸了口气，不知为何，心情竟然无由地激动起来，只觉体内有股热流蹿将起来，一如年轻时冲动的感觉，她霍地朝嬴稷道："要救她，一定要救她！"

嬴稷反倒是比较冷静，他诧异地看着芈氏激动的神色，问道："如何救？她身在六十万大军之中，如何救她？"

"芈戎肯定有办法。"芈氏想了想道："他鬼点子多，定是有办法。"

"要是能救，魏冉他们早救了，何至于等到今日！"嬴稷来回踱着步，沉着眉头道："我先去函谷关，到时候再作计较吧。"

芈氏忙道："我与你一道去。"

自从继位以来，嬴稷很少见母亲如此紧张过，便问道："母亲，你是怎么了？"

芈氏幽幽一叹："这孩子可怜，自从秦楚交战以来，便没好生过过日子，我想过去看看，若是能救则救她一命。"

嬴稷喟叹，边叫人去准备，边拉了芈氏的手出得宫来。

旬日之后，芈氏、嬴稷等人到了函谷关内。

听闻了详情之后，嬴稷没有说话，这位少年秦王显然已经成熟，并未显得慌张，一脸的沉着。沉默了会儿，走到沙盘之前，凝神看着，而后回头招了魏冉过来，指着沙盘道："今晚秘密派遣两万人去关外，埋伏在这个山道之上,函谷关的关道狭窄,敌军只能依次而入,届时以滚石击之,将敌军切作两截,给他们一个痛击。"

魏冉回头看了芈氏一眼,转头问嬴稷道:"一旦打将起来,怕是要误伤王妃,将敌军切断后,我们该怎么打?"

嬴稷沉声道:"齐、韩、魏困我一年有余,秦国的兵力便压在这里一年有余,要是另有诸侯国对我有所图谋,攻伐秦国其他关隘,如何是好?你们拖在这里的时日太久了!"

魏冉暗吃一惊,低头称是。芈氏偷偷地看了眼嬴稷,他的眼里没有丝毫犹豫,显然他已具备一代君王的气质和胸怀。然而,她却嗅出了一股不祥的预兆,不知为何,她突然想起了蓝田大战之时,惠文王将她赶出蓝田送去予义渠王时的情景,娇躯不由得微微一震。

一切准备停当,次日午时,三国联军听到秦王来到函谷关的消息后,果然押着叶阳来了,领兵的依然是魏将公孙喜,韩将暴鸢则作为接应,候在关道之外。关道内外,二十几万大军摆开了阵势。

叶阳看到嬴稷安然无恙地站在城楼之上,喜极而泣,能在这里再见到他一面,她觉得无憾了。

从城楼上望将下去,叶阳被五花大绑地绑在一辆战车之上,那拇指样粗的绳索绑在她的身上,把她娇弱的身体勒得缩作了一团。嬴稷的心里似被什么东西刺了一下,隐隐一痛,眼里闪过一道光,略带一丝疼惜。然后他又看到了公孙喜那张桀骜不驯的脸,那张带着得意的脸与叶阳那楚楚可怜的样子一经对比,使得嬴稷的心里陡然升起一股怒火。那是他的女人,秦王的女人,岂容他人蹂躏!

芈氏能看得出那张娇弱的脸上所散发出来的恐慌,但同时也能从她的神色中读出一股坚强,好像是看透了生死,这雄关内外数十万大军似乎并未放在她的眼里,她的头微微地昂起,略带着苍白的脸透着一种从未有过的果敢。是什么让她漠视了死亡?芈氏的心里一颤,是楚国的败落,还是楚怀王的处境?

芈氏暗自叹息一声,诸多的苦难,终使得这个纯真的女人强大了起来,她的心该是受尽了多少的折磨和挣扎!

想到此处,芈氏望着叶阳的眼睛突然湿润了。

嬴稷咬着牙根,朝公孙喜喝道:"你是魏国的将领吗?"

公孙喜傲然道:"魏将公孙喜便是!"

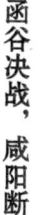

第六章 函谷决战,咸阳断魂

217

嬴稷剑眉一扬，星目中寒光乱射，"你如此做法，不怕本王日后打到魏国去，加倍报复吗？"

公孙喜仰首大笑道："到了今天，你还摆什么威风？秦国能否过了这一关，还是未知之数！"

嬴稷铁青着脸，沉声道："你给我听好了，今日你要么放人，否则的话，秦军定打到魏国去，打得你们闻风丧胆！"

这些话若是放在以前，公孙喜确实要胆怯三分，但如今他有恃无恐，浑然不惧，"你也给我听好了，今日你要么献城投降，否则的话，你的王妃唯死而已！"

公孙喜在说这番话的时候，也许没有想到，他已然为魏国埋下了祸根。

嬴稷涨红着脸，怒瞪着公孙喜，似要将其一口吞噬了一般。蓦然怒极反笑，"在秦人眼里，没有降，唯有死！"

自从来到战场之后，叶阳的心态完全变了，她早已做好了赴死的准备，听嬴稷说完，收了了泪水，喊："王上，叶阳不怕死，请你把我射杀了吧。我已经明白，在天下苍生面前，我的生死微不足道，若我的死，能救得秦国百姓和秦国勇士的性命，何其幸哉！"

芈氏听着这句大义凛然之言，出自娇弱的叶阳之口，终于没忍住掉下泪来。那曾是一个娇小的可人，连说话都不敢大声说的娇滴滴的人儿，在经历了一番生离死别后，居然敢坦然面对即便是七尺男儿都不敢面对的死亡！芈氏看着叶阳，眼里迸射出一种母性独有的柔和的爱怜的光，自从秦楚伐战以来，她承受了太多的痛苦，以至于把那娇嫩的躯体锻炼得若钢铁般坚强！

嬴稷即便是做梦也不会想到，一直向他哭着闹着的叶阳居然会说出这样慨然之言，看着她苍白的发着毅然之光的脸，他似乎有些不识得她了，而心里却油然升起一股怜惜之情，越发的心疼。她终于成长了，蜕变了，甚至把生死都看开了，可在这中间她吃了多少苦，受了多少委屈，当她终于把一切都看开了时，却面临着生与死的抉择！

芈氏深为理解嬴稷此时的感受，她伸出手去握住嬴稷的手，抽泣着道："孩儿，母亲常教你，在国家安危面前，私人情感不足为道，可这次不一样，秦国负了她。她是楚国的公主，秦国的王妃，她纵然任性，纵然做错了事，也不该死在战场上。让母亲去与那魏将谈谈。"

芈氏抹了把眼泪，再次回头时，却惊奇地看到了叶阳的笑容。这个平日里胆小怯弱的姑娘在三军之前非但不怕，还露出了笑意，脸上荡漾着幸福。

芈氏愣了，但泪水却又落了下来。她单纯得叫人心疼，往日所受的种种委屈、痛苦在嬴稷的这怜惜的目光中，尽数烟消云散。

"以前我向你哭，向你闹，那只是为了我的亲人，王上不怪，妾心甚慰。"叶阳由衷地笑着，苍白的脸似乎又焕发出了那种往日里柔和的光辉。

芈氏用手扶着城头，强行抑制住痛苦的心情，嘶哑着声音朝那公孙喜道："你想如何交换，说吧！"

看着城楼之上嬴稷母子痛苦的样子，公孙喜很是高兴，"我等此番而来，为的便是函谷关，你若投城纳降，便可饶她一命！"

芈氏蛾眉一皱，说道："行事不可太绝，若是想要几座城池，秦国给你，你拿了城池撤军回去复命，大家皆大欢喜！"

公孙喜哈哈大笑道："太后，我给你两条路，要么献出函谷关，要么死战。"

芈氏愤怒地看着公孙喜，"此事没有商量了吗？"

"没得商量！"

嬴稷的双手紧紧地抓着城头，抓得指关节发白，突地回头道："拿弓箭来！"

边上的一位弓箭手愣了一愣，把弓箭递了上去。嬴稷拿了弓箭在手，慢慢地把箭搭在弓上，然后弯弓拉箭，弓弦在轻微的嗡嗡声响中，逐渐绷紧、拉满。城下的公孙喜见状，顿时敛了笑容，他看到嬴稷的箭慢慢地往叶阳瞄准。这是公孙喜所没有想到的局面，如果这一箭嬴稷真的敢射向叶阳，那么他的如意算盘就彻底打空了。

芈氏见他拉弓举箭，内心倏地颤抖了一下，她知道懂得舍弃是一个君王必须具备的素质，可是今天所要舍弃的毕竟是一条生命，这是何其残忍之事！今日之局面，与蓝田之战时有几分相似，却又有所不同。那时候，当惠文王舍弃她，叫她去义渠王处时，她尚且伤心欲绝，可是对面的叶阳却比她更加的娇小，更加的柔弱，然而她要面对的却是死亡。

芈氏朝远处的叶阳望了一眼，她的身体虽然被紧紧地捆绑着，连挣扎的机会都没有，可到了这时，她的脸却依然带着微笑，似乎她面对的不是死亡，而是光明！芈氏被叶阳慨然赴死的精神状态彻底震撼了，她忍不住伸出手握住嬴稷拉弓的手，说道："她是无辜的，在这一场战乱之中，她是最无辜的受害者，是最不该死的。"

"母亲，我知道！"嬴稷吸了口气，紧紧地皱着眉头，"可与其让她死在别人手里，倒不如我亲自送她上路！"

"这一箭射出去，就没有后悔路了。"芈氏艰涩地道。

"我岂能不悔啊！"嬴稷的声音有些颤抖，但他的手依然牢牢地握着弓箭，"可我的身后是一马平川的沃土和成千上万的百姓啊，如果今日献出函谷关，我受些屈辱微不足道，可要是生灵涂炭，我便是千古罪人。"

芈氏把手放了下来，抬头看着他的眼睛。他的眼睛通红，布满了血丝，似要喷出火来，芈氏从没见过他这样的状态，心里又痛又怜。这时候，嬴稷突然转过头来，恶狠狠地道："我一定会向他们加倍讨还！"

话落时，只听铮的一声，箭离弦飞出。

公孙喜被嬴稷的举止吓着了，一个人若连自己最喜爱的人都可以杀，还有什么样的阵仗可以阻碍他？那一刻，他心底猛地升起一股危机。

箭落在叶阳的胸口，她感觉到一阵钻心的痛，随后一口气血倒涌上来，从嘴里喷将出来。她望着城楼上的嬴稷，只觉呼吸越来越困难，眼前越来越模糊，便提了一口气道："若我还是你的王妃，把我接回秦国去！"

嬴稷一把扔了弓箭，失声大喊："你在我心里，永远都是我的王妃！"

叶阳嘴角一撇，想是要笑，却是没笑将出来，气绝而亡。

嬴稷疯了一样的断喝道："杀！杀出去！"

关门开时，愤怒的秦军若下山猛虎一般扑将出去，双方一交战，由于魏军在气势上远输于秦军，节节败退。退至关道之时，由于关道狭窄，魏军退将出去时，只能依次而行，却不想在这时，关道左侧的山上滚石如雨，挟着千钧之势砸将下来。由于关道的右侧便是山坡，魏军躲都没处躲，一时惶惶如热锅之蚁，被石头砸到的，拥挤之下滚下山去的，不计其数。

公孙喜大骇，他知道如果退到函谷关前去，也是死路一条，便命令全军继续往后撤。殊知滚石刚落，又是一阵箭雨嗖嗖地从山上射下来，大乱之中，有些魏军忍不住又往回跑，却被赶上来的秦军一顿猛砍，只一会儿工夫，便已是尸积如山，死伤过万。

在关外侧应的韩军虽看到了魏军之险境，然关道实在太窄，在这种情况下，即便是冲上去救援，也只是徒伤人命而已，只能眼睁睁地看着魏军挨打。及至魏军撤出来，与韩军会作一处，重新摆开阵势与秦军对阵。

魏冉等杀出关道时，纵目望去，只见前面除了二十多万的韩魏两国之军外，却没有看到齐军。再往远处望，齐军营帐分明犹在，却是没看到一个人影，魏冉的心倏地收紧了，齐军去了何处？

按照匡章的性格，他不可能无故撤军。在垂沙之战时，大军被阻在沘水数月，齐宣王派人来骂，匡章宁可陪了全家性命，也不愿无功而返，如今围函谷关一年有余，他岂会甘心撤军？而且更为重要的是，此次合纵伐秦，齐国是纵长，倘若齐军真撤了，韩魏两军岂会如此镇定？

魏冉刚要说话，旁边的芈戎已开口说话了，"不对劲啊！齐军去了何处？"

向寿似乎缓过了劲来，变色道："此处设的是疑兵，匡章定是利用公孙喜劫持叶阳，趁我军慌乱之际去了别处？"

魏冉深知匡章为人，此人要么不动，一动便是雷霆一击，意识到事态的严重性，命令全军撤回函谷关。

却说嬴稷抱着叶阳的尸体，席地坐于函谷关前，怔怔地发呆。叶阳不谙世事，天真无邪，曾一度是嬴稷心灵寄托的港湾，每次在理完朝政，心烦意乱之时，总能在叶阳处找到快乐，有时即便只是看她一眼天真的眼神，便可使嬴稷的心平静下来。

他曾暗暗告诉过自己，这是一个需要去保护的女人，可没想到的是，秦楚伐战之后，却使她陷入了痛苦的漩涡，直至把她推到战场上，一箭至死。

可以说，嬴稷是眼睁睁地一步一步将她逼入死亡之谷的，他也痛苦，也痛惜，但却停不下来，列国之间的争战，便如出弦之箭，开了弓就再无回头之路，在你死我活的竞争中，只能逼着自己不顾一切地往前走。嬴稷看了眼叶阳毫无生气的脸，摸着她已然僵硬的身体，忍不住悲从中来，痛哭悲恸。

芈氏蹲在他的身边，伸手搂住嬴稷，也是潸然泪下。这时候，魏冉等人撤了回来，芈氏抬头间，已看到魏冉的神色有异，便站了起来，向他招了招手，回身朝关内行去。魏冉等人也不敢去打扰嬴稷，跟着芈氏入内去。

及至关内，芈氏回头问："何事？"

魏冉道："齐军并不在关外。"

芈氏脸色大变，不知为何，一股巨大的恐惧感笼罩住了她的全身，"匡章乃当世名将也，他不可能无故撤军，必有所谋。"说话间，快步走入房间之内，站在沙盘之前，仔仔细细地察看了起来。

芈戎诧然道："这一带都是崇山峻岭，他会去了何处？"

向寿冷笑道："躲入了山里，也进不了函谷关，匡章没那么傻。"

魏冉惊道："莫非他已离开了这一带？"

芈氏边听着他们说话，边把目光从函谷关移开去，沿着函谷关一路往下

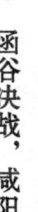

221

移,突然娇躯一震,眼神之中出现了一抹恐慌之色。

芈戎不明白她何以如此吃惊,问道:"怎么了?"

芈氏回过头来,对着三个弟弟,神色凝重地道:"当年先王派司马错伐巴蜀,为何?"

魏冉被她问得如置五里雾中,说道:"当年张仪主张东出,而先王却听了司马错之言,先伐巴蜀,一来是为了稳固后方,取巴蜀鱼米之地,为我所用;二来出巴蜀可直入楚地,可对楚国形成俯视之势,此乃雄才大略之举也。后来定平了巴蜀,先王才出兵伐楚,取其地六百里,攻取汉中,置汉中郡(今陕西省汉中一带),从此之后蜀汉相通,打通了秦国染指中原的道路。"

向寿似听出了端倪,脸色一变,"莫非匡章去了汉中?"

"正是!"芈氏急得来回踱步,"若是失了汉中,秦国非但失去了巴蜀之依靠,还叫齐国在后面插了把刀,匡章此举,正是所谓的攻敌所必救。"

魏冉急道:"我马上令白起率兵赶过去。"

"来不及了。"芈氏说道:"再者就算白起能赶过去,我秦国的主力都在函谷关,白起岂是匡章之敌手?马上叫人去打探,如若匡章真去了汉中,你与芈戎马上率军赶去汉中之地,叫向寿守关便是了,单凭韩魏两国之军,断然难破函谷关。"

魏冉应了一声,带着芈戎便往外奔。

吩咐停当之时,嬴稷失魂落魄地走了进来,问是何事。芈氏便将情况大致说了一下,然后道:"此间有魏冉打理,不妨事,我们且回咸阳吧。"

叶阳之死,对嬴稷打击极大,此时他也确实无心在函谷关待下去了,便点了点头,叫人去准备还都。

及至到了咸阳,嬴稷以王后之礼,将叶阳安葬于芷阳(今西安市长安区东)。料理完叶阳的丧事后,还没等嬴稷从伤心处回过神来,前方传来战报,说是匡章进攻汉中。此消息原在芈氏的意料之中,并不足怪,可没过几日,函谷关也传来了战报说,匡章朝函谷关反扑了!

这个消息传到咸阳后,不仅嬴稷傻了,连芈氏都震惊不已,匡章再能作战,也不会三头六臂,如何在汉中和函谷关开辟两个战场?

原来,匡章撤走了齐军之后,留了韩魏两国在函谷关外,所布的确是疑兵,但是在汉中的也不是齐军主力,实际上齐军的主力一直隐藏在函谷关的山上,匡章这一招妙就妙在布了两处疑阵,彻底打乱了秦军的阵脚,当魏冉把兵力抽调去汉中救急之时,匡章便领了齐军主力从山里出来,与韩魏两军汇作一处，大攻函谷关。

此时的函谷关大部分兵力都被抽去了汉中，所余兵力不足十万，而且只有向寿一人把守，在三国四五十万大军的猛烈攻击下，函谷关不破的神话终于被打破，匡章历时三年终破函谷铁关，也成为战国时代攻入函谷关第一人，建立了战国时前无古人后无来者的战功。

联军冲入关内，即展开了大肆杀戮，将关内的秦军尽数杀害，向寿率着残部冒死突出重围，一路向西逃窜。

三国联军大破函谷关后，对秦国的打击几乎是毁灭性的。函谷关后，便是一马平川的渭河平原，秦国已无险可守，匡章夺关之后，一鼓作气，一直打到盐氏（今山西运城），才扎营休整。

盐氏之地，位于黄河边上，也就是说，匡章破关之后，一直把秦国打回到了黄河以西，此一战之后，对秦国来说，相当于一夜间又回到了一百年以前的秦孝公时期，惠文王嬴驷和昭襄王两代人的努力结果，尽数付诸东流。

然而，这还不是最可怕的，可怕的是，让诸国看到了虎狼一般的秦军原来也是可以打败的，他们可能会趁机攻打过来，特别是楚国，对秦国可谓是恨之入骨，早晚会有所行动，若果然如此的话，秦必灭亡无疑。

形势空前紧张，秦国一下子被逼到了生死存亡之时，朝野震动。一些老秦人表示，即便是拉了全家出战，也要把联军赶出关外去，纷纷到军营请愿参战，要誓死与秦国共存亡。

芈氏的心情比朝野上下的官民更加紧张，这是她执政以来所遇到的最大的危机，这次的危险比之继位之初来自嬴壮的危险更大，万一处理不好，亡的不仅仅是她，还有整个秦国！

那一日，芈氏召集百官破天荒地在当日黄昏时分召开了会晤，讨论应敌方略。她站在朝堂之上，神色肃然，面无表情，扫视了众臣工一眼后，厉声道："函谷关一战，先王之功业尽数丢于我手，我之过也。眼下齐、韩、魏三国依然在掠夺秦之国土，其他诸侯国也是蠢蠢欲动，如此下去，秦国将遭遇更为严重的危机。事关重大，我不多置言了，各位群策群力，助大秦渡过此次的危机。"

由于函谷关之败，基本败于魏冉之手，因此魏冉有些心虚，不敢发言。楼缓想了一想，站出来说道："关中（即渭河平原）一带，无险可守，秦不宜再战，依臣之见，须马上议和。"

此话一出，众多臣工表示反对，他们认为，秦虽败，但主力未失，当可与联军决一死战。楼缓闻罢，怒道："各位可有想过，死战之后，即便是胜了，也是惨胜，秦国将再无能力与列国周旋。"

其实，楼缓的话是有道理的，但是此话嬴稷听在耳里，却是分外刺耳。为了秦军可以在函谷关毫无顾忌地与联军作战，他牺牲了叶阳，如今叶阳没了，还得赔着笑脸割土地予列国，诚所谓是可忍孰不可忍，若连这口气都能忍得下去，日后如何立足于天地之间？嬴稷涨红了脸，手掌一拍几案，愤而站将起来，指着楼缓大吼道："秦若割了地求和，颜面扫地，难不成还有脸存于列国之间吗？你身为一国之相，兼任邦交之职，说此番话时，可曾想过秦国的国体和我的脸面？"

楼缓见嬴稷若受了伤的雄狮一般，气势吓人，便不敢再言。嬴稷看了众武将一眼，喝道："谁敢去与匡章一战？"

"且慢！"芈氏蓦然大喝一声，阻止了嬴稷，她看着嬴稷道："稷儿，秦国自然可以举全国之力一战，可是这一仗打下来，秦国必是伤痕累累，要是在那时其他诸侯国横插一脚，便再无能力反击。我们肯定是要报复，但眼下非是逞强之时。"

芈氏见嬴稷依然气愤难平，便叫楼缓退了下去，嬴稷见芈氏虽不支持再战，但毕竟给了他一个台阶下，便气呼呼地坐回到了位置上，问道："母亲所说的时机，是指什么时候？"

芈氏说道："按眼下的局势，若是再战，极有可能会将秦国拖入万劫不复的泥潭，我们要报复，须重新调整战略，待修整之后，再谋东山再起。"

嬴稷又问："眼下之局何解？"

芈氏道："割地求和。"

嬴稷一听，气血冲将上来，脸色顿时便又涨红了。

第七章 兵指韩魏，伊阙大战

一、嬴稷怒而伐韩，芈氏痛而失子

　　从嬴稷的角度来说，函谷关一战，他牺牲了心爱的女人，此战之败使他对叶阳更加内疚，早知如此，当初献城纳降，叶阳便也不用牺牲了。可是败了也就罢了，还要割地去求和，这对他而言，是一种莫大的侮辱和嘲笑，是无论如何也无法容忍的。因此芈氏一说割地求和，他火气便又上来了，"若是割地求和，无须再议。"说罢，起身就要走。

　　芈氏理解他内心之痛苦，对叶阳的死她感同身受，但如今她已经过了冲动的年龄，在国家的存亡兴衰系于一线之时，理智很快就占了上风，心里的痛苦被防御和警惕所替代，见嬴稷起身就要走，她怒视着嬴稷，大声呵斥道：

"王上，你是秦国的王，要为秦国的安危着想！"

嬴稷霍地转身，大声道："为了让函谷关将士安心一战，我连叶阳都杀了，还没为国家着想吗？"

芈氏沉声道："你可记得你父王割让商於之地一事吗？当时你父王听了司马错之言征巴蜀，但是齐、楚两国要联合伐秦，张仪便出了一个主意，割商於六百里地予楚王。"

嬴稷并非愚昧之人，听了芈氏这一言，似有所悟，说道："割商於六百里之地，父王也是万分不舍，后来张仪骗了楚王，使秦国腾出征巴蜀的时间来。母亲的意思是，要用张仪之计，给秦国腾出时间来修整？"

"非也。"芈氏摇头道："张仪乃不世之奇才，凭他的机灵和口才，可骗得楚王的信任，但自张仪之后，我朝野上下，便再无此等大才。然而，只要你还有雄心在，即便是一时被人拿了去，何愁夺不回来？"

嬴稷低头沉思起来，却没有答话。芈氏又道："男子汉大丈夫当是拿得起放得下，在哪里跌倒，便可在哪里再行爬将起来，失之片隅，何虑之有？"

嬴稷抬起头来，注视着母亲，突然一个躬身，"多谢母亲教诲，孩儿明白了。"

商议即定，当下派出使臣，分别去往韩魏两国谈判。至于齐国，由于距秦国遥远，割地是没有用的，赔些金银也就罢了。再者只要韩魏两国退兵，齐军也必退。

韩魏两国一直受秦国压迫，此番终于扬眉吐气了一回，魏襄王魏嗣和韩襄王韩仓都想趁机捞一把，便约定与秦国在魏境孟门（今山西柳林一带）会盟约谈。

从挨打之国一跃成为了主导国，韩魏两国的态度自然强硬了起来，要求秦国将河外之地尽数割让出来。

秦使一听，顿时就蒙了。按照芈氏的指示，所谓的割地是指割让城池，但要能平息这场战祸，割让数城皆可。但让秦使没想到的是，韩魏狮子大张口，非要河外之地，叫秦使十分作难。可是如今秦国是战败国，见韩魏两国态度强硬，秦使只得回去叫芈氏和嬴稷定夺。

芈氏一听韩魏两国的要求，整张脸顿时就黑了下来。事实上自函谷关之战后，伤心和内疚的不只是嬴稷，芈氏何尝不是如此？每当夜深人静的时候，她便会想起叶阳在函谷关外那视死如归的慨然神色，为了秦国，如此一位弱不禁风的姑娘居然甘愿赴死，这需要多大的勇气和决心！然而在她死后，秦国居然还要割地求和，这叫叶阳亡灵何安？

但是，反过来再想，如果不同意韩魏两国的要求，秦国还能再打吗？芈氏明白，此时的秦国不能再战了，不然的话很可能会失去整个国家。她很快就冷静了下来，这许多年来的风风雨雨，已把她的心锻炼得如钢铁一般的强大，她暗咬着银牙想，只要韩魏两国不要秦国的全部国土，只要秦国还立于世，那么就还有还击的机会，她相信有朝一日，定会一雪前耻，把今日所割之地，加倍讨要回来。

真正的强者能在逆境里服软，能在顺势里无限膨胀，芈氏相信秦国是这个世上的强者，一定还有机会再站起来反击。

昭襄王十一年，即公元前296年，芈氏把河外之地分别割让予韩魏两国，并将武遂还予韩，封陵还予魏，拿了大量财物予齐国。

本来按照匡章的意愿，反正这场大战打下来，齐国也没得什么实际好处，要继续再深入秦地打下去，大有一举灭了秦国之势。却在此时，燕国的苏秦入了齐国，他主张齐闵王伐宋，说当年秦惠文王暂缓东出之计，先伐巴蜀，实际上看中了巴蜀乃鱼米之地，得之巴蜀，无异于得一粮仓。今宋国好比是巴蜀，齐国要是得了宋国，便没了后顾之忧，可虎视天下了。

众所周知，齐、燕有不共戴天之仇，燕昭王恨不得一口把齐国吞了，但是以燕国的实力，远不足与齐国一战，因此便让苏秦入齐，让齐国与各国伐战，以达到弱齐的目的。

苏秦乃张仪之后另一位杰出的纵横家，雄辩之才当世无双，齐闵王听信了苏秦之言，果然同意伐宋，由此把匡章召了回去。匡章收到撤军之令时，颇感无奈，一来他深知要灭秦非一朝一夕之事，二来韩魏两国得了地后，都撤了军，此种境地之下，又接到齐王命令，只得喟然一叹，撤军回国。由此秦国的这一场祸乱才算平息下来。

同年，相国楼缓被免，由魏冉担任秦相国，其终于从一个街头浪子登上了人生的巅峰。然而魏冉能登上相位，也并非纯粹浪得虚名，依靠芈氏才拜将入相，事实证明，他除了战场上的功绩之外，眼光也十分不错。他拜相之后，做的第一件事便是推荐白起。

自函谷关大败后，魏冉也在反思，摒弃客卿，一味地任用内亲外戚是否是正确的。如果在函谷关之战时，有其他的将领在，结局是否就会不一样了呢？在这样的一种思想下，他向芈氏推荐了白起，被任命为左庶长，从此之后，这位旷世之战神正式登上了战国的舞台，他拯救了秦国，也在青史之上

第七章 兵指韩魏，伊阙大战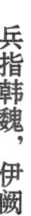

永垂不朽。

却说嬴稷自割地之后，时刻不忘了复仇雪耻，这一日，他喝得酩酊大醉，跟跄地走来问芈氏，"母亲，莫怪孩儿今日又喝醉了，孩儿心里苦啊！更莫怪孩儿在这种时候儿女情长，射杀叶阳只是孩儿心痛的原因之一，割地求和之后的秦国，教列国嘲笑，孩儿这王当得寝食难安！"

芈氏怜惜地摸了摸嬴稷的脸，深为理解嬴稷的痛苦之处。其实她自己也是睚眦必报之人，对割地求和之事也是终日耿耿于怀，说道："我儿之苦，母亲感同身受。"

嬴稷扑通跪在芈氏面前，"母亲须助孩儿一臂之力，以雪前耻。"

芈氏问道："如何助你？"

嬴稷道："函谷关之战后，已有数月，孩儿想打过去，出了这口恶气。"

芈氏扶了他起身，说道："稷儿，现在还不行，时机未到，不宜出兵。"

"母亲所说的时机，到底是何时？"嬴稷忍不住大声道。

芈氏却是摇了摇头，"我也不知道。总之，如今不宜打。"

嬴稷怒而发笑，趁着酒兴劲儿指着芈氏道："母亲，莫怪孩儿出言不逊，你老了！想当年你谋对齐、韩、魏三国合纵，亲楚、救楚、弱楚这一招大棋一下，纵横捭阖，列国尽在你掌握中，何等的霸气，教孩儿钦佩不已。可如今你老了，没那气度了，却还要时时管制着孩儿，你可知道，此时不打，列国便会趁秦嬴弱之时打将过来，到那时便说什么都晚了！"

芈氏吃惊地看着嬴稷说完，良久没有说话。她猛然觉得，嬴稷真的长大了，他有自己独立的思想和抱负了，不再愿意听母亲的主意了。也许在这时候，放手是减少母子之间冲突的最好方法。可是天下父母心，在这战乱的时代，她如何放心叫他独自去面对这纷乱的世界？想到此处，芈氏突然眼眶一红，泫然欲泣。

嬴稷虽责怪芈氏管制，但是这毕竟不同于争权，何况芈氏也从未与他争权，不仅如此，芈氏还约束魏冉、芈戎等人专权，所以这争执不过只是母子之间的意见不合而已，此时见芈氏一副受了委屈的样子，嬴稷也意识到自己方才的那番话说得重了些，忙道："孩儿无心责备母亲，望母亲莫怪！"

芈氏吸了一口气，略稳定了下情绪后道："稷儿，非是娘要控制你，更非娘要夺你的权，你还年轻，行事往往冲动，娘是不放心你才事事管着，你可知晓？若是你执意要打的话，娘只问你一句话，若是这一战再败了，秦将如何？"

嬴稷心里暗自一颤,冷汗涔涔而下,酒也醒了一半。芈氏寒声道:"此时去碰韩魏,如若败了,韩魏两国必将一举进攻河西,进而逼向关中,秦国便是连最后还手的机会都没有了。"

嬴稷重重地叹了一声,"孩儿知晓了!"便踉跄地走了出去。

义渠王进来的时候,芈氏正独自坐在椅子上发呆。她暗自问自己,是否真的老了,没有胆气了?割了河外之地这么长时间以来,一直蛰伏着没有动作,到底什么时候才是有利的时机?她一直防这防那,是否将自己的心包裹了起来,阻碍了秦国的发展?

义渠王站在门口,见她的眉头时不时地跳动着,一副心事重重的样子,一时竟不敢入内打搅她,只能呆呆地站着。他知道秦国被人攻破函谷关,损失惨重,不应该在这时候再给她添加烦恼,更不该在此时给她伤害,可这事若是不说,怕她以后知道了更加无法原谅自己。

芈氏抬目间看到义渠王谨小慎微地站在门口,只觉好不奇怪。义渠王并非是那种体贴入微的男人,他不可能因自己正在想心事而故意不入内打搅,然今日好似换了一人,甚至连正眼都不敢瞧自己一眼,这却是为何?

芈氏起了身,走到义渠王的面前,抬着头细细地打量着他,他的脸很是苍白,带着一份沉沉的倦意,眼神之中也没了犀利之色,当芈氏看他的时候,他的眼神游离不定,似乎要避开与芈氏的对视。

"怎么了?"芈氏见他这副样子,倒有点像做了错事的孩子一般,便笑问道:"可是在义渠找了个貌美如花的女人,内心对我觉得愧疚了吗?"

义渠王挑了两下眉毛,突地跪倒在芈氏面前,"我罪该万死!"

芈氏被他的举动吓了一跳,隐隐感到一丝不祥,问道:"到底发生了什么事?"

这不问还罢了,被芈氏一问,义渠王竟是哭了起来,两手撑着地,咚咚地给芈氏磕头。芈氏大惊,在她的印象中,这个男人从未曾哭过,更不曾向人跪地磕头。到底是什么事情让他如此伤心难过,让他觉得罪该万死?

芈氏不笨,此时她似乎猜到了什么,脸色陡然大变,一把揪住义渠王的衣领叱道:"到底怎么了?"

"孩子没了,我们的两个孩子都没了!"义渠王用双拳击打着地面,悲恸不已。

芈氏脑子里只觉轰的一声,整个世界一下子就黑了。再次醒过来时,发现已然躺在床上,义渠王正守在床边。芈氏见了他,若见了仇人一般,霍地

第七章 兵指韩魏,伊阙大战

起身，挥手就给了他几个巴掌，直打得义渠王从床上滚落于地。

义渠王从地上爬了起来，含着泪道："我没照看好孩子，我该死！"

原来芈氏与义渠王交好以来，先后为其生了两个儿子，均养于义渠。公元前295年入春之时，义渠全境发生了一场大瘟疫，此二子先后死于这场天灾。

在芈氏的眼里看来，此二子虽非嬴氏子嗣，但同样是她亲生的，如同疼爱嬴稷一样，她同样疼爱那两个儿子。由于他们从小就离开了秦国，去了义渠，她本来就心存内疚，时时牵挂着，如今突闻他们死了，越发得伤心，越发觉得愧疚，于是就把所有的情绪都往义渠王身上发泄。她红着双眼道："你怎么没死，那场瘟疫偏生叫他们死了，你为何安然无恙？"

如果说她最初与义渠王结合是为了秦国的利益和情欲的话，那么后来那两个孩子便是他们维系这段感情最根本的基础，如今维系感情的线断了，她对义渠王的感情也就没了，看着这个男人，她只有满腔的恨意，恨不得将其一刀杀了。

"你滚！"芈氏在床头哭了一阵，转首道："我不想再看到你！"

义渠王浑身一震，"你要与我一刀两断？"

"若非你苦苦相逼，何来你我这一段孽缘，又何来今日之苦果！"芈氏道："如今孩子没了，你我情缘已了，我不想再见到你了。"

义渠王站着愣怔了会儿，突然把牙一咬，转身走了。

从此以后，芈氏与义渠王便断了关系，而另一个男人魏丑夫进入了她的生活，在此后的岁月里，几乎是魏丑夫与她一起走完全部的人生。此乃后话，按下不表。

不久后，韩襄王、魏襄王相继辞世，约好了一般同赴黄泉，嬴稷听到了此消息后，欣喜若狂，直若捡了座金山一般，仰天长叹："报仇的机会终于来了！"次日朝会，嬴稷便召集众臣，商议伐韩魏之事。

待两班文武大臣到齐了后，独不见芈氏上朝，嬴稷心想，可能是其与义渠王的儿子死后，使其伤了心，无心理事了，为使其安心休息，嬴稷也未差人去请，开始商讨出兵之事。

魏冉说道："此乃秦国自函谷关之败后第一次作战，非同小可，此战要么不打，打了须有必胜之把握，臣以为不宜将战场拉得过大，若是同时对两国开战，秦军兵力一分散，反而会被钻了空子。"

嬴稷深以为然，说道："此言在理，按相国之见，该打哪国？"

魏冉微一沉吟，说道："魏襄王死后，其子魏遬继位，此人有个公子名叫魏无忌①，颇有才学，依吾之见，打韩国。"

对魏冉的意见，嬴稷并不反对，他只提出一条，"不管是打哪国，但要见到韩将暴鸢，魏将公孙喜，务必擒而杀之。"

魏冉神色肃然地道："敬请王上放心，但要在战场上见到此二人，必诛之而后快。"

次年入秋，一切准备停当，魏冉点白起、向寿为将，起兵十万，奔赴韩国。

这一战是成是败，事关秦国之国运，朝野上下皆是格外关注。芈氏虽尚未完全从失子之痛中走出来，但是在秦军出征的那天，依然去了嬴稷处，相询情况。

嬴稷为了使芈氏宽心，说道："此番出战，我军将以迅雷不及掩耳之势，奇袭韩国，虽说兵力不多，但打韩国却是绰绰有余了。"

芈氏垂着眉沉思了会儿，说道："韩襄王、魏襄王刚死，此时出兵，的确是个好时机，但有两点，你须小心在意。"

嬴稷道："愿闻母亲教诲。"

"一是兵力少，又是长途奔袭，而韩军又在此前破了我函谷关，如今并不惧怕秦军，此消彼长，能否突袭成功呢？"芈氏缓缓地分析道："二是若胜则可一雪前耻，倘若败了呢？不管是韩还是魏，都不会轻易放过秦国，他们会趁机反攻，打得我们无还手之力。故此一战虽时机尚佳，但依然是你死我活的背水之战。"

嬴稷沉思片响，问道："万一真败了，当如何？"

"你虽留了一部分兵力在蓝田，但倘若前方真败了，这部分兵力依然无法抵挡韩魏两国联军。"芈氏沉重地道："所以若是败了，又将会是一次灭顶之灾，只能期望向寿和白起能以少胜多，打胜这决定性的一战。"

是年仲秋，秦军抵达韩国边境，双方战于新城（今河南省伊川县西南一带）。由于韩军之前曾战胜过秦国，信心十足，且士气高涨，非但不畏惧秦军

---

① 魏无忌：史称信陵君，与春申君黄歇、孟尝君田文、平原君赵胜合称战国四君子。

来袭，还嘲笑秦军是败军之将，居然还敢来战。再者秦国所率兵力不足，攻城之战打得十分艰难，连续一月，始终未拿下新城。

此消息一传到秦国，嬴稷不由得心急如焚，心想此战若果然如母亲所料，秦国危矣！但开弓没有回头箭，事已至此，只能硬着头皮继续打了，嬴稷把心一横，发了一道军令，若是在十日之内拿不下新城，白起与向寿两人提头来见。

嬴稷固然着急，实际上向寿和白起更急。特别是白起，这一战的胜负对他来讲太过重要了。向寿说到底是王亲国戚，即便是不胜，对他的身份地位无多大影响，而白起则是白手起家，此番得以胜任庶长，完全是因为魏冉的信任，如果此战不胜，别说王上要杀他，即便是留了他一命，他自己也没脸在秦国活下去了。

接到嬴稷的命令后，白起冷峻的脸上掠过一抹杀气，对向寿道："我孤军深入，若在此拖延下去，极有可能反会被围而击之，拼了吧。"

向寿也是被逼急了，道："这次出来，我就没打算活着回去，你只管说，如何拼杀。"

白起道："烧城。"

向寿脑袋一晃，被其说得来了兴趣，"怎生烧法？"

白起道："那城门虽有铁皮包裹，但其里面是木头所制，只需运些柴木过去，把城门的铁皮烧红了，木头便也烧脆了，一撞即开。"

向寿咧嘴一笑，"便依你计！"

二、韩魏倾国而出，白起血洗伊阙

是日向晚时分，秦军去山上搬了大量枯枝来，一捆一捆地绑结实了，分派十个士卒负于背上，天黑之后，全军燃起火把，在一阵激越的战鼓声中，全军拔营攻城。

在与秦军对峙一月之后，韩军越发认为，如今的秦军不过是被拔了牙的老虎，徒有其威罢了，见其又来攻城，纷纷举起长矛亢声叫喊，像是示威，又像是在嘲讽。

白起星目里寒光一闪，转身走到战鼓之下，拿了士卒手里的击鼓棒，登上鼓台，霍地大声喊道："今晚不克新城，誓不还师！"话落间，抡起鼓棒，激烈的战鼓之声便在战场之上响起，秦军的情绪也被白起所感染，听到那鼓声起时，蓦地热血沸腾，不知是谁突然发出嚯的一声响，全军将士齐声响应，嚯嚯之声便间隔着战鼓此起彼伏地在夜空中回荡着，给即将发生的血战平添了几分庄严和肃穆。

在这战鼓和嚯嚯声响中,向寿蓦然一声大喝"杀!"战鼓声更疾,也越发的激越,秦军的那嚯嚯之声就变作了一阵震天的呐喊,朝着城池一拥而上。让韩军没想到的是,在秦军冲到城墙边上时,中间突然钻出十个背负着柴木的士卒,迅捷地冲到城门前,把柴木一一放于门前,待放置好后,有士卒掷了手中火把,那干柴便熊熊燃烧起来。

城头上的韩将见状,陡然变色,城门再坚固,也是经不起这许多捆柴火烧的,不需多久,城门必破,与其被攻入城内,进行巷战,倒不如现在冲将出去,与秦军血战,当下命令开了城门,冲杀出去。

白起见城门开启,两眼一亮,他等的便是此刻,把鼓棒交与士卒之手,纵身一跃,跳上一匹战马,喝一声:"我大秦一雪前耻的时刻到了,杀啊!"白起身先士卒,率先杀入了韩军之中。向寿也不甘落后,率众而上。

秦军人人都憋了一口气,均知此番前来,便是来雪耻的,现下机会来了,人人都杀红了眼,个个争先恐后,奋勇杀敌。

白起领着一小股人,一马当先,直捣韩军中军,及至杀到韩将跟前时,两眼一瞪,杀气盈然,"受死吧!"长矛一挑,不偏不倚正好落在那韩将的喉部,那韩将身子被挑出一丈来远,哼都没哼出一声,落地时已然身亡。白起喝一声:"你等主将已死,此时不降,更待何时!"

周围的韩兵见到主将被杀,顿时慌了神,丢盔弃甲,逃的逃降的降,乱作一团。

向寿虽也是嗜战之人,一到战场上便即杀红了眼,但是见到韩军大部分人都降了,便想将之围了起来,将降者收编入队,岂料白起嘴上虽喊此时不降,更待何时,一旦韩军降了,却依然没有停手,那神色便如杀神从天而降,长矛及处,便有大批的人倒下。秦军因函谷关之败,心里都窝着股气,都想打场胜仗来出口恶气,此时被白起一激,那胸中之恶气被彻底激发了出来,随着白起大肆砍杀,直至将新城的韩军如数杀尽方才罢手。

一时间,新城的城门之前,尸积如山,血流成河,在火光的照射之下,好似人间地狱,便连空气中都弥漫着一股血腥恶臭。向寿看着眼前的情景一时竟是没回过神来,饶是他好斗好杀,可与白起相比起来,端的是小巫见大巫了,不可同日而语。但他同时也明白,秦军憋着一口气,确也需要发泄出来,以振士气,因此便也忍下来没说。

新城之战大胜后,向寿、白起两人一鼓作气,由南北上,一举攻下韩国

第七章 兵指韩魏,伊阙大战

三座城池，韩廷大震，新继位的韩厘王派出使臣，向魏国求助，希望魏国能出兵相助。

魏昭王魏遬心里很清楚，秦国出兵是为了报复，函谷关之战后，魏国与韩国一样，都分了秦国的土地，如若不出兵助韩，待韩国败了之后，秦国必打魏国，既然早晚要打，倒不如与韩国合起来打，当下便命公孙喜为将，领了六万兵马，出兵助韩。而韩国方面，也点了大将暴鸢为将，率十万大军而出，打算与魏军会合后，合击秦军。

韩魏两国联合出兵，并派出了公孙喜、暴鸢为将，这是秦国希望看到的，也是害怕看到的。眼下，秦国还没有足够的能力去攻打齐国，因此把所有的怨恨都发泄在了韩魏两国头上，而函谷关之败，叶阳之死，与公孙喜、暴鸢两人有直接关系，秦国自然希望此两人一同出现，以便一起杀了解恨。可是秦国遭受大败之后，被打到了黄河以西，一来兵力上确实大大的受损，二来也不敢将举国之兵全压在韩魏两国头上去，所以虽说报复的机会来了，但能否取胜却成了件令人头疼的问题。

嬴稷听到韩魏两国派出了公孙喜、暴鸢又是激动，又觉不安。这两人正是导致叶阳之死的元凶，如今他们出来了，正是报仇的大好时机，但在敌我兵力悬殊的情况下，真的能取胜吗？

恰在这时候，前方传来了不利的消息，韩魏两国联军与秦军在武始（今河北省武安市南部一带）遭遇，秦军不敌，退守伊阙（今河南省洛阳市龙门）一带。

这端的是想什么便来什么，听到此消息后，芈氏的心倏地揪紧了，韩国新城一战，胜虽胜了，却又使韩魏两国联合在了一起，也将秦国再一次逼到了生死的边缘。她看了眼站在前面的嬴稷和魏冉两人，问道："你们有何想法？"

嬴稷说道："开弓没有回头箭，既然已经亮出了剑，必死战。"

魏冉点头道："如今要是退回来，韩魏两国必趁势杀入秦国，也免不了与他们正面交战。臣同意王上所言，既然已亮出了剑，必死战。"

"死战？"芈氏哼的一声，"举倾国之兵去拼个你死我活吗？"

魏冉道："眼下秦国还是处于弱势，列国均对我虎视眈眈，故国内的人马动不得。"

芈氏看着魏冉又问："既动不得人马，如何死战？"

魏冉仿似早有成竹在胸，想也没想便道："自古以来，以少胜多之例不胜枚举，秦军数量虽不及韩魏联军，但也并非毫无胜算。臣以为此时须有良将，方可胜。"

嬴稷眼里精光一闪，"莫非相国心里已有人选？"

"白起。"魏冉道："臣不敢说白起是最好的将领，但眼下要想胜韩魏之军，非他莫属。"

芈氏饶有兴趣地笑了笑，"既非良将，何以又非他莫属？"

魏冉浓眉一扬，微哂道："白起如若一柄利剑，剑出必见血，如今的秦国需要这样一柄剑。因此臣举荐白起为主将，向寿为副，再遣两万人马予他，与韩魏决一雌雄。"

"你倒是任人不唯亲。"芈氏听他说将向寿撤下来，任白起为将，不由赞许地笑了一笑，"如果败了呢？"

"此战没有如果。"魏冉一脸的严峻之色，"胜则秦盛，败则秦衰。"

嬴稷的脸色变了一变，说道："我们已然没有退路，便依相国之言，决一死战。"

白起在伊阙接到诏书的时候，愣了良久。秦军败于武始，退守伊阙，王上非但没有责怪，还升了他为主将，这是何道理？

倒是向寿从小被带进了宫，明白此中奥妙，笑道："怎么升任了你为主将，为何还像是我欠了你八百两银子一般，也不笑上一笑？"

白起为人冷漠，极少见其发笑，冷冷地反问道："你被降为副将，莫非心里服气吗？"

"自然服气。新城一战，你杀气冲天，便是我见了也为之心寒，我承认不如你。"向寿正色道："你可听说过兵败如山倒之说？秦国不能再败，若此战再败于韩魏联军，秦国将一蹶不振，故此为背水一战，王上是将希望全压于你身上了。"

白起闻言，脸色越发的冷峻，他没想到王上会将秦国之存亡系于他身上，这是何等大的责任和荣誉！愣怔了会儿，白起站了起来，朝着咸阳的方向跪将下去，"臣当以死报王恩！"

"你若死了，何人领军啊？"向寿笑着把他拉了起来，"且想想如何应付敌军吧，还用火烧吗？"

白起却没心思与他开玩笑，沉着一张脸走入军帐之内，刚坐下没多久，便有士卒来报："韩魏联军在百里开外安营扎寨，并未追杀而来。"

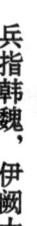

向寿讶然道:"这可奇了,他们刚在武始打了场胜仗,何以不乘胜追击?"

"且随我来。"白起叫了向寿一声,径直走了出去。向寿不知他要去何处,边跟上去边问,"你要去何处?"

白起没有回答,只是带着向寿一路往山上走,及至爬上山顶,却也不喘口气,依然寒着脸往四处张望,似在察看周围形胜。是时正值公元前294年深冬,虽说正是草木枯衰之时,但伊阙深处群山之中,有香山和龙门山两山相峙,中间伊水相间,正是群峰环绕,一衣带水的去处,故放眼望去,依然是满目苍绿,草木繁盛。

向寿爬了一路的山,已是满脸通红,出了一身的汗,此时站在山顶之上,经冷风一吹,不由得缩了缩身子,"此处冷得紧,你带我来此做甚?"

白起用手一指,说道:"我等此处所站的叫做龙门山,那对面便是香山,此不远处是周室所在的洛阳。"

向寿边望着边道:"怪不得周室建都洛阳,原来有龙门作为门户,王者之地也。"

白起似没去听向寿之言,径自道:"两山之间的这条河流叫做伊水,相传是当年大禹治水时所开的水道。两山之间,一水相隔,宛若天然门阙,是为伊阙。此处地势险要,兵家必争之地也,如若此战打将起来,联军会有如何打法?"

向寿道:"必是渡伊水而袭之。"

白起又问:"你也见了此处形势,可知他们缘何于百里之外扎营?"

向寿诧异地反问道:"莫非你看了此处形势之后,便已算出他们扎营的意图?"

"伊阙原该是周室之门户,如今周室不足道哉,便是成了韩魏两国之门户,此也是秦国东进之必经之路。"白起微蹙着眉,侃侃而道:"如若有一群人,向你问罪,冲到你家门口叫骂,你便要如何?"

向寿一听,恍然大悟,"原来他们是在等援军!"

"正是。"白起嘴角一撇,冷若冰霜的脸色似掠过一抹淡淡的笑意,"那公孙喜非徒有虚名之辈,他知道此处地势险要,不宜轻进,更知道此处对韩魏两国的重要性,所以他要有必胜的把握之后,才敢与我敌之。"

向寿打了个哆嗦,"果然如此的话,我军危矣!何不如在他们援军未到之前,出去与之一战?"

白起道:"我军在人数上少于他们,若正面相战,必败无疑,这便是公孙喜驻军于百里之外的原因所在。"

向寿一听急了，"守也不是，战也不是，当如何是好？"

白起却没有回答他，径自下了山去。向寿恼了，喊道："莫以为当了主将，便与我摆鸟架子，惹恼了我，我自个儿带兵杀出去！"

白起回身道："非是我不答话，须再去勘察山下地形，再做计较。"

到了山下，白起带着向寿在周围走了一遭，突在一个隘口停了下来，说道："便是此地了。"

向寿抬头望了一望，此处山峰夹峙，守固然是一夫当关，万夫莫开之地，若是设陷阱，引敌军入内，那便是一口天然大锅，进来了就休想好端端地逃出去。向寿心想，拒守非白起之性格，那就肯定是埋伏了，便道："你要在此地伏击吗？"

白起道："正是，可叫些士卒来，在高处的山崖筑些工事。"

史载白起善战，号战神，在战国除孙武、吴起外，无有匹敌者；又载白起好杀戮，战国百多年历史，战死者两百多万，有一半以上死于白起之手，又号人屠。实际上白起用兵，一则在于算计，观察战场环境和形势，料敌于先；二则便是精于野战和打歼灭战，战必求歼，孙武的穷寇莫追战术，在白起这里则反其道而行。然要做到这一点，除了精确的算计外，更在于其善于在野战之时，垒筑工事，在战前做足了准备工作。

且说白起这一年在伊阙精心布设战场，次年开春，即公元前293年，韩魏两国的援军终于到了，合计三十万大军，会师于伊阙，浩浩荡荡地朝白起所在之处而来。

这三十万大军几乎是韩魏两国倾国之军，可见他们对此战看得极重。公孙喜、暴鸢手握重兵，面对白起的十二万秦军，可谓是信心十足，志在必得。此时其他诸国见韩魏举倾国之兵而战，秦国却只有十二万人马，均是作壁上观，欲看一场好戏。若是秦国胜了，反正与己无干，所损的也是韩魏两国，若是秦国败了，就一拥而上，棒打落水狗，上去分一羹。

芈氏风闻韩魏发兵三十万，也不由得慌了神，白起手中只有十二万人马，在兵力上少了一半有余，如何与韩魏打？便把魏冉叫了来，急道："此战白起必然吃亏，须速调兵援救。"

魏冉却道："此时发兵援救，已然晚矣。"

芈氏见他毫不着急，讶然道："莫非你认为白起可胜？"

"不瞒姐姐，我心中也是没底。"魏冉道："但我想白起心中该是有底。"

芈氏仔细一想，似有所悟，"是啊，韩魏两军驻扎于伊阙之外时，白起和向寿该能料到他们是在等候援兵，然白起却不曾相报，更没要求增援……"说到此处，芈氏不由笑了，"白起啊白起，你要么是天才，要么是自命不凡，枉自逞强。"

"姐姐将秦国之存亡交予他手，他该不会枉自逞强。"魏冉说道："再者还有向寿在，若是他们果真毫无把握，向寿岂会容他胡来？"

"被你如此一说，我倒是放心了。"芈氏笑道："此战白起若胜，我必重用。"

却说公孙喜、暴鸢两将率了三十万大军而来，到了伊阙之外，见秦军隐于山里，怕秦军设了埋伏，不敢贸然而进。

白起站在一道山坡之上，看得分明，转头对向寿道："你且出去激他们一激，引他们来攻。"

向寿领命，慢慢悠悠地下了山坡，走到伊水对岸，高声叫道："公孙猴，暴鸟，可还记得我否？"

公孙喜一见，哈哈笑道："向大嘴巴，可是嫌活腻了，出来送死否？"

"非也，非也！"向寿说道："我是来好意提醒于你，秦国只有十二万兵力，你们却手握三十万重兵，便是一人一口，也可将秦军吃了，只管杀进来就是。这几日以来，我们都想明白了，此处山好水好，实在是个好去处，死了长眠于此，也算是不枉此生了，故专待你等来杀，你看看，脖子都洗干净了，唯望将军下刀时利落些！"

暴鸢知是揶揄之词，喝道："死到临头还如此啰嗦，将嘴巴也一起洗干净些，待会儿本将军砍杀你时，休再啰嗦。"

"甚好，甚好！我秦军将士听令，都把嘴巴洗干净了，待暴鸟将军前来砍杀！"向寿边叫着，边躲到山里去了。

公孙喜冷哼道："秦军如此有恃无恐，里面必有埋伏，将军有何想法？"

暴鸢略作沉思，说道："魏国援军到了后，在兵力上远胜于韩国，由公孙将军作先锋，我作侧应，如何？"

公孙喜微微一笑，心想秦军在里面分明有埋伏，让我去打头阵，你却在后面捡便宜，天下哪有这等好事？当下说道："暴将军所言甚是，按理说我军人多，该是打头阵。可那里面毕竟是山区，不是沃野，人多了有何用？反倒是韩军，全军皆配有坚甲厚盾，不惧秦军埋伏，正是立功的大好时机，此时不奋勇争先，更待何时？"

暴鸢一时语塞，韩军在装备上确实优于魏军，况且此次作战魏国是作为援助国参与的，若是坚持让魏国打头阵，于情于理都有些说不过去，当下暴鸢只好硬着头皮道："既如此，我便抢此头功了。不过若有不测，公孙将军须来救我。"

公孙喜笑道："将军切莫说这等见外的话，你我联军，本为一体，你若有不测，我岂能坐视？"

暴鸢称好，当下便率了韩军往山里行进，公孙喜则原地不动，静观其变。

站在山坡上的白起见韩军开始行动，俯身在向寿耳边说了两句话，向寿会意，率了一支人马悄无声息地进了一片山林。

暴鸢入得山后，不敢有丝毫大意，令全军戒备，步步为营，如此行动虽慢了些，好在秦军并没来偷袭，安然无恙地进入了一片谷地。

此处十分开阔，除了前面的一道山冈外，四周都是平地。按之前所探得的情况来判断，过了前面那道山冈，便是秦军所在了。暴鸢心想，这一路过来，有惊无险，想来是秦军见我防守严密，不敢偷袭，现我军已深入秦军所在的腹地，若是双方交战，此处便是极好的战场，按理说他们该是埋伏于此。

心念未已，突然空中劲风大作，无数的矢箭射将过来。好在韩军早有防备，这一阵箭雨大多数让前面的甲士挡住了。利箭一过，又听得一阵呐喊，山冈之上冒出大批人来，后面旌旗招展，不计其数，在山冈后面到处晃动着。

暴鸢一看这阵势，心想秦军主力果然在此！便叫人去通报公孙喜，叫他前来接应，以便一举消灭秦军。

公孙喜接到消息后，反而诧异不已，暗忖：莫非白起并没在林中设伏，只是虚张声势吗？若是如此的话，激我等入山又是为何？

因有这一层疑惑，公孙喜决定先按兵不动，让暴鸢先在里面与秦军交战，待确认对方果无诡计之后，再大举进攻不迟。

不想没等多久，陡听后军之中哗声大起，公孙喜不知发生了何事，转身去看时，脸色顿时大变，只见大片的秦军从后方杀了过来，由于魏军完全没有防备，被杀了个措手不及，及至反应过来时，秦军却已杀入人群之中，左冲右突，四处砍杀，领头者正是白起。

公孙喜见他所率的不过万余人，冷笑一声，纵马过去，命令后军变作前军，进行还击。

白起朝着公孙喜狞笑一声，打了个呼哨，率众便跑。公孙喜见白起人少，

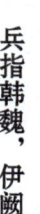

第七章 兵指韩魏，伊阙大战

239

想捡此便宜，将白起擒住，便率军追击。

双方人马追至一个隘口时，白起慌不择路，逃到里面去了。公孙喜心想，秦军的主力正与韩军对阵，你逃到里面去，不是送死吗？当下率军从隘口进入，直追白起大军。

魏军刚进入隘口，便听得四处响声大作，只见巨大的石头从山下砸将下来，魏军见状，无不慌乱，纷纷逃窜。公孙喜毕竟是战场老将，急令全军迅速穿过去。岂料没走几步路，又是一阵利箭飞射而来，嗖嗖之声不绝于耳，公孙喜抬头一看，顿时就吓傻了，那利箭黑压压的铺天盖地，恰似黑色的大雨一般，密密麻麻，数不胜数，这哪里是小股人马所能做得到的？秦军的主力不是在与韩军对抗吗，哪里来的这许多人？

一连串的疑问袭上公孙喜心头，然而战场瞬息万变，容不得他多想，便在公孙喜心念电转间，山上涌出大批秦军，他们呼啸着挥动着兵器冲将下来，那白起身先士卒，冲在前面，陡然一声大喝："公孙喜，拿命来吧！"手臂一振，长矛脱手飞出，直朝公孙喜掷来。

公孙喜大惊失色，慌忙用手里的剑去挡。但白起这一掷的力道极大，剑矛相交之时，公孙喜只觉手臂被震得发麻，整个人从马上被震落于地。等起身看时，魏军已然溃不成军，乱如散沙，公孙喜这才意识到，韩军那边只是虚张声势，此地才是真正的秦军主力。可此时才明白过来却是已经晚了，整个军队被秦军冲得四分五裂，各自为战，已不可能再重新组织起阵形，公孙喜大骇之下，欲率小部分人突围。

白起早就盯准了公孙喜，哪容得他逃出去？喊一声："杀公孙喜者，晋爵三级！"秦军以人头论功绩，听了白起之言，都红了眼，立时便有大批人扑了过去。公孙喜被缠住，一时脱不得身，暗叹今日吾命休矣！

心念未了，背后劲风飒然，未及回头，便有一杆长矛落在耳际，直打得他脑袋嗡嗡作响，满眼金星，旁边的秦军眼疾手快，两杆长矛刺来，一处刺在腰际，一处插于大腿，公孙喜痛叫一声，倒在地上。秦军扬起手里的大刀，便要把他的脑袋砍了，白起喝道："且慢！"一个纵身跳将过来，抓起公孙喜朝魏军喊道："公孙喜已在我手，你等还要再战吗？"

魏军本就慌乱，见主将已然被抓了，哪还有什么斗志？有些弃了兵器就跑，有些索性束手投降。白起仰天一声长笑，"公孙喜，可还记得函谷关你抓我大秦之王妃？"

公孙喜好歹是魏国名将，身经百战，情知今日必死，倒也无可畏惧，冷笑道："要杀便杀，哪来的这许多废话！"

"死自然是要死的，但须教你死个明白。"白起把公孙喜提在手里，"当日我虽不在函谷关，却也听向寿说起，我王曾与你说，若不放了王妃，日后叫你加倍奉还，可还记得？"

公孙喜微微闭上眼，笑道："公孙喜只有一条命，拿去了便是，何来加倍奉还之说？"

"是吗？"白起双眉一扬，朝秦军道："把这里的魏人都杀个干净，与我王妃报仇，与我在函谷关死去的将士报仇！"秦军闻言，响起一阵山呼海啸般的应诺声，抡起兵器砍杀魏卒。一时间惨叫声、惊呼声不断响起，好好的一个山谷成了屠场。

公孙喜看着抱头鼠窜的魏兵一个个倒在秦军的刀枪之下，浑身战栗，大喊道："白起，屠杀这些已无还手之力的人，你还算是人吗？"

白起眼里寒光一闪，"当日你如何待我，我今日便双倍还你，大秦男儿，一诺千金，岂能食言！"

不消多时，魏卒几乎全部被歼，逃跑者寥寥无几。白起这时才放了公孙喜，将其扔于一边，道一声："砍了，将头颅送去咸阳！"

另一边，被向寿虚兵牵制住的暴鸢听闻魏军大败，尽数被歼，面若死灰，哪还有心情与秦军周旋，返身便跑。向寿哈哈大笑道："想跑吗，怕是来不及了！"领军直追上去。

双方一逃一追，至伊水边时，正好遭遇赶过来的白起，秦军两厢一合围，又是一阵厮杀，韩兵大骇，四散逃窜，暴鸢被擒，也被砍了脑袋，与公孙喜的头颅一并被送去了咸阳。

伊阙一战，白起歼敌二十四万，将韩魏两国的主力如数送入了地狱，而后一鼓作气，连夺韩国五座城池。

嬴稷看到白起送来的公孙喜和暴鸢的人头，仰首一声大笑，笑声落时，只见其双目通红，从眼里迸射出一股利剑般的光芒来，在朝会中当众大喊："报仇了！白起洗刷了秦国之耻辱，居功至伟，我大秦之恩人也！"

朝上众臣见状，精神也是为之一振，纷纷恭贺。嬴稷霍地站将起来，"这一次，我不仅要洗刷前耻，不仅要将之前割让出去的土地如数夺回来，还要韩魏两国加倍偿还，不打得他们跪地求饶，绝不罢休！"

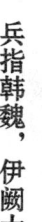

第七章 兵指韩魏，伊阙大战

是年，白起被封为国尉①，芈氏命令白起率兵渡过黄河，再伐韩国。

面对杀气腾腾的白起大军，韩国彻底慌了，更可怕的是伊阙一战，魏国精锐尽失，齐国又远在东边，远水救不了近火，端的是上天无路，入地无门，眼睁睁地看着城池一座又一座的沦陷，白起大军所到之处，韩军望风而遁，只在旬日之间，安邑以东大片土地尽被秦国夺去。

这一轮打将下来，不仅把韩魏两国打得魂飞魄散，连山东列国都骇然色变。公元前291年，韩魏两国被迫向秦求和，魏割河东四百里地、韩割武遂两百里地于秦。至此，秦国因函谷关之战后所割让的土地如数讨了回来，终于可以扬眉吐气了，白起在这一年再度升迁，被嬴稷封为大良造。

此时的嬴稷好似一只发威的雄狮，韩魏虽割让了土地，但还未能使嬴稷满意，他说过要韩魏双倍奉还，要打得他们跪地求饶，那必然是要做到的，芈氏心知秦国败于函谷后，需要打出气势，震慑列国，便也默许了嬴稷的行为。次年秋季，嬴稷再点白起为帅，老将司马错为大将，率军伐魏。

是时，不管是韩国还是魏国，委实是被打怕了，莫说是见了白起，便是听了白起之名，也是胆战心惊，此人到处，必是尸横遍地，哪个不惧？故于公元前290年，白起连陷魏国大小城池六十一座，直打得魏襄王魏遬闻风丧胆，这才罢手。

三、芈氏偶遇魏丑夫，嬴稷执意登帝位

由于魏冉大胆举荐白起，不仅使秦国一雪前耻，还重振了昔日之雄风，再一次虎视列国，同时也撩起了嬴稷称霸天下的雄心，时年三十五岁的嬴稷，正值壮年，英姿焕发，雄心勃勃，逐渐脱离母亲芈氏的控制，并开始不满足于称王，他要称帝，要取代周室，君临天下。

嬴稷要一统天下的野心此时彻底暴露了出来，事实上，以秦国如今的实力，的确足以称帝而号令天下，然毕竟山东六国尚在，若公然称帝，必引起列国共愤，合而伐之。所以，秦有称帝之实力，只是时机尚未成熟。

是时的芈氏年满五十，过了半百之年，为人处世也更加成熟，更加稳定，她听说嬴稷称帝的意图之后，断然表示反对。嬴稷不屑于芈氏之言，冷笑道："母亲何以反对？"

---

① 国尉：秦国官名，掌管军政大权，仅次于大良造。

"稷儿,你有此雄心,娘很是高兴,然称帝之事,须徐徐图之,不可操之过急。"芈氏语重心长地道:"如今天下的格局虽是变了,昔日之强国魏、楚已然羸弱,可燕、赵却强大了起来,齐国依然是可以与秦并驾齐驱的大国,你若称了帝,那三国岂能服气,必是要合而伐之。"

嬴稷说道:"在列国之中,唯齐国可与我分庭抗礼,至于燕赵,嘿嘿,我还没将他们放在眼里。故我称帝之时,让齐王也一同称帝,我为西帝,彼为东帝,那田地好战喜功,想来不会拒绝这等好事。"

芈氏低头想了一想,说道:"那也不能称帝,齐国如今拜那苏秦为相,此人可非等闲之辈,如若齐王被劝说下来,放弃帝号,独你一人称帝,秦国危矣。"

嬴稷见她再三阻止,心中不免有气,"那么依母亲之言,我何时方可称帝?"

芈氏看了他一眼,"六国不灭,何以为帝?"

嬴稷剑眉一扬,"若是我执意要称帝呢?"

"果然是翅膀长硬了,不听娘的话了。"芈氏嗔怪道:"娘与你说一件事,须听仔细了。三家分晋之时,各国都不敢称王,只是诸侯而已,那时的天下唯魏国独尊,魏惠王魏罃便想在南面称王,行王事。当时秦国还只是偏隅西边的小国,远不足与魏国争强,为了削弱魏国,商君与孝公商量,得出一计,尊魏罃为王,以使天下怒。那魏罃本就有称王之心,经商君一说,果然召集诸侯,会于彭泽,公然称王。其后果是引起列国众怒,合纵伐魏,从而一步一步使魏国一蹶不振,直落到如今这个下场。娘提起这件往事,是想叫你以前车为鉴,不可鲁莽行事。"

"母亲,孩儿也与你说件事。"嬴稷似已下定决心了要称帝,与芈氏针锋相对,也提了一件事,"相国举荐白起之时,他不过是个名不见经传的千夫长,谁能料想到他能成为秦国的中流砥柱,打得列国胆战心惊?伊阙之战实乃秦国存亡之战,若不是大胆起用白起,可有今日之局面?孩儿提及此事,是想告诉母亲,凡事皆有风险,若不冒风险,则不足以成大事。"

芈氏脸色一沉,"如此说来,你是非要称帝不可了?"

嬴稷毅然道:"非称帝不可。"

"好啊,好啊!"芈氏被气得团团转,然后气急败坏地道:"你是要把你父王赚下的家业败光啊!"

"我一直以父王为榜样,称帝便是替父王完成他未完成的霸业!"嬴稷大

第七章 兵指韩魏,伊阙大战

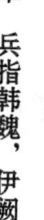

243

声叫道："而你却百般阻挠，究竟是何用意？"

"放肆！"芈氏被嬴稷气得眼圈一红，"我这一生，便是以辅佐你的大业为己任，希望在有生之年，能看到你王霸天下，除此之外，还能有何用意？难不成你掌了大权，便时刻防着有人夺你权位，连你娘都不信任了吗？"

嬴稷情知话说重了，躬身赔了礼，便走了出去，母子俩不欢而散。

不久，宫里发生了一件事，嬴稷便牢牢抓住此事，压制芈氏，要强行称帝。

此事源起于一个人，一个与秦国公室毫不相干之人，叫做魏丑夫。

这人虽名唤作丑夫，却是丝毫不丑，而且长得丰神俊朗，眉清目秀，皮肤也甚是白皙，宛若女子般娇美，因其身体羸弱，若女子一样做不得重活，父母亡故之后，亦无法自食其力，便流落街头，后来还是一位酒肆的掌柜见他着实可怜，将其招入店里干些擦桌子、洗碗的轻便活儿，才得以生存下来。

是年，恰逢咸阳宫招侍从，魏丑夫心想，我好歹也是读过经史习过音律之人，若长此在酒肆寄住，少不得要荒废了所学技艺，倒不如去宫里试试，或能有些出息。心意一定，就瞒着掌柜去宫里应试，不想因其长相好，又懂得音律，居然一试得中，果然被招入宫去。

他与芈氏的相遇十分偶然。一日晚上，侍候太后的内侍身体抱恙，因其与魏丑夫交好，便让魏丑夫去代其侍候太后。也是天意使然，这时芈氏尚未从两个儿子夭折的阴影中走出来，内心忧郁，再者她与义渠王交好本来就是为了稳固秦国边疆，带有强烈的政治目的，今儿子都死了，心灰意冷，对义渠王的感情就越发的淡了。那一日，魏丑夫去太后的寝宫时，房里只点了一根火烛，许是空虚的缘故，芈氏独坐在一面铜镜前，痴痴地坐着发呆。

魏丑夫知道这位是秦国的实际掌权者，连王上都要听她之言，他还是首次去侍候如此重要的人物，进去之时心咚咚直跳，也不敢发出声响，轻手轻脚地把木盆放在桌上，而后低着头微声说道："太后，小人帮您卸妆吧。"

芈氏的思绪被拉了回来，微微一愣神儿，"几时了？"

魏丑夫低声道："启禀太后，刚过人定①。"

芈氏听这语气似非之前侍候她的内侍，便回过头来，见到魏丑夫时，微微一怔，问道："你是何人？"

魏丑夫敢情是紧张的缘故，连说话都有点不自然，"启禀太后，李哥儿病

---

① 人定：相当于现在晚上9点—11点。

了,吩咐小人过来侍候太后。"

"原来如此!"芈氏微微一笑,"你无须如此拘谨,回话也没必要句句都带着启禀太后,自然点的好。"

"启……"魏丑夫连连点头,"小人知道了。"边说边将木盆端过来,拿布在水里就了就水,要给芈氏卸妆。

"不忙。"芈氏道:"我心里有些烦闷,怕是睡也睡不着,你陪我说说话吧。"

魏丑夫应声"诺",依然低头站着。

"你如此害怕作甚,我又不会吃了你。"芈氏见他紧张得很,不由哂笑道:"坐下来吧。"

魏丑夫没想到这位太后居然一点架子也没有,大出其意料之外,当下唯唯诺诺地坐在太后对面。芈氏问道:"你叫什么?"

"小人魏丑夫。"

"你且抬起头来。"芈氏和善地道:"既来侍候我,总不能连你长什么样都不知道吧?"

魏丑夫应了声,将头抬了起来。

见到魏丑夫的脸时,芈氏十分意外,这是一张与众不同的脸,有男人的阳刚,亦有女人的秀气,两者综合在一起,使其看起来分外清秀,不由得多看了几眼。魏丑夫感觉到芈氏在盯着他看,不止羞得又低了头去。

芈氏收回目光,说道:"见你长得眉清目秀,并不像是穷苦人家出身,何以到宫里做侍从来?"

"小人原也是诗书人家出身,父亲颇有些才学,收了些学生,教人读书习字,日子过得颇为殷实。怎奈前两年双亲相继离世,留小人独活。"魏丑夫说着说着居然眼圈一红,泫然欲泣,"小人从小没做过粗活,虽也读了些书,却是不精,因怕误人子弟,没敢去继承父业,便想出来谋生,哪想谋生竟是如此难,后来便沦落到在一家酒肆里擦桌子洗碗。"

芈氏见他竟说得哭了,一时起了怜惜之情。想她所侍奉过的两个男人,一个是秦国之王,一个是义渠之王,都是霸气粗鲁之辈,平日里别说是这般小声细气的说话了,便是哪一日叫他们不吹胡子瞪眼,已经算是客气了,见到魏丑夫时,芈氏既感新鲜,又觉怜惜,不觉生出了份爱护之情。

自那以后,芈氏每日便叫魏丑夫侍奉,闷了时与魏丑夫说说话,有让她高兴的事时,也与魏丑夫一起分享,而魏丑夫确实也是个十分善解人意之人,芈氏伤怀时,他也跟着一起忧郁,芈氏高兴时,他也跟着芈氏一起笑,故而

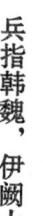

245

甚得芈氏欢心，渐渐地魏丑夫便成了芈氏的闺中知己。

许是日久生情，亦许是后宫寂寞，自然更有可能是魏丑夫十分贴心，有一日芈氏便将其招入了凤床。

对于芈氏的动作，魏丑夫并不感到意外，相反，恰恰是顺理成章、水到渠成的。随着两人相处时日的增加，魏丑夫对芈氏并非没有想法，只是鉴于其是太后之尊，不敢主动罢了。要知道芈氏虽徐娘半老，却依然风韵犹存，岁月在她身上尚无刻下多少痕迹，只使其更加成熟，更加迷人。再者芈氏乃太后之尊，掌秦之大权，若果然与她相好，便是一步登天了。所以当芈氏将其招入床时，魏丑夫不但没有丝毫不愿，反而是暗中窃喜，他觉得他的苦日子终于熬到头了。

可惜魏丑夫并不了解芈氏为人，在芈氏的心里，公利和私情泾渭分明，丝毫不相混淆，想当初嬴稷和叶阳在家国利益面前纠结挣扎之时，芈氏便劝他以国家利益为重，不可因一人一事而坏了国事，在她的这一思想影响下，嬴稷才从那困境之中走了出来。故魏丑夫以为傍上宣太后，便可飞黄腾达，却是想错了。不过，唯一能令魏丑夫安慰的是，芈氏是真心待他，这感情虽无法与惠文王相提并论，但至少比之对待义渠王要真实得多。

随着两人关系的逐渐公开化，在战国这开放的时代，自然不会有人为此说事，但嬴稷却留了心，心想你之前阻止我称帝，我无可反驳，如今你招养男宠，随心所欲，我却为何不可？于是索性不再去与芈氏商量，直接遣使者去了齐国，请齐闵王一同称帝。

如此一来，木已成舟，米已成炊，芈氏便是想反对亦已然晚了。得知此事后，芈氏埋怨了几句，却被嬴稷一句话堵了回去，说你在感情上可为所欲为，不问我做孩儿的感受，在国事上，我乃秦国之王，为何不能自作主张呢？

事实上，嬴稷一意称帝，并非受虚荣心驱使，更非权力熏心。他在年幼时虽说事事依着母亲，但成年后，行事颇为稳健，俨然是一位雄才大略的明君，他既敢称帝，自有他的想法和打算，当今天下，以秦齐两国最强，赵燕次之，如果秦齐两国称帝，两国联合伐燕赵，何愁燕赵不灭？

嬴稷的思路应该说十分正确，齐闵王田地好战喜功，送他一个帝号，连高兴都来不及，如何会拒绝呢？届时秦齐联合，自可无敌于天下，何惧燕赵？但芈氏的话也并非没有道理，苏秦非等闲之辈，若苏秦劝齐王放弃帝号，局面又会如何呢？

却说齐闵王接到嬴稷的国书，说是要邀他一起称帝，禁不住怦然心动，西秦东齐,合称东西二帝,何等威风!再者眼下齐国尚没能力灭了秦国,倘若与其一同称帝,虎视天下,然后齐心合力将其他列国灭了,岂非比单打独斗轻松许多?他将此想法告诉时任的相国苏秦,苏秦一听,果然反对。

苏秦反对齐王称帝的原因只有一个,那便是要削弱齐国,从苏秦的表现中,已然可以印证,嬴稷称帝之做法的确是正确的。

前文提到,在芈氏母子质燕之时,当时的燕王哙禅让王位于子之,结果引得天下大乱,齐国以平乱为名,出兵燕国,杀得燕国尸横遍野,血流成河,燕昭王继位后,筑黄金台,广纳天下贤士,矢志强国复仇,苏秦便是那时被燕昭王看中入朝为官的。

不久,苏秦看出了燕昭王的心思,便对他说,若要复仇灭齐,须先弱齐。燕昭王问他,如何弱齐?苏秦说,先拆散齐与赵的联盟,然后怂恿齐王伐宋,把齐王的注意力从燕国引到宋国去,消除对燕国的威胁。如此再慢慢地把齐国的实力消耗殆尽。

燕昭王称善,又问如此重要之事,该让谁人去做?苏秦说我亲自入齐。那时恰逢齐、韩、魏三国攻打函谷关,秦国遣使求助燕国,希望燕国能派苏秦入齐,游说齐闵王觊觎宋国,从而达到破坏齐、韩、魏联盟的目的,于是燕昭王便顺水推舟,果真派苏秦入齐。

苏秦入齐之后,凭借其能说会道的本事,很快就得到了田地的信任,并且在公元前289年成功挤走田文,做了齐之相国。次年,也就是公元前288年,秦国来书说要与齐王一同称帝,田地问苏秦意见。苏秦闻言,暗暗吃了一惊,如果秦齐合盟,称为东西二帝,列国被灭,指日可待,而倾城之下,焉有完卵,燕国自也是不复存在了,当下说道:"恭喜王上,马上就可称帝而雄霸天下了!"

田地本就有王霸天下之心,一听苏秦之言,笑道:"如此说来,相国也同意称帝?"

苏秦眼珠子一转,收敛了笑意,反问道:"王上要听真话还是假话?"

田地是好武之人,性子急,大声道:"自然是真话!"

苏秦是穷苦人家出身,早年曾流落街头,连饭都吃不饱,身型消瘦,因此与健壮的田地站在一起,一高一低,很不相称,苏秦便令其坐下,然后摆手道:"臣以为称帝乃好事,以王上之雄才大略,称帝不过是早晚之事,但如今时机尚不成熟,臣以为不宜称帝。"

田地哦的一声,问道:"这却是何道理?"

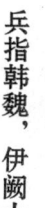

苏秦反问："王上且试想，称帝非是游戏，可邀三五好友一同游玩，秦王却为何要邀你一同称帝？"

田地一想，是啊，他称他的帝，为何要邀我一起？如此一想，似乎有所领悟，把粗目一瞪，正要说话，突又似想到了什么，浓眉一沉，暗地里又算计，秦王要是称帝，天下诸国必然怒而联合起来伐秦，他邀我一同称帝，不过是想减少风险，共同对付列国，这并没有错。田地虽好武，却也并非没脑子之人，如此一想，便笑道："齐秦互帝，便是强强联手，吞并天下，指日可待，有何不可？"

"非也！"苏秦摇了摇头，微哂道："秦国和齐国既然同是强国，那么齐国的劲敌为谁？秦国也。王上若与秦国联手，到时即便是灭了天下诸国，最后也免不了要与秦国一战，届时谁胜谁败，孰难预料，恕臣直言，万一不慎落败，这天下之主便与王上无缘了。但是，如果把这个难题交给列国呢？情况便完全不同了，待秦王称帝之后，列国便合而伐之，到了那时我们再从中添把火，助列国伐秦，但要秦国一灭，列国皆非齐国之对手，齐国便是名副其实的天下之主，这天下就是王上的天下了，到了那时再称帝，就是水到渠成之事了。"

田地听苏秦将利弊分析得清清楚楚，恍然大悟，笑道："幸得相国提醒，我放弃帝号便是了。"

"眼下还放不得。"苏秦狡黠地笑了笑，"王上可回复秦使，接受称帝一事，那秦王见王上接受了邀请，必然是诏告天下，公然称帝。到那时，诸国皆怒，王上便出来振臂一呼，协同灭秦，秦亡国之期便是不远了。"

田地闻言，哈哈大笑，"妙也！妙也！相国两嘴一张，妙语连珠，端的叫我佩服！"

且说秦使回秦后说，齐王已接受互帝之请，嬴稷大喜，果然诏告天下，择日称帝。

然大喜之中的嬴稷绝没想到，一股强大的危机已向秦国逼近。芈氏虽有准备，在嬴稷诏告天下之时，已派使者去楚国，与楚再次结盟。然而，让芈氏也没想到的是，这一次的危机，绝不仅仅只是列国合纵攻秦那么简单。

第八章
五国伐秦，甘泉情殇

一、秦王宜阳称帝，太后甘泉断情

秦王称帝的诏书一经发出，天下震动。是时周室虽然是有名无实的帝王，但天下诸侯相互攻伐，相互牵制，虽说不管是强国还是弱国，均有王霸天下的称帝之心，可谁也不敢冒天下之大不韪，说要灭了周室，取而代之，大家心里都明白，只要谁敢出这个头，便是众矢之的，人人得而诛之。如今，秦国说是要称帝，天下的诸侯国自然是谁都不服气，于是纷纷派出使者，商量对策。

一股强大的风暴正在一处不为人知的地方形成，此时的苏秦俨然像一个观察星象的占卜师，面对风起云涌的局势微哂拂须，似乎一切都在他的掌握之中。一日，田地问他："秦已诏告天下，公然称帝，相国此时何不游说列国，合纵攻秦？"

苏秦却笑道："王上莫急，臣在等一个人。"

田地讶然道："何人？"

"魏无忌。"苏秦说道："魏韩两国如今被秦国打怕了，如果我主动去游说，魏韩两国即便是一时答应了，怕也是下不了决心。故我要等他们自己下决心，而能令魏韩两国下决心伐秦者，便是魏无忌。"

田地笑道："魏无忌不过是魏昭王魏遬之子，有何能耐竟使相国如此重视于他？"

苏秦正色道："王上此言差矣。当今之魏国，兴国者唯魏无忌也。魏遬可能会因惧于秦国之威而不敢伐秦，但是魏无忌定能看到个中之利害，主张合纵伐秦。然魏无忌心里更清楚，要合纵伐秦，若无齐国出面，其势也微，故他定会入齐游说，到那时王上再同意他合纵之事，必是天下振奋，在齐国的主导之下，誓死伐秦。"

田地闻言，深以为然，他虽没苏秦想的那么深远，但是求人与被求是两种完全不同的心态，他还是懂的，说道："我有苏秦，何愁齐国不兴也！"

然而田地做梦也没有想到，苏秦是一把双刃剑，可令齐兴，也能令齐亡，此时他看到了齐国兴旺之景象，也便是离亡国不远了。

没出几日，果如苏秦所料，魏无忌到了齐国。田地等的就是此人，见他果然来了，便热情地接待了他。

那魏无忌虽是少年英雄，文有安邦定国之才，武有上马作战之勇，但此前他已然听说齐王接受了秦国互帝之请，故于入齐之时，他就做好了委曲求全的准备，不管齐王如何作难，只要他肯发兵伐秦，就什么都忍了。没承想入齐之后，竟受到田地设宴款待，大出了他意料之外。

席间，酒过三巡，魏无忌便切入正题，说道："秦乃虎狼之邦，与其联盟，绝得不到便宜。之前秦楚两国结为昆弟之国，何等友好，然楚怀王最后却落得个客死他乡之下场。小子此言，非是咒骂齐王，只是想说与虎谋皮，有害无益。"

田地故意问道："那么按你之言，我当如何？"

魏无忌道："当是合纵伐秦，灭此一害，到时天下诸国必以齐国马首是瞻。"

田地佯装思索，转首朝苏秦道："魏公子之言不无道理，相国以为如何？"

苏秦配合着田地说道："齐秦互帝，不过是秦国想拉齐国作挡箭牌，臣以为当是合纵伐秦为善，但要灭了秦国，王上便可独尊天下了。"

田地仰首一笑，"如此便依了两位所言，合纵伐秦！"

宜阳城郊旌旗招展，人来人往，城门口虽有士兵把守，并盘查着每一个出入的人，但是进进出出之人，依然是络绎不绝，甚至排起了长队。

宜阳城内的一处巨大的广场之上，摆放着许多桌子，桌上尽是酒菜，来自各国的使节此时正坐于桌前，彼此边交谈着，边享用着美食。

这一日正是嬴稷称帝的日子，嬴稷带着宫里的嫔妃、大臣站在广场的一端，迎接来自各国前来道贺的宾客。

一匹快马飞也似地从宜阳城外驰来，及至城门口时，守卫想要将其拦将下来，马上那人大喝一声："让开！"鞭子一挥，把守卫挥了开去，径往城内赶去。到了广场外面时，那人下了马，朝负责禁卫的一名将领道："太后何在，边关急报！"那将领并不说话，直接将他带去了广场左侧的一间房内。

芈氏坐在房里，脸色略有些凝重，今日之场面，表面上看去喜气洋洋，各国使节没一国缺席，尽数前来道贺，可是芈氏知道，这些国家只是在表面上曲意奉承，实际上心里哪个服气？

想到此处，芈氏暗暗地叹了口气，怪责嬴稷行事太过于任性，列国环伺，称帝不啻是惹人愤恨，拱手予人一个伐秦的理由，倘若苏秦合纵伐秦，如何是好？

正自思忖间，门一开，一名士卒快步走入，将手一拱，大声道："启禀太后，魏无忌已离开齐国，齐王业已答应为纵长，令苏秦挂五国帅印，起五国之兵合而伐秦！"

芈氏拍案而起，激动地道："我就知道会有如此结果！稷儿啊稷儿，你叫娘说你什么好！去请大良造和相国来！"侍人应了一声，急步出去。

须臾，白起、魏冉相继走进来，待要行礼时，芈氏摆了摆手道："免了这一套吧！苏秦挂五国帅印前来伐我，你等有何计策？"

魏冉黑脸一沉，"好大的胆子！"

"是我们的秦王胆子太大了！"芈氏不无怨责地道："此时说这些已然没用了，说说如何应对吧。"

"韩魏两国居然还敢来寻衅，端的是奇了！"魏冉冷笑道："不过燕赵这几年来不参与列国纷争，变法图强，实力大增，不可小觑，依我之见，如若正

251

面迎击，怕是要吃亏，不若避实就虚，直接出兵去韩魏两国边境，攻其所必救。"

白起说道："相国之计甚妙，臣这便出兵。"

芈氏微哂道："大良造可别忘了相国是武将出身，就让他自己出兵去韩魏两国吧。你还是要去函谷关备战，以防齐、燕、赵三国偷袭。"

魏冉哈哈道："便依了太后所言！"

芈氏正色道："事不宜迟，你俩马上点兵出征。"

魏冉、白起退下后，没多久只听嬴稷在外面喝道："若再放肆，可休怪我不客气了！"

话音甫落，只听另一人冷笑道："莫以为你称了帝，我便会畏惧你，实话与你说了吧，秦国已经大难临头，休要在我面前摆帝王的架子！"

芈氏一听是义渠王的声音，脸色一动，朝旁边的侍人使了个眼色，那侍人会意，启门出去，叫道："太后有请！"

少顷，义渠王与嬴稷一同进来，芈氏看了两人一眼，然后朝嬴稷道："稷儿，你先行出去外面招呼吧。"

嬴稷正要转身走将出去，突听义渠王冷哼道："太后护犊之情，端的叫人感佩！"

嬴稷霍然回头，剑眉一扬，说道："此话何意？"

义渠王看了他一眼，傲然道："我看白起和魏冉两人急匆匆地出去，却见你依然笑吟吟地在招呼各国宾客，便知道了你还蒙在鼓里。"说话间，他朝芈氏笑道："不想大秦宣太后竟是如此纵容你的孩儿啊，叫他在前面高高兴兴地称帝，接受各国祝贺，你却在此承受五国围秦之压力，你可知如此宠溺，会宠出大祸来？"

嬴稷大吃一惊，看着芈氏问道："果然如此？"

芈氏却是冲着嬴稷淡然一笑，然后朝义渠王道："你此番千里迢迢从义渠而来，莫非就是为了来吓唬我的吗？我实话与你说了吧，那苏秦挂五国帅印，率五国之兵而来，我却还没将他放在眼里。"

"视五国雄兵若无物，太后好气势！"义渠王神色一寒，"若是再加一国呢？"

芈氏若无其事地笑了笑，目光朝义渠王瞟将过去，"义渠吗？"

义渠王冷笑道："太后神思果然敏捷！"

芈氏朝嬴稷道："稷儿，你且出去吧，我来打发他。"

嬴稷忍着怒气转身出去，芈氏又屏退了左右，这才莞尔一笑，"我只听说女人有醋劲，原来男人也不例外。"

义渠王却是神色冷峻，愤然道："你在后宫招了个男人，却置我于何地？"

"我说过不想再见到你了，你我已然恩断义绝，我在后宫招了男人，与你有何干系？"芈氏冷笑道："你我都老了，来日无多，不能再虚度年华，你说呢？"

义渠王闻言，怒极而笑，"却是给你的荒淫无度找了个好理由！如此说来，我在你的心里完全无甚位置了？"

"曾经有。"芈氏认真地道："但自两个孩子死在义渠之后，我便心灰意冷了。"

"你就不怕我当真挥师秦国吗？"义渠王咬牙切齿地道。

"你一直在逼我。"芈氏把眼一眯，射出两道寒光，"蓝田之战时，你来逼我；嬴稷刚继位时，你来逼我；如今五国伐秦，你又来逼我，你当今日的秦国还是昔日之秦国吗？"

"说得好！"义渠王陡然涨红着脸道："蓝田之战时，我们还年轻，我日日夜夜想的都是你，为了得到你，不惜发兵函谷关；嬴稷继位时，我们已步入中年，为了能与你再续前缘，想和你有个结果，我又入秦威胁，兵临咸阳城下，那次之后，我以为我们可以白头到老，可谁承想你却在后宫招了个不男不女的魏丑夫。这一次却是你在逼我，你把你眼前这个男人的尊严踩在了脚下，你让他不得不发兵！"

"可惜了，这么多年，你却依然不了解我的为人。"芈氏说道："我不喜欢被人逼，也不喜欢被人欺，若是人欺我一分，我必以双倍还之。这么多年来，对你已然是十分容忍了。"

"我逼你不过是想与你在一起啊！"义渠王大声道。

"可我不想！"芈氏铁青着脸道："你可知在蓝田之战那一夜，我离开我的夫君与孩子，被送入义渠的军营时，是何感受吗？你可知在嬴稷继位之时，你在朝会之上，公然威胁，我是何感受吗？那时你可想过你也将眼前这个女人的尊严踩在了脚下？"

义渠王眉头一蹙，"如此说来，你与我在一起，只是为了保秦国边境安宁？"

芈氏仰首一阵娇笑，"你终于明白了！"

"我终于明白了！"义渠王证实了此事后，整个人突然就蔫了下来，"枉我这一生都在追随你,却原来我只是太后手里的一粒棋子!"

芈氏叹息了一声,"终究是结识一场,可愿改日一聚?"

"哦?"义渠王冷冷地道:"这是在可怜我吗?"

"非也。"芈氏说道:"人非草木,孰能无情,与你结识这许多年,虽说带有目的,但岂能毫无情义?十日之后,于离宫一会,可好?"

"离宫。"义渠王皱了皱眉,"好一个相聚之所!罢了罢了,追了你一生,便在离宫结束吧,十日后再会,告辞了!"

这一日,芈氏与魏丑夫一番云雨之后,双颊绯红,微微喘着气,一双大大的眼睛望着屋顶,若有所思。

隔了会儿,芈氏侧着头看了眼趴在她身上喘着粗气的魏丑夫,突然问道:"你对我可是真心?"

魏丑夫抬起头来,"小人对太后赤胆忠心。"

芈氏眨了眨眼,道:"我不要你赤胆忠心,只是问你是否喜欢我?"

"自然是喜欢的。"

芈氏一咬朱唇,使了些力气,翻身过来,把魏丑夫压于身下,"看着我的眼睛,我再问你,我如此老了,容颜不再,你喜欢我何处?"

"小人本不善言辞,也不会花言巧语,哄人开怀,既然太后如此问,小人便说些心里话。"魏丑夫真诚地道:"太后的年龄虽无法与妙龄少女相比,身上也没有她们阳光般的朝气,但是太后身上却有一种少女所没有的魅力,您在举手投足之间雍容华贵,一颦一笑间亲切却又不失威严,你时而有君临天下之气势,时而又如闺中少女般的幽幽叹息,这一切无不吸引着小人。该是上苍的眷恋,小人不只看到了太后严如明君的一面,也看到了太后多愁善感的一面,因此,小人懂太后的心,太后虽说是威风八面,却也需要人陪,此后,只要太后不嫌弃,小人愿与太后走完一生。"

芈氏听着这一番朴实的表白,显然是有些感动,眉头一动,"你说的可是心里话?"

"但要有半句虚言,教我天打雷劈,不得好死!"魏丑夫激动地道:"小人觉得今生能与太后在一起,必是上辈子积了德,想太后乃一国之尊,何等尊贵?然小人不过只是个流落街头、无依无靠的落魄之人,能与太后如此在床上承鱼水之欢,举天之下,何人有小人这般福份?"

魏丑夫说到动情处,又是红了眼眶。芈氏见他说得动了情,便知他所言无虚，也就放心了。其实在魏丑夫面前，芈氏的心里也有些许的自卑，不管身份有多尊贵，也不管权力有多大，在年龄相差悬殊的情况下两厢交好，年龄大者都不免会有些自卑，怕对方瞧不上自己，又怕对方与自己的交往是抱着某些目的，芈氏虽尊为一国太后，也是不能免俗。听完魏丑夫的表白之后，芈氏幽幽地喟叹一声，"你如此说，我心甚慰。"

魏丑夫问道："何事让太后如此闷闷不乐？"

"你可知高处不胜寒？"

魏丑夫也是熟读诗书之人，芈氏如此一问，便是懂了，"小人懂太后之心了。"

芈氏又是一声叹息，"细想起来，我这一生，都是被逼迫着走过来的。在楚国之时，魏冉杀了人，为了救他性命，我被迫入秦。到了宫里，为了能在先王心中争得一席之地，与惠文后争宠，不想反落其圈套，被迫去了义渠王的军营，此后便与义渠王有了纠缠不清的关系。及至王上继位，以为是苦尽甘来，事实上我便如一辆马车，被当今之时局推着跑，无法停将下来。当秦国强盛起来，不必再惧来自列国的威胁时，我才猛然发现，我竟是一无所有，虽然秦国人人看到我都要敬我三分，可当我独处后宫时，唯孤影相对，竟无一人可解颐。"

魏丑夫仿如感同身受，叹了一声，然后小心地问道："那义渠王可是对太后不好吗？"

芈氏苦笑道："你可知我为何找你吗？"

魏丑夫摇了摇头。芈氏说道："我与义渠王实无感情，这几年来，我心中最痛恨之人便是他。"

魏丑夫一怔，心想恨一个人也可与其同床共枕十几年吗？但这话他不敢说，只问道："这却是为何？"

"他是一介武夫，以为得到了我的人，便可得到我的心，于是总在我最危险的时候，逼我就范。"芈氏眉头微微一皱，幽怨地道："可惜他却不知，女人可以爱一个人爱一辈子，也可恨一个人恨一辈子，他用如此手段逼我委身于他，如何能得到我的心？所以我恨他，即便他有许多的好，也无法减轻心里对他的恨意。"

魏丑夫把芈氏抱在胸前，边轻轻地抚慰着，边轻声道："今后小人会一直陪着太后，教太后不再寂寞。"

"今生有你，幸也！"芈氏微微一笑，在魏丑夫的耳际说道："可惜那义渠

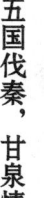

第八章 五国伐秦，甘泉情殇

255

王始终不明白，女人的心并不是靠武力能俘获的，她便如那飞在天空的蒲公英，风越大，飞得便越高，只有在无风之时，她才会停止飘动，静静地落地。这一次，五国围秦，他又以同样的手段来逼我，兵临城下，只为与女人共宿一夜，武夫也。"

魏丑夫吃了一惊，"莫非太后又要屈身于他吗？"

芈氏看着魏丑夫一脸的紧张，颇有些满足感，笑问道："你是想我去呢，还是不想我去？"

魏丑夫说道："自然不想你去。小人虽不能左右太后之行踪，也不敢想能完全拥有太后，却是不想太后受委屈。"

芈氏从床上坐起来，理了理头发，"如今的秦国已无须惧怕来自边境小国的威胁，我与他结束了，不会再让自己受委屈了。"

魏丑夫坐于芈氏身后，问道："太后当如何处置与义渠王的关系？"

"但要危及稷儿江山者，我决不轻饶！"芈氏眼里寒光一闪，生硬地道。

"您是位好母亲。"魏丑夫拉起芈氏的手，"王上未必懂太后之心，小人懂得。"

"孩儿大了，有了自己的想法，便免不得有逆反之心。"芈氏回头看了魏丑夫两眼，"你与我稷儿大不了几岁，却是如何懂得慈母之苦心？"

"唯有没了母亲之人，才会时刻想起母亲的苦心啊。"魏丑夫幽幽一叹，"王上做得对了，你喜上眉梢，王上做得错了，你嘴上骂着，心里疼着，在他背后默默地支持着他。太后之所作所为，叫我时常想起母亲。"

"要是稷儿也如你这般懂事，便是好了。"芈氏笑了一笑，起身更衣，"我去看看稷儿，想来此番他虽称了帝，心里却也是担心的。"

魏丑夫忙下了床帮芈氏更衣，予她梳理头发，整束完毕后，便送芈氏出门。

芈氏走到嬴稷的书房时，嬴稷正在督促公子柱读书。那嬴柱捧着书简，很是认真，连芈氏进来了，也不曾察觉，芈氏见之，甚为欢喜，笑道："柱儿如此用功，将来必是秦之柱石。"

嬴柱①见芈氏进来，连忙起身行礼，"孙儿参见祖母！"

此时的嬴柱虽只十五岁，却长得甚为健壮，芈氏疼爱地摸了摸嬴柱的头道："柱儿且去旁边看书吧，我与你父王有事相商。"

---

① 嬴柱：嬴稷之子，为唐八子所生，嬴稷去世后，嬴柱继位，史称秦孝文王。

嬴柱应了一声，便即走开了。嬴稷问了安，叫芈氏坐下，说道："母亲，那一日义渠王可又是来威胁你的？"

芈氏摇了摇头，说道："义渠小国，何足惧哉。我只问你，齐、韩、魏、燕、赵五国来攻，秦可否抵挡？"

"田地欺我，这笔账我记下了！"嬴稷愤愤然地怨了一句，继而沉眉想了一想，"相国虽已发兵去了韩魏，但齐、燕、赵三国实力都是不小，秦国怕是依然危险。"

芈氏道："倘若齐、燕、赵对秦国构不成威胁，那么义渠便不足虑，然倘若那三国牵制了我军主力，那么义渠便可轻而易举攻入我边境，秦国危矣。"

嬴稷没想到自己称帝，果然引来列国围攻，面对芈氏时，脸上颇有些孩子做错了事一般的歉疚之色，"依母亲之见，我当如何？"

芈氏却丝毫没责备他，只是幽怨地看了他一眼，说道："在你称帝之前，我便已派了使臣和斥候去往各国，楚国此番没有参战，便是使臣游说之功。只是燕国那边至今尚无消息，倒是令我也猜不到那燕昭王之心了。"

嬴稷说道："燕国与齐国有不共戴天之仇，依我之见，燕不会与齐真心合作。"

"此正是我所盼也，希望燕昭王此次参与伐秦，是另有所图，而非真正要与我敌。"芈氏站了起来，又道："你知会芈戎，叫他发兵一万，攻打义渠吧。"

嬴稷动容道："义渠虽小，却都是善战之人，一万人马，如何攻得下义渠？"

"你只管如此做便是了。"芈氏心事重重地叹了一声，"我若无把握，岂敢在这个时候分兵去义渠？"

嬴稷似猜到了什么，情急地道："母亲……"

"无须多言。"芈氏摇了摇手，"便是如此定了。"说完就慢慢地走了出去。

嬴稷怔怔地看着她走出去，待她走到门口时，午后的阳光落在她的背上，嬴稷突然发现，她的背微微佝偻着，头上有几根银发在阳光下异常醒目，她老了！

嬴稷蓦然鼻子一酸，红了眼眶。这些年来，不管她怎么变，甚至有些地方令他看不顺眼，但有一样始终没变，她一如既往地呵护着自己，里里外外地为他操持着。起先，朝上的臣工们都有些非议，认为太后执政，难免会使秦国的大权旁落，可在这一刻，嬴稷突然明白，她所做的一切，都只是出于一个母亲对孩儿的呵护！她参政，并非是要越位，只是辅佐，只是希望她孩儿所走的路，能更稳当一些。即便是他称帝之后带来了如此大的祸事，她也

第八章 五国伐秦，甘泉情殇

并没当面埋怨,只是在背后默默地为他扫清障碍。而七日之后,她将要去做一件她平日里想都不敢去想的事……

想到此处,看着芈氏的身影走出他的视野之外,嬴稷的眼泪忍不住掉了下来。

离宫是秦王外出游玩时的行宫,置于骊山不远处的甘泉山。

是时正是秋季,满山红叶,间有绿叶相衬,把山体涂染得若丹青好手笔下的画里一般,如梦如幻,甚是怡人。

芈氏抵达这里的时候,一路上欣赏着风景,看似悠闲,眼神里却遏制不住地透出一股忧郁,连那笑容都有些不自然。走在旁边的芈戎看在眼里,心里颇不是滋味,说道:"姐姐,小小义渠,惧他作甚,若是你心里不痛快,完全没必要如此做。看着你这副郁郁寡欢的样子,弟弟心里也不甚痛快。"

芈氏淡淡一笑,说道:"人都念旧,即便是一件不喜欢的东西,留在身边久了,若要弃之,也会不舍。"

芈戎道:"既然不舍,为何又要弃之?"

芈氏反问道:"若弃之有益,为何还要纠结在舍与不舍之中,徒增烦恼?"

芈戎点了点头,"看来姐姐是要快刀斩乱麻了。"

芈氏苦笑了一声,"义渠王便如一把剑,我好似剑鞘,当初留他是形势所迫,想将他的剑锋藏匿于鞘中。后来有了孩子,我就想,义渠王这一生逃不出我的手掌心了,那两个孩子不管以后谁统领义渠,义渠之地终究会成为秦国所辖之郡县。谁承想天不遂人愿,孩子没了,我的希望破灭了,对义渠王也失去了耐心。既然早晚难藏其锋芒,索性叫他永远地消失了吧。"

芈戎回头看了芈氏一眼,她说话时表情依然是淡淡的,一副波澜不惊的样子,心里不由得惊异不已。想他芈戎也算得上是心狠手辣之辈,割个人头,丝毫不露于形色,手到擒来,可是面对一个共处了十几二十年的人,下得了手吗?芈戎的眉头微微一动,回头又去看芈氏,恰好芈氏也朝他看将过来,只见她眼里精光一闪,似乎已看透了他在想什么,低头一声冷笑,却没有发话,径直往离宫走去。

甘泉宫是离宫的前殿,是专门接待来宾之所,其布置虽不能与咸阳宫相比,却也是相当豪华大气。

义渠王还是第一次来到秦王的这个行宫所在,在侍人的引路下,边走边看,兴致颇浓,及至入了甘泉宫里,见到芈氏已经在内相候,便笑道:"此宫殿虽不及咸阳宫精致，但其建于山上，别有一番风味。"

芈氏迎上前去，边笑边道："原来你还有如此雅兴，倒叫我意外得紧，你说此处别有一番风味，倒是说说风味在于何处？"

义渠王道："你当真把我当成一介武夫了吗？我虽生于草原，长于马背之上，却也是读了些书的。在我眼里看来，此宫殿建于山上，颇有点世外桃源的味道，奢华而有雅性，威而不严，秦惠文王建此行宫，可见其是风雅之人。"

芈氏没想到他还能说出这等话来，着实有些意外，笑道："可见我先前还是错看你了。"

"我不怪你，若是你如今悔过，与我重修旧好，我依旧会欣然接受。"义渠王认真地把手里的一卷羊皮抖展开来，呈现在芈氏面前，又道："你看这是何物？"

芈氏定睛一看，不由得愣了。这是一幅画像，画中之人披着一头若瀑布般的长发，眉黛青翠，莲脸生春，虽非倾国倾城之貌，但那双大大的眼睛却是栩栩传神，眼波生盼，仿若会说话一般，使这一张脸顿时有了一种灵动秀气之美。那女子所站的背景是在草原之上，蔚蓝的天空下，青草萋萋，生机盎然。在那草地之上，有一双孩童在女子的身伴玩耍着。

芈氏初看之时，以为所画的只是草原上生活的场景，可再细看，觉得画中的女子很是面熟，再仔细看时，不由得心里一颤，这画上之人不正是自己吗？她抬头看着义渠王，神情微微有些激动，"这……是你画的？"

"没想到我还会作画吧？"义渠王显得有些得意，"别看我外表粗鲁冷峻，事实上那些文绉绉的东西我也会来上一手，只不过平时不屑于做这些罢了。"

芈氏哼的一声，"既然不屑于做，又为何要作这一幅画？"

义渠王正色道："这些年来，与你离多聚少，实乃身不由己。自从有了孩子之后，我便时常在想，哪一日你若能到草原上，带着我们的孩子一同玩耍，在蓝天白云之下，在广阔无边的草原之上，有你和孩子的身影，有你们的笑声回荡，那便是普天之下最美的一幅画了。如此想着想着，我就画了这一幅画，挂在墙头，每日思着念着，有时也会与孩子说，画中之人便是你们的母亲，天下最美的母亲。他们也会问，母亲为何不来草原？我说你们的母亲在秦国，她统领着秦国，日理万机，故现在还没有时间过来陪伴我们。后来他们病了，病得起不了身，却兀自在床上念叨，母亲何时来看我们，我们何时能见到母亲……"

说到此处，义渠王唏嘘不已，红了眼眶，"那时我想，即便是抢也要把你从秦国抢出来，让他们见上一面。可第二日，当我正准备起程去秦国的时候，侍人跑过来与我说，孩子不行了！我眼睁睁地看着他们带着遗憾而去，当时我真恨自己，那一晚既然把你从惠文王手里夺了出来，却为何没有把你带回义渠去，如果那时候我没有心软，不管你如何苦苦哀求，把你带去了义渠，也就不会有后来那么多遗憾了！"

一旁的芈戎听完这一番话，心里一怔。没有人知道那一晚义渠军营里到底发生了什么，自然也没人再次提起，随着时间的推移，那一晚的事情便逐渐被岁月尘封了。但芈戎知道，那个晚上的事对芈氏来说，是不堪回首的一段往事，如今见义渠王痛心疾首的提起，他怕芈氏一怒之下，就把义渠王杀了。芈戎自然不会关心义渠王的生死，他是真心希望他的姐姐有人疼着，有人爱着，那个魏丑夫不过是个玩物而已，在此世上真正能予以他姐姐幸福的唯有义渠王而已。

芈戎心惊胆战地往他的姐姐那边望过去，却见她泪光盈然，一副泫然欲泣的样子，这才稍微放下心来。

原来那一晚，芈氏到了咸阳城外义渠的军营之后，便被义渠王霸王硬上弓霸占了，事后义渠王便鸣金收兵，要把芈氏一同带回义渠。但芈氏却苦苦哀求，说她在秦国还有孩子，如果她走了，当时的嬴稷根本无法在秦王宫生存下去，必然被嬴壮害死，求义渠王让她留在秦国。

义渠王外表虽冷，内心却与普通人无甚两样，他看上了这个女人，那便是有感情的，更何况在挈桑之时，他曾给过她一个承诺，要与她生生世世在一起。这时见她跪在地上哭着哀求，心便软了。但同时又不甘心把到手的女人放回去，眉毛一挑，冷哼道："要我放你回去，想也休想！"

芈氏性格刚烈，见苦苦哀求无用，目光游离间，见到营帐不远处的桌子上放了一把弯刀，猛地起身拿了过来，搁在脖子之上，说你若不放我回去，我便也不想活了。

义渠王见状，大惊失色，他想如果真的永远失去了这个女人，他日后必是要后悔的，当下便答应了下来。

芈氏回忆着那一晚的事情，仰首叹了口气，"人生是没有如果的，谁也无法改变命运既定的轨迹。"

义渠王点了点头，也叹了一声，"人生确实没有如果，可我们现在还有机会，只要你还想与我修好，我们依然可以白头偕老。"

"你说的我信。"芈氏抬起手拭去眼里的泪水,又道:"我只问你一件事。"

"好,只管问便了。"义渠王见她的态度有所缓和,激动地道。

"若是今日我拒绝了你,你便会如何?"芈氏说话的时候,目不转睛地盯着义渠王,她看到义渠王的神色似乎变了一变。

芈戎一听此话,不由得又是心头一紧。他很清楚芈氏的意图,如果义渠王回答说会因爱成恨,与秦国作战,那么他今日必死在甘泉宫无疑。在芈氏的心里,公私分明,她绝不会因为个人情感而影响决断,在她的眼里一切以国事为大,以维护嬴稷的江山为重,如果义渠王因得不到她而反秦,那么由此延伸开去,有朝一日她死了,义渠王也断然不会因为感念跟她的旧情,而不与秦国为敌。那么与其留着这样一个隐患,给日后的秦国造成威胁,还不如趁机切除了,永绝后患。因此,芈氏如此一句简单的问话,实际上便可决定义渠王的生死。

义渠王脸上的肌肉动了一动,两眼一眯,"你有何理由拒绝我,莫非我还不如那个不男不女的魏丑夫吗?"

"你先回答我。"芈氏固执地道。

义渠王苦笑,"你果然一点也没变,还是如此固执。"

义渠王似乎把芈氏的行为看作是女人的任性,因此他丝毫没有防备,反而有些疼惜地看着芈氏,"这许多年来,你还不明白我吗?我一次次的兵临城下,便是为了得到你,在我的眼里,你便是我的整个世界,即便是秦国,也无足轻重,我可因你而灭他,也可因你而护他。"

芈戎闻言,暗自叹息了一声。

芈氏眼里精光一闪,又问:"如此说来,若是我不答应你,你便还会兵临城下,来逼迫于我?"

"是的。"义渠王毅然道:"为了你,便是血洗了咸阳城,也在所不惜。"

这样的话语,换在别的女人身上,或许会感动得一塌糊涂,可在芈氏的耳里听来,却是分外刺耳。她返身回到座位上,及至再转身面对义渠王时,脸上已然挂着她惯有的盈盈笑意,此时此刻,只有芈戎知道,她已动了杀机。

只见芈氏微哂道:"如此说来,为了我,你可以毁了咸阳,也可以救咸阳,可是?"

义渠王点头道:"正是。"

芈氏似被他的真心打动了,喟然道:"你的真心端是叫我感动,但你这般逼我,却是又叫我难以安心。"

第八章 五国伐秦,甘泉情殇

义渠王忙道："如何才能让你安心，只管说来。"他虽也会些书画之类的文雅之事，但毕竟是在马背上长大，以为男女之事便如打仗一样，付出了总有回报，故挺起胸脯，认为只要再帮芈氏做些事，她就会死心塌地跟着自己了。

芈氏说道："如今五国围秦之事你是知道的，你若是能帮我解围，从此之后我就死心塌地跟着你，再不生二心。"

义渠王双眼发着光，"要我如何做？"

芈氏略想了一想，"你手下有多少兵力？"

"三万有余，都是些善于骑射的精兵强将。"

"甚好！"芈氏微笑着道："让你的精兵强将如数出征，去函谷关由白起统一指挥，直至退了五国之兵，可敢乎？"

义渠王哈哈笑道："草原上的汉子不怕上战场，唯恐不能战死在沙场，我这便率兵去函谷关。"

义渠王说了话便要往外走，芈氏叫道："且慢！"

义渠王转身，讶异地看着芈氏。只见芈氏赧然一笑，"哪个叫你亲自去了？莫非你我刚刚相见，你便是舍得离开我吗？"

义渠王见芈氏笑意盈然，嘴角含春，不由得心中一荡，"我自然是舍不得离开，但是我不去调兵，如何去函谷关援助？"

芈氏嗔道："亏得还说读过些书的，这点弯还转不过来吗？让你的人拿了兵符去调兵不就成了吗，白起乃我秦国最杰出的将领，把你的人交给他，莫非你还不放心？"

义渠王满心以为她已回心转意，喜出望外，当下便招来一位义渠人，取了兵符出来，交予他去调兵，并嘱咐他到了函谷关后，要听秦将白起统一指挥。那义渠人应了一声，转身飞奔而去。

芈氏很是满意，笑容也越发的浓了，"我备了些酒菜，一起享用如何？"

义渠王高兴地应声好，便与芈氏一起走入旁边的一间厢房里面去了，在临入门时，芈氏回头看了芈戎一眼，芈戎会意，点了点头。

看着他们入内，芈戎禁不住为义渠王感到可悲，一个草原上的汉子，一世英雄，却最终丧命于一个女人之手。虽说如此想，难免与他姐姐的意愿相背，但芈戎好歹也是英雄人物，看到义渠王如此稀里糊涂地入了圈套，死到临头了，却尚不自知，英雄惜英雄，却也不免有些惋惜。

却说义渠王跟着芈氏进了厢房，此间虽没有外面那么大的空间，却是十分的精致典雅，义渠王的心情本来就大好，见芈氏安排了一间如此温馨的厢房与自己相会，倍觉温暖。走到桌前时，上面果然已经准备了一桌的酒菜，义渠王正要落座，发现桌上两端放了一金一银两只酒樽，不觉愣了一愣，不知该坐在哪里。

芈氏笑盈盈地看着他，却不说话。义渠王回过头来，看了芈氏一眼，然后朝银樽的那端走去。芈氏笑道："在你面前，我只是个女人，不是什么太后了，来，你坐这头吧。"

义渠王一直觉得在芈氏面前低人一头，今见她如此地善解人意，不由心花怒放，也不推辞，便在金樽那头坐将下来。芈氏也落了座，亲自给他斟上酒，然后端起樽道："来，一起饮了此樽。"

义渠王的脸上破天荒地露出浅浅笑意，眉目间荡漾着幸福，于他而言，虽说孩子没了，但至少还有她在，这个他追了一生的女人，最终答应了与他共度余生，使他的人生不再留有遗憾，就是一件值得庆贺的事情。当下将金樽举将起来，一口饮下。

芈氏殷勤地为他夹菜，劝他要多吃一些。义渠王边吃边洋溢着笑，这许是他一生之中笑得最多最为开怀的时候了。在他的印象中，芈氏与他在一起时，总是有些不情不愿，即便是在秦王宫与他厮守的那些年，她也总是时不时地给他脸色看，有时甚至是打骂，从未如此的温柔体贴。

义渠王认为，这是芈氏回心转意的体现，所以丝毫不曾怀疑，高高兴兴地喝着酒吃着菜，他本来食量就大，在芈氏的相劝下，一桌子的酒菜便风卷残云般地被他吃得干干净净。

那么多的酒菜下肚，义渠王已微有酒意，醉眼蒙眬间，只见芈氏分外妩媚，便起了身，坐到芈氏的旁边，搂着她道："如此良辰美景，又有如花美眷做伴，夫复何求！"

芈氏翻手将他抱在怀里，轻轻地抚着他的头发，柔声道："可吃得舒心？"

义渠王刚点了点头，突地腹中一阵绞痛，那痛楚来得突然，发作起来也甚是猛烈，只觉愈来愈痛，若肝肠寸断一般。禁不住脸色大变，刚要挣扎着起来，身体却被芈氏牢牢抱住，恰在这时，一阵天旋地转，力气也使不出来，却是怎么也挣脱不了芈氏的怀抱。

迷迷糊糊中，只听芈氏的声音响起："不要动，越是挣扎毒性便会发作得越快。"

义渠王骇然道："为何害我！"

芈氏不紧不慢地道："还记得那两个孩子死时的痛苦吗？看着他们一点一

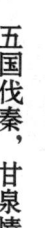

第八章 五国伐秦，甘泉情殇

点断气，你却爱莫能助，那是一种叫天天不灵，叫地地不应的撕心裂肺的痛吧？"

义渠王以为她是为那两个死去的孩子泄恨，便不再挣扎，叹道："没保住咱们的孩子，确是我的错，让我死千次万次也不为过！"

芈氏依然轻轻地抚摸着他的头发，眼睛看着义渠王的脸，轻轻地说道："我是一个母亲，不容许我的孩子受到任何伤害。他是秦国的王，他的命运与这个国家紧紧联系在一起，若是有一天，我先你一步走了，你去与他为难，叫我在九泉之下如何安心？"

义渠王两眼一突，一双通红的眼睛吃惊地看着芈氏，鲜血不断地从他的嘴里溢出来，想说话时，血却倒灌入气管，呛得他说不出来。芈氏蹙着蛾眉，眼里隐隐含着泪，一手从桌上拿过义渠王所画的那幅画，将它展了开来，"听着，我不恨你了，看到这幅画的时候我就不恨你了，但为了我的孩子，为了大秦江山，我必须杀你。"

毒性已然蔓延至义渠王周身，他的脸看起来都是黑的，喉咙里格格作响。芈氏知道他生命的最后时刻到了，想到他一直爱着自己，一生都在为得到自己而努力，不觉悲从中来，泣道："你说你追了我一生，你终究是追到我了，从今后，你将永远在我心里，安心地去吧。"

义渠王听到这话，心里似得到了些许的安慰，眼睛一合，气绝而亡。

芈氏把他抱在怀里，放声大哭。这是她生命中唯一一个真心地爱着她疼着她的男人，他对她的狂热，对她的爱恋，是任何人无法替代的。这是一个为了得到她，哪怕是一夜之欢，也可以为之付出一切的男人。然而命运就是如此捉弄人，一个是秦国的太后，一个是义渠的王，也许义渠王的强势，便是悲剧的根源，恰似水与火一般，使他们永远无法真正融合在一起，挈桑会盟时的相遇，就已注定了今日之悲剧。

芈戎走进来的时候，芈氏已不再哭了，她只是抱着义渠王，两眼茫然地望着前方，像是失了魂魄一般，木无表情。

"姐姐……"芈戎轻叫了一声。

芈氏回过头来，看了芈戎一眼，然后慢慢地把义渠王的尸体放平，站起身来，嘶哑着声音道："待义渠的人马到了函谷关之后，你便把他的头割下来，领着一万人去义渠。"

"姐姐……"芈戎看了义渠王的尸体一眼，欲言又止。

"我知道你想说什么。"芈氏说道："他既然已经死了，就让他死得更有价值些，使秦国的西境永不生乱，使那里的百姓安居乐业。"

公元前288年秋末，芈戎率一万人抵达义渠，此时义渠的兵力如数去了函谷关，义渠人又见义渠王已不在人世，只得俯首称臣，芈戎兵不血刃，收服义渠全境。此举对秦国而言，相当于惠文王攻占巴蜀一般，平定了后方，使之秦国再无后顾之忧，从此后拉开了统一全国的帷幕。

二、芈氏朝堂论政，甘土闹市闯祸

从甘泉宫回来后，芈氏仿佛变了一个人，不怎么说话，也不再爱笑了，整日里郁郁寡欢，有时盯着一处地方发呆，一盯便是半天。嬴稷知道是什么原因造成的，却是不知如何开解，便只能通过魏丑夫，打探一些情况。

据魏丑夫说，芈氏白天发呆，晚上却是整晚做噩梦，睡觉时要把整个屋子的灯火都点亮了，才敢合上眼睛。

嬴稷听在耳里，急在心里，这一日恰逢斥候来报，齐国再次举兵伐宋，燕昭王派了两万人马协助齐国。嬴稷一听，顿时眼睛一亮，宋国的地域很是微妙，其国土四周分别与齐、楚、韩、魏接壤，因此齐国一动宋地，就会牵动其他诸国的神经。这一次自五国围秦以来，联军并未抵达函谷关，白起把他们阻在了荥阳（今河南荥阳东北一带）。这倒并非是白起有能力抵御五国联军，实际上这一次五国出兵各国虽然比以往齐心但仍都有所顾忌，其根本原因就在于，前一次齐、韩、魏在函谷关大战之时，齐闵王田地便曾去攻打过宋国，这才迫使匡章撤出秦国。此番合纵，虽在苏秦的游说之下，各国联合了起来，但谁都不敢使全力。

嬴稷知道，燕国与齐国有不共戴天之仇，因此燕国合纵伐秦也好，支持齐国伐宋也罢，其真正的原因并非要讨好齐国，相反，他要使齐国陷入无止无休的战争之中，从而达到削弱齐国的目的。因比，嬴稷听到此消息后，兴奋得双颊潮红，燕国此举不仅可解秦国之危，而且还给秦国创造一个攻打齐国的机会。

嬴稷马上跑去找芈氏，他希望通过这个振奋人心的消息，让芈氏重新振作起来。

"母亲！"嬴稷走入芈氏的房间时，见芈氏呆呆地坐着，便叫了一声。一旁侍候的魏丑夫显然很焦急，见嬴稷来了，便如见到了救星一般，暗松了口气。

嬴稷看了魏丑夫一眼，他对这个人并无好感，扬了扬手，示意其退下。

待魏丑夫走后，嬴稷端着一脸的笑，走到芈氏跟前，说道："母亲，告诉你一个好消息，秦国的危机解了！"

芈氏似乎并不感到意外，眼神之中依然没有光彩，只是微微地点了点头。嬴稷又道："不仅是危机可解，而且还可以趁机伐齐。"

芈氏一听，像是被惊醒了一般，娇躯微微一颤，收回呆滞的目光，回头朝嬴稷看来，"伐齐？"

嬴稷高兴地点了点头，将眼下的形势说了一遍。芈氏听完，蛾眉一动，目光不再空洞，脸上也有了神采，抬起手指着嬴稷激动地道："你这是要气死母亲吗？"

"非也！"嬴稷哈哈笑道："孩儿这是故意气母亲。母亲这些日子以来，神不守舍，便似没了魂魄一般，好不叫人担心。孩儿知道，只有孩儿之事，才能使母亲的魂魄重新回来，因此才说出这番话来气你。"

芈氏看着嬴稷意气风发的脸，又是好气又觉好笑，喟然道："我这一生看似在参与政事，实则是在为你操心。"

"孩儿懂得。"嬴稷半蹲在芈氏膝下，尽量讨好母亲，以使其开心起来，"母亲这一生为孩儿、为大秦鞠躬尽瘁，秦国上下何人不知。"

"是吗？"芈氏似笑非笑地看着嬴稷道："我怎听朝野上下都在议论说，太后把持朝政，秦国只闻太后，不知王上？"

嬴稷面色一肃，说道："那是臣工在议论，孩儿心里却不曾作如此想。"

"果然如此吗？"

"千真万确。"嬴稷郑重道："他们不懂得母亲，孩儿岂能不懂？"

芈氏听了这话，心里一暖，"好了，且莫说这些漂亮的话了，究竟是何事要与我相商？"

嬴稷道："按眼下的局势来看，五国合纵之势必然瓦解，明日朝会，孩儿想议秦国下一步的路怎么走，望母亲一同参与，予孩儿出些主意。"

芈氏正色道："燕国虽矢志复仇，暗中削弱齐国，但眼下的局势依然不甚明朗，你须依我一件事。"

"何事？"

"撤销了帝号。"芈氏道："这个帝号便如一个累赘，放于你头上一天，列国就会仇视你一天，如此一个沉甸甸的包袱压着，谈何称雄于天下？"

嬴稷点头道："母亲说的是，自那田地爽约，五国围秦之后，孩儿也意识到了，便依了母亲之言。"

芈氏微微一笑，伸手抚了抚嬴稷的头，一脸的慈爱之色。

嬴稷走后，魏丑夫偃又走了进来，也不说话，只在芈氏不远处站着，听候使唤。芈氏能够感觉出自从她杀了义渠王以后，魏丑夫神情变了，有时好像是在刻意地躲着她，很明显他有点恐惧。

芈氏看了他一眼，"你过来。"

魏丑夫应了一声，走将过来。芈氏问道："你可是畏惧我？"

魏丑夫低着头，眼睛往芈氏身上瞟了一眼，谨慎地道："小人不敢。"

"我并非嗜杀之人。"芈氏抬头望着魏丑夫道："但要不涉及秦国之利益，我断然不会动他一根毫毛，你可明白？"

魏丑夫扑通一声跪在芈氏面前，诚惶诚恐地道："小人出身卑微，便是再借小人十个胆，也不敢有非分之想！"事实上魏丑夫与芈氏交好以来，一直是有些想法的，他以为傍了芈氏这棵大树，日后可以飞黄腾达，为己谋些私利。但他做梦也没有想到，平日里和蔼可亲的太后，杀起人来连眼都不眨一下，所谓做贼心虚，魏丑夫想起自己的那些私心，不由得心惊胆战，慌忙为自己脱罪。

芈氏伸出手扶他起来，"你是个懂事之人，无须恐慌。且陪我说说话吧，这些日子可有什么新鲜事？"

魏丑夫心里明白，那义渠王在芈氏的心里，是占有一席之地的，现如今他死了，其心里便自然会感到落寞空虚。当下低头想了一想，说道："前两日，小人出宫时，听街头有人议论，说有一匹公狼闯入民舍，叼走了好几只鸡，百姓们便想把那狼杀了，免得其再来吃鸡。有一日晚上，在一位猎户的领路下，五六个百姓便上山去了，找了几个时辰，终于被他们找到了狼窝所在。"

芈氏不由问道："那狼被打死了吗？"

"那狼倒是被打死了，却也发生了件怪事。"魏丑夫顿了一顿，继道："就在打死那狼的次日晚上，又来了一匹狼，那匹狼更加凶猛，只两日之间，就叼走了十来只鸡，咬死了一只羊。"

芈氏唔的一声，"狼的报复心甚强，那公狼被打死后，怕是它的狼兄弟报复来了。"

魏丑夫笑道："太后只猜对了一半。"

芈氏略想了一下，说道："莫非那来报复的不是狼兄弟？"

"正是。"魏丑夫点头道："据老百姓讲，那是匹母狼与那公狼是夫妻，那公狼死后，母狼及其狼崽无法存活，早晚是要断粮的，索性便豁了出去，与百姓对着干，有时候连赶都赶不走它，仿佛它随时都做好了死亡的准备。"

魏丑夫讲到兴奋处，没留意到芈氏的脸又沉了下去，继又道："老百姓们不堪其扰，又叫那猎户前来，要把那母狼也杀了。谁知那一晚，没待猎户出发，母狼便又来了。"

芈氏哼的一声，"那母狼真傻，这岂非是送死吗？"

魏丑夫说道："那母狼确实是死了，却非是被猎户杀的。"

"哦？"芈氏不由得诧异地道："那它又是如何死的？"

魏丑夫道："那猎户刚举了钢叉要去杀母狼，不承想那母狼身子一跃，撞在了猎户的钢叉之上，头崩脑裂，居然自杀死了！"

芈氏脸色一变，所谓说者无心，听者有意，狼虽凶残，却是至情至性，在伴侣死了之后，宁死不愿偷生，然而人却为了一己之私欲，宁弃心头所爱，与狼相比，人反而更加的凶狠，更加的自私。

魏丑夫本是聪慧之人，见芈氏紧蹙着蛾眉，一脸的凄怆，立时想到了是自己说了不该说的话，忙不迭道："小人该死，竟让太后伤心了。"

"须怪你不得。"芈氏神形俱疲地摇了摇手，"你且下去吧，叫我独自待会儿。"魏丑夫应了一声，便悄悄地退了下去。

次日朝会的时候，芈氏好似一夜未眠，精神萎靡，气息恹然，众臣工在商讨朝政之时，她却是微眯着眼，一副似睡未睡的样子。

众臣工一致认为，燕国派苏秦入齐，实际上是在齐国插了一枚钉子，那苏秦先使齐与赵国断交，然后伐宋攻秦，通过不断争伐，使齐国的国力下降，不久之后，燕国必然向齐国下手。因此，秦国大可在这个时候，与燕国联合，共同对付齐国，以消除秦国的心头之患。

文武两班臣工俱皆称善，并信心十足地表示，但要齐国一灭，天下便是唯以秦国马首是瞻，霸业可图。

嬴稷被他们说得有些兴奋，臣工们所言，也正是他所构想的蓝图。然在这时，一位武将走前两步，大声道："臣以为，秦虽早晚伐齐，但如今时机却尚未成熟！"

芈氏闻言，微眯着的眼睛突然睁了开来，但见那人中等身材，长得很是强壮，双眉如刀，留有一部短髭，目光深邃，炯炯有神，看上去煞有气势。

"蒙将军！"当中有一位臣工不无讥讽地道："曾闻蒙将军英雄盖世，今日却为何说出此等丧气的话来？"

268

那人却也不恼，目光一转，朝那臣工道："敢问大人，列国数次合纵伐秦为何？"

那臣工道："这便如我等见齐国强大，要削弱于它一般，列国合纵，无非是惧怕秦国称雄天下。"

"此番五国围秦之祸未退，我等却在此大言不惭地说要去动齐国，莫非伤疤未见好，便忘了疼？"那人长相虽是霸气，但说话却是绵里藏针，"即便是五国之兵退了，我们马上去打齐国，岂非又要拱手送人一个合纵起兵的由头？"

那臣工一时语塞，朝下众人被他如此一说，也是面面相觑，做声不得。嬴稷忍不住问道："那么依你之见，该当如何？"

那人也不假思索，说道："恩威并施，以绝齐国之路。"

芈氏双眼一亮，唔的一声，说道："将军所言，强国之策也！"

那人突听芈氏褒奖，连忙称谢。芈氏扫了一眼朝下的臣工们，微启朱唇，淡淡地道："诸位皆言伐齐，均有一番豪气凌云、气吞山河之势，可诸位是否想过，秦国出兵之后的后果？"

芈氏这话听上去说得不轻不重，可百官听在耳里，却是振聋发聩，个个噤若寒蝉。只听她又哼的一声，眼睛睥睨了众人一眼，"治理国家便如经营生意，做一个决定，须考虑付出的代价要几何。以伐齐来说，且不论长途奔袭，是否可马到成功，单就形势而论，这次五国之军到了荥阳踌躇不前为何啊？宋国也。齐、韩、魏都将眼睛盯在了宋国，恰似饿狼盯着块肥肉，此时若是我们将那些狼的注意力引了过来，并告诉那三头狼说，秦国的肉比宋国更肥，狼听了会如何？聪明的猎人，此时断然不会出声，静静地躲在暗处，任由三头狼撕咬，待他们累了，倦了，放松了，才会出手。"

芈氏的神情像是在给小孩们讲故事，然就是这浅显的故事，却把百官说得无言以对。嬴稷听完，哈哈笑道："按母亲的意思，燕国那个猎人端的十分高明。他让苏秦扮作一头狼，在一边龇牙咧嘴地助威，给狼打气，叫狼性彻底激发出来，待其累了，再以迅雷不及掩耳之势将其击毙。"

芈氏微微点了点头，"齐国是头大狼，甚至是这丛林里的狼王，要将他击毙了，占其山头为王，要徐徐图之。蒙骜①将军说恩威并施，便是个良策。秦

———————

① 蒙骜：秦昭襄王时期的名将，祖籍齐国，是秦国蒙氏家族的开创者，好谋善战，晚年时也曾为秦始皇统一天下立下汗马功劳，其子蒙武、其孙蒙恬、蒙毅皆是秦王嬴政时期的名将。

国既不能太强势，惹来众怒，也不可向谁示弱，恩威兼施，让列国靠到我们这边来，孤立齐国。蒙将军，你说的恩威并施可说的就是这个道理？"

蒙骜拱手道："太后所言，正是蒙骜所想也。末将以为，如今相国正在伐韩魏两国，那么索性再把韩魏打到求和为止，同时联络楚、燕、赵等国，使其与我秦国结盟，若能走到这一步，齐可灭也。"

在战国中期，天下七国之中，秦、楚、齐为最强，然齐国距秦国太远，故在惠文王时期，秦国和齐国并无多少纠葛，嬴驷和张仪生平最想看到的就是能把楚国灭了，可惜那时根基尚不稳，他们没能做到这一步。及至芈氏和嬴稷时期，把楚国打得无还手之力，再无能力与秦抗衡，因此嬴稷最渴望的就是灭齐，哪怕是长途奔袭，也在所不惜。是时听了蒙骜之言，他分明看到了灭齐之希望，兴奋得两眼发光，"我秉承先王遗愿，东入中原，强我大秦，自继位以来至今，虽在母亲的协助下，削弱了楚国，总算是可聊慰先王了。然强齐犹在，时刻威胁着我秦之壮大，我心时刻不安，但要能出兵伐齐，把齐国打压下去，便是付出些代价，也不足惜。"

芈氏转首看了嬴稷一眼，暗忖稷儿果然长大了成熟了，不仅继承其父之愿，还矢志强秦，甚慰我心。思忖间，脸上不觉散发出一股柔和之光，总算是冲淡了先前的郁郁之气，淡淡一笑，说道："要是割地予人，你可愿意？"

嬴稷转过头来，见芈氏的脸上焕发出了笑意，也很是高兴，问道："割何处的地，送予哪一国？"

"割何处的地，要看相国这一次出征占了多少地方。"芈氏道："把夺来的城池，再还予韩魏两国，他们就会感激秦国，从而疏远齐国。"

嬴稷愣了一愣，旋即明白了芈氏的意思，"母亲莫非想合纵伐齐？"

芈氏微微一笑，"以彼之道还之彼身而已。"

嬴稷高兴地道："就依母亲之言。"

秦昭襄王十九年，即公元前287年，嬴稷撤销帝号，并遣使者分别去楚、赵、燕等国，与之结盟修好。五国联军撤了之后，魏冉凯旋，嬴稷又将温（今河南温县）、轵（今河南济源一带）、高平（今山西高平）等城池归还韩魏两国。如此使节往来各国，在秦国的恩威并施之下，秦与各国的关系日渐转好。后来嬴稷又亲自在宛城接见楚王，于中阳（今山西中阳县）会见赵王，稳固了与各国的关系。而在秦国与各国修好之时，齐闵王田地却依然在苏秦的撺掇之下，不断争伐。

这个穷兵黩武的齐王，从公元前288年至公元前286年的三年间，发动了三次大规模的军事行动，矢志要把宋国收入囊中。

在这三年间，嬴稷听了芈氏之言，当起了一个潜伏于暗中的猎人，看着齐国那一头狼王在森林之中厮杀，只待时机成熟，便给那狼王当头一棒。然而，齐国虽为狼王，但要一口独吞宋国那块肥肉时，也会引来其他狼群的觊觎，宋之国土接壤齐、韩、魏、楚四国，田地连续不断地对宋国下手，牵动了其他三国的神经，使之也蠢蠢欲动，于是一场群狼争食大戏上演了，此时的嬴稷仿佛看到，四头野狼盯着肥肉眼里发出幽蓝的光，纷纷露出锋利的獠牙，谁都想分一口来吃。狼王面对着三头野狼，显然有些忌惮，不敢骤然下手，嬴稷阴险地一笑，上去添了把火。他站出来公然反对齐国伐宋，说是灭了宋国会使各国利益受损，即便是真要灭宋，齐国也不能一家独吞云云，摆明了要护着韩、魏、楚三国。

韩、魏、楚三国见秦国出来撑腰，底气便越发足了，要与齐国一争到底。田地虽恨得咬牙切齿，却也是无可奈何，一方面叫苏秦去秦国斡旋，一方面派人去赵国，希望能得到赵国的支持。

此时的赵国经赵武灵王赵雍通过胡服骑射等一系列的改革，实力已然十分强大，到了赵惠文王赵何执政时，手底下又有蔺相如、廉颇、李牧等文武大臣辅佐，国力空前强大，俨然已成为战国中后期的强国。赵何接到齐国的援助请求时，起先并没同意，毕竟他与嬴稷有过约定，互缔盟好，既然此时的秦国公开反对齐国伐宋，赵国自然也不能反其道而行。

偏赵国有位叫做赵奢的人，名如其人，平日里生活很是奢侈，性贪，恰好他十分受赵何器重，齐国的使节便去贿赂赵奢，说你只要能说动赵王支持齐国伐宋，待齐国拿下宋国后，将陶邑（今山东菏泽定陶县）相送。

以一座城池相送，已算是份大礼了，然陶邑这座城池非是一般的城可比拟，因其地理位置极好，在周室统治时期，就已然是商业重镇，辐辏天下，为当时的商业中心，后来虽落入了宋国之手，但依然是商贾集中之地，得之其地，无疑是得了座金山一般。赵奢本是贪婪之人，金山当前，无论如何也拒绝不了，用其三寸不烂之舌，终于说动了赵何支持齐国伐宋。

时人鬼谷子曾言，去之者纵之，纵之者乘之（此乃欲擒故纵一词的来源）。此时的嬴稷已是深谙擒纵之道，他已然成功激起了楚、韩、魏三国对齐国的憎恨，目的已然达到，是故齐国请求赵国支持时，他并不横加干涉，任由其行之，让齐国高高兴兴地去打宋国了。

公元前286年，齐军攻入宋都，宋献王戴偃仓皇逃至魏国，后死于温地。至此，从表面上看，齐国这头狼王最终以其霸强的姿态，成功独吞了肥肉，实际上体力已然耗尽，也激起了其他狼群的痛恨之心，只需要有人出头，振臂一呼，合纵伐齐之势便可成了。

这是嬴稷想要看到的局面，当齐国成功攻下宋国后，嬴稷兴奋地像个孩子一般，遣人做了好些酒菜，要去芈氏那边，与其一同享用。却在临出门时，有侍人来禀报了一件事，说是太后所养的一个男宠闹事了。嬴稷听闻之后，顿时兴趣索然，失去了与芈氏一起进餐的兴致。

这一年芈氏已是五十有余，因了嬴稷也已步入中年，可独立掌控局面，朝政之事，无须芈氏过于操心，这一闲将下来，空虚寂寞便也席卷而来。再者她这一生之中，为了秦国的稳定，确也杀了不少人，以前忙时无心去多想，如今闲下来，回忆起自己所做的一桩桩事情，想起那些死在自己面前的人，常觉心头不安，有时拿出义渠王所画的那幅羊皮画卷，会禁不住悲从中来，边流着泪，边眼巴巴地看着夜色中空寂的房间，思绪万千。

晃眼间几十年匆匆而过，那个初入秦时十六七岁的小姑娘，今已是五十有余步入垂暮之人，这一生中两个对自己最重要的男人，惠文王英年早逝，义渠王却死在自己手里，到头来情感无可寄托，何其悲哉。虽说在无聊之时，可找那魏丑夫消遣时光，却也只是说些贴己的话，或发泄原始的情欲而已，毕竟不能如惠文王、义渠王那可以做她的靠山，无法给她依靠和安全感。芈氏生性不甘寂寞，义渠王死后，感情无从着落，再者年龄大了，也不再信什么真情，于是为了打发空虚的时光，排除心头的不安和恐慌，她便在后宫大肆招养男宠，以供娱乐。

男宠在战国时期十分普遍，况如像芈氏这般位高权重之人，招些男宠也不会有人说三道四，嬴稷也是睁一只眼闭一只眼，并不予过问。然而，男宠与嫔妃一样，人多了难免会争宠，惹出是非。

在芈氏的男宠之中，有一个叫甘土的人，祖籍魏国，从小好舞枪弄棒，游走列国，靠街头卖艺为生。那一日在咸阳街头耍大刀，恰巧芈氏在宫里闷得慌，便叫了魏丑夫，一起到街上闲逛，及至走入一家酒肆歇脚时，从窗口望将下去，正好看到那甘土在耍刀，不由得神色一愣。

那甘土眉如刀，目如星，长得五大三粗，甚是健壮，舞刀之时，脸色冷峻，隐隐带着一股杀伐之气，却是像极了义渠王，一时竟勾起了芈氏昔日之情愫,愣愣地看着,竟是痴了。

一旁的魏丑夫顺着芈氏的目光望将出去,见她居然盯着那耍刀的汉子,心里微有些醋意,故意端了杯茶,让芈氏喝,以引开她的注意力。不想芈氏回过神来时,却道:"你去把他叫进来。"魏丑夫虽然不情愿,却也不敢违背旨意,施施然走了出去。

那甘士舞刀之时,听得有人相请,不由愣了一愣,问道:"何人所请?"

魏丑夫淡淡地瞟了他一眼,道:"贵人。"

甘士收了刀,随着魏丑夫进了酒肆,见了芈氏时,见是个贵妇人,虽是有些年纪了,但衣着得体,尚且有些姿色,便微微施了下礼,问道:"不知夫人传我,所为何事?"

芈氏看了他许久,忽而喟叹道:"果然很像他!"

甘士被说得莫名其妙,"夫人何意?"

芈氏莞尔一笑,"你长得像我的一位故人,因此把你叫了进来,鲁莽之处,望莫见怪。"

甘士出身贫寒,少有富贵之人对他如此客气,一时对芈氏生了好感,"得夫人青睐,在下之幸也。"

"可愿坐下来,饮杯水酒?"

甘士应好,便坐在芈氏对面,与芈氏对饮起来。魏丑夫站在一边,心里却是酸溜溜的不是滋味。自入宫以来,魏丑夫便再无接触他人,心中自是认定了芈氏是唯一亲近之人,现今见她与外人有说有笑,而他却被晾在了一边,不由得暗暗憎恨起那甘士来。

那甘士虽没那些纵横家一般的才学,但心思却与游历列国的名士一样,希望能遇上个贵人,飞黄腾达。从芈氏的言谈举止中,甘士知道今日是遇上贵人了,故在言语上不免有意无意地奉承讨好。

芈氏见此人虽长得像义渠王,但却比义渠王温和谦恭了许多,也比较会讨好人,心里十分喜欢,一时间心里的阴霾一扫而空,笑道:"难得你我投缘,可愿去我家一叙?"

甘士称好,当下离开酒肆,随着芈氏朝咸阳宫而去。及至到了王宫门口时,甘士着实吓了一跳,他虽知道芈氏是贵人,却没想到是住在宫里的,不由看着芈氏发愣。魏丑夫哼的一声,说道:"实话与你说了吧,此乃当今太后!"

甘士闻言,脸色瞬时大变,他遇上的何止是贵人,简直是大富大贵之人!

他游走列国，对各国的情形自然是有所耳闻的，大秦宣太后乃秦国的实际掌权人，连王上都要让她三分，天下人听到宣太后之名，哪个敢不肃然起敬？当下慌忙跪在地，"太后在上，请恕小人失礼！"

"礼多了，反教人觉得无趣。"芈氏微哂着扶他起身，"在我处，没这许多礼数，只管放轻松些就是了。"

甘土应是，但入宫之时，依然不免战战兢兢，跟在芈氏身后，心头怦怦直跳。

这一日晚上，甘土没能从芈氏的宫里出来，在烛影摇红，美酒相伴之下，甘土醉了，芈氏将其拖至床上，伸手拂着他的脸道："你可喜欢我？"

甘土半眯着醉眼，见这太后在灯火下颇是妩媚，与年轻的女子相比起来，虽不再美丽年轻，却是多了份销魂蚀骨的魅力，当下哈哈一笑，"太后是王上的母亲，此等艳福，甘土岂能错过！"借着酒兴，一把将芈氏拥入怀里。

芈氏听了这话，虽心里有些别扭，但转念一想，此人与义渠王一样，都是有些霸占欲的，你要找的岂非就是有些野性的男人吗？如此一想便不再去计较，放开了与甘土在床上颠鸾倒凤。

这甘土本就是粗人，自以为与太后有了关系，也把自己当作了土王上，言行间再无顾忌，日子一久，对宫里的人也是呼来喝去，吹鼻子瞪眼。有一次因一位侍人送来的酒不合其口味，竟然把那人给暴打了一顿，骂道："你这没用的东西，送些酒水都不会，还留你在宫做什么？"

魏丑夫统领后宫的侍人，听了此事后，气愤难当，心想那武夫果然把自己当成主子了！当下就去了芈氏那里告状，说那甘土蛮狠无理。芈氏对那甘土颇为满意，其粗蛮的行为恰让她找到了做女人的感觉，故而对魏丑夫之言并不在意，说道："甘土是蛮狠了些，你等回避他些就是了。"

魏丑夫闻言，表面上虽答应了，暗地里却是咬了咬牙，决定要给那匹夫些颜色看看。便抽了个空，赔着笑把甘土约出宫来，说是在一个地方相处，却还没请甘土喝过酒，今日特意备了桌酒菜，望甘土能赏脸。

那甘土当真把自己当作是人物了，大大咧咧地笑道："你当真是客气，要请我喝酒何需去外面，在宫里便是了！"

魏丑夫赔笑道："宫里的食物虽好，但吃多了，难免吃腻，去外面换换口味也是好的。"

甘土不知有诈，跟着魏丑夫入了一家酒店，入座后，两人直如亲兄弟一般，你来我往，没多久工夫，三壶酒便没了。魏丑夫存心想要把他灌醉，实际上他自己却没喝多少，又劝了两壶酒后，见其已是醉眼蒙眬，连说话都是卷了舌头，便低首一笑，说道："我听说甘兄身手甚是了得，心里很是佩服，但同时也为甘兄感到可惜。"

"可……可惜什么？"甘土大着舌头问道。

"甘兄有所不知，秦乃尚武之国，这大街之上行走之人，十有八九都是有些身手的，甘兄到了秦国，哪里还有出头之日呀。"魏丑夫佯装出一脸的诚恳，"眼下你虽到了太后那里，但毕竟非甘兄扬名立万之所。"

甘土一听，哼的一声，"魏兄弟这是看……看不起我这身本事吗？"

"非也，非也！"魏丑夫说道："甘兄的本事我岂敢置疑？只是习武之人多了，强中自有强中手，一山还有一山高，要想出人头地便是难了。"

所谓酒胆壮人心，再者甘土本就是个眼高于顶的人，被魏丑夫这么一激，气血上涌，大声道："大秦武士虽……勇，甘某却未必放……放在眼里！"

魏丑夫笑道："甘兄这话却是说得有些大了，皇皇秦国，莫非没人能把你甘兄击倒不成？"

"哪个敢与我较……量较量！"甘土被激得心头火起，站起身来，朝着酒店内环视了一番，一副无敌于天下之态，"哪……哪个敢来与我比试？"

魏丑夫故意装作吃惊的样子，走过去把他按在座位上，小声道："甘兄莫要忘了，此乃秦都咸阳，人才济济，说话须小心些。"

甘土大怒，瞪着一对粗目道："小……个鸟心！"

魏丑夫道："甘兄倘若真想见识一下大秦勇士，在下倒可引甘兄去一个地方。但有一条在下必须事先与你言明了，到了那里，若是被人打倒了，须怪我不得。"

甘土迫不及待地站起来，"少些废……废话，快引我去！"

魏丑夫心下暗喜，心想这莽夫果然上钩了！当下扶着甘土，带他到了一个演武场，是时正是午后，场内正在比武。

甘土见状，甩开了魏丑夫，笑道："不想秦国也有比武之所，甚好甚好！"

两人在低下看了会儿，此时演武台上有一位少年一连把三人打落台下，颇是得意，抱了个四方拳，朝台下之人致意。甘土哼的一声，走了上去。魏丑夫看在眼里，假意上去阻拦，说道："甘兄，那人厉害得紧，去不得！"甘土本就是傲慢之人，被如此一激，前面便是刀山也要去闯上一闯了，一把推开魏丑夫，快步跑上台去。

那少年见突上来个醉醺醺的大汉，笑道："这位英雄，我看你喝得多了，下次再来吧,免得有人说我欺你。"

甘土仰首大笑一声,"你这乳臭未消的小子,好生猖狂,我便是醉倒在了地上,也可将你料理了。废话少说,来吧!"话未间,手臂一挥,欺身上去。

那少年见他如此轻狂,当下也不跟他客气,挥了拳便打。谁知交上手才发现,这醉汉的气力着实惊人,两条手臂铁打的一般,挥将起出,呼呼生风,且出招狠而准,每一拳都往要害处打。少年大怒,轻喝一声,身子倏地一蹲,右腿猛扫出去。

甘土喝声"找死!"莫看他体型高大,动作却是异常灵活,只见他身子一跃,跳将起来,劈头盖脸的朝那少年头顶重击。那少年大惊,此时他身子半蹲在地下,要想避开去已然来不及,双掌一举,硬迎了上去。

拳掌相交,便听一声脆响,在场人等却是都听到了。这时候,但见那少年眉头一皱,几乎与此同时,那少年的手臂上溢出血来,骨头破肉而出,竟是生生被甘土打断了。

在场人等见状,惊呼出声。不想甘土借着酒兴,更仗着在秦国有太后撑腰,又是一声大喝,抬起脚把那少年踢出丈远,大声道:"你可服气了吗?"

那少年痛得冷汗直冒,咬牙切齿地道:"此乃以武会友,哪个要与你以命相搏。你这匹夫,今日你废了我双臂,改日定当双倍奉还!"

甘土走将过去,微俯着身子冷笑道:"如此说来,你是要把我双手双脚都废了吗?"

那少年忍着痛道:"不报此仇,誓不为人!"

甘土两眼一瞪,"我现在就要了你的命!"话落拳起,砰的一声,结结实实地落在那少年的脑袋之上,那少年喷出口血,倒在地上,一命呜呼。

这场面虽然骇人,但魏丑夫要的就是这结果,见那少年已然死了,就上去把甘土拉了下来,撒腿就要跑。在场的都是些好武之辈,虽说甘土厉害了些,但人多势众,却也没将他放在眼里,都上前去将其拦下,说杀了人岂容你一走了之!

这顿打下来,甘土的酒已然醒了,虽说一气之下把人打死了,不免有些后悔,但转念一想,我与当今太后相好,她是秦国第一号人物,我莫非还怕你们这些市井小民不成了?当下大喝道:"死便死了,啰唆什么,再不让开,连你等一块儿打了!"

在场众人,均是不服,一拥而上,打作一处。魏丑夫见事情闹大了,连忙抽身出来,去宫里禀报。

芈氏一听，脸色顿时就黑了下来，按照秦律，杀人者必偿命，甘土公然杀人，岂能逃得过秦律制裁？忍不住把魏丑夫骂了一顿。魏丑夫表面上装无辜，暗地里却是高兴得紧，"太后明鉴，甘土喝了酒后，便是要与人去比武，小人拦也拦不住。到了比武处，上去三拳两脚就把人打死了，小人就是想阻止也阻止不了呀！"

芈氏皱着眉头道："差人去把他叫来！"

过不多时，甘土带着一身酒气走了进来。芈氏沉着脸道："你可知罪？"

甘夫却道："比武过招，生死由命，我何罪之有！"

芈氏看着他一副倔犟的样子，不由想起了多年前魏冉与人比武，把人打死一事，虽说情由不同，但事情却是如出一辙，想那时她为了救魏冉连性命都不要了，回忆起往事，感慨不已，对甘土的怨恨便也消了不少。心想去与稷儿说说，想法子饶了他一命便是。

不想就在这时，嬴稷来了。

嬴稷听说了此事，很是恼怒，他能理解母亲在后宫寂寞，招揽男宠之举，但不能什么人都招揽进来，将后宫弄得乌烟瘴气，此事要是传将出去，说秦国后宫的男宠欺行霸市，公然杀人，岂非叫列国讥笑吗？本来他听到齐国拿下了宋国，从而得到罪了天下列国，很是高兴，正打算拿些酒菜来，与芈氏一起祝贺，听了这事后，就没了兴趣。

但是嬴稷依然将酒菜叫人端着来了，却不是为与芈氏共享，而是存了心要叫她难堪。入内时，见十多个男宠如数在列，不由冷笑道："母亲这里好不热闹啊，我专门叫人做了酒菜，要与母亲共享，现在看来，我来的不是时候啊！"

芈氏本打算与嬴稷商量此事，一听他这口气，便知没有商量的余地了，没好气地道："想来王上也听说了此事，任凭王上处置便是。"

嬴稷眼里寒光一闪，"后宫本来便是母亲掌管，听凭母亲发落吧。"

芈氏盯了甘土一眼，幽怨地叹了一声，一副恨其不争的样子，"甘土，王上来了，你还不认罪吗？"

按芈氏的意思，是想让甘土在嬴稷面前认错，或许此事还有转机。不想这甘土虽是粗人，但颇有气节，看了嬴稷一眼，也不施礼，只冷冷地道："我还是那句话，比武过招，生死由命，那人本事不及，岂能怪得了我！此事我既然做下了，要杀要剐悉听尊便，叫我磕头认罪，做此违心之事，却是休想！"

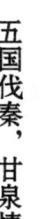

第八章　五国伐秦，甘泉情殇

嬴稷没想到他会说出此等话来，不由得多打量了他两眼，心里对他生了几分敬佩，便问："你当真不怕死吗？"

"哪个不怕死？"甘土道："但我分明没有故意杀人，是那人不经打，须怪不得我！"

嬴稷暗点了点头，心想要不是你与我母亲有染，当真饶了你这一次，好男儿便是死，也该死在战场上。可偏偏你与母亲纠缠上了，若是不杀你，叫人耻笑。心念电转间，高声叫道："来人，拉出去斩了！"

芈氏脸色一变，眼睛朝嬴稷看去，见他神色毅然，情知他当真是恼了，再者秦法严明，也容甘土不得，正自彷徨间，突听甘土叫道："且慢！"

嬴稷冷笑道："怕了吗？"

"怕个鸟！"甘土浓眉一扬，"行刑前，可否给些酒喝？"

嬴稷呵的一声笑，"倒是条好汉！"挥了下手，把带过来的酒菜叫人端了上来，"这些酒菜本是要与我母亲享用的，如今都赐予你了。"

甘土浑没将生死之事放在心头，一手抓了酒壶，仰首便往嘴里倒，咕噜咕噜一阵猛喝，只几口间便将一壶酒饮尽。

芈氏做梦也没想到甘土竟视死如归，此等豪情不由得叫她又想起了义渠王，他俩皆是当世之好男儿，生性放荡不羁，便是丢了性命，也要随性而为，不甘屈服，莫非率性之人都不得好死吗？

芈氏泪光盈盈地看着甘土，是时甘土喝完了酒，恰好也朝她看将过来，见其泪水盈然，心头莫名的一阵激动，大笑道："甘某今生能得太后垂青，无悔矣，这便拜别！"话落时，双膝一跪，朝着芈氏磕了三个头，然后转身大步朝外走将出去。

嬴稷冷冷地看着这一幕，待甘土身影消失后，朝芈氏看了一眼，故意冷哼道："好好的一个男儿，本应是去战场建功杀敌的，却是没来由的毁了！"言语间，拂袖而去。

芈氏听了嬴稷之言，越发觉得甘土死得不值，再也忍不住悲痛，放声痛哭。

甘土的死，对芈氏的打击是比较大的，她也知道对甘土的处置，嬴稷是带有个人情绪的，他如果不是后宫的男宠，如果是从战场上回来的有功之士，或就可功过相抵，逃过一命。然芈氏虽怪责嬴稷行事不顾及她的感受，惹得她伤心，但毕竟是天下父母心，一旦面临大事，她依然义无反顾地站在了嬴稷的阵营里。这一日，芈氏一听到嬴稷发兵伐齐的消息，端的是吃惊不小，也顾不上心里难不难受，起身就去找了嬴稷。

原来，嬴稷见田地穷兵黩武，齐国的国力日下，同时列国对田地也十分憎恨，便想再点一把火，率先伐齐，以示秦国伐齐之决心，然后再合纵列国，与齐国决战。此事他本要与芈氏商量，但因发生了甘土事件，嬴稷心中不快，便直接做了决定，令蒙骜领十万大军，出兵伐齐。

从战略上来讲，嬴稷的决定本无不可，然燕国与齐国有深仇大恨，其派苏秦入齐潜伏，费了九牛二虎之力，才有如今的结果，到最后却让秦国拔了头筹，燕昭王心里难免不快，可能会影响合纵之效果。这一点嬴稷没想到，芈氏心细，却是想到了，故走到嬴稷那里，叫他停止发兵。

嬴稷本来就对她有些看法，今见她又来阻挠，勃然大怒，"我此时发兵，有何不可？你前管朝政，后临后宫，不觉得累吗？"

芈氏身子颤了一颤，她没想到嬴稷会说出如此伤人的话来，不由得眼圈一红，怔怔地看着嬴稷，隔了良久才缓过劲来，"即便是你如此说我，我也要告诉你，此时不宜发兵。"

"哦？"嬴稷冷笑道："难道你没看到列国屡次合纵伐秦，大多是半途而废吗？你可想过为何？"

"自然想过。"芈氏忍着心里的委屈，红着眼道："正是因为我想过，才来阻止于你。燕齐有不共戴天之仇，燕昭王派苏秦入齐潜伏数年，在苏秦的不断努力下，才有了今日之局面，眼见得就可大功告成，可这成果却让你抢了，燕昭王会作何感想？燕齐相邻，若不叫燕国做纵长，你长途奔袭去统领列国之兵，结果又会如何？你连人家复仇的大好机会也要抢夺，如此强势，列国又会作何感想？"

嬴稷道："列国恨齐，我此时出兵，正当时候，怕是你想多了吧？"

"稷儿啊，两军对垒，非是冲上去打杀便可。"芈氏见他说话始终怒气冲冲，只得隐忍着气，好生相劝，"何为合纵？合作是也。列国屡次合纵伐我，便是因利不合，多次不了了之，你既想合纵伐齐，须要把各方的利益想周全了，但要是一方不合，这合纵之势便要散了。"

嬴稷哈哈大笑道："秦乃当今之大国，我助燕王复仇，我就不信他会不服！此事就如此定了，无须再议。"

芈氏盯了嬴稷良久，胸口剧烈地起伏着，"你生我的气，要与我作对，我无异议。但是不能意气行事，坏了国家大事！"

"我劝你还是去管好你的后宫吧！"嬴稷沉声说了这一句话后，便拂袖而

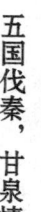

第八章　五国伐秦，甘泉情殇

279

去，独留下芈氏愣愣发怔。

看着嬴稷气冲冲地离去，芈氏突然感到一阵前所未有的孤独，仿佛在瞬间被遗弃了一般，站在黑暗的荒野上，竟是找不到一个可以依靠的地方，找不到一个真正理解她的知己。这种孤独感一下子若潮水般涌将上来，冲击得芈氏不知所措，却分明有一股透心的凉意在周身蔓延。

惠文王走了，义渠王走了，连甘土都不在人世，为了秦国的稳固，友人或者敌人，都一一在她的生活中消失，她付出了如此之多，结果得到的却是连最亲的儿子都要弃她而去，那么她还能剩下些什么？

泪水一下子便狂涌上来，芈氏恨不得找一个无人的地方，痛痛快快地大哭一场。可与此同时，理性却在不停地提醒她，她的儿子有危险，秦国有危险，如果她不去横加干涉，若合纵不成，齐国反扑，后果不堪设想。

芈氏抬起头对着房顶，深深地吸了口气，然后拭去了泪水，回身走了出来，差人去蓝田军营告知向寿，没有她的命令不得出兵，并要求向寿收了蒙骜的兵符。与此同时，又差人去把魏冉、白起两人叫了来，商议对策。

及至魏冉、白起到时，芈氏铁青着脸道："王上态度坚决，急于发兵伐齐，此举必将引起燕国不满，影响合纵之效果。现如今我虽已强制夺下蒙骜兵符，却是无论如何无法避免与王上的争执，两位可有良策，可使王上平息怒火？"

魏冉、白起闻言，两人相顾一视，均是吃了一惊。在此之前，秦国大事，向来由太后决断，如今王上已然成熟，亲政自也是在情由之中，但如果在决策上起了分歧，小则母子之间大吵一架，大则却是足以引起一场权力之争。

白起虽然是魏冉一手提拔起来的，但终归是外臣，在尚不明白芈氏的心态之前，却是不敢表态，如果芈氏想要与王上争权呢，若是此时表错了态，站错了位置，便可能引来杀身之祸。只见他眉头一沉，只看了魏冉一眼，却不说话。

魏冉脸上的肌肉微微跳动着，良久没有说话，实际上他也在揣摩芈氏的心理，毕竟秦国长期以来以芈氏为主，这时候嬴稷不听人言了，想要独立了，如若芈氏想要争权的话，也并非没有可能。

芈氏看着两人的表情，奇怪地道："这可是奇怪了，两位是国之栋梁，位高权重，莫非还有不敢说之言？"

魏冉浓眉一挑，鼓起勇气道："太后夺了蒙骜兵符，无异于夺了王上的兵权，你是想永久夺了王上的兵权，还只是权宜之策？"

芈氏闻言，这才明白了他俩不敢开口的原因所在，霍地站了起来，抬手就给了魏冉一个巴掌。

三、大秦东出伐齐，苏秦车裂于市

芈氏这一出手，想是使了全力，直打得魏冉晕头转向，脑袋里嗡嗡作响。白起没想到魏冉这一句话，会惹得她发如此大的火，一时竟是呆了。

芈氏手指着魏冉大声道："你且予我听仔细了，不管你功劳有多大，权位有多高，你只是秦国的臣子，若是有丝毫歹念，休怪我不认你这兄弟，拿你开刀！"

此一席话说得声色俱厉，直吓得魏冉冷汗直冒，"臣不敢有非分之想！"

白起眉头微微一皱，终于明白了芈氏意图，说道："太后收了蒙骜之兵符，王上必然震怒，为避免起更大的争端，臣以为，应马上派大臣到王上面前游说，而且游说之人越多越好。"

芈氏问道："派何人去为好？"

魏冉战战兢兢地道："我与白起自是当仁不让，另外可再找公子市、公子悝等一同前去。"

白起补充道："实不瞒太后，相国、公子以及臣皆忠于太后，若只是这些人去相劝，会让王上误以为是太后一党合起来欺他，不免弄巧成拙，还须再找些重臣前去才是。"

芈氏赞许地看了白起一眼，深以为然，便朝魏冉道："你是一国之相，联络大臣之事便由你负责了。"

魏冉连忙应诺，"臣马上去办！"

嬴稷看到蒙骜两手空空地从蓝田军营回来时，第一反应是愣怔了一下，他完全没有想到有人会夺他的兵符！

所谓的兵符就是象征着兵权的虎符，按照秦制，虎符一分为二，右半边掌握在君主手里，左半边掌握在领军将领手中，只有当左右两半虎符合并无误时，才能发兵。此制度源自秦孝公时商鞅所制定，目的是为了安全，防止在特殊时期兵变或动乱等。如今国内无事，君主虎符一出，必然是可以调兵的，可谁承想虎符竟被人公然夺了去！此等情况若是换在十几二十年前，嬴稷尚年幼，也就忍了，时至今日，嬴稷已步入中年，国家大小事他足以应付，这时候象征王权的虎符叫人抢了去，岂非是在挑战王权吗？

嬴稷的脸色渐渐阴沉下来，怒睁着双眼，胸口急剧地起伏着，蓦然啪的一拍几案，"大胆！秦国到底是谁家秦国，连虎符都敢抢，这是要反了吗？"

蒙骜大惊道："王上，此话不能乱说啊！"

"相国是魏冉，大将军是向寿，军政大权尽是掌握在太后手里。"嬴稷怒气冲冲地道："如今连我的虎符都拿了去，秦国的王充其量不过是个摆设，随时都有可能被人替换，事实俱在，莫非你看不清楚吗？"

蒙骜虽是领军之将，但为人颇是稳重，为人作风与齐国名将匡章有些相像之处。他低首略作沉思，说道："末将以为，越是在这种时候，王上越需要冷静。眼下无非两种情况，一是若太后真要夺权，王上该如何应付；二是若太后非是为了权力，她如此做用意却是何在。"

嬴稷看了蒙骜一眼，心头一震，情绪略平息了些，一个大大的问号便浮上心头，母亲会夺权吗？

嬴稷眉头一沉，这几十年来，他与母亲两人同甘共苦，相依为命，历经了多少艰难险阻，方才有了今日，平心静气地想一想母亲这些年来的所作所为，若说她要夺权，嬴稷是不相信的，在感情上也难以接受。倘若按此想法推想开去，她此番夺虎符，莫非只是出于对他的不放心，出于母亲对孩儿的爱？

嬴稷暗吸了口气，又想，母亲不会生夺权之心，可是拥有军政大权的魏冉、向寿、芈戎会不会趁机起事呢？正如蒙骜所言，若是他们真敢起事，该当如何应对？

正值生疑之时，侍人来传，魏冉、白起领着一干大臣来了。嬴稷看了蒙骜一眼，眼里带着一抹讥笑，似乎在说，他们这时候出现，是来叫我消除戒心吗？

然而，在见了魏冉等人后，嬴稷方才明白，他们是来替芈氏劝导的，众人你一言我一语，诉说太后夺兵符之良苦用心，希望嬴稷不要怪责于太后，只有王上与太后和睦，才能使秦国更加强大云云。嬴稷冷眼看着底下说话的这一帮人，发现除了与太后亲近之人外，居然还有其他大臣，嬴稷不由得心想，莫非真是我以小人之心度君子之腹了，这些人都是忠心事秦，并无异心？

芈氏走入膳房的时候，里面的人都吃惊不小，纷纷行了礼后，问太后来此作甚？

芈氏只是微微一笑，与膳房主事说道："予我准备一只野兔来。"

主事不明白她要做什么，但又不敢违令，只得吩咐人去提来。不消多时，一只活蹦乱跳的野兔便提了过来。芈氏拿过野兔，从旁边拿来把刀，一刀下去，直入兔子的喉咙，然后便见其娴熟地剥皮洗净，在上面洒了些盐末等料理，置于火架之上烤了起来。

膳房众人见状，无不啧啧称奇，有人赞道："原来太后还有这般手艺！"

芈氏盈盈一笑，"有些年没做了，都生疏了。"她坐在火架子旁边，边摇动着架子上的烤肉，边抹些作料，一副聚精会神的样子，那神态像极了一位慈祥的母亲，丝毫无太后之威仪。不多时，肉香四溢，飘散在整个膳房。

及至把野兔烤熟了，芈氏拿了只木盘过来，装于其间，便走出膳房，径往嬴稷处走去。

烤野兔肉是他们在燕国的时候常做的一道美食，那时候他们为了躲避燕国的兵祸，隐居于山中，以打猎为生，往往是由嬴稷负责打猎，芈氏负责烧饭，那时的日子虽然艰苦，却是他们最为逍遥自在的一段岁月。显然，芈氏是想通过这一道亲自烧烤的兔肉，来重温亲情，消除母子之间的芥蒂。

不过这个法子却是魏丑夫想到的，若非魏丑夫点醒，心慌意乱的芈氏端的没有想到用这种方式去唤起母子之情。

那一日，魏冉、白起离开之后，芈氏心里颇为烦闷，虽说夺了嬴稷的兵符是迫不得已之举，但毕竟那是王上的兵符，夺了无异于造反，何况为了权力之争，父母兄弟之间的血腥争夺在历朝历代屡见不鲜，此事如果处理不好，极有可能引起秦国政局的动荡。

在一边伺候的魏丑夫看在眼里，也是急在心上，他知道这种事情轮不到他插嘴，但看着芈氏愁眉苦脸的样子，却是于心不忍。隔了许久，才鼓起勇气去安慰道："太后与王上母子情深，此事王上可能会生一时之气，但过后他定会理解太后之苦心。"

芈氏抬头看了魏丑夫一眼，缓缓地道："连你都感觉到事态的严重性，朝廷上下此时怕已是议论纷纷，王上没了面子，如何肯善罢甘休？"

魏丑夫叹了一声，说道："小人与太后相处的年月虽是不长，但太后所做之事小人却是件件看在眼里，太后之于秦国，可谓是劳苦功高。非是小人挑拨是非，秦国若是没有太后，何来今日之秦国。"

"魏丑夫果然懂我。"芈氏微微一笑，眼里散发出柔和的光，"可惜你虽看到了我所做之事，却不知我所用之心。"

魏丑夫讶然道："太后对秦国耿耿忠心，天地可鉴，小人岂有不知之理？"

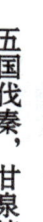

第八章 五国伐秦，甘泉情殇

芈氏笑着摇了摇头,"这许多年来,我所作所为,非是为了秦国。"

魏丑夫瞪大了眼睛问道:"那却是为何?"

芈氏道:"是出于一个母亲对孩儿的爱护。我不要功绩,也无须功名,我只是个女人,要那些劳什子作甚?我只要他平安,吾愿足矣。"

魏丑夫不由得动容道:"太后拳拳之心,小人今日终于明白了,有母如此,王上端的好福气!"

芈氏微微一叹,苦笑道:"我这一生之中,就围着王上转,怕他吃苦,怕他受罪,也怕他行事不稳定,给人算计了吃亏,恨不得把他所有的事都揽过来,替他做了,把他所有的苦都揽过来,予他受了。可孩子终究是要长大,有他自己的行为方式,于是开始与母亲作对。此等事放在普通百姓家,不过是观念之争,可放在宫里,却是涉及权力,可大可小啊。"

魏丑夫深为理解芈氏的心,点了点头,说道:"依小人之见,太后不妨避重就轻,不与王上争辩政事,可做些王上以前爱吃之食,送予王上,趁机与他谈谈心,或可消除成见。"

芈氏眼睛一亮,笑道:"你这话说得十分在理!"便想到了去膳房做烤兔。

却说芈氏端了亲自烧烤的那只野兔,走入嬴稷所在处之时,嬴稷闻到那熟悉的肉香,心头一怔,及至抬起头来之时,只见芈氏端着一只烤兔,脸上带着母性柔和的光,徐徐走了进来。在那一瞬间,他仿佛又看到了当年在燕国为质时,那一位淳朴勤劳而又慈祥的母亲,心里不由得一阵激动。可几乎同时,他也想起了前日她刚刚夺了他的兵符,脸上的激动之色,又在瞬间淡去。

这些微妙的表情变化,芈氏都看在眼里,她把烤兔肉放于桌上,然后又取出来一块铜制的虎符,放于兔肉旁边。嬴稷看到那虎符,神色一震,站了起来,看向他的母亲。此时,只见她除了慈蔼的笑容之外,再无其他表情,于是又低头看了下桌上所放的兵符和兔肉,愣怔片晌,又用疑惑的眼神望着芈氏。

芈氏却像什么事都没有发生一般,笑道:"把虎符收将起来,来吃兔肉吧。这是母亲亲手为你烤的,别人怕是烤不出这味道来。"她边说着边动手去撕肉,细心地一块一块地撕下来,放在嬴稷的面前,又道:"自打你继位以来,我们吃的是膳房所做的菜,理的是天下纷纷扰扰的事,却是忘了我们本该有的快乐。你看这兔肉,以前在山里时,我们可经常吃,如今有多少年没有吃过了?"

芈氏抬起头看向嬴稷，却发现嬴稷已是泪流满面，突然扑通跪在芈氏的面前，抽泣起来。是啊，如今虽手握重权，拥有天下人梦寐以求的荣华富贵，心里所想所思，竟也是变了，完全忘记了以前拥有的那些快乐和温暖。

"来，快些吃一块，冷了少不得没了香味。"芈氏递了一块肉给嬴稷。嬴稷张开嘴咬住，边哽咽边咀嚼，然后和着泪水一起咽了下去。

"稷儿，不管发生什么事，母亲依然还是原来的那位母亲，永远不会害你。"芈氏抬起袖子边给他拭泪，边道："这虎符如今还予你，倘若你如今依然要执意伐齐，我也无话可说，毕竟这秦国是你的天下，我一意阻止也是没有用的。"

嬴稷拭了把眼泪，问道："今日众臣来劝说，想是母亲安排的吧？"

"正是。"芈氏说道："我怕你怪责母亲太过强权，更怕你误解。"

"大良造向我保证说，只要按母亲所言，让燕国先发兵，待合纵势成之后，他必灭齐国。"

芈氏一怔，"白起敢下如此保证？"

嬴稷点头道："他说不灭齐国，愿提头来见。那时孩儿虽还怨恨母亲，但还是接受了大良造之请。"

芈氏倒吸了口凉气，道："齐乃大国，眼下虽国力有损，但依然不可小觑，白起为了缓和你我的关系，居然不惜立下生死状，忠心可嘉，不愧是秦之柱臣。"

公元前285年，芈氏所等待的时机终于来了。苏秦见时机成熟，便暗中联络燕昭王，让其派兵伐齐。燕昭王苦心孤诣，等的就是这一刻，遂起举国之兵，命乐毅①为大将，出师伐齐。

那边燕国刚出师，苏秦便向田地言道："燕与齐有血海深仇，此番奔袭必是出倾国之军，王上该是早作准备。"

田地正陶醉于灭宋的战果之中，浑没将燕国放在眼里，哈哈笑道："区区燕国，何足道哉，相国可愿出师与燕国一战？"

苏秦忙躬身道："王上信任于我，苏秦必以死报国！"

如此，田地便把军权交给了苏秦，由其率军迎燕。齐燕两国之军会战于晋城（今山西晋城），苏秦有意让齐国吃败仗，一战下来，被燕军砍杀两万余

---

① 乐毅：战国名将，魏将乐羊后裔，被燕昭王封为昌国君。

人，苏秦装作不敌，仓皇逃回齐国，向田地请罪。

田地至此尚未怀疑苏秦，只说此事须怪你不得，是我太轻敌了，于是又让苏秦领兵，与燕会战于阳城（今山西阳城）之外，结果一战下来，又损失三万人马。

晋、阳两战之后，齐国的精锐折损了大半，最为关键的是，这两场战争把齐国的士气彻底打没了。

众所周知，田地好战，今齐国两战两败，令其十分愤怒，但这个武夫此时依然未怀疑苏秦之身份，只认为其虽善纵横之术，却不善用兵，便罢了苏秦领军之职，另点触子①为将，领二十万雄兵，称要灭了燕国。然令田地不承想到的是，就在他发兵之前，燕昭王早已派遣使者，去往列国活动，要列国联合起来，一举灭齐。

当燕使抵达秦国的时候，刚说到攻下齐国后，可将定陶（今山东菏泽定陶县）让予秦国时，嬴稷便打断他道："秦距离齐国路途遥远，合纵伐齐，不在于齐之土地，实乃田地太过猖狂也。"便答应了燕使伐齐事宜，着令白起、蒙骜领兵出征。然这时，魏冉却也请愿，要求一同参战。

嬴稷闻言，有些猜不透其安着什么心。按理说五国合纵，各国都派了良将，秦国派了两员大将出战，已然足够了，再让相国亲自去督战，未免有些小题大做。但他既然说出口了，嬴稷也不便驳了他的面子，于是答应让他一同前去。

实际上魏冉此去存了个私心。他出身贫寒，被逼无奈之下，以打拳为生，此后入了秦国，随着身份地位的提高，一心想要过上富足的日子，不免做些中饱私囊之事。是时虽已是位极人臣，却依然免不了做这些勾当。那定陶原属宋国之地，也是一个商业重镇，魏冉想在攻下齐国后，将其占为己有，作为自己的封地。

在魏冉的眼里，这么多年来，为秦国立下了汗马功劳，拿那一块远在齐国的土地，无可厚非，殊不知其今时之举，却为日后埋下了隐患。

却说其他诸国按照与齐国所处的地理位置，纷纷与燕国议定了瓜分齐国事宜后，于公元前284年春，除了楚国外，秦、赵、魏、韩等纷纷出兵，以燕将乐毅为统帅，合五国之军，扑向齐国。

田地得知五国合纵伐齐之事后，很是意外，问苏秦道："之前，只听说列

---

① 触子：齐国大将，生卒年不详，曾参与灭宋之战。

国伐秦，此番为何合纵伐我？"

苏秦闻言，暗笑田地是只知用武，不懂计谋的匹夫。但表面上却是装作恭恭敬敬地道："此番合纵，只因王上取了宋国之地。秦惧怕齐国独大，其他诸国却是痛恨王上独吞了宋地。"

田地哈哈笑道："那帮匹夫，敢来触我虎威，来了便也好，正好将他们一起收拾了！"当下派人督促触子，要尽快与五国决战。

却说那触子抵达济水（今山东济南）一带时，见五国联军士气正旺，正打算先安下营来，伺机出战，却不想田地派人来催促出战，不由得怒道："我既领兵作战，战与否自是由我定夺，王上在朝中不明形势，岂可指挥作战！"传话之人自是不敢多言，将原话带给了田地。

田地一听，颇是气愤。苏秦趁机火上浇油，撺掇道："那触子居功自傲，颇是可恨，岂有领了兵便不听王命之理！"

田地本就是刚愎自用之辈，他认为即便是五国联军，也不足为惧，听了苏秦之言，更是愤怒不已，又派了人去催促触子，说若不与联军速战速决，便刨了他家的祖坟。

催战在各国皆有发生，垂沙之战时，齐宣王也曾催匡章速战，但是田地声称不战便要刨了人家祖坟，此言不管是真是假，免不得使在外作战的将士心寒。触子听了此言，顿时就心灰意冷，心想我在外提着脑袋为国而战，你却要刨我祖坟，我还为你卖命作甚？许是触子不想落人话柄，便领了三军，在济西与联军决战，由于主将无心为战，三军更是士气全无，双方一经接触，几乎是一触即溃，二十万主力，十有六七被杀，触子逃亡，不明去向，副将达子无奈之下，收拾残兵，退守临淄（今山东淄博东北）。

消灭齐国主力后，联军长驱直入，占了齐国半壁江山。事情发展到这等地步，田地终于慌了，欲寻苏秦商议对策，不想四处寻找，竟是不见其踪，这时才省悟过来，原来苏秦是燕昭王派过来的细作，不由得把钢牙咬得格格作响，急遣人全城寻找，誓要将苏秦抓了处置。

是时，苏秦正要出城离齐，在城门口被齐兵逮了个正着，便抓了去由田地发落。田地甫见苏秦，就将其一脚踹于地上，骂道："好你个狼心狗肺的东西，枉我如此器重你，偏你却来害我，今日不将你车裂了，如何解我心头之恨！"当下将苏秦押至闹市之中，车裂于市，一代纵横名家终以凄惨收场。

过不多久，联军围攻齐之国都临淄，齐将达子奋起抵抗，但由于齐军被打怕了，士气低迷，形势异常严峻，达子便派人去请求田地，希望他拨些金

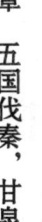

银赏赐三军,以振军心。田地闻言,勃然大怒,养兵千日,用兵一时,如今国难当头,不思报国倒也罢了,还前来勒索,真是岂有此理,把前去请赏的士卒大骂了回去。

在临淄血战的将士们听说此事后,再无与联军血拼之心,逃的逃,降的降,被联军顺利攻入都城,强大的齐国毁于一旦,田地逃亡各国,无一人敢接纳,最后让楚国捡了个便宜,死于楚将淖齿之手。

后虽经田单复国,拥立齐襄王,但终归不能再恢复昔日之雄风,从此后一蹶不振,直至被秦国所灭。

(虎符)

第九章 战神入楚，屈原投江

一、魏冉强占定陶，秦赵渑池会盟

秦国，芷阳，秦王陵园。

合纵攻克齐国后，嬴稷心愿终于了了，也完成了惠文王伐楚攻齐的目标：如今在七国之中，齐楚已被削弱，再无哪一国可与秦国抗衡，秦真正做到可以虎视天下，统一大业指日可待。是日，嬴稷领了芈氏，来到惠文王坟前祭奠。

嬴稷跪在惠文王墓前，恭恭敬敬地磕了三个头，眉头一沉，说道："孩儿自继位以来，时刻不敢忘父王未完成之愿，这些年来，孩儿伐韩魏，攻齐楚，纵横捭阖，打得列国闻风丧胆，今终得以睥睨天下，统一六国指日可待。今日携母亲而来，是想与您说一声，秦强大了，您当可含笑九泉！"

芈氏因走了段山路，体力有些不支，此时坐在惠文王的坟前，听嬴稷说完，欣慰地笑了笑，抬起手摸了摸墓碑，说道："先王啊，稷儿可比我们想象的有出息。想当年他胆儿小，重感情，连话都不敢大声说，现在却是了不得，胆大得能装下整个天下，且敢怀疑臣妾要夺他的权，嘿嘿！先王，你雄才大略，与张仪二人联手壮大了秦国，这国家倾注了你毕生的心血，自然是要一代一代传将下去的，岂能在我的手里断送了？所以啊你大可放心，我都老了，图个什么呢，图个心安便是了。"

她这话似说予惠文王听，实说予嬴稷听，虽在说这段话时，她面带微笑，并无责怪之色，可嬴稷听在耳里，却很是尴尬，讪笑道："母亲，你在父王面前，说这些做什么？"

"也没什么。"芈氏站了起来，把手弯向后背拍了拍，"就是很长时间没来看看先王了，好不容易上来一趟，便是想与他说说心里的话。人生苦短，我不知道还能来这里几趟，还有几次这样说话的机会，说不定哪一日我也要长眠于此了。"

在这种地方，被芈氏如此一说，嬴稷心里不免有些酸楚，再看看芈氏确已然有许多白发了，一根一根地散落在她头上，使她看上去更显苍老。眼神似乎也没了往日的神采，略显得泥浊，泛黄，走路时微驼着背，一副老态龙钟的样子。看着母亲越来越苍老，嬴稷突然内疚了起来，自继位后，他忙于政事，何时关心过母亲的生活？

正自怔怔出神间，突然哎哟一声，及至回头去看时，芈氏已然跌倒在山路之上，一旁的侍从想来也是没料到她会突然摔倒，都来不及去扶。嬴稷大惊失色，忙不迭抢步上前，待几个人合力要将她扶起来时，又听芈氏哎哟一声痛呼，直痛得脸色煞白，冷汗涔涔直冒。嬴稷这才意识到芈氏伤势的严重性，叫几个士卒去山上砍些树枝，然后用马车上的坐垫制作成一个临时的软担架，将芈氏抬回去。

芈氏被放在担架上面，这才稍微的好受一些，嘴里边哼哼，边念叨："先王啊，你这是在惩罚我吗，怪我后宫不净吗？罢了罢了……你要责怪我，我也没什么好说的。"被芈氏这么一说，嬴稷只觉脊梁骨一阵发凉，不由得回头望了眼惠文王的坟墓，心想莫非真是父王有意惩罚母亲？

到了宫里，医官诊断后说，估计是腿骨断了。嬴稷闻言，动容道："这要如何是好，可会恢复？"

医官道："太后体质颇佳，将息几月，应能恢复。"

嬴稷这才略略放心下来。不多时，魏冉、向寿、芈戎等外戚均来看望，嬴稷因觉得心烦意乱，便先行离开了。

本来去祭奠惠文王之时，嬴稷的心情是很好的，毕竟他是要去告诉惠文王一些好消息的。可自芈氏在陵园摔跤之后，他心里就感到莫名的烦躁，常想莫非冥冥之中果然有神明，父王时刻在观察着秦国之事吗？继而又想，若果然如此的话，外戚独掌军政大权，我虽为秦王，然在决策之时，不免要看他们的脸色，为何父王却无动于衷，唯独与母亲过不去？

数日后，一则消息传来，说是魏冉私占了从齐国夺回来的定陶之地。令嬴稷听后吃惊不小，魏冉在穰城（今河南邓州）已有封地，再者其如今已是位极人臣，富可敌国，却依然未曾满足，要侵吞定陶，这未免也忒贪心了！

嬴稷内心虽极是不满，但因其权势熏天，党羽众多，却也是无可奈何。故而心想，此事须与母亲商议，现如今唯母亲才能管制魏冉。

思忖间，便向太后寝宫走去。到了芈氏住处，远远便听到芈氏那尖锐而略带沙哑的骂声："你且与我仔细听好了，秦国是嬴氏的秦国，非是你魏冉的，你为秦立了汗马功劳又如何，便能巧取豪夺，为所欲为了吗？别以为我如今躺在了床上，便动你不得了，我现在要杀你，依然如同捏死一只蝼蚁一般得容易！"

嬴稷听得怔了一怔，身子略往庭院方向移动了些过去，这个地方正好斜对着门，里面的情形可看得一清二楚，只见站在芈氏床前的正是魏冉。嬴稷心想，想必是魏冉拿定陶之事与母亲商量，惹母亲发火了。这却倒好，省了我与母亲兜圈子了。

魏冉只是低着头挨骂，唯唯诺诺地应和着，但也不松口说要把定陶再拿出来。只听芈氏又道："魏冉，做人不可忘本，想当年你我入秦之时，也不过是图个能吃饱穿暖罢了，过个舒心的日子，而如今你连封地都有了，官至相国，封为穰侯，可真正的是封侯拜相了，还有何不满足的？"

魏冉依然唯唯诺诺地应和着，反正任由芈氏如何说，他就是不回话，也不交出定陶来。嬴稷暗自冷笑，想来他是知道母亲的脾气，毕竟是曾经相依为命的弟弟，母亲不会拿他怎么着。

果然，过了会儿，芈氏叹了一声，"罢了罢了，你们一个个翅膀都长硬了，都管不着你们了，我不妨告诉你，总有一天，你会后悔的！"

嬴稷已然知晓了芈氏的态度，便也不想再偷听了，轻轻地走了出来，差人去找了庸芮来商议。

这庸芮只是秦国的一个上造①，但思维很是敏捷，往往语出惊人，在年龄上也与嬴稷相差无几，因甚得嬴稷看重。

庸芮接诏，疾速入宫来见。嬴稷请其入座后，便把魏冉之事与之说了，又问："先生可有良策？"

庸芮动了动眉头，脸上露着股惊异之色，说道："若相国只是贪心，要了定陶，倒也无妨。但是若其别有用心，便是麻烦了。"

嬴稷诧异地道："定陶原属宋地，与秦国何其远，即便是他拿了去，又有何麻烦？"

庸芮眼里精光一闪，"王上且想想，相国原来的封地在何处？"

嬴稷被问的越发奇怪了，"众所周知，相国封地在穰城。"

庸芮抬起手捏着他颔下的一缕青须，沉声道："穰城原属楚国，此地与定陶并不是太远啊。"

嬴稷这下听明白了，惊道："他要蚕食土地，然后在这乱世之中建国立业！"

"他是否有如此大的野心，我却不敢乱说。"庸芮道："不过王上不妨试探他一下，看看他究竟有无此野心。"

"如何试法？"

"如今齐国楚国已被削弱，可对我大秦形成威胁的唯燕赵而已。"庸芮摸着颔下的青须微哂着道："王上可在朝会之时，问他眼下秦国是该伐楚还是伐赵。"

嬴稷冷笑一声，会意地点了点头。眼下列国之中，唯赵国离秦国最近，也最为强盛，因此秦当务之急是取赵国，若其说伐赵，便说明他并无私心，若其说伐楚，则说明他真的是想在穰城和定陶之间建立据点，以图霸业。

这一日朝会，嬴稷与众臣工商议秦国下一步计划，问秦眼下该是伐赵还是伐楚。众臣纷纷进言，有说伐赵的，也有说伐楚的，议论纷纷，莫衷一是。嬴稷瞟了眼沉默的魏冉，说道："相国可有话说？"

魏冉自是不知道嬴稷是在试探他，便如实说道："臣以为，秦已具备统一天下之势，楚赵都该伐，但楚国已非昔日之强国，不足为惧，故当务之急该是伐赵。"

---

① 上造：秦时官名，按爵位排名的话，属第二级。

嬴稷一听，悬在心口的石头终于落了下来，不管如何，只要他没有异心，就无须着急动他，可徐徐图之了。

魏冉沉吟片晌，又道："所谓师出有名，臣适才没有说话，便是在思量伐赵的由头。"

嬴稷笑道："相国行事稳重，我心甚慰，不知相国可想到起兵之由头否？"

"想到了。"魏冉道："臣听说那赵惠文王赵何，得了一块美玉，此玉名唤和氏璧，价值连城，王上不妨用城池与赵何交换和氏璧，若其不肯，便起兵伐赵。"

嬴稷低眉想了想，说道："周有砥厄，宋有结缘，梁有悬愁，楚有和璞，那和氏璧可就是楚国的镇国之宝和璞否？"

魏冉笑道："正是。"

嬴稷眼睛一亮，"如此说来，倒果然是无价之宝！此事就依相国所言，若得之和氏璧，乃我之幸，若不能得之，便起兵伐赵。"

魏冉的这主意让嬴稷很是高兴，一时对他消除了戒心，魏冉也由此逃过一劫。当下便遣使入赵，说秦国愿以十五座城池换取和氏璧，希望赵王玉成好事。

赵何看了嬴稷的来信之后，心想这哪里是好事，急忙召廉颇①商议。

那廉颇乃赵国之名将，以智谋著称，他认为以眼下赵国的实力，尚不足与秦一战，此玉虽说价值连城，但若得之一玉，失之一国，实在不值当，建议把和氏璧献给秦国。

赵何深以为然，但又恐秦乃虎狼之国，到时吞了和氏璧，却又不肯拿出承诺的十五座城池该如何是好？

正值赵何犹豫之时，旁边的一位侍者突然开口了，说他有个门客，叫蔺相如，足智多谋，且颇有胆识，让他出使秦国，此事当可无误。赵何大喜，当下便传了蔺相如来见。

赵何将事情的来龙去脉与蔺相如说了一遍后，问他可有把握？蔺相如是时不过一个门客，见赵王敢把如此重要的任务交给他，顿时间热血沸腾，血脉喷张，说在下得王上赏识，委以重任，幸何如之！若是秦国敢使诈，吞玉而不献城，在下即便是粉身碎骨亦使完璧归赵，绝不辜负王上之厚望！

蔺相如怀揣着和氏璧去了秦国，嬴稷托大，用强国接待藩邦之礼，在曾

---

① 廉颇：生卒年不详，赵国名将，与白起、王翦、李牧并称战国四大名将。

接待过楚怀王的章台接见了蔺相如。蔺相如见这阵势，便隐隐感觉到不对劲，但他为人稳重，依然按照礼数，将和氏璧献给了嬴稷。

嬴稷拿了和氏璧，很是高兴，握在手里，不住地把玩着，爱不释手。及至看够了，又交给旁边的大臣及嫔妃们看，非但不提以城换玉之事，更把蔺相如晾在了一边，好似浑没这个人一般。

蔺相如猜到了嬴稷之心，这分明是拿了宝贝便不兑现承诺的势头，他在赵王面前保证了若是不能拿到十五座城池，便是粉身碎骨也要完璧归赵，自然是不能两手空空的回去，情急之下，眼珠子一转，计上心来，正当秦朝上下把玩和氏璧之时，他突然咦的一声，像是发现了什么古怪之事。

嬴稷闻声，这才回过头来。蔺相如手指着和氏璧道："这块玉怎么有些瑕疵，王上且拿来予我看看。"嬴稷不防有他，果然把和氏璧交给了他。蔺相如一拿到和氏璧，便是脸色一变，怒发冲冠，叱道："王上如此轻待于我倒也罢了，可你并无拿城池交换的意思，却是分明在侮辱赵国，我就算是与此玉一起玉石俱焚也不能教你得到它！"说话间，便抱着和氏璧要撞向旁边的柱子。

嬴稷大惊，忙说要拿城池交换。蔺相如却不再信他，说赵王得到此玉时，曾斋戒五日，王上若真有诚意，也斋戒五日，我看到了王上之诚意后，方才可将其交出。嬴稷无奈，只得依了他。却不想蔺相如趁秦国不备，着下人拿着和氏璧偷偷地送回了赵国去。

这便是完璧归赵的故事，因此事件妇孺皆知，这里只作简单描述。只说嬴稷被蔺相如诓了之后，十分恼怒，遂命白起为将，起兵伐赵。赵何则派廉颇为将，举兵迎之，两位当时无双之名将，会战于石城（今河南朴县西南一带）。

此两强相遇，恰如两位当世无匹的武林高手对决，必然是一场苦战，直至一年之后，才分了高下，以白起攻克石城告终。

白起何许人也，棋逢对手，愈战愈勇，趁势继续深入赵国境内，要再与廉颇决战。偏在这时，出了一件事，让白起不得不从赵国撤军，却也成就了他不世之功名。

却说正当白起在赵国与廉颇大战之时，嬴稷却得到了一个消息，楚国有异动。

嬴稷听到此消息时，不免觉得有些可笑，当年曾打得楚国魂飞魄散，最后连楚怀王都死在秦国，却还敢有异动，岂非找死？

实际上楚与秦的关系，好比是燕与齐之间，有着不共戴天之仇，楚王熊

横这些年几乎没参与任何纷争,其实是在蓄力,誓要报了那辱国杀父之仇。

有一日,熊横带着一队侍卫去郊外狩猎,正玩得高兴,突看见狩猎场之外,有一位农夫模样的人,举着张细弓射大雁,熊横见状,不由起了好奇之心,仔细打量起来。一般狩猎用的都是强弓,而那人的弓粗不过小指,弓弦便是更细了,如此细小的弓,其射程定然是有限的。然那人拉弓射箭,却将一只飞在空中的大雁射将下来。这令熊横惊异不已,差人去把那农夫叫了过来相询,问道:"如此细小的弓,你是如何将大雁射下来的?"

那人拱手施了一礼,说道:"小人所用的细弓,只用来射些小鸟,雕虫小技,不足与王上道也。"

熊横笑道:"壮士过谦了,不管是大弓小弓,能射下来猎物便是真本事,我是真心求教。"

"既然王上诚意想听我言,小人便直说了。"那人说道:"我楚国土地广袤,幅员辽阔,好比是一张大弓,以王上之能力,岂能满足于射这些小鸟乎?"

熊横眉头一皱,情知此人非一般农夫,问他究竟是何人,那人却是顾左右而言他,"当今之天下,秦是那只天空中独一无二的大雕,其在方圆三千里之地,展翅翱翔,雄视天下,王上当弯弓射雕,振兴祖业也!"

此人实是屈原所指派,只因此时屈原被流放在沅河沅域,不能直接干涉国政,便以此方式激励熊横,发奋图强,振兴楚国。

果然,这一番话激起了熊横复仇之心,想要联合韩魏等国,合纵攻秦。只是可惜,列国所谓的合纵,须有强国领导,不然谁敢轻触虎须?再者韩魏两国本身已被白起打怕了,婉言拒绝了楚国之邀。

然而楚国此番虽道是合纵未成,却惹来了灭国之灾,掀起了一场鄢郢之战,此战的根由却是起自秦宣太后芈氏。

是时,芈氏摔倒之伤已愈,只不过因其上了年纪,却是从此落下了腿疾,走路须拄着拐杖,一瘸一拐的甚是不便。若是遇上坑坑洼洼的地面,极是容易再次摔倒,亏的是魏王夫时时陪在她身边,行走之时,总在旁边搀扶着,不然的话,芈氏已不知摔过多少回了。

由于腿脚不便,再加上年纪越来越大,近日来芈氏愈来愈心灰意冷,只觉自己的末日快到了,活不长了。所谓人生一世,草木一秋,谁也逃不脱那一劫数,这些芈氏心里自是十分清楚。可人一旦上了岁数,便是容易念旧,在腿伤未愈躺在床上的那段日子,她就时常想走过去的那些峥嵘岁月,并经

第九章 战神入楚,屈原投江

295

常唏嘘不已,独自垂泪。及至伤好了,那忧郁之性情却好似在她心里落了根,一日之中倒有大半的时间默默地坐着,黯然神伤,也不知在想些什么。魏丑夫心中不忍,便常过去与她说话,她却也不搭话。

这一日,魏丑夫陪芈氏去花园里晒太阳,又趁机与她说话:"太后,你看花园里的花都开了,小人去摘些花来送予太后,可好?"

芈氏愣怔了半晌,"好好的花摘它作甚,你去叫王上过来吧。"

魏丑夫见她今日好不容易说话了,很是高兴,说道:"太后稍候,小人这便去请王上来!"言落间,急忙去请嬴稷过来。

嬴稷也知芈氏自摔倒之后一直闷闷不乐,好似被人夺了魂魄去一般,整个人都变了,不再笑,也不爱说话,故心里也是十分担心,怕她腿伤好了,再闷出什么病来。

嬴稷一直看不惯带有脂粉气的魏丑夫,但此时见了他,却多了几分期许,他知道魏丑夫来此,定是为太后之事,便问道:"太后近几日情况如何?"

魏丑夫激动地道:"今日太后到了花园,终于开口说话了,想让王上过去一趟。"

嬴稷道:"可说了何事?"

"却是不曾说。"魏丑夫道:"她只说了让你过去,小人也不敢多问,这便来请王上了。"

嬴稷起了身,叫魏丑夫在前引路,到了花园门口时,芈氏坐在花丛之中,微低着头,愣愣地盯着不远处的一朵花。看到这个情景之时,嬴稷心头一颤,停下了脚步。从这个角度看将过去,芈氏左侧的脸暴露在阳光之下,让她的脸显得很是苍白,然在那苍白的脸上却长了许多灰色的斑点,这些斑点落在微微起皱的皮肤之上,仿如鲜花干枯后落了尘,沾满了败落的凄凉。她的头发也是灰白的,黑的白的混杂在一起,仿如春尽夏去的草,被岁月剥掉了乌亮的光泽,呈现的是秋至冬来的荒凉。然令嬴稷心头悸动的并不在于此,而是芈氏苍老的暮气与周遭鲜花绿叶形成的鲜明对比,此时此刻,他陡然发现,原来母亲竟已是这般苍老,岁月在她身上留下的印记竟然是如此的明显。这样的对比,勾起了嬴稷内心的愧疚和不安,让他想到这许多年来,母亲无怨无悔地扶持着他,为他付出了一切,然他却没有为她做过什么事,甚至连贴心的话都少有提及,还与她争吵,怀疑她要争夺王权!

嬴稷怔怔地站着,心里传来阵阵刺痛,仿佛冷不丁让人在心口射了一箭般,很是难受。

嬴稷吸了口气，他知道这是岁月的无形之剑，割开了他的心，叫他看到了在功勋卓著的背后，是对亲情的冷漠和忽视。这一刻，嬴稷似乎也突然明白了，母亲为何会一直郁郁不乐，在这万花丛里，在这纷忧的世界中，她是孤独的，那些花的繁茂，世事的纷乱，仿佛都与她无关了，她只能看着听着，甚至是羡慕着，心痛着……这是一个步入年老之人无法排遣的寂寞和伤痛，而这一切嬴稷却是从未注意到。

嬴稷慢慢地走上前去，到了芈氏的身后时，轻轻地唤了一声："母亲！"

芈氏像是被人从梦里唤醒了一般，神情微怔了一怔，这才回头过来，伸出手拉了嬴稷的手，将他拉到近前。嬴稷蹲了下来，问道："母亲今日叫我来，有何吩咐？"

"稷儿，母亲老了，许多事心有余而力不足，今后即便是想帮你的忙，也帮不到什么了。"芈氏显得有些激动，握着嬴稷的手微微颤抖着，"令我欣慰的是，你如今长大了，成熟了，文治武功毫不输于你父王，我自是没什么可担心的了。"

嬴稷听她这语气颇有点交代后事的感觉，这让他突然想起去燕国为质之前，惠文王与他说话时的情形，不由得心头大震，"母亲万寿无疆，今后不可再说这等丧气的话了！"

"什么万寿无疆，这些都是骗人的话，岂能当真？"芈氏苦笑道："近些日来母亲时常想起往事，我这一生啊，也算是叱咤风云，陪着你看着秦国慢慢强大，该做的不该做的事都做了，心里也无甚可遗憾了，然只有一件事，却是如鲠在喉，鲠得我心里难受。"

嬴稷忙问道："什么事令母亲如此难受，只管说来，哪怕是千难万难孩儿也定当为母亲办到。"

"你有此心自然是好的。"芈氏微笑着摸了摸嬴稷的手，微微叹息道："只是此事要想做成，当真是千难万难。"

嬴稷两眉一扬，大声道："母亲这一生都在为孩儿操劳，如今孩儿有些能力了，自当尽孝。"

芈氏两眼微微一眯，望向远处，"人啊都想叶落归根，特别是上了年纪后，此种想法便也越发得强烈。我在秦国虽说生活了大半辈子，却是十分想念楚国郢都云梦泽，那是我成长的地方，那里有漫山遍野的茶树，它们有些会开花，粉的红的开遍了山头，连空气中都是花香。有些虽不会开花，但在开春的时候可摘了它们的叶子，制成茶叶，用山泉煮之，清香无比。"

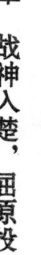

第九章　战神入楚，屈原投江

297

芈氏淡淡地说着，脸上荡漾着幸福的微笑，眼睛望着远方，似乎已然看到了云梦泽，那个她成长的地方。嬴稷握紧了芈氏的手，胸口起伏的频率越来越快，他想，身为秦国的王，若是连这些愿望都无法为母亲实现的话，何以为王！

却在这时，只听魏丑夫说道："原来太后这几日是在为此事忧心，这个简单得紧呐，叫王上带了您去楚国便是。"

"休得胡说！"嬴稷陡然喝道。

魏丑夫吃了一惊，他不知道这句话哪里说错了。在魏丑夫的心里，秦是当今天下无可争议的强国，带着宣太后去趟楚国有何难处，说不定楚王还会出城来迎接。但是这话嬴稷听在耳里，却认为是大不敬的，当年楚怀王客死秦国，楚顷襄王连做梦都想报仇，只是没有能力罢了。倘若送太后去楚国，无疑是拱手给了楚国一个报复的机会，这岂非是要置太后于死地？

芈氏笑着对嬴稷道："莫要怪他，他不懂那些天下大事，无心之过罢了。"

被芈氏这么一说，魏丑夫就更加奇怪了，翻来覆去把自己刚才说的那句话暗念了几遍，也没感觉出到底是哪里错了。

嬴稷看着芈氏的眼睛，望着她苍老的脸，郑重地道："孩儿一定让母亲去云梦泽！"

芈氏收了笑意，问道："如何去？"

"打过去。"嬴稷站起身，大声道："打到楚国的郢都去，让母亲平平安安地去云梦泽！"

魏丑夫一听，着实吓坏了，那郢都可是楚国的国都啊，为了太后一游，竟要把人家楚王赶出国都！

此事魏丑夫无法理解，但如此做法芈氏也无法接受，说道："稷儿啊，你是秦王，母亲以前时常告诫你，公私要分明，私情再大，也大不过国家，秦如今的主要目标是攻赵，万不可因了母亲的一己之愿，坏了大事。"

"母亲这一辈子都在做大事，难不成就不能做件小事为己吗？"嬴稷固执地道："在孩儿的眼里，即便是天大的事，也大不过母亲，此事孩儿做定了，这便让白起从赵国撤军，与赵国修盟停战。"

"你当真决定如此做了？"芈氏看着嬴稷道："不后悔？"

嬴稷问道："母亲这一生，把儿养大成人后悔吗？"

芈氏扑哧一笑，盈盈地笑意中，却见她眼里溢出泪花来，"好稷儿，不枉母亲养你一场！"

公元前279年，嬴稷令白起从赵国撤军回来，并修书赵何，约赵何在绳池相会，以订盟修好。

白起撤军回到咸阳，对嬴稷的做法颇是不满，便去了王宫理论，说道："赵军虽勇，臣却有信心与其死战，假以时日，可一举拿下赵国半壁江山，王上何以突然令我撤军？"

嬴稷说道："令你撤军，战略上确实不该，但情理上却是合情合理。"

白起很是奇怪，问道："愿闻其详。"

嬴稷说道："太后近些日子以来，闷闷不乐，一直想回楚国郢都云梦泽，她已年老，来日无多，我想尽孝，遂了她此愿。"

白起闻言，拱手道："百善孝为先，王上行孝之举，令白起敬佩，愿为先锋，为太后引路！"

"我要的便是你这句话！"嬴稷说道："攻入楚国国都，你有几成把握？"

"太后对我恩重如山，若是不能遂了她的心愿，还有什么脸面驰骋沙场。"白起的脸色漫起一股杀气。冷笑一声，"再难也要攻进去，此事没有商量的余地！"

嬴稷走到白起跟前，把手放在他的两肩，感激地道："大良造有此决心，我代母亲谢了！"

白起剑眉一扬，"王上此话却是折煞白起了！"

嬴稷笑道："我给你十万兵马，另派司马错做你的副将，以便侧应。你的大军在前，我与母亲在后，三日之后，我们军臣一同入楚！"

二、水淹鄢城沉尸十万，太后入楚屈原投江

公元前279年夏末，白起领了十万人马，浩浩荡荡地出蓝田，过武关，后面跟随着秦宣太后和秦昭襄王，雄赳赳气昂昂地出发了。

这一路，芈氏的心情颇有些激动，甚至是有些复杂。楚国毕竟是她的母国，是生她养她的地方，如今可以再到楚国，去看一看那里熟悉的风景，闻一闻那块土地难忘的味道。所谓近乡情更怯，这么多年来从没踏上过故土，心情激动是难免的。可再一想，此一去秦国要直击楚国国都，无疑是黑虎掏心，大有一举灭楚之势，念及母国要毁于自己手里，心里又有些不是滋味。

嬴稷骑着马随在芈氏的马车左右，见其一副心事重重的样子，便已猜到了几分，笑道："母亲，你抬起头来，看看这大好河山，它们都是秦国的，将来我们还要一统天下，让整个天下的河山都纳入秦国的版图。你想连天下都

是我们的，何来秦国楚国之分？"

芈氏抬起头望向左右的青山，以及不远处的汉水，此时正值夏末秋初，天气虽说已微有些秋意，但草木却依然茂盛，再者这一带的山林在汉水的滋养之下，郁郁葱葱，山峦叠翠，景色如画。芈氏微微吸了口气，空气之中似乎也带着水汽，清澈心肺，心中浊气尽去，不由笑道："稷儿所言极是，母亲是老了，难免想得多些。"

前面大军至汉水时，白起命人来报，说大军过汉水后，叫太后和王上姑且留在汉水岸边，好生将息，待他攻下楚都后，再回头来接驾。芈氏不解地问道："这却是为何，莫非大良造心中没把握攻克楚都，因而怕连累我等吗？"来禀报的士卒道不知，大良造并没说因由。

对白起如此安排，嬴稷也觉奇怪，遂差人去问。不多时，却见白起亲自骑马而来，下了马后，在太后和嬴稷面前行了个礼，然后说道："王上容禀，臣非是没有把握攻下郢都，臣是要誓死拿下郢都，故在大军过了汉水之后，想断了桥烧了船，绝了后路，置之死地而后生，只留下两条船于岸边，以供臣攻下郢都后，供太后和王上过河。"

芈氏一听，脸色一变，说道："欲绝敌路，先断己路，背水一战，有利有弊，可如此做法，仅是为满足我私心，却是有些不值。"

白起拱手道："恕臣直言，臣如此做法，并非纯粹是为了太后的思乡之情。楚国富饶，乃因其居于长江以南的大好河山，若是秦国的国土能延伸到长江以南，以及洞庭湖周围的富庶之地，秦之国力势必大增，届时天下诸国便没有哪国是秦国的敌手了。"

芈氏微哂道："大良造深谋远虑，却是比我想得还深远些。"

嬴稷知道白起的行事风格，他行军打仗基本可以用两个字概括，一个是绝，一个是狠，既然他已决定自断后路，置之死地而后生，便也没说什么，只道："此战你是主帅，我不干涉作战，免得扰乱了你的方略。"

白起谢过太后和嬴稷，又驰马到汉水边上，令大军渡水。半日后，十万大军过了汉水，后面的将士取出大刀，把架于汉水两岸的木桥砍断，只见桥墩一断，整座桥哗啦啦一声裂响，轰然坠入水里，被浪头一卷，很快便没了影子。随即又有士卒往船只上扔火把，那些渡船都被连成了一片，很快就烧了起来，浓烟阵阵，火势冲天，把水面都映红了。

秦军将士站在岸边，火光在他们的脸上映照着，将他们的脸映射为古铜色，庄严而肃穆。此时此刻，大家心里都清楚，后路断了，不可能撤回去，他们只能前进，最终摆在前面的只有两条路，要么胜利，要么战死。

此时，陡听得白起一声大喝："你等可有信心攻下鄢都？"

白起的话刚落，三军将士便响起一声山呼："攻克鄢都，壮我大秦！"

对岸的芈氏见此场景，也不由得激动起来，"大良造好气势啊！我军有此气势，何愁此战不胜。"

白起这种自绝后路、旷古未有之作战方法，非但是芈氏震惊，楚国的将士更加震惊，不胜则死这种充满野性的狼之行为，在心理上大大地威胁到了楚军。因此当司马错领着三万人马抵达邓城（今湖北襄樊以北一带）时，几乎所有的楚军都对这支虎狼之师充满了畏惧，当战鼓擂起，秦军山呼海啸般地往上冲杀时，楚军的心理防线实际上已然崩溃，丧失了战斗力，一经接触，全盘崩乱，只半天时间，司马错就占领了邓城。楚军残部退守鄢城。

按照白起的作战部署，渡过汉水后，率先拿下邓城，然后沿着汉水一路向南，经鄢城后，最终攻克鄢都。楚军首战便落荒而逃，这种恐慌的心理如同瘟疫一般，迅速地在楚军之中传染，白起所率大军，一路势如破竹，不出几天，连克十几座城池，兵锋直指鄢城。

鄢城的战略位置，如同是楚国的大门，此门一破，后边就是楚国国都，再无甚屏障，故鄢都向来便是楚国的军事重镇。此时此刻，楚国人也意识到，真正决定国运的时刻到了，鄢城一战，事关楚国兴亡，不能再退了。面对来势汹汹的秦军，鄢城的老百姓也纷纷行动起来，要为楚国的命运作最后一搏。

所谓众志成城，全民皆兵，便是鄢城此时最好的写照，在军民齐心协力、拼死抵挡之下，秦军连打三天，居然没打进去，鄢城依然岿然不动。

司马错是战场老将，他知道鄢城是通往楚国国都的最后一道城门，楚国上下都拼死守护，硬冲是冲不进去的，便向白起建议，须想其他攻城之策，如此硬攻必然吃亏。

白起也很是着急，要知秦军是长途奔袭在异国作战，在鄢城耗下去的话，时间一长，粮草是个问题不说，久攻不下还会影响士气，倘若楚国军民的爱国热情高过了秦军的士气，届时楚军反扑，后果就不堪设想了。

白起看了司马错一眼，突然嘴角一弯，不知是笑还是抽搐，"有没有想过我军被拖入打持久战的后果？"

司马错一头皓发如雪，脸色红润，眼睛炯炯有神，岁月虽在他身上留下了印记，却似乎叫他变得越发的威武了。听了白起之言，司马错抬手拂了拂

第九章　战神入楚，屈原投江

301

颔下灰白的胡须，冷笑道："岂能没想过。"

白起讶然道："既然想过，过汉水后，为何不阻止我切断后路？"

"怎么，你后悔了？"司马错眼里精光一闪，似笑非笑地看着白起问。

白起冷冷地道："白起做事，从不后悔。我是怕你会怨恨我，更怕影响将士们的士气。"

"要想不让他人怨恨，不影响将士们的士气，要想让他人陪你一起玩命，须尽快拿出攻克鄢城的策略来。"司马错沉声道："不然莫说是影响士气，我们都会死在楚国。"

白起没有做声，回身走出了营帐。外面暮色初降，西边残阳如血，风吹来，带来一抹初秋的寒意。白起迎着风望向前方的鄢城，他并不是鲁莽之徒，鄢城之坚固，楚人之死战，他都曾想到过，然也正因为如此，才自绝了后路，在舍命相拼的楚人面前，如果秦军不抱着不胜便死的决心，是无法在楚人的拼命顽抗下攻入郢都的，那里是人家国都所在，国命所在，不存必死之心岂能轻易攻得进去？

如今战事陷入了僵局，从正面冲击，显然是无法破城的，在这种绝境中，白起的思维反而活跃了起来。在他的军事生涯中，几乎打的都是艰难之战，伊阙一战，在兵力少于敌军数倍的情况下，照样全歼韩魏联军二十四万，所凭借的便是山川形胜。在白起的眼里看来，山川形胜是上苍所赐的最佳阵形，往往可出其不意，攻其不备。

这时候，白起把目光投向了西山。此山沿汉水一路绵延而去，北抵邓城，南临鄢城，巍然而立，气象万千。白起突然眼前一亮，此山是鄢城之屏障，将鄢城围在山体之下，任何屏障都是有利有弊，他决定去西山走一趟。当下叫上了司马错，二人两骑上了山。

此情形与被困伊阙的情况差不多，那时白起也是带了向寿上了趟山，立于山顶，指点江山，定了胜局。是时，司马错也是不明其用意，及至山下，两人下了马，司马错忍不住问道："你带我来此做甚？"

白起却是一脸的兴奋，冷峻的脸微现激动，"你且随我来。"两人快步上了山，到了半山腰时，白起停了脚步，望着西南方向，两眼发光。

司马错随着他的目光望过去，只见一条大河①自北向南而来，宛若一条白色的自天而降的银龙，蜿蜒绕过重重青山，奔腾着向着长江流去。司马错也是一代名将，见到白起的神情时，便明白了他的用意，同时也让司马错看到了胜利的希望，脸上不由得露出红光，在皓发白须的衬托下越发显得健朗。

白起看了会儿，只说一句"让将士们来挖渠！"便急步下了山。

自那一日起，秦军便停止了攻城，在鄢城的不远处安安心心扎下营来，每一日按时吃饭，按时休息，再无战斗的动静。有时候看着秦国军营里炊烟袅袅的情景，楚军都是面面相觑，均想如狼似虎的秦军怎么突然间没了动静？

殊不知，一场楚国历史最大的灾难正在朝他们逼近。

白起和司马错每日亲率一千余人，去鄢城西面的山上挖渠，这一千多人分作两批，日夜轮流着挖，依借着山势，挖了一条七十余公里的长渠。水渠修成后，白起又在上流筑了个堤坝蓄水②。

秦军这个巨大的工程终于落成了，楚国也将面临一场史无前例的噩梦。

那一日早上，空气中还飘着薄雾，袅袅婷婷地萦绕在青山和广阔的田原之间。远处不时传来鸡鸣犬吠之声，东方隐隐透着抹红霞，旭日即将喷薄而出，这本该是个美好的早晨，却在这时，一阵轰隆隆之声隐隐传来，若奔雷一般由远而近。

鄢城的将士起先以为是天际的雷声，可转念一想东方飘着红霞，何来雷声？循声往西边一望，不由得面色煞白。只见一道白练奔腾着朝鄢城袭来，只转眼之间，便到了眼前，若天上降下来的滚滚巨浪，随着一声巨响，灌入鄢城之内！

楚军大哗，丢盔卸甲，往城里跑去。可那水渠是白起没日没夜地挖了两三个月时间修筑的，他这人行事要么不做，做了必做绝，在修此渠时，他就算计着要把鄢城变作一座水城，那洪水来势何等之迅猛，饶是城内军民哭天抢地四处躲藏，却也没能躲得过洪水的侵袭，不消几个时辰，水面上便飘起了许多尸体。半日之后，鄢城内的所有楚军和百姓，尽数死于洪水之中，无

---

① 鄢城西面的那条河流在战国时期叫做夷水，是条十分古老的河流，其具体位置在长江以南，今天湖北省的恩施市，如今称作清江，是湖北境内仅次于汉水的第二大河流，全长四百多公里，发源于利川齐岳山龙洞沟，最后注入长江。

② 白起所修的这条渠至今还在，一直灌溉着清江两岸万亩良田，人称白起渠。

一生还，几十万具尸体漂在水面上，密密麻麻的不计其数，好好的一座城池浑然若罗刹地狱！

然而，这样的残景在白起的眼里，还不是最狠的，打下了鄢城之后，白起率军一鼓作气，又控制住了西陵（今湖北宜昌北边一带），目的在于扼守长江，截断楚国国都与巫郡（今四川巫山以北一带）之间的联系，随后沿江东下，攻占夷陵（今湖北宜昌），在此地他做了一件比水淹鄢城更绝的事。

夷陵是楚国王室的宗庙陵墓所在，从古至今，在所有人的心里，宗庙是一个神圣不可侵犯的地方，这倒并非是它对一个国家有多么的重要，而是一种信仰，以及对祖宗的尊敬，宗庙在，根便在，心里才会踏实。白起大军进入夷陵之后，却把楚国王室的宗庙陵墓一把火烧了。

这火在楚国人的眼里，并非是一把普通的火，随着那些宗庙在大火中化作灰烬，同时把楚人心里的信心、信仰统统烧掉了，在强大的肆无忌惮的秦军面前，他们再无奋起反抗的勇气，当白起率着大军，兵临楚都城下时，这座庄严的楚国国都几乎无人守卫，楚顷襄王也往东北方向溃逃，最后落脚于陈（今河南省淮阳），建都于此，苟延残喘。

公元前278年，芈氏被接入了郢都。

她曾是这里一个并不起眼的姑娘，如果不是机缘巧合，她有可能将老死在此地。可如今，楚国的国都却成了她的国土，百姓成了她的臣民！

芈氏凭着记忆，来到昔日楚国令尹昭阳的府邸，站在这座庄严高大的庄院之前，不由得感慨万千，白云苍狗，人生如戏，谁能想到昔日的那位口无遮拦的姑娘，会成为秦国的太后，又有谁能想得到，昔日强大的楚国之都，会变成秦国的土地！

芈氏激动地伸出手，颤颤巍巍地指着令尹府，对嬴稷道："这里便是当年昭阳的府上，那一年魏冉杀了他的内侄，母亲拼了命救他出来，却在这门口，遇上了张仪。"

嬴稷微微笑着，陪同着芈氏回忆往事。芈氏喟然道："那时的楚国还很强大，秦国尚不敢与之正面为敌，所以才有了张仪出使楚国之行，百般巧合之下，才成就了你我母子今日之结果。"

芈氏感慨一番后，又使人驱车去了郢都郊外的云梦泽。

当抵达云梦泽外围的时候，芈氏叫停了马车，令一干人等都不得进去，只让嬴稷一人陪她入内，仿佛那里面藏了她的一个梦，若人去得多了，会把梦给惊醒。

云梦泽没有变，依然是漫山遍野的茶树，像一道道绿色的梯子，随着山势一层一层地往上延伸。只是物是人非，昔日的那些人散的散，死的死，如今住在这里的人，芈氏竟是一个也不认识了。

芈氏走到茶山的下面，在一处茶树旁边，微微弯下腰，去吻那茶树，闭着眼睛，细细地吻着，当那股熟悉的清香吸入鼻端时，她不由得露出了快乐的微笑。然后让嬴稷扶她席地坐下，把拐杖放在身侧，伸手去抓了一把潮湿的泥土，放在鼻端闻着，那神情仿如手里捧着的是一枚心仪的点心，令其为之沉醉。闻着闻着，芈氏突然落下泪来，轻轻地啜泣起来。

嬴稷一怔，问道："母亲，怎么了？"

芈氏含着泪看向嬴稷，激动得有点语无伦次地道："稷儿，你可知道母亲有多少年没来到这里，有多少年没闻到过故乡的味道了吗？四十七年了，整整四十七年，人生有几个四十七年？今生还能来此一行，此生无憾矣！"

看着母亲激动的样子，嬴稷觉得，付出再多也是值得的，一场战役，换来一生无憾，值了。

可几家欢喜几家愁，且不说鄢郢一战，平白多了几十万亡灵，在遥远的沅湘之地，还有一个人听闻故国沦陷，痛不欲生，怀着锥心之痛，用血泪写下了《哀郢》，他的名字叫屈原。他含泪朝着郢都的方向，拜了数拜，而后在身体上绑了块石头，怀着一颗赤子之心，投下汨罗江，以这样一种极端而又壮烈的方式，终结了自己的一生。

三、范雎死里逃生，穰侯讨韩谋齐

在攻入郢都的第三天，芈氏打算在她的故乡面见百姓，欲以此来缓和秦国入侵后，在楚人心里的怨恨。那一日，她走上街头，没带随身的卫队，身边只随了几个贴身的守卫，也没坐马车，只是在侍女的搀扶下，拄着拐杖走上了街头。她想以平等的姿态，以楚人的身份，走入楚国百姓中间。

芈氏面含微笑，在街头一处临时搭建的台上坐了下来，把拐杖往椅子旁边放了放，向着围观的百姓们微微一颔首，费力地扯着嗓子大声道："各位父老，我是秦国的太后，却也是楚国的百姓。曾也与你等一样，生活在这土地上，对其之热爱和眷恋胜过了世上任何事物。今日秦国的军队虽是来了此地，但请大家放心，郢都依然是原来的郢都，秦人断然不会来破坏你们的生活……"

芈氏话音未了，突见一株烂菜扔了上来，旁边侍女发现，抵挡已然不及，啪地落在芈氏的脸上。守卫大怒，游目间，发现扔菜的是个老汉，挑着一担菜，敢情是来市集卖的。楚人与秦人不同，楚人相对好安逸，虽说都城被人占了，心里也愤怒，但多数人是敢怒不敢言。此时见那老汉居然敢砸秦国太后的脸，不由得都是心里一慌。

果然，守卫发现了他后，动身就冲将下来。却在这时，芈氏喝阻了守卫，"休得无理！"守卫一愣，回身看了芈氏一眼，悻悻而回。芈氏也不作怒，径朝那老汉道："老哥哥有何怨气，如此对我？"

"鄢城一战，几十万人都死于非命，那些尸体都在水上漂着，这些天都发臭了，你还在此大言不惭地说，断然不会破坏我们的生活！"那老汉把菜担子一甩，激动地道："你可有孩儿，可有亲人？可曾想过那几十万人一死，有多少家庭流离失所，又有多少亲人痛不欲生？值此大乱之时，我等百姓虽道是习惯了争杀，习惯了生离死别，也看惯了国土轮番易主，可鄢城那么多老百姓何辜，为何要将他们尽数杀害？此乃禽兽所为也！"

看着那老汉说着说着老泪纵横的样子，芈氏的心里一紧，似乎被一只无形的手抽了一下，一阵隐痛。她颤巍巍地站了起来，侍女见状，忙过去相扶，却被她一把推了开去。她不知道鄢郢两城是怎么打下来的，自然也不会有人对她说此细节，攻下郢城后，便被人直接送到了此地。听了那老汉所言，她的脸色变得苍白，也不用拐杖，一瘸一拐地走上两步，艰涩地道："城内几十万人老百姓，都……死了？"

"你还要演戏吗？"老汉大怒，"没你的命令，谁敢水淹鄢城？"

芈氏只觉天晕地转，突然眼前一黑，在失去神智的那一刻，她的眼前出现了如地狱般的一幅场景：滔天的浊水，四处漂着浮尸……

再次醒转时，芈氏已被送回了楚王宫，嬴稷、白起、司马错等人焦急地站在旁边，见其幽幽醒来，脸上都露出了喜色。

芈氏看了这三人一眼，气怒地转过头去，泪水忍不住落将下来。是的，她思念故乡，做梦都想着能再踏上这片故土，闻一闻长江边上湿润的空气。可她万万没想到，她这一游的代价是楚国几十万人的性命！即便是这一战不是为了她的夙愿，可两国之战，百姓何辜？她这一生经历了太多的生离死别，分分合合，她能深切体会到那种失去亲人锥心的痛。而且那些死去的都是她故乡的父老，是她日日夜夜想着念着的人，如果说完成她夙愿的代价是全城百姓的性命，那么此一行将毫无意义，毫无快乐可言，甚至会成为她这一生之中最为恐怖的噩梦!

嬴稷已然听说芈氏晕厥的缘故,知她上了年纪后,心事极重,便劝慰道:"母亲,当时鄢城军民合力拼死抵抗,大良造也是迫不得已,才出此下策。"

"你有什么权力出此下策?"芈氏愤然道:"两国交兵,国事也,与百姓何干?那些都是无辜的生命啊,你如何下得去手?"

白起扑通跪在地上,"臣死罪!"

"你便是死一万次也难抵此罪!"芈氏激动得咳嗽了起来,嬴稷忙走上去要帮其捶背,却被芈氏一把推了开去,"可还记得我此行是来做什么的吗?我踏上故土,想看看曾经熟悉的地方,更想与这里的人好好地说些话。可你们把一城的人都杀了,叫我怎生心安,怎生去面对家乡父老!"言毕,又是忍不住呜咽起来。

嬴稷暗下里朝白起和司马错挥了挥手,示意他们先行退下。芈氏伤心了会儿,朝嬴稷道:"你也下去吧,我独自待会儿。"

嬴稷见她神色怅然的样子,很是担心,怕她又会沉默寡言,闷出病来。芈氏叹道:"你也无须担心,其实我心里明白大良造是无奈之举,从两国交兵的角度来说,他并没有错。只是心里难受得紧,一时尚无法接受而已。"嬴稷便道了声"母亲宽心歇息",便走了出来,行至门口时,交代侍从,务必看好太后。

芈氏的情况要比嬴稷想得还要严重。自鄢郢一战之后,她非但沉默寡言,还无故地失声尖叫,有好几次晚上侍从被她的尖叫声惊醒,跑去看时,发现她缩在床尾,眼睛惊恐地圆睁着,脸色白得像纸,整个身子像筛糠似的颤抖着,那样子把侍从也看得后脊梁发凉。问她怎么了,可是做噩梦了?她只是哆嗦着不说话。

嬴稷听说了后,那一夜专门陪在芈氏的床边,安慰着她,叫她好生安睡。芈氏的眼神很复杂,有恐惧,有愧疚,也有彷徨,但又显得很迷离,仿佛在许多事情纠结之下,叫她不知所措了。

嬴稷握着她的手,像哄着孩子般地柔声道:"母亲不要怕,稷儿今晚会一直陪在你身边,一步也不会离开,你尽可放心安睡。"

芈氏听了这话,果然放心了,眼神之中的恐慌之色渐渐淡去,许是几晚不曾静下心来睡觉了,心一松懈下来,便闭上眼睡了过去。

嬴稷暗松了口气,起身走到书桌旁边坐将下来,拿过来卷竹简阅读,打算陪芈氏一晚。

到夜半时分，嬴稷看书看得有些困乏了，轻轻地把竹简放下，趴在桌上休息。正自迷迷糊糊之时，陡然一声"啊"的凄声尖叫，嬴稷惊得整个身子从椅子上跳了起来，望向床上的芈氏时，只见她满脸都是惊恐之色，整个人缩成一团，剧烈地颤抖着。

嬴稷忙走过去，跳上床把芈氏搂在怀里，"孩儿在此，母亲休怕！"

过了会儿，芈氏缓过些劲儿来，抬头看着嬴稷，突然眼圈一红，眼泪扑簌簌就掉了下来。嬴稷抱着芈氏，摸着她一头花白的头发，一时也是感慨万端，她只是个女人，然她这一生所经历的承受的事情却着实太多了，多得令她这娇弱之躯难以承受！嬴稷当下柔声道："母亲，你要记住，不管发生什么事，孩儿都会在你身边。你是大秦的太后，天下万物都该怕着你，敬着你，没有人敢来伤害你。"

芈氏一听这话，却是哭得更欢了。嬴稷一怔，心想母亲这几日来表现异常，怕是不仅仅因为水淹鄢城一事。当下叫了人进来，令宫里的侍卫过来。须臾，十几位带刀侍卫走入寝宫，在芈氏的床两边站作两排。

嬴稷这才说道："母亲，你看如今有这许多人站在身边，贴身护着你，无须再怕了。你且与孩儿说说，究竟梦见了什么？"

芈氏看了眼站作两排的守卫，惊恐之色果然淡了不少。回过头来看着嬴稷，嘶哑着道："这些日子来，我见了很多人，你父王说，我太歹毒了，害了惠文后，质问我，她好歹是一国之后，为何要向她下此毒手？我想予他解释，他却不容我多言，大骂我说，善有善报，恶有恶报，你杀了惠文后，杀了嬴壮，杀了秦国公室那么多人，早晚有一天不得好死！"

嬴稷惊道："母亲这是想多了，你所做之事，皆是为了秦国之安定，父王如何会怪责于你？"

芈氏却是恍若未闻嬴稷之言，径自道："然后我就看到了惠文后，她七窍都流着血，要向我索命，她说她本无争权夺利之心，完全是被当时的事态逼着走的，她不该死。她边说着，边向我走来，伸出手要来掐我的脖子……"

芈氏仿如又看到了惠文后向她来索命，神色又紧张起来。嬴稷忙道："母亲莫怕，有众武士在此，谁也近不了你身。"

芈氏闻言，看了眼站在床前的侍卫，又定下神来，"后来，我又看到了义渠王，他一身是血，朝我走过来的时候，嘴里尚滴着血，我大喊着叫他不要过来，他却狰狞一笑，问我他到底做错了什么，要害他性命？他说他这一生都想追随我，对我之忠诚天地可鉴，临了却逃不出我的毒手，他恨，他不甘心,要将我一同带去阴曹地府……还有甘土,他手里提着自己的头,他说他是因我而死的,问我当时为何不救他!"

芈氏的眼睛本来就大,说这些话的时候,圆睁着双目,边说话边滴溜溜地转动着,仿佛随时都会从的眼眶里掉出来一般,显得十分诡异。

"看来我想得没错,你果然想起往事了。"嬴稷痛惜地道:"那时候孩儿还小,偌大一个国家,母亲独自承担着,让母亲受苦了。"

突然,芈氏把目光移向窗外,神情又紧张了起来,"就是在刚才,我看见了成千上万的冤魂野鬼从外面朝我走来,他们浑身湿漉漉的,脸色惨白,一个个怨恨地看着我,说我一生杀人无数,可最不该杀的就是他们这些楚国百姓,他们是我一脉相连的家乡父老,是兄弟,是姐妹,是亲人,如何下得去手?他们群情激愤,都跑将上来要我的性命……"

说到此处,芈氏的身体又剧烈地颤抖起来,嬴稷忙把她抱得紧一些,说道:"母亲不怕,此事与你无关,若说真要承担后果,也该由孩儿来承担。"

芈氏身子震了一震,似乎是嬴稷这话把她从恐怖的幻想中,带到了现实,望着嬴稷道:"不可胡说!你是秦国的王,是主宰天下之人,天生便有生杀予夺之权,做什么你都无罪!"

嬴稷看着芈氏严厉的脸,心里一阵感动。不管何时何地,也不管在什么情况下,母亲都有护犊之心。他想,如果梦里也有我,那些亡魂要索的是我的命,母亲还会怕吗?

说完那些事之后,芈氏的情绪稳定了许多,神色亦逐渐恢复了,反过来握住嬴稷的手,语重心长地道:"稷儿啊,母亲真的是老了,胆气都没了,所以才会胡思乱想。但不管这世间有无神明鬼魂,做事都不可做绝了,须留一步,你可记住了?"嬴稷见她好不容易正常了些,自是顺着她连连点头应承。然后说道:"母亲,我们明日便启程回秦国吧?"

芈氏望了眼这楚王宫,叹息道:"事已至此,我还有什么脸面在这块土地上再待下去,就依你言,明日回秦吧。"

芈氏、嬴稷大队人马抵达咸阳的时候,魏冉带着朝中一班大臣早站在咸阳城外迎接了。见芈氏、嬴稷下车时,连忙迎将上。这时候魏冉看到,芈氏连下马车都十分困难,除了腿脚上的不便外,这一趟从楚国回来,似乎身体又虚弱了许多,整个人看上去病态恹恹,连脸上的皱纹也添了不少。魏冉心里暗自一怔,连忙走上去相扶,笑道:"太后一路辛苦了!"

第九章　战神入楚,屈原投江

芈氏抬起眼道："秦国近日来可好？"

魏冉道："一切如常，无事。"

芈氏点了点头，上了一顶软轿，由四人抬着进了城。

在宫里请了安出来后，魏冉把芈戎、向寿两人叫住，说道："两位弟弟可有时间去我府上一叙？"

芈戎看了他一眼，见他的神色应是有事相商，便道："哥哥相邀，必是要去的。"便与向寿两人，随着魏冉去了。

及至魏冉府，魏冉引他们入了书房，并慎重地关了书房的门，分宾主落座后，方才神色凝重地道："你俩可看出来姐姐有何不对？"

向寿回想了一下，说道："除了看她有些疲惫外，并无看出异样来。"

芈戎心眼多，瞄了魏冉一眼，说道："哥哥所指的可是姐姐的身体？"

魏冉点了点头，叹息道："我看姐姐的样子，怕是来日无多了。"

向寿恍然大悟，终于明白了魏冉叫他们来的目的，"姐姐要是一走，王上必然排除我等，两位哥哥可有计策？"

"今日叫你俩来，要说的便是此事，不管姐姐还能照顾我们多久，须早作打算。"魏冉沉声道："不然的话，怕是死无葬身之地。"

芈戎惊道："我等为秦立了汗马功劳，王上该不会把事情做绝吧？"

"王上有今日，是我等一手扶持的，自是不会赶尽杀绝。"魏冉脸着铁青，肃然道："但如今秦国的军政大权均掌握在我等手里，他心里早有不满，姐姐一走，早晚是要被夺权的。你我非是贪恋权位之人，交权自无不可，关键是由谁来主持此事，若是朝中老臣，我等多少对他们有恩，想来可平稳交接过渡，若是外来的新人，嘿嘿，你我危矣。"

向寿脸色微微一变，道："王上会起用新人吗？"

"极有可能。"魏冉说道："眼下朝中大臣，多是由你我扶持推荐的，姐姐一走，王上怕是不会用这些旧臣主政。你等可听说过上造（官名）王稽？我曾听说王上让此人出使列国之时，叫他留意各国之贤才，以为秦用。"

芈戎嘿嘿冷笑一笑，道："看来王上果然是要排挤我等了！哥哥说吧，我们该作如何打算，我与向寿都听你的便是。"

魏冉沉吟片响，说道："权力随时都可能会丢，会变动，但有一样东西，即便是王上，想要来动却也不易。"

"封地！"芈戎激动地道。

魏冉点了点头。芈戎眼睛一转，却还是觉得不妥，又道："他若是想赶尽杀绝，封地照样也可以收回去。"

"不错。"魏冉再次点头，眼里闪过一抹精光，"但如果将我们三人的封地联作一片呢？"

向寿闻言，吃了一惊，大大的嘴巴张了一张，似有话想说，却又没说出来。他们的封地分散在各处，魏冉的穰城、定陶原属楚国和齐国，芈戎的新城、华阳原属楚地，他自己的封地武始，原属韩国，如果将这些封地联成一片，相当于一个小国了！往轻了说是扩地，往重了说何异于造反！

魏冉看了他一眼，突然冷笑道："如何，怕了吗？"

向寿怔了怔道："哥哥说笑了，我怕过哪个？只是如此做，动静颇大，必引起王上警觉。"

魏冉道："他如今警觉了，也是敢怒不敢言，到他完全主政时，我等大事已成，然那时天下大势无定，列国依然对秦国虎视眈眈，他也不会起兵讨伐我等，引起国内大乱，给列国一个攻秦的大好时机。"

芈戎听了后，笑了一笑，"哥哥之计甚好，那就从韩国下手吧，拿了韩国几座城池，再北上攻齐，将哥哥的定陶与我等封地联起来。"

魏冉笑道："你与我想到一处去了，便是如此。但是要调兵，毕竟要经过王上同意，这几天你我想想起兵的由头，争取最晚在明年发兵。"

所谓人不为己，天诛地灭，魏冉未雨绸缪，为自己及兄弟打算，从他们的角度来讲，无可厚非，毕竟他没有谋逆之心，不过是为自己的后半生谋划而已。然而，此时的他决想不到，他口中的那个新人很快便要入秦了，此人确也如他所料，成为了整个芈氏集团最大的克星。

究竟是何方神圣，有如此大的本事，可扳倒太后的势力？

此人名唤范雎，魏国人，是后来战国史上最大的一场战役长平之战的实际策划者，善谋略，但心胸狭隘，睚眦必报，秦之战神白起便是因他而死。这样的一个人入秦，自然不会容忍与他争权者并存于世，因此，魏冉及整个芈氏集团的灾难即将到来！

却说那范雎父母以务农为生，家中有四个兄弟姐妹，加上范雎共有七口人，原本父母亲一年的收入便不多，上下七口人要吃穿，更是捉襟见肘，因此范家的孩子都没有去读书，早早地便下地务农了。

范雎是所有孩子里面最不听话的一个，莫看他平时不太说话，但脾气却是倔得紧，每当要下地干活时，他却跑出去躲起来，父亲以为他偷懒，很

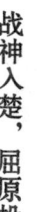

是生气。有一日特意高喊一声干活去了，边准备着农具，边暗中留意范雎。果然，没过多久，范雎见众人不注意，又溜了出去。父亲存心要看看他每日溜出去到底在做什么，见他出了门，便偷偷地跟了出去。

不多时，来到一所学堂外面，范雎爬上学堂的屋顶，揭开一片瓦，露出个巴掌大小的洞来，他整个人便趴在屋顶之上，望着洞口听课。

范父见状，大为惊异，你偷听先生讲课便也罢了，何至于爬上屋顶去听？后来才打听到，原来是先生恼他在外偷听，影响其他学子学习，驱逐了多次，这才把范雎逼上了墙。当时范父见他此等行为，十分恼怒，地里的活不去干，却到这种地方来干上墙揭瓦之事，再者一个普通的农户人家，即便是识了几个字，又能如何，将来还不是要下地做农户？范父越想越气，一声大喝，把范雎赶了下来，边骂他不务正业，边抓起根树枝就朝范雎身上劈头盖脸的一顿暴打。

是时，学堂里的人都闻风出来，七嘴八舌的一边议论着，一边围观。后来那教书先生得知情况后，怜惜范雎好学之心，同意其可在一边旁听。从此之后，范雎才算是登堂入室地去读书习字。

成人之后，读遍了圣贤之书，便想在这乱世之中求得功名，以光宗耀祖。那时候的名士往往靠游说君王以成就大业，范雎也学名士周游列国，希望能得君王赏识，一展平生所学。怎奈实在太穷，一无游走列国之资，二无托人引见之财，只得流落在魏国，靠给人写些书信之类的聊以为生。后来还是在一友人的帮助下，在魏国大夫须贾的府上做了个门客，日子才算稍微好过一些。

进入须府之后，范雎的日子是好过了些，然苦难也随之而来。却说公元前284春，秦、韩、魏、燕、赵五国伐齐，大败齐国，齐闵王田地被杀后，田单复国，立田法章为王，史称齐襄王。

齐襄王继位后，在田单的扶持下，又陆陆续续夺回了五国伐齐时的城池，国势日盛，当时魏昭王魏遫垂垂老矣，担心田法章报复，便命须贾为使，出使与齐国修好。那须贾情知范雎有些才学，好谋善辩，便带了他一起去了齐国。

及至到了齐国，谁知那田法章并不领情，斥责魏国向来朝秦暮楚，不可信任，齐国不屑与之结交。须贾被说得脸色青一阵红一阵，无言以对。却在这时，范雎站了出来，他先朝田法章行了一礼，然后高声道："古来之贤君，大多胸怀天下，能容人所不能容之事，王上临危继位，在短短几年间，使得齐国再次振兴，光武盖世，正乃贤君也，何以计较起了齐闵王时的恩怨是非？"

田法章闻言，反倒被说得一愣。他本对魏国极不顺眼，被这小子一番治举，却是不好再说坏话了，不由冷笑道："你是何人，有何资格与我说话？"

范雎不卑不亢地道："在下范雎，小人也，岂能入王上之法眼乎？然正因了在下人微身贱，反倒是敢冒死向王上说几句肺腑之言，昔日之齐，也是当世无可匹之国，却是因何败也？实乃齐闵王穷兵黩武，刚愎自用，听不得忠言，以至于被那苏秦钻了空子，最终落得个国亡人毁之局面，若王上还是计较齐闵王之仇怨，只知责人不知自责，嘿嘿，齐国怕是要重蹈覆辙了！"

这一番话说得极重，莫说是一国之君，即便是普通百姓听了这样的批评，也会受不了。岂料田法章刚经历了亡国之恨，范雎之言字字句句都说到他心里去了，非但不怒，且还对其刮目相看，虽然这种事情不能在朝堂之上公然承认，说先王真的是刚愎自用，但心里却是记住了此人。

下了朝后，田法章便派了人去驿馆，游说范雎，希望他能留在齐国，并以客卿之位相许。

这对一个贫苦出身的人而言，是相当有诱惑的，然范雎虽说心眼小，但志向却大，人也比较讲义气，他认为人无信则不立，既然如今在为魏国奔波，便不能改投他国，因此拒绝了齐王之请。

越是得不到，越觉得珍贵，田法章认为此人非但有胆识谋略，而且忠心不二，更觉是个难得之才，于是又使人送去了金银财物，以示他惜才之心，没想到又让范雎退了回去。

范雎此举，大义凛然，按理说魏国应该赏识，怎奈须贾是个小人中的小人，此番入齐，他是正使，范雎不过是个随从，而如今正使受到了轻视，随从倒脱颖而出，受到了赏识，这让须贾心里十分气愤，回到魏国后，须贾对魏昭王说了在齐国如何受到冷遇和排挤，范雎如何讨好巴结齐王，若非他硬是将其拉了回来，范雎怕是要在齐国为臣了。魏昭王闻言，勃然大怒，把范雎抓了来，一顿好打，直把他打得死去活来。

范雎意识到，魏王和须贾存了心要把他置于死地，如此毒打下去，断无活路，便佯装倒在血泊之中，被打身亡。有人见状，便去禀报魏王，说范雎已然死了。须贾便叫人抬了出去，弃之于野。

范雎被人扔在荒郊野外，只觉全身骨骼如断了一般，剧痛难当，只得在原地休息了半日，待傍晚时分，才一瘸一拐地回了家，让家中妻儿给他置办

第九章 战神入楚，屈原投江

313

丧事，好让须贾果然以为他死了。另寻好友郑安平，希望在他的帮助下，在魏国藏匿一段时间，以躲过这场灾祸。

那郑安平与范雎有同窗之谊，为人十分仗义，让范雎化名张禄，乔装改扮暂且留在自己家里，并对他道："无论如何，你都不宜留在魏国，我定想办法将你送去他国谋生。"

然而机会并非时时都有，郑安平也曾建议范雎去齐国，可转念一想，当初既然严拒了人家，岂可再觍着脸去？

如此一等便是数年，这几年间范雎连大街都不敢去逛，每日在郑安平家低着头做人。郑安平果然也十分义气，这些年来范雎一直在他家里吃喝，并无半句怨言，直到有一日秦使王稽出使魏国，郑安平认为机会来了，便想方设法去接近王稽，借机引荐范雎。

此时的嬴稷为了尽快建立起自己的势力，以便从魏冉等人的手里夺过军政之权，确曾交代王稽，在出使各国时，多留意一下各国之贤才。双方一拍即合，便把范雎带了来见。一番交谈之下，令王稽大为赏识，果然把范雎带回了秦国。

而此时的秦国，魏冉正打着为秦国拓地之名，不断发兵攻打各国，从昭襄王三十年至三十六年间，南征北战，从表面上看，为秦国打下了许多土地，功绩赫赫，实际上暗中把向寿、芈戎与自己的封地串连成了一片。是时，随着范雎的入秦，把嬴稷与芈氏集团的权力之争，从暗处推到了明面上，开始了一场激烈的明争暗斗。

第十章 范雎入秦，芈氏放权

一、范雎入秦，昭王五跪得良相

在魏冉轰轰烈烈地进行并地行动时，芈氏的身体却没有如众人所料的那样日渐衰弱，反倒是在魏丑夫的精心伺候下，越来越健硕，虽说她此时已然是白发苍苍，走路需拄着拐杖，但脸色却是十分红润，仿若枯木逢春，显然她已从心理的阴暗面中走了出来。这也让嬴稷暗松了口气，因为只有芈氏健在，他才不会与魏冉等人急着走到对立面上来。

然而，芈氏却在魏冉的行为上嗅出了一些不安，她感觉到魏冉近年来的征战特别频繁。自执政以来，芈氏对政治上的事总是特别敏感，她能清楚地计算出，这六年以来魏冉出征次数几乎是他前半生的总和。

这是十分不平常的，芈氏觉得魏冉如此做定然有目的，于是她把魏冉出征的路线图画了出来，然后惊奇地发现，大部分的征战范围都锁定在魏冉、芈戎和向寿的周边。芈氏倒吸了口凉气,他这是要做什么,谋国吗?一股怒火不由得从心头蹿起,急忙差人去叫魏冉过来。须臾,派去的人回禀,说是相国并不在府上,已然出征了。芈氏大惊,问道:"去了何处?"那人禀道:"讨伐齐国的刚、寿两城。"

芈氏闻言,连忙走到地图前面,这不看还不打紧,一看之下,周身不禁一震。刚、寿两城在定陶旁边,他此举意图很明显,扩大他自己的封地!

芈氏咬牙切齿地用拐杖敲打着地面,"孽畜,孽畜!"

魏丑夫不知道她在骂何人,急忙走了过来,问道:"何人惹太后生气了?"

芈氏看了他一眼,摇摇手示意他退下。这种事她不能对任何人提起,包括王上,一旦此事摆上了桌面上去讨论,或者被人传了开去,魏冉将死无葬身之地。她虽恨魏冉如此胆大妄为,但毕竟是同母异父弟弟,从小就跟了她,从楚国到秦国,辛辛苦苦一辈子,好不容易有了今日的地位,她不想弟弟最后落得个身首异处的下场。

此事该如何善了呢?芈氏两眉一皱,须在其他人尚未警觉之前,把他拉回来。

心念一定,便用羊皮写了份手诏,着人给魏冉送去,见诏后,令其务必撤军回秦。

不得不说,芈氏的判断是正确的,魏冉再如此下去,必死无疑,不仅是他要死,连芈戎、向寿都要遭殃。然而还是晚了一步,就在她警觉到不妙,派人召魏冉回秦时,他们的克星范雎入秦了。

公元前271年,范雎在王稽的带领下进入了秦国。当时的形势对嬴稷而言,他的的确确感到身边的大臣不安全,魏冉、向寿、芈戎掌控着大权,而且朝中像白起这样的大将都是魏冉提拔起来的,其党羽可谓是盘根错节,要想将他们的权夺回来,绝非易事,但不夺的话却又觉处处受制,感觉朝中之事都要被他们牵着鼻子走。然而说一千道一万,不管这帮人如何的功高盖主,如何的目中无人,他们是没有谋反之心的,而且是劳苦功高的,因此,嬴稷虽想招揽自己的左膀右臂,但也并没有到饥不择食的地步,当时所谓的士子个个都想游说君王而成就功名,泥沙俱下,如商鞅、张仪那样的高士毕竟是少数,可遇而不可求,对于范雎的到来,嬴稷也没抱多大的希望,故一时并未召见此人。

范雎等了月余时间,没见秦王有何动静,心下暗自着急,便写了封信,托人带去予嬴稷,希望以此引起嬴稷的重视。此信的大意是说,王上贤明,使西秦东出，进中原而鸟瞰天下。然君王之贤，不只是看其能拥有多大的帝国，还要看其如何用人。高明的医官，观神色而知其生死，圣贤的君主察微末而晓成败，不管是医官还是君主，都要顾大局而舍其他，若是见那些以公谋私之辈，打着为国出力的旗号中饱私囊，君主视而不见，岂是贤明之君所为也。所谓千里之堤溃于蚁穴，王上若是觉得我这些浅显的道理不值一听，那么我只得认了，以区区在下之小才不足以辅佐王上，若王上觉得我说得有些道理，那么便请在空闲之余，见上一面。

显然，范雎是有的放矢，这一番话直戳嬴稷之软肋，此时此刻，嬴稷心里所烦恼的便是魏冉等人肆无忌惮地以公谋私，范雎之言真正说到他心里去了，他便马上差王稽去请范雎入宫。

王稽把他引入了宫，及至嬴稷办公所在，王稽正要说里面便是内宫了，容我前去通报。不想范雎却好似不懂宫里的规矩一般，直接就往里闯，王稽想拦时却已然迟了，他那两只脚早已踏了进去。

果然，只听里面的一位内侍喝道："何人硬闯进来，不知王上在此吗？"

"哦？"范雎讶然道："秦国有王上吗？"

王稽一听，吓得浑身直打哆嗦。那内侍大怒，"哪儿来的狂徒，休得胡说！秦国若无王上，谁人主政？"

范雎冷笑，"我在外时，只听说秦有宣太后和穰侯，却是未听说过秦王，没想到秦国还有王上，如此也好，去让我见见秦王到底是何许人也！"说话间便又要往里闯，内侍怒不可遏，大喝着让侍卫进来。却在此时，嬴稷走了出来，他看了眼范雎，却不作怒，反而是拱手行了一礼，恭恭敬敬地道："嬴稷失礼，冷落了先生，先生勿怪！"

嬴稷之举，大出了所有人意料之外，王稽错愕得连眼珠子都快要掉出来了，他无法相信范雎如此相辱，王上居然还以礼相待。这一日之后，宫中所有人见了范雎，无不肃然起敬，不敢怠慢。

却说嬴稷将范雎请入了内室，屏退了左右，连那些侍人都让他们退了下去，然后又拱手道："我之处境，先生洞悉于心，望先生教我！"

范雎道："在下乃魏国一个落魄士子，岂敢在王上面前卖弄？"

嬴稷突然"扑通"一声跪在范雎面前，郑重地道："先生虽道是甫入秦国，却能将寡人所处之环境看得一清二楚，实乃自商君、张仪之后难得之大才，望先生不吝赐教！"

范雎大惊，忙去把嬴稷扶将起来，但依然是一副欲言又止的样子。

嬴稷叹道:"先生还是不肯教我吗?"

借一位贤君而施展毕生所学,是每个士子毕生的梦想,面对此情此景,倒并非范雎不肯言说,他也是有苦衷的。这一来是秦国眼下的局面十分敏感,太后当政,外戚掌权,说到底他们与王上之间有千丝万缕的联系,他不过是一个外人,而且是一个外来的闲人,但要王上的心有一丝的不诚,他所说的话有一句冒犯之处,都有断头之虞;其次,他支支吾吾不肯言语,也是想试一试嬴稷,吊一下他的胃口,易得的都不太会珍惜,苦求而获的往往会倍觉幸运,人心如此,千古使然。

嬴稷也是铁了心要求得一谋士,见其还不肯开口,又跪将下去。范雎又去相扶,道:"王上何苦如此!"嬴稷却是挣扎着又跪于地,诚恳地道:"先生如此,莫非有所顾忌?"

范雎见其三跪于地,心下也是大受感动,想他不惜以一国之尊跪地苦求,君心如此,夫复何求?但他将要说出去的话,事关身家性命,何以敢轻易涉险?便也坦诚地道:"非是在下有意刁难,想昔日吕尚(姜太公)遇文王时,其不过是个渔夫罢了,然其与文王一番交谈,便使得文王引为知己,这才有了后来周室之天下。如今在下也不过是一个落魄士子,寄居于异国他乡,与王上也并无深交,倘若我所说的这番匡扶社稷之策,与王上的私情有所冲突,一边是国事,一边是亲情,王上何去何从,我自是无从知晓。然我三缄其口也并非纯粹是怕死,我是怕我死了之后,所提之策无从实施,寒了天下士子之心,从此后王上孤立无援,秦国便真是危险了。"

这番话说得大义凛然,义正词严,好似他真的只为秦国着想,不念一己之生死一般。然谋士所凭的便是一张嘴,同样一个道理,在不同的人嘴里说将出来,可有云泥之判,范雎如此一说,嬴稷就彻底明白了,他果然是有所顾忌,又是跪在地上一拜,肃然道:"先生所虑,人之常情,我深理会得,在此诚请先生打消顾虑,从今往后,上至太后,下至臣工,但凡他们存在问题,先生只管说来,无须顾忌。"

范雎见火候差不多了,他也心知秦王是诚心求教,以成就霸业,然他此时毕竟是初入秦廷,且宫里耳目众多,不敢放胆与之大谈内政,欲先从外事入手,再看看嬴稷的态度。当下说道:"秦北有甘泉高山,南有泾渭之水,右有蜀道天险,左有函谷雄关,四险之地,天下稀有,而王上手中又有百万大军,千乘战车,有此雄厚之力量,足以吞并天下,即便是我说可以轻而易举地一统江山,也丝毫不为过。然王上手握重兵,身居天险,却是霸业未成,何也？"

范雎最后这一问，问得恰到好处，简直是问到嬴稷的心坎上去了，不由又是一拜，"先生教我！"

范雎扶了嬴稷起来，君臣二人在一张几案对面落座后，范雎终于献出了一策，这便是历史上著名的"远交近攻"策略。

只听范雎说道："我听说穰侯要攻齐国之刚、寿两城，可有其事？"

嬴稷点头道："不错，相国已然出兵去了。"

范雎喟然道："大谬也！此举轻则远途奔袭不足以伤齐，徒劳无功，重则害了秦国，出师不利。王上可知昔日之齐闵王何以亡国？"

芈氏听闻有一个叫范雎之人入秦，今日王上召见了他，不由得一阵心慌。所谓事不关己，关己则乱，本来范雎入秦也无甚大不了，一个外来之人，能掀起多大的风浪？再者王上与范雎商量的未必就是魏冉之事。然魏冉毕竟是他的弟弟，今其身涉险境，几乎每一次风吹草动皆能触动芈氏的神经。她只觉越想越是不放心，于是把魏丑夫叫了来，让他去打听一下，王上与那范雎到底说了些什么。

魏丑夫去没多久便回来了。芈氏讶然道："何为如此快便回来了，可打听清楚了？"

魏丑夫却是摇头道："王上把所有人都屏退了，不得任何人入内。"

"看来我所担心之事，终将是要发生了！"芈氏两眼一眯，额头上的皱纹紧了起来。

"何事让太后如此担心？"魏丑夫不解地问道。

"轻则罢官，重则丧命。"芈氏看了魏丑夫一眼，叹道："一场暴风雨马上就要来了。"

魏丑夫笑道："太后一国之尊，怕过何人，这一次定也可化险为夷。"

芈氏无心听这些虚言，说道："你且去王上的宫外候着，只待那范雎出来，便将他带来我处，切记此事需办得隐秘些，不可叫王上察觉了。"

魏丑夫虽不知道将要发生何事，但从芈氏的神色中隐约感到此事非同寻常，当下不敢怠慢，应了一声，就急急忙忙地往外走。

嬴稷一怔，他虽也知道魏冉伐齐有所不妥，但从没将这事与亡国挂起钩来，便道："齐闵王刚愎自用，穷兵黩武，致使齐国国力大损，这才亡国。"

范雎左侧脸皮微微一扯，牵动了脸上一条蜈蚣般的伤痕，看上去十分怪异。他似笑非笑地看了眼嬴稷，说道："大乱之世，哪一国不参与纷争呢？穷兵黩武非亡齐之根本原因，而是其多次长途奔袭，打了许多不利于己的仗。垂沙一战，齐遣大将匡章入楚，大败楚军，得利的却是韩魏两国；五国围秦的函谷关之战，又是匡章大破函谷关，后秦国割让土地息战，得利的又是其他诸国，而齐国未得寸土不说，还损伤了国力。魏冉越韩魏两国而奔袭齐国，不管其出于什么心思，皆与秦国无益。"

范雎不说伐齐是决策失误，而是说不管魏冉出于什么心思云云，虽未道破魏冉是起于私心，扩大其封地，但嬴稷却依然听出了他的话外之音，问道："按先生之见，我当如何？"

范雎清瘦的脸现出一抹红光，"远交近攻。得寸，则王之寸；得尺，亦王之尺也。"

这四字策略是范雎针对秦国实际情况，苦思冥想出来的计策，故而在说的时候颇有些激动，一旦嬴稷接受他的主张，那么他的人生将从此改变。

嬴稷低眉沉吟片晌，问道："如何远交近攻，先生仔细教我。"

范雎说道："重创韩魏两国，夺之中原心腹之地，壮大秦国；再威胁楚赵两国，在列国的中间敏感地带周旋，遏制各国的发展，待韩、魏、赵、楚亲附于秦国时，携五国之势，威逼齐国。届时齐国必然恐惧，主动与秦修盟。此时，王上可先灭韩魏，再灭楚赵，最后灭齐，一统天下。"

此一计奠定了秦国统一天下之势，也使得范雎青史留名。嬴稷闻言大喜，纳头拜谢。

这一番交谈下来，便是半日有余，范雎在宫里用了午膳之后，由嬴稷亲自送其出宫。一直候在嬴稷行宫外的魏丑夫只得悄悄跟着，直至宫门之外，双方拜别之后，待嬴稷回了宫，魏丑夫才敢追出去。可此时范雎已经上了马车，那马车虽说行驶得并不快，却也让魏丑夫一顿好追，这才把车驾拦了下来，气喘吁吁地道："车上之人快些下车。"

范雎探头出来，见魏丑夫一身锦衣华服，便知是宫中之人，心下已然料知几分，皱了皱眉头，问道："你是何人？"

魏丑夫道："太后有请。"

范雎眼中精光一闪，冷笑道："我虽料到太后会来找我，倒是不曾想到如此之快，带路吧！"

到了后宫，范雎恭恭敬敬地行了礼，然后低头肃立。

芈氏上上下下地打量了他一番，只见此人身形消瘦，骨立形销，很是瘦弱，颌下留了一撮又浓又黑的胡须，使之显得越发虚弱。唯独那一双眼睛，转动之间，精光迸射，炯炯有神。芈氏微微一笑，说道："想来也是穷苦人家的孩子。"

范雎回禀道："太后慧眼如炬，所言丝毫不差。小人早年间三餐不继，流落街头，后在友人帮助下，在须贾府上当差，谁知遭其陷害，差点丢了性命。"

芈氏问道："何以来到秦国？"

范雎道："在魏国走投无路，故而入秦谋生。"

芈氏见他倒是十分谦虚，心下生出几分好感，"想来你也是有些本事，竟是让王上亲自接待了你。"

范雎诚惶诚恐地道："此乃王上平易近人，也是小人之幸也。"

"我还听说王上接见你时，屏退了左右，不让任何人打搅，可有此事？"芈氏眼里精光一闪，目不转睛地看着他。

范雎认真地道："回太后，确有此事。"

"哦？"芈氏好奇地问道："你俩商量何事，竟要如此隐秘？"

由于魏冉等人在外巧取豪夺，范雎早已料到芈氏会有这种风声鹤唳般敏感的反应，他也是想存心试探一下这位传说中的太后到底有多厉害，故意不咸不淡地道："国事而已。"

"你且坐下来。"芈氏调整了下坐姿，说道："秦之国事，我一直在打理，我倒是想听听你对眼下时局的看法，看看你究竟有何高明之处。"

范雎见她居然不急，而且摆开了架势要与自己讨论国事，暗地里不由对这位太后生出了三分钦佩。当下依言坐下，将上午与嬴稷所说的远交近攻方略又说了一遍。只见芈氏边听边点头，到后来眼中大放异彩，笑道："先生之才，不输张仪，王上若得先生辅佐，秦国无忧也。"

范雎拱手道："后辈末学，得太后夸奖，深为荣幸。"

却不想话音刚落，芈氏把笑容一敛，问道："你与王上所谈之事，便是这些吗？"

范雎暗自冷笑，心想果然还是把话题又绕了回来。但他上午的的确确也只谈了这些事，并无隐瞒，当下亢声道："小人不敢有所隐瞒，只是与王上谈了这些事，别无其他。"

芈氏也不知他说的究竟是真是假，事实上心里还是没底，说道："如此便

好。想你也是聪明人，况且又是初入秦国，没什么根基，该是知道什么话能说，什么话不能说。你姑且退下吧，望日后多帮着些王上，兴我秦国。"

这番话乍听上去说得轻描淡写，但范雎听得出来，芈氏这是在警告他，若是说了什么不该说的话，保不准会丢了性命。范雎暗吸了口凉气，终于领教了太后的厉害之处，在平淡的谈话之中，语含机锋，暗藏杀机，怕也只有这位太后做得到了。当下不敢逗留，起身告辞出来。

待范雎走后，芈氏脸色一沉，说道："此人果然是人中龙凤，稷儿倒是没看走眼。"

站在一边的魏丑夫见她边夸着人，边是一副阴沉沉的脸色，好生奇怪，便问道："既然此人是人中龙凤，太后因何还不高兴？"

芈氏没有接话，又问道："你使人去看一下，魏冉回了没有，若是回了，让他带着向寿、芈戎速来见我。"

魏冉接到芈氏手诏后，只得撤兵回来，但心里却是对芈氏充满了不满。这些年来，魏冉一直在秦国朝中打滚，已是被锤炼得相当精明，然其骨子里却依然少不了粗鲁之气，丝毫不曾嗅到潜在的危险，认为芈氏让他撤军回来，有些小题大做，即便是有私心，即便是为了扩大自己的封地，可说到底那还是秦国的土地，谁敢说三道四？

次日，魏冉领了芈戎、向寿两人，去宫里见芈氏，三人站成一排，向芈氏行了礼。

芈氏做于上首，木无表情地看了三人一会儿，突地把手里的拐杖往地上一敲，笃的一声响，直敲得三人心里暗自一颤。抬头去看时，只见芈氏声色俱厉地道："你们想死吗？"

三人直觉脊梁骨一阵发寒，因不知其具体所指何事，也不敢回话，只愣愣地站着。芈氏站了起来，微弓着背走到三人面前，突然甩手一个巴掌打在魏冉脸上，啪的在静谧的房里响起一声脆响。

魏冉心里本来就有气，莫名其妙地被扇了个耳光，怒从心起，大声道："你究竟要做什么？"

"嘿嘿！"芈氏冷笑一声，"我倒是想问你呢，你究竟是要作什么？我与你说，一个人若是贪得无厌，必死无疑！"

魏冉脾气一上来，也不顾上得罪不得罪，厉色道："姐姐，你如今眼里除了秦国，可还有我等这几位弟弟？"

芈氏闻言，为之气结，翻了两个白眼，伸出根手指，颤抖着指着魏冉的鼻子，"你个没良心的东西，我若心中没有你们，在这里生什么鸟气？"

"我说句不该说的话，姐姐可别怪我。"魏冉沉下气道："我等三人，不过是依仗着姐姐才有了今日之地位，若是哪天姐姐走了，莫说这朝中容不下我等三人，便是嬴市、嬴悝也难有容身之所。我今日所做之事，断非纯粹以公谋利，为自己打算，我是要为我们三人拓一片地，以便将来过安生的日子。"

芈氏看着眼前的三个弟弟，想到自己确实到了垂暮之年，来日无多，自己哪天要是真的走了，局面将会变得如何，谁也无法预计，他们为各自的将来打算，也是无可厚非。想到此处，不由叹息了一声，"你有此远虑，并无过错。但你可曾想过，王上可会答应？"

"莫非他还想把权和地一起夺吗？"芈戎脸色一沉，寒声道。

芈氏皱了皱眉，从芈戎的语气中嗅出了杀机，便瞟了他一眼，道："你们是我的弟弟，王上是我的儿子，都是我至亲之人，在情感上我不会厚此薄彼。可你们也要记得，这江山是王上的江山，是秦国的江山，并非是你们立了多少功，便能分得多少地，若人人都作如是想，秦国早就乱翻了天。"

向寿问道："姐姐可有两全之策？"

芈氏道："你等切莫急躁，先行各自回去，当是什么事也没发生，容我想想如何妥善地安置此事。切记在我没想出办法之前，你等谁也不得轻举妄动。"

魏冉等三人应是，陆续退了下去。然魏冉的一番话，却勾起了芈氏的伤感之情。

俗话说，人生一世，草木一秋，世间之万物都难以逃脱生死荣枯之规律，此道理人人都懂得，然当被人当面说及，且人人都在为你死后之事做准备时，心里却是不免凄凉。芈氏看了眼站在一旁的魏丑夫，凄然一笑，心想人都是自私的，都会为了自己作打算，且不择手段，那千百年来被赞誉的亲情，也不过如此而已。倒是这个魏丑夫，不管是自己年轻也好，如今老态龙钟了也罢，一直忠心不二地陪在自己身边，不离不弃，着实难得。

魏丑夫见她看着自己，面露着股无奈的凄凉之色，便明白了她心里在想什么。这些年来，他一直与她形影不离，多少解了她的一些脾性，中年的时候她行事干练，雷厉风行，老了之后，却是多愁善感，时时伤春悲秋，有时一件小事都能勾起她的心事。方才魏冉说她哪天要是死了之类的话，必是伤了她的心。当下走将上云，朝着她笑了一笑，说道："太后怕是又在多想了

吧？你自己的身体只有自己知道，他人说什么，无关紧要。"

芈氏看着魏丑夫也留了浓浓的胡须，额头上也多了些皱纹，无奈地叹了一声，道："你看，连你都见老了。"

魏丑夫笑道："岁月流逝，岂能不老乎。"

"人啊，是越老越怕死。"芈氏正色道："偏偏那些没良心的东西，我还没死呢，他们便各自为己谋划，真叫我心寒呐！"

正说话间，见嬴稷走了进来，芈氏瞟了他一眼，嘴里哼了一声。嬴稷错愕地看了眼魏丑夫，似在询问母亲为何见了他便不高兴？魏丑夫却是抛了个无可奈何的表情。

嬴稷施了礼，道："孩儿来看望母亲了，母亲近日可好？"

芈氏在椅子上落座，故意把拐杖往地上一敲，冷笑道："你果然是为问安而来？"

嬴稷不知道她究竟在生什么闷气，便道："孩儿自是来向母亲请安的。"

芈氏怪笑一声，"没想到啊，从小养大的孩子，也来与我玩这一套虚实之术。"

魏丑夫听了也倍觉奇怪，王上分明是来请安的，何来虚实之说？见嬴稷一头雾水的样子，想帮他说两句话，这时芈氏又是一声冷哼，抬起眼看着嬴稷，质问道："你可是知道了范雎从我这儿出去，然后今日又见魏冉他们在此进出，心里不安，前来探听风声了？"

魏丑夫闻言，这才恍然大悟，心想太后虽是年老了，心却丝毫不含糊，犹如壮年时那般敏锐。果然，嬴稷愣怔了一下，低首道："孩儿一来是问安，二来确为此事。"

"嘿嘿！"芈氏怪笑着又用拐杖敲了下地面，"你可也是在想我死了之后，为自己谋划出路？"

嬴稷未置可否，算是默认了。芈氏伤怀地叹了一声，"可叹我这一生，为了你为了秦国忙前忙后，殚精竭虑，到头来你们都嫌我权势大了，尾大不掉，影响你们了，可见人这一生，若是不作为，惹人嫌，太有作为，惹人恨，如之奈何！"

"母亲多虑了，孩儿断然不敢有如此想法。"嬴稷忙道："怎奈穰侯等人，权势滔天，孩儿只是为此未雨绸缪。"

"说起来，哪个都没错，为己谋划，天经地义。"芈氏说道："今日我便予你一颗定心丸，昨日我叫范雎来，只是想看看此人是否正直，有无挑唆是非之心，今日叫魏冉他们来，只是想告诉他们，秦国是你的天下，即便是他们功劳再大，也莫存非分之想，想以此调和你们之间的关系，免得哪一天我真死了，秦国还要掀起场大乱，叫我死也不得安心。"

嬴稷刚想开口，芈氏却抬起手阻止了他，继道："今日之秦国，是你的天下，却也少不了有我的一份功劳，在我的眼里，这江山也是我辛辛苦苦创下的基业，我岂能容它在我死后乱作一团？这些天，我一直在想如何找一个两全之法，今日你既然来了，便说说你的想法吧。"

嬴稷没想到他未曾开口明言，母亲便把这问题说透了，便也如实说道："穰侯、向寿、芈戎等功勋卓著，无人不晓，然母亲可听说，世人皆说，当今之秦国，只闻太后穰侯，不闻秦王？这些事倒也罢了，令孩儿耿耿于怀的是，他们仗着有母亲撑腰，几乎不将我放在眼里，为所欲为。这些年来，孩儿碍于母亲的面子，一忍再忍，却逐渐地陷入一个更大的怪圈之中，即便是他们打着为秦国拓地的旗号，扩大自己的封地，我也只能眼睁睁地看着，莫可奈何。"

芈氏唔的一声，低了头皱着眉头思索了一会儿，然后慢吞吞地起了身，走到嬴稷的面前，摸了摸他的脸，嫣然一笑，"幸好你没变，还是母亲的好孩儿。今日你与我说出这些心里话，说明你没将我放在敌对面，我心甚慰。"

嬴稷扑通跪倒在地，"孩儿由母亲一手带大，后又是在母亲的扶持之下，才有了孩儿之今日，也才有了秦国之今日，母亲这一生苦心孤诣，都是在为孩儿打算，孩儿对母亲岂敢有半点不敬！"

芈氏颤颤巍巍地扶了嬴稷起身，略有些哽咽地道："你没忘恩，甚好，甚好！说到底，你与魏冉他们之间的纠葛，不过是家人之间的分歧，此事我会为你做主，保管他们不会夺了秦国的江山。"

嬴稷称是，心里略微放心了些。但同时也多了重疑问，此事母亲会以什么样的方式解决，若到时要魏冉等人放权，他们可会拱手退出？

二、固干弱枝，向寿中计获罪

公元前268年，嬴稷封范雎为客卿，同时也正式实施了其远交近攻策略，率先出兵伐魏，迫使魏国胆寒，进而臣服于秦。后又伐韩，夺下了韩国重镇荥阳（今河南省荥阳），将韩国切作南北两截，使之不能相通。而后在韩国境内，步步蚕食，韩国大震，派使求和。

在这两年的对外作战中，嬴稷并没用到白起、魏冉、芈戎以及向寿等与太后集团有瓜葛之人，似乎是在有意冷落他们，培养自己的新势力。不管是白起还是魏冉、向寿、芈戎，他们这一生大部分时间，都是在战场上度过的，也因了征战才成就了今日名气，突然之间被冷落了，战场上虽依然打得不可开交，却已与他们无关，只能眼睁睁地看着，失落感愈来愈盛，仿佛是一下子被人遗弃了，又像是一匹吃惯了肉的狼，向来见肉就吃，如今却只能看着他人抢食，自己则被关进了笼子，只有垂涎的份儿，着实不是滋味。

这一日，蓝田军营之内，向寿率先发了火，他掌管着大军，可谓是手握重兵，打仗没了他的份儿，无疑就是一个被架空了的空头将军，在营帐之中撒了一通气，把魏冉、芈戎等人请了来，商议对策。

众人落座之后，向寿首先开口道："王上的意图十分明显，是要架空了我等，这如同是抢夺列国的土地一般，一步一步蚕食你我之权力，诸位有何意见？"

魏冉也是憋了好长时间的气，听向寿说完，啪地一拍桌子，须发如戟，瞪着对双目气怒道："这便是功高盖主，怕我等凌驾于其头上，就要想方设想削弱我等之权力，诚所谓过河拆桥啊！"

"就此想把我们打发了，怕是没这么容易！"芈戎冷笑一声，朝在座的人扫了一眼，"我以为趁着如今还有些能力，予以些反应，让王上看看我等非是任易摆弄之辈。"

向寿大声道："此话在理，要是这么容易就被卸了权，以为我们好欺负，怕是不光要夺了权，连封地都要被收回去。"

魏冉问道："该如何反击？"

芈戎眼珠子一转，狡黠地笑了笑，"王上近日频繁调兵，攻打韩魏，据传不日还将出兵楚赵两国，我们就借太后的名义，说以前发兵均有太后和王上两道调令，今只有王上一道调令，不予发兵，迫使王上与我们谈判。"

魏冉和向寿手里掌握着军政之权，一听这主意，两眼一亮，笑道："妙也，就如此做了！"

旬日后，蒙骜果然带着嬴稷的虎符前来蓝田调兵，也该是蒙骜晦气，上一次让太后夺了虎符，这一次魏冉等人与嬴稷斗法，又叫他给撞上了。行至军营，在向寿那里核对虎符时，让向寿拦了下来。

蒙骜只是一名将军，从军衔来讲，向寿是其上级，再者他也明白，此乃太后这边的人与王上暗斗，插手不得，当下也不敢与其争执，返回宫中禀报嬴稷。

嬴稷一听,剑眉一蹙,倒是不曾作怒,他知道这是向寿刻意刁难,给他颜色看,此事在他决定冷落魏冉等人时,便已料到了,因此并不觉诧异,差人去请范雎来商量对策。不想去请之人返回时,未见范雎跟来,嬴稷大是奇怪,问道:"为何未见先生?"

那人禀道:"先生说宫中耳目众多,非议事之所,让王上去他府上。"

嬴稷恍然笑道:"先生果然考虑周全!"当下叫人备了马车,急往范雎所在。

是时范雎已被任命为客卿,职位不高,所住之所也非大宅,门口也没人值守,直至嬴稷入内之时,才见一名管家迎出来,说道:"范先生已在里面等候王上多时了。"

嬴稷急步入内,见范雎迎出来,连忙揖礼。范雎回了礼后,把嬴稷请入内室,待双方坐定后,管家上了茶,范雎便把门关了起来,这才躬身道:"向寿拒绝调兵一事,我已有耳闻,依我看,便是再借向寿两个胆,他也做不出这等事来,想是背后有魏冉撑腰。"

嬴稷点头道:"应是如此,先生有何计策?"

范雎一副成竹在胸的样子,抬手捋了捋胡须,说道:"臣居山东之时,只闻齐有孟尝君,不闻有齐王,只听说秦有宣太后、穰侯,没听说有秦王,太后擅行,穰侯专权,又有华阳君芈戎、泾阳君嬴市、高陵君嬴悝,环伺于王上左右,与穰侯一道合称秦国四贵,把持朝廷,使得王上大权旁落,令非王出,此实乃亘古未有之奇事也!"

嬴稷静静地听着,没有说话。这些道理他都明白,形成这局面的根由他也明白,当初若非太后、穰侯扶持,便也没有今日之嬴稷了。天下之事,有利必有弊,形成四贵专权的局面在几十年前便已落定,如今的问题是过了桥之后,那桥该拆还是不该拆了。

范雎看着嬴稷的神色,知是他尚未下决心,又道:"王上文韬武略,功在当世,若那些权臣无关亲情,想必早已动手了。可王上你再仔细想想,穰侯仗太后之威,内夺王上之权,外慑诸臣之威,朝廷上下无不敬畏,致使其党羽众多,把控朝政,且广置耳目,布于王上左右,你我商议朝政都须避讳,秦国之天下究竟是谁人之天下?当今太后,虽无窃取王器之意,可太后之后,王上之后,掌秦国之政者,是何人的子孙却是难说了。"

这一番话说得极重,其用意也十分明显,即便是太后、穰侯无心夺王位,可是如果不卸了他们的权,谁可保他们的子孙不来夺位?嬴稷听完之后,脸色顿时就变了,他虽多次想到太后那边的人把控军政之权,使王令难出,可

说到底并无夺位之忧，心想太后过世之后，王权终归会回到他的手上，因此这些年来也就得过且过，从没去想过百年之后的事情。如今被范雎一说，犹如醍醐灌顶，彻底省悟了过来，动容道："先生之言，醍聩振聋，请先生救我秦国！"

范雎道："此事急不得，须逐个击破，便从向寿身上下手，夺了他的大将军之职。"

嬴稷神色大振，"如何夺法？"

"向寿等人如今定是对我恨之入骨，我便以今日向寿拒绝调兵为由，走一趟向府说事，逼其向我动手。"范雎脸上的疤痕微微一动，"届时王上可调宫中卫队在向府外秘密埋伏，待要他一动手，便叫他们冲进来，一举将其拿下，到了那时，理亏在他，王上可将此事做大，趁势卸了他的职。"

"此所谓杀一儆百，向寿一旦被我拿下，魏冉等人定然不服，说不得还会闹出事来，届时我可伺机将他们一一拿下。"嬴稷目射精光，沉声道。

范雎颔首道："正是如此。"

是晚，范雎提了一坛酒，径往向府而来，及至门外，叫人通报了，须臾，门人回传："大将军有请！"

范雎晃晃悠悠地走了进去，走入中堂客厅之时，只见向寿神气地坐于上首，见了范雎时，那张大嘴一咧，阴沉沉地笑了一声，阴阳怪气地道："范先生乃王上面前的红人，屈驾到我府上，端的令我受宠若惊！"

范雎哈哈一笑，躬身行了一礼，"向将军英勇无匹，在下仰慕久矣，早就想来拜访，今日得闲，便深夜冒昧前来叨扰了。"

"是叨扰还是来说事呢？"向寿斜睨了他一眼，冷笑道："今日我刚拒了王上的调兵之令，你便来叨扰了，却是巧了！"

"不巧。"范雎把笑容一收，说道："我是来劝将军，趁早向王上去请个罪吧，到时我再在王上面前说几句好话，说不定王上可饶你这一次。"

向寿两眼一眯，"此话何意？"

"当今之天下是谁人之天下？将军居然敢拒了王上调兵的虎符，实乃千古未有之事。"范雎好整以暇地把酒壶往桌上一放，说道："如今王上作怒，扬言要革了你的职。"

向寿仰首一笑，"我拒了蒙骜调兵，是因为他没有太后的调令，名正言顺。若是王上执意要卸我之职，我自然是无话可说，但莫非王上心中已无太后?"

"此与太后何干?"范雎脸皮一动,目中精光大射,"不瞒将军,是我撺掇王上让他夺你之权,可知为何吗?你今日既可以太后的名义,拒绝调兵,他日也可以太后的名义篡位,王上若是留你在朝,岂非就是给他日后添乱吗?"

向寿的脸色煞地黑了下来,一脸杀气地看着范雎,"我以前只听说刀剑可杀人,今日算是见识了,原来嘴皮子也可以杀人。可我却有一事,颇是奇怪,你既然撺掇了王上革我之职,今日来我处却是为何,莫非是嫌命长了,叫我把你的脑袋卸了玩玩?"

"我料定了你不敢动我。"范雎脸上的疤痕又是一动,沉声道。

"哦?"向寿装作好奇地看着他,两只手却是紧捏着椅子手柄,青筋暴呈,随时都准备着动手。

"将军适才说了,我眼下是王上跟前的红人,王上对我是言听计从。"范雎微哂道:"你若把我杀了,就不怕王上也要了你的命吗?"

向寿霍地起身,"你且听仔细了,我与王上一块儿在宫中长大,一起读书,后又为王上出生入死,为秦国立下汗马功劳,我就不信他会为了你这个外来之人,向我开刀,今日你撞上门来,就留下性命吧!"向寿大怒之下,一拳打在范雎脸上,直把他打得脑门嗡嗡作响,摔倒在地。

范雎一声痛叫,故意高声大骂向寿,示意外面埋伏之人冲进去。向寿正自火起,取了墙上所挂之剑,便要来杀范雎。却在这时,陡听门外传来一阵杂沓的脚步之声,抬头看时,只见一队宫里的卫士明火执仗地闯了进来,向寿见状,脸色大变。

卫士跑入室内后,便夺了向寿之剑,喝道:"王上有令,带你入宫!"

芈氏是被侍人从床上叫起来的,那侍人说刚从王上那边传来消息,向寿被捕了。

芈氏一听,陡然变色,忙叫躺在旁边的魏丑夫起身替她更衣。

魏丑夫边替她更衣,边担心地道:"王上拿了向寿,怕是要夺回兵权,此非好兆头。"

"这兔崽子下手好快啊!"芈情虽对向寿拒绝调兵之事尚未有耳闻,但也能大概猜得出来,这些日子以来,魏冉等人对嬴稷不用他们颇有微词,如今定是有把柄拿了王上手里。但这不是芈氏最怕的,她最怕的是魏冉、芈戎闻风而动,闹出什么事来,那秦国就该乱了。穿上了衣服后,芈氏拿了拐杖,

第十章 范雎入秦,芈氏放权

329

在魏丑夫的搀扶下，急急忙忙地往外走。

芈氏赶到那里的时候，向寿已被五花大绑，其旁边的椅子上半躺着的是被打得七荤八素的范雎，鼻子、嘴巴上到处是血。嬴稷紧蹙着剑眉正审问着向寿，见芈氏过来，眼神中流出一抹诧异之色。不过随即明白，宫中随处都有太后和穰侯的人，既然芈氏到了，想来不出多久，魏冉也该到了。思忖间，起身迎了上去，躬身行礼。

芈氏微弓着背走到向寿面前，眯着眼看了他几眼，回头又问嬴稷道："怎么回事？"

嬴稷道："这厮拒我调兵之令，范雎前去劝他，还被他打了。"

芈氏闻言，勃然大怒，猛地挥起拐杖，往向寿身上击落，她这一杖气力虽不甚大，但由于向寿绑了个结实，身子摇了一摇，斜倒在地上。芈氏气得满脸通红，尖着嗓子大声道："哪个借你的胆子，敢拒绝王上的调兵令，你眼里还有王上吗？还不快向王上谢罪？"

嬴稷一听，心里咯噔一下，芈氏看上去一副怒不可遏的样子，实际上是暗中在帮向寿，莫非此事赔个罪便能了事吗？

嬴稷铁了心要从向寿身上开刀，岂会轻易饶了他，芈氏的话刚落，嬴稷便冷哼一声，"为将者不遵军令，不守法纪，如今你敢不将我放在眼里，若是我百年之后，你还会把新王放在心上吗？似你这种狂傲之徒若不杀，后患无穷！"

芈氏大吃了一惊，抬头去看嬴稷时，只见他的眼里分明露着一股杀气。同时，这句话也让芈氏心头大震，如今各方都在算计着她百年之后的事，那么嬴稷百年之后呢，若这些人以及他们的子孙手里依旧握着大权，会否谋反？他们如今都敢不将王上放在眼里了，以后会如何谁也无法预料。

芈氏暗吸了口气，她的内心第一次感到了恐惧，因为这个问题之前她完全没有想到，她甚至还包庇魏冉等人，以为只要他们没有谋逆之心，为己谋些福利也无可厚非。如今看来，她显然是想得不够深远，所谓权臣的危害，并非仅仅在于眼下，还有未来。如若嬴稷之后，新王嬴弱，也需要人扶持，那么朝中上下岂非就让权臣把持了吗？

芈氏的身体微微颤抖了起来，先王和自己辛辛苦苦创下的大秦基业，倘若毁在权臣手里，她岂不就成了千古罪人？思忖间，她不由得又看了嬴稷一眼，她想她真的老了，她只将目光放在了眼前，没有为大秦千秋基业考虑，而她的儿子，这个她从小抚育成长起来的秦王，如今真的已然成熟，他甚至比自己想得还要深远。

是该放手了，免得误了嬴稷，误了大秦江山。芈氏暗暗告诉自己。

嬴稷见芈氏凝眉沉思，以为她是不满意自己适才的话，说道："母亲可是觉得孩儿的话说重了？"

"没有，你是对的。"芈氏拐杖敲落在地面上，笃的一声，在寂谧的宫中想起，震人心魄。"这孽障胆大包天，死有余辜！"

嬴稷看着芈氏，不知道她说的是真话还是气话，试探道："母亲以为，当真可杀？"

"杀！"一阵夜风从宫门外吹将进来，把芈氏一头白发吹起，只见她面目狰狞，睚眦欲裂，"谁敢动摇大秦根本，别怪我六亲不认！"

"姐姐……"到了这时候，向寿也惊恐了，"这是个圈套，今晚是范雎故意前来找茬，他们才把我抓了来！"

"拒绝王令也是圈套吗？"芈氏道："向寿啊，你既然叫我声姐姐，我就让你死个明明白白。想想你是如何来秦国的？那时候你与芈戎被迫落草为寇，无非是想混口饭吃，管饱肚子，入秦之后，你便开始飞黄腾达，位极人臣，声载列国，这一切是谁给你的？你在落草为寇之时，可有想过会有今日之辉煌？禽兽尚且懂得知恩图报，身为人怎么却反而忘了根本？你仔细想想，你有何权力拒绝王令，敢不将王上放在眼里？即便是他要将你的权力收回去，你这一生出将入相，征战列国，扬威疆场，也是不亏了，还有何不为之知足？"

向寿闻言，瘫然坐于地，"姐姐这一番话，令向寿无地自容，甘愿受死！"

芈氏看着他虎头虎脑的样子，晃然又看到了在掣桑会盟那会儿，初见他时的样子，沧海桑田，一晃眼几十过去了，江山依旧，人事已非，不由得唏嘘不已，一时红了眼眶，痛叹道："可见权力不是什么好东西，便如一支火把，烧红了你的眼，烧热了你的血，把你整个人都烧得糊涂了，若无权力作祟，你焉能有今日之下场！"

向寿虎目蕴泪，朝嬴稷道："且予我松绑。"

嬴稷走上去，亲自给他解了绑。向寿走到芈氏跟前，双膝跪下，给芈氏恭恭敬敬地磕了三个响头，"姐姐与我而言，恩同再造，我今日之富贵荣华是姐姐给的，姐姐要把我的性命和荣华一同拿回去，我并无怨言。只是最后还有一句话，要说予姐姐听。"

"说吧。"芈氏在一把椅子上坐下来道。

向寿低头想了一想，说道："我还有魏冉、芈戎都是跟着你一同入秦的，

第十章 范雎入秦，芈氏放权

虽有时也会不听话，自作主张，但都是有功于大秦，秦有今日，与我等密不可分。若是魏冉、芈戎日后有什么过错，求姐姐看在他们有功于秦国的份上，饶他一命。适才你也说了，人不能忘本，若为了卸他们的权，不惜杀害有功之臣，岂非也是忘本之举？"

嬴稷闻言，内心一阵战栗。芈氏眉头一皱，泪水落将下来，"明日姐姐为你去送行。"然后摇摇手，示意将向寿带下去。

范雎一直冷眼旁观，看到方才这一幕，大为震惊。按他之前所预料，今晚芈氏一到，想要割向寿的职都有些难，不想她一个杀字，便使此事尘埃落定，而且尽管她自己也伤心，也难舍，却依然咬着牙问斩向寿，此等气势，此等心境，当今之天下，再无第二者。范雎暗叹，难怪乎秦国力压列国，会有今日之成就，有这样的人当权，国家如何不强。同时也暗自庆幸，亏的是太后大义凛然，公正无私，如若她想要夺权，十个范雎也非其敌手也！

芈氏含着泪花神色恍惚地坐在椅子上，嬴稷走将上去，给她拭了拭泪，然后轻轻地握住了她的手。芈氏抬起头来，望着嬴稷，神色逐渐平和下来，突似想起了什么，急道："快去找魏冉来！"

嬴稷一怔，心想是啊，按理说他应该早已得到消息，为何这时候还不见其踪？当下忙使人去传。

一个时辰后，去人来报说相国不在府上。

芈氏心里一沉，神色间露出惊恐之色。嬴稷诧异地望向范雎，此时范雎在医官的料理下，伤势已无大碍，见嬴稷的眼中有询问之意，便走到芈氏和嬴稷两人面前，说道："太后，须防蓝田哗变。"

芈氏如被电击了一般，身子猛地一颤，整个人飞快地从椅子上弹起，两眉不住地抖动着，"他敢！"

话音甫落，但听门外响起一阵冷哼，"我自然不敢，可蓝田的将士们敢！"话落间，只见魏冉大步走入宫里来。

芈氏见了魏冉，似乎暗松了口气，"蓝田真的乱了？"

魏冉看了眼嬴稷，又是一声冷笑，"将士们与向寿出生入死，都是过命的交情，如今你们说抓就抓，他们自然不服。我也是刚刚接到急报，说是将士们要入宫为向将军求情，我怕闹出是非，便派了田灶先行前去应付了，希望能阻他们一时。事关重大，涉及咸阳安危，我便赶来向王上禀报了，此事如何处置，还请王上守夺。"

魏冉的言下之意很清楚，如今将士们只是要为向寿求情，如若王上执意要将向寿问罪斩杀，军营里会闹出什么事就不得而知了。

嬴稷并不糊涂，士兵们都是战场上打滚的血性汉子，如果把他们逼急了，哗变也不是没有可能。可再仔细一想，此事似乎有点不对劲，那田灶只是魏冉的一个客卿，蓝田出了这么大的事，他居然只派了一个客卿前去，莫非来这里禀报比去蓝田平乱还重要吗？

思忖间，不由得朝魏冉瞟了一眼。然此时的魏冉却是铁青着脸，木无表情，一副讳莫如深的样子，猜不透其心思。

三、秦国四贵归位，大秦太后殒命

在芈氏得知向寿被抓的消息时，没过多时，魏冉也得到了信息，他的表现几乎与芈氏一样，吓得从床上跳了起来，惊愕了会儿后，手掌一拍床沿儿，懊恼地道："在他拒绝王令之时，我便应该想到，该提醒他提防的！"

魏冉手底下有个客卿，名叫田灶，原是齐国人，在军中当裨将，在五国伐齐之时，逃窜至秦国，后被魏冉收入门下。此人四十多岁年纪，虽说作战不济，但有些谋略，此时给魏冉献了一计，说道："王上这是杀鸡给猴看，依在下看，既然选择了反言，当再出一招，逼王上放人。"

魏冉浓眉一扬，道："快些说来。"

田灶道："向将军多年供职军中，与许多将士有过命之交，不妨策动蓝田将士，要求王上放人。"

魏冉虽以胆大著称，听了田灶之言，着实吓了一跳，"你要是我背负谋逆之罪吗？"

"非也！"田灶说道："只要能调动将士们救人之心，把声势造起来足矣。那边声势一起，你便入宫面见王上，说这是将士们自发行为，无法阻止，把这问题抛予王上。"

魏冉眼睛一亮，笑道："此计大妙！你连夜赶去蓝田，务必要控制好场面，不可当真乱了。"

田灶微哂道："在下理会得，相国只管放心。"

早上的薄雾若轻纱般萦绕在山林之间，天空被铅云覆盖着，似乎随时都会落下雨来。风吹起的时候，有一股初春泥草的清香，也带着丝彻骨的寒意。

军营上的旌旗在风中招展，迷蒙的薄雾中站着万余人，他们神色肃穆，手持矛戟，若标枪般地站着，好似出征在即。

一位裨将模样的人站在军列的前面，大声喊道："宫中传来消息，向将军今日午时要被问斩，将军英雄一世，最后却不是死在战场上，而要亡于自己人的刀下，天理何在！我等与向将军出生入死，历经了九死一生，都是死过几回的人了，还怕他个鸟，今日就闯入宫去，把将军救出来！"

这一番话落时，底下士卒群情激愤，便在那裨将的率领下，往咸阳方向而去。

巳时，咸阳宫。

天空飘起了毛毛细雨，使得远处的山峦云山雾绕，颇有番江南的韵味。

一名宫里的卫兵冒着细雨，疾步跑入正殿，向着嬴稷、芈氏两人拱手禀报道："启禀太后、王上，蓝田一万五千名士兵正往咸阳而来！"

"当真是要反了！"芈氏坐于正殿上首，右手拄着拐杖，前半身却微微向前倾着，微眯着眼看着站于殿下的魏冉，像是要把他的内心看透。

魏冉昂然站立着，也同样微眯着一双眼望向芈氏，他觉得此时的芈氏虽一头银发，额头上布满了皱纹，一副老态龙钟的样子，然她的眼神却依然十分有神采，如同两道电光一般射将过来，直把魏冉看得心里一虚。

芈氏仿佛看出了他心虚，脸上冷冷一哂，沉声道："我是看着你长大的，我知道你的心思。"

魏冉在芈氏的注视下，虽是感到心虚，但依然渊渟岳峙般地站着，岿然不动。这是一场权力的较量，更是一种毅力与胆识的较量，谁先退让，谁便是输了，而对魏冉来说，他要输掉的不仅仅是权力，而且还有可能赔上性命。

魏冉的脸皮微微一动，虬髯胡子也随之抖了一下，"姐姐错了，此时此刻你看不透我，我也看不透你了。不杀向寿，便可以平息眼下的动乱，而且他还是你我之表兄弟，我着实想不明白，你为何还要坚持杀他？"

芈氏唔了一声，从鼻孔里冲出一股气，然后抬眼看着魏冉，说道："向寿之罪，罪不至死。但是他糊涂了，在最不该犯错的时候犯了一个错误。你且听清楚了，我杀他不是因为他该死，我是要敲山震虎。"

魏冉浓眉一动，眼里精光暴射，突地仰首纵声长笑，那笑声中充满了悲怆之意，"姐姐，我劝你也想清楚了，你要杀的是你的表弟，你要震慑的也是你的亲人。"

"亲人……唔，亲人……"芈氏低头念着亲人两个字，似是在咀嚼这两字的意味，"你是嫌我心狠手辣，连亲人都敢杀是吗？"

魏冉却没接话，只是哼了一声。芈氏突地拐杖一敲地，尖声喝道："可你却为何不收手，要眼睁睁地看着向寿人头落地呢？"

魏冉神色一变。芈氏霍地站起身来，愤怒地朝魏冉道："别以为我老了，就能让你轻易糊弄，蓝田哗变，分明就是你在暗中指使，你如果还有点良心，还顾念着兄弟之情，还念着我是你姐姐，念着王上是你的外甥，你就不该将事情做绝了！"

这时候，又见宫中卫兵来报，说是从蓝田而来的军队已闯入咸阳城。芈氏哼的一声，只见她的银发在晨风中飞扬，蓦地把眼一突，喝道："把向寿拉出去斩了！"

嬴稷一直在芈氏的旁边坐着，这时候他坐不住了，双方已然到了剑拔弩张的地步，此时若是退一步，自然可解咸阳之危，但魏冉获胜之后，他将照旧在朝中把持朝政，飞扬跋扈，不可一世。可若是不退的话，咸阳城内无兵可调，那万余人冲将进来，后果不堪设想。见芈氏大喊着要把向寿拉出去问斩，心慌之下，想要阻止，"母亲……"可刚刚开口，却见芈氏转过身来，厉声道："怕了吗？若是你今日怕了，你的大权，你孩儿的大权都要旁落。我就不信，区区几人能把咸阳的天翻了！去带向寿，斩！"

看到芈氏那咄咄逼人的气势，魏冉开始心虚了。他本无心要造反，挑唆士兵不过是想迫使王上让步，只要这一回胜了，他相信以后他们就能过上安稳日子了。可没想到芈氏却执意要斩向寿，如此一来，硬生生地把他逼上了刀口，他知道只要他再硬撑下去，待那些士兵一到，两厢情绪一上来，极有可能使逼宫演变成造反。可造反有把握吗？

魏冉看着传令兵大步走出殿门，到大牢里提向寿去了，一时间左右为难，把一张黢黑的脸被逼成了绛紫色。

"你有本事把我和王上一同杀了。"芈氏拄着拐杖一步一步地走下台阶，朝魏冉走过去，最后在他的身前停下，瞪着眼凑到魏冉的近前，"我要看看你，为了一己之利，能杀多少亲人！"

魏冉如铁塔般的身子开始轻微地颤抖起来，说："你不要逼我。"

"你也不要逼我。"芈氏寒声道："秦国大将如云，你试试把我们杀了之后，你能不能走出这咸阳城。"

魏冉的眼出现了恐慌之色，他倒不是怕死，而是害怕面对他的姐姐，他心里知道，无论如何也不可能向她下手，如果没有她的话，当年他早就死在了楚国，何来今天？但如果不向芈氏下手的话，那么就只有一条路，那就

第十章 范雎入秦，芈氏放权

335

是输。

魏冉终于低下了头去，他认输了。双腿一屈，跪在地上，"魏冉伏罪，甘愿受死。但尚有一事不知，姐姐为何执意要夺了我等之权？"

"没了权，便是没了危险，有何不好？"芈氏的脸色缓和了下来，面对着跪在地上的魏冉，她仿佛一下子从声色俱厉的太后，变回到了慈爱的姐姐，"我告诉你，活着比什么都好。只要你们老老实实地待在自己的封地里，安生地过日子，谁也不会去动你们一根毫毛。"

嬴稷终于松了口气，在这场亲情与权力的较量中，芈氏终于赢了，她用她太后的气势，姐姐的严威，终使魏冉屈服。诚然，这是最理想的结果，也是他想要看到的结果，当下转首朝范雎使了个眼色，范雎会意，出去吩咐道："快去刑场把向寿带来。"

是日向晚时分，后宫。

芈氏的宫内其乐融融，一张大桌子前依次坐着芈氏、嬴稷、魏冉、芈戎、向寿、嬴市、嬴悝等人，侍从们忙上忙下地端了一桌的酒菜上来，等菜上齐了，芈氏让侍人们都退了下去，笑道："现在这里没有外人，都是打断骨头连着筋的自家人，今日把大家都叫来，一来是为了团聚，二来跟你等说一件事。我之前一直跟稷儿说，不管面对何事，公私要分明，断然不能混作一团，不然就乱了。你等都是有功于秦国之人，然则功是功，利是利，功利之间永远无法平衡，不然的话便是要乱了。我希望你等今后能将功名利禄抛开，都去各自的封地，好好地过安生日子，若是哪一日想我这老婆子了，便过来看望看望，大家都和气相待，我这辈子就再没什么遗憾了。"

魏冉等人显然心中有些不快，但是一朝天子一朝臣，如今太后已老，嬴稷主政，自然是要把声望盖过他的这些老臣调走，以组建属于他自己的朝臣，此王朝更迭，千古使然，乃莫可奈之事。故大家虽说心中不快，也只能默认并且接受了。

如此，一场夺权之战在芈氏恩威并施之下，消弭于无形，她是中国历史上第一位太后，更是中国历史上首位将权力交接处理得如此完美之人，也正是在她不断地调解和努力之下，才使得秦国走向了强大，以及最后的大一统。

公元前266年，魏冉、芈戎、嬴市、嬴悝等所谓的秦国四贵，各自回到了当初原始的封地。是年，魏冉因身折势夺，在穰城忧郁而亡；芈戎则于公元前262年病死于华阳。只有向寿此后不知所踪。

这一帮功勋盖世的旧臣老将，一路扶持着嬴稷走来，风风雨雨，刀光剑影，最后却不得善终，委实引人喟叹。

然而，一朝新人换旧人，秦国却焕发出了新气象，比后，在新相国范雎的谋划下，秦国越发强大，最终在长平（今山西高平西北一带）与赵国展开了一场上百万人参与的大会战，最终大败赵国，一战平天下，拉开了轰轰烈烈的统一之路。此乃后话，姑且按下不表。

却说芈氏交权之后，在后宫之中也只觉是冷冷清清，凄凄凉凉，每日无事便坐在屋子里面发呆。遐想着过去那一段如火如荼、激情飞扬的岁月，时而微笑，时而啜泣，状若疯癫。亏的是魏丑夫不离不弃，始终陪在她身边，精心照料着。

忽有一日，芈氏的神智好像清醒了些，用一双昏花的眼睛看着魏丑夫，然后招了招手，示意他离她近些。魏丑夫便走到她的跟前，蹲在其膝下，问道："太后有什么话对小人讲？"

"可还记得你以前对我说过的一句话？"芈氏微笑道："你说你对我赤胆忠心，将终生对我不离不弃，可有说过？"

魏丑夫笑道："确有说过。"

芈氏开心地笑了笑，又道："这一晃眼，几十年就过去了，你实现了对我的诺言，嘿嘿！可真是不承想到，陪我走完这一生的人，竟然是你！"

魏丑夫呵呵笑道："此乃小人之福分也！"

芈氏见他到如今都如此说，甚是高兴，说道："待我死后，为我殉葬者，必以魏子也！"

魏丑夫闻言，大惊失色，心想我陪了你一世，死后还要我殉葬！

芈氏见他没有回话，笑容一敛，嗔道："如何，不愿了吗？"

魏丑夫自是不敢当着她的面说不愿，只说道："能与太后合穴，这是何等的荣幸，小人岂能不愿！"哄了芈氏高兴之后，魏丑夫便偷偷地跑出宫去，找庸芮商议计较，央求庸芮无论如何要救他一命。

庸芮颇有辩才，平日里与魏丑夫也有些交情，便即答应了下来。择日去了后宫找芈氏说道："臣听魏子说，太后百年之后，要与其合穴而葬，臣听后深为感动，太后对魏子之情，端的是天下稀有。"

芈氏半躺在座椅之上，无精打采地闭着眼睛，听庸芮说完之后，突然哼的一声，"你又来哄我！"

庸芮惊道："臣肺腑之言，并无假话。"

第十章 范雎入秦，芈氏放权

"别以为我老了，就辨不清真假。"芈氏睁开眼睛瞟了庸芮一眼，转目又看了看站在一边的魏丑夫，"你是为他来求情的吧？"

　　庸芮暗自一怔，心想太后虽老，心却依然似明镜一般！当下不敢再说客套话，直言道："太后洞若观火，臣便实说了。敢问太后，人死之后，可还有知觉乎？"

　　芈氏翻了个白眼，"自是没有了。"

　　庸芮说道："既无知觉，太后何以要将生平挚爱之人，置于死地？"

　　芈氏怔了一怔，挪动着身子想要坐直，魏丑夫连忙上去扶她在椅子上坐端正了。庸芮见芈氏似有动心，进而又道："即便是人死之后尚有知觉，若是太后带了魏子去泉下，先王见了定然发雷霆之怒，太后畏惧先王，自然不敢再与魏子有什么私情，如此带魏子一同去地下，又有何意义可言？"

　　芈氏闻罢，深以为然，点头道："这番话倒是说得在理。"乃免了魏丑夫殉葬之举。

　　魏丑夫喜极而泣，忙走到芈氏跟前，扑通跪在地下，"小人谢太后大恩。"

　　芈氏只是点了点头，然后微抬了抬手，示意其起身，"你去把王上叫来，我有话说。"魏丑夫应是，急忙转身出去。

　　不多时，嬴稷大步入内，在芈氏面前行了礼，问道："母亲找孩儿何事？"

　　芈氏努力地睁大了眼睛，看了嬴稷良久，"稷儿，母亲自知时日无多，有些话须与你交代。"

　　嬴稷大惊，"母亲身体健朗，何以无端说这些伤人心的话！"

　　芈氏却是摇了摇头，说道："你继位之初，外有列国虎视，内有公子夺权，母亲为了给你铺平道路，造了许多杀孽，平白多了许多亡灵。后来我一度曾后悔杀了那么多人，日夜为此愧疚，心神难宁。可如今，我看到了一个强大的秦国崛起于西方，看到了他雄视于天下，我不悔了。统一是艰难的，战争终是要死人的，但只要我们的心是善良的，是为了天下苍生谋福，也就问心无愧了。你切记住，不管天下是在你手里或后辈子孙之手得到统一，到了那时，定要善待天下苍生，不要再行杀戮了。身为一国之王，为己为谋福，即为苍生谋福也！"

　　嬴稷隐隐感觉到，这是母亲在交代身后之事，忙跪在她的面前，磕了一个头，道："孩儿谨记！"果然，芈氏说完这番话后没多久，便气绝身亡。

　　公元前265年十月，宣太后殁，终年七十五岁，葬于芷阳骊山。

后续 魏子坟前悲泣，萧盛再说太后

公元前265年深秋十月，天空飘着细雨。

这一日，整个咸阳城在这秋雨之中陷入了哀伤，到处都挂着素布，城门内外，灵幡飘动，哀乐不绝。

不多久，一支庞大的送葬队伍，从城内蜿蜒而出，往骊山方向而去，绵延数里，蔚为壮观。

嬴稷扶着棺椁，双目含泪，一脸的悲痛之色，徐徐地随着棺椁的移动机械地往前走。在嬴稷的心里，如果没有母亲，他可能早已死在了燕国的动乱之中，母亲生养了他，也给了他第二次的重生。这之后，又是在母亲的扶持之下，叫他坐稳了王位，从而使秦国称雄于天下。母亲在他心中的地位，即便是惠文王，也无法替代。

这几日来，他几乎日夜守在灵前，并派范雎亲自督办陵墓，要求不惜重金，给母亲修一座恢宏的陵墓。范雎不孚所望，在半月内修筑了一座巨大的地下宫殿，并想到太后一生，指点江山，鲸吞列国，又专门制作了兵马陶俑，为其陪葬。

在嬴稷的后面是朝中的文武大臣，紧随其后的则是自发而来的不计其数的咸阳百姓，他们纷纷怀着悲痛的心情，来给为秦国作出巨大贡献的太后送最后一程。

是日，太后入土之后，已近黄昏，众人纷纷散去，唯魏丑夫一人依然跪在陵墓之前，他默默地给太后倒上一杯酒，洒向黄土，而后又给自己倒了一杯，一口饮尽，形容凄切地望着墓碑道："我本市井小人，得太后器重，始得混迹宫中。这许多年来，你虽然翻手为云，覆手为雨，令列国敬畏，然只有我知道，你的心是寂寞的。所谓高处不胜寒，你虽高高在上，威风八面，可有谁知道你内心之空虚呢？唯有小人也！可时至今日，小人不敢隐瞒，起初接近太后之时，小人确想以太后为阶梯，妄想要一步登天，后见太后公私分明，任谁也不得染指大秦之江山，小人便怕了，有段时日甚至不敢接近你。及至后来小人才逐渐明白，太后之狠，太后之毒，全乃一片护犊之心，你生平所做的一切，都是为了你的孩儿能够平平安安。此乃天下父母之愿也，小人岂有不能理解的道理？从那时候起，小人才真正决定陪太后走完一生，因为在小人眼里，你喜怒露于色，想哭便哭，想笑便笑，率直而真诚，与如此一个率真的女人在一起，还有什么可忧虑的呢？"

魏丑夫顿一了顿，拿起樽，遥空一对，仿似芈氏便在近前，然后一口饮下，又道："小人不知你在那边有无知觉，唯愿太后一路走好，保佑大秦江山万年永固！"

暮色四合中，魏丑夫朝着陵墓咚咚咚地磕了三个响头，起身下山，不多时，便消失在了迷蒙的夜色之中。

二

我本楚狂人，凤歌笑孔丘。

楚国出狂人，芈氏亦然。芈氏之狂并非放浪形骸，诚如魏丑夫所言，她是率直而真诚的，其所做的每件事，都是有的放矢，不达目的誓不罢休。

芈氏之一生，看似手段狠辣，看似性格多变，实则是后人通过她所做之事，把她想复杂了。其耗尽一生其实只在做一件事，那便是竭尽全力地保护嬴稷，使其不吃亏，不上当，不多走弯路，乃十分寻常的父母之心。也因了如此，她才控制朝政大权，仿如嬴稷成了她手里的傀儡。故后世有人说，芈氏一生把控朝政，淫乱后宫，乃权力心极强之女人，换言之，此女非良家妇女也。

诚然，她并非是个良家妇女。然换个角度看，父母因了关心孩子，小时关注其学业，成人时关注其婚姻，成家时关注其家庭，岂非也是想事事掌握于自己手里？若说如此也算是霸权的话，天下父母，无一为善也。

故而，萧盛写芈氏之时，只为她这一生设定了两种角色，一为女人，二为母亲。

在中年守寡之时，她爱过义渠王，也爱过甘土，在道德和情感之间，她选择了后者。这对于直率而富有激情的她而言，并没感到有什么不妥，美丽的女人自是男人所爱，然英武的男人为何不能是女人所求呢？那时的她正值中年，乃最富有激情之时，何苦为难自己也！

此等事情，在后来历朝历代的封建制度下，是不可理解的，对芈氏贬低之言，也正是封建思想的产物。可是写史，要想公正客观地对待历史人物，须了解她所处的历史背景和环境，战国是一个百家争鸣、彻底开放的如火如荼的时代，那个时代的行为叫宋、元、明、清的学者去评价，自然是有偏颇的。然今时今日不同了，何不摘掉我们的有色眼镜，给这位伟大的女人一个公平公正的评价呢？

试看，当私情遭遇了家国安危，当感情遭遇了亲情，当她孩儿的利益受损时，她果断地武装起了自己，如母狼一般，露出了森然之獠牙，要保护其孩儿之安危。杀义渠王时，她痛不欲生，杀甘土之时她悲伤成疾，然而她终不后悔。

正是在此种至高无上的母爱支配下，在新旧政权移交过渡时，方得有惊无险，这在中国历史上是十分罕见的。

她是伟大的，不管她做了什么，做错了什么，请原谅，她只是个女人，她只想做一个好母亲。

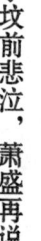